제5판

Introduction to the Public Administration

행정학 개론

박연호·이종호·임영제

박영사

제5판 서문

지난 2015년에 출간된 제4판을 3년 만에 다시 개정작업을 하여 제5판을 출간하게 되었다. 그동안의 개정작업과 마찬가지로 이 책을 개정하면서 최근 국내외에서 발간된 행정학 관련 자료들과 제도·법령이 바뀐 부분을 검토·반영하여 목차와 내용을 수정·보완하였다. 이번에 개정작업을 하면서 새롭게 내용이 추가되거나 수정된 주요 부분은 다음과 같다.

먼저 기존 6편 30장 체제에서 3개장을 통폐합하고 1개장을 신설하여 6부 28장 체제로 책의 편제를 바꾸었고, 내용의 체계적 연계를 높이기 위해 일부 절(節)의 위치를 재배치하였다.

내용 면에서 보면 제1부 행정과 행정학 이해의 기초에서는 우리나라 정부의 구성을 새 원고로 추가하고, 행정활동의 유형은 삭제하였으며 본문 내용 중 일부를 수정하였다. 제2부 공공정책과 정책과정에서는 일부 절을 통합하고 본문 중 행정환경의 변화 흐름을 반영하여 시사성이 뒤떨어지는 내용을 삭제·수정하여 이해를 높이고자 시도하였다. 제3부 조직이론과 조직관리는 대폭적인 수정을 하였다. 3개장을 통폐합하여 편제를 수정하고, 제2장 조직의 구조와 설계를 신설하여 원고를 새로 집필하였다. 기존 제2장 조직환경과 기술, 제3장 집권과 분권, 제5장 기획과 관리통제 및 조정은 필요한 내용만 간추려 해당 장에 포함시키고 나머지는 삭제하였다. 기존 제6장 조직 내 개인과 집단은 제4장 동기부여와 집단역학으로 장 이름을 바꾸고 새 원고 및 그림과 표를 추가하여 내용의 충실화를 도모하였다. 나머지 장에서도 조직정치, 조직발전을 삭제하고 공공갈등을 추가하였다. 제4부 인사행정과 제5부 재무행정 부분에서는 제도의 변화에 따른 내용 수정을 하였다. 제6부 지방자치와 정부혁신에서는 기존 제3부에 포함되었던 중앙집권과 지방분권, 광역행정을 옮겨왔고, 주민참여의 내용을 보완·가필하였다.

아울러 설명이 부족했거나 문장의 수정·보완이 요구되었던 부분에 표를 추가하거나 가필·수정하고 오탈자를 바로 잡았다. 앞으로도 새로운 이론을 소개할 필요가 있거나 법령·제도 등의 개편으로 인하여 내용을 고쳐야 할 점이 발견되면 계속적으로 수정·보완하고자 한다.

끝으로 본서의 발간을 위해 힘써 주신 박영사 안종만 회장님, 기획마케팅팀 손준호 과장님을 비롯한 관계자 여러분들의 후의와, 편집을 맡아 수고해 주신 편집팀 배근하 대리님의 노고에 진심으로 감사드린다. 아울러 이 책을 개정하여 출간함에 있어서 지속적인 성원을 보내주신 독자 여러분들과 필자들에게 조언과 성원을 보내주신 많은 분들께도 깊은 사의를 표한다.

2018년 8월
저자 연구실에서
공저자 씀

서 문

저자의 「행정학신론」이 처음 발간된 것이 1979년이니 벌써 20여 년의 세월이 흘렀다. 그동안 독자 여러분의 성원을 받으며 몇 차례 개정을 하면서 기대에 부응하기 위해 나름대로 노력해 왔다고 생각한다. 그런데 기존의 「행정학신론」은 각종 고시준비생이나 행정학 전공 학부생 · 대학원생들을 대상으로 하다 보니, 행정학의 초심자들이 접근하기에는 분량이 너무 방대하고, 내용도 복잡 · 다단하다는 현실적인 딜레마를 안고 있었다. 즉 입문자들의 요구에 맞추어 내용을 축소하면 전공학습이나 수험준비에 요구되는 심도 있는 지식과 이론을 제공할 수 없고, 학술서나 수험준비서를 지향하면 방대한 분량을 피할 수 없는 것이다.

이러한 현실적인 이유와 근래에 급속히 변화한 행정환경과 제도 및 새롭게 부상하는 각종 이론들을 설명할 수 있는 시각을 제공해야겠다는 이유가 복합적으로 작용하여 기존의 「행정학신론」의 압축판이라 할 수 있는 본 「행정학개론」을 이번에 출간하게 되었다. 그러나 본서는 「행정학신론」을 단순히 요약한 것이 아님을 밝힌다. 즉 새롭게 바뀐 제도와 정부기구에 대한 설명은 물론, 새로운 이론 동향을 두루 소개하는 데 노력했고, 초심자들의 이해를 돕기 위해 더욱 체계적인 틀을 제공하고자 목차구성도 새롭게 편성해 보았다. 또 복잡성을 피하기 위해 각주는 일체 생략하고 저술에 도움이 된 문헌은 참고문헌에 수록하였으며, 한글전용을 시도해 보았다.

본서의 체계를 개관해 보면, 우선 제1편에서는 행정학의 기초이론을 소개하면서, 시장실패와 정부실패, 신공공관리론 등을 추가하여 최근의 동향을 알기 쉽게 설명하도록 노력하였고, 제2편의 정책론 역시 정책과정에 맞추어 재서술하였다. 또 「행정학신론」과는 달리 조직론 부분을 모두 3개 편으로 구분하였는데, 제3편은 행정조직론으로 조직이론과 구조 및 설계론을 중심으로 서술하면서 학습조직론 등을 추가하였고, 제4편의 행정관리론으로 행정 관리를 기본과정과 통합·조정과정으로 구분하여 이 틀에 맞추어 체계적인 서술을 시도하였으며, TQM, 전략적 관리, 지식관리론 등을 추가하였다. 제5편에는 행정조직행태론을 신설하여 개인행동과 집단 차원의 행동의 이해 등을 새롭게 다루었다. 제6편 인사행정론에서는 그동안 새롭게 바뀌거나 신설된 중앙인사위원회를 비롯한 새로운 주제들을 망라하였고, 제7편 재무행정론에서는 정부조직개편으로 변경된 재정경제부, 기획예산처 등의 역할을 새롭게 정리하였다. 제8편 행정정보체계론은 전면적으로 새로운 원고로 대체하였으며, 제9편의 행정통제와 행정개혁 역시 새롭게 바뀐 법령과 제도 및 현황을 중심으로 내용을 손질하였다.

본서는 교양 및 기초과정의 초심자들이 손쉽게 이해하고 체계를 잡을 수 있는 내용을 갖추기 위한 노력의 산물이라고 볼 수 있으며, 더욱 심도 있고 풍부한 지식과 고급이론을 원하는 독자들은 곧 새롭게 출간될「행정학신론」개고판(改稿版)을 이용하면 좋을 것으로 생각한다. 모쪼록 본서가 독자 여러분들의 행정학에 대한 이해에 미력하나마 도움이 되길 바란다.

끝으로 독자 여러분들의 지속적인 성원에 감사드리며, 많은 질정(叱正)이 있기를 바란다. 또한 본서 발간을 위하여 노고를 아끼지 않은 박영사 제위의 후의에 감사드리며, 본서의 원고정리에서 교정에 이르기까지 수고를 해준 임영제 행정학박사와 이외에도 보이지 않는 곳에서 도움을 준 여러 분들에게도 감사의 마음을 전한다.

2000년 정월
저자 연구실에서
著 者 識

목 차

제1부 행정과 행정학 이해의 기초

제 1 장 행정국가와 현대정부

제 2 장 행정의 개념과 가치

제 3 장 행정학의 발달과 접근방법

제 2 부 공공정책과 정책과정

제 1 장 정책학과 정책의 본질

제 2 장 정책의제설정

제 3 장 정책결정

제 4 장 정책집행

제 5 장 정책평가

제 6 장 정책변동

제 3 부 조직이론과 조직관리

제 1 장 조직과 조직이론

제 2 장 조직의 구조와 설계

제 3 장 조직관리의 의의와 과정

제 4 장 동기부여와 집단역학

제 5 장 리더십과 의사결정 및 의사전달

제 4 부 인사행정: 정부인적자원의 관리

제 1 장 인사행정의 의의와 정부인사제도

제 2 장 정부인적자원의 확보와 관리

제 2 장 예산과정

제 3 장 예산제도개혁

제 6 부 지방자치와 정부혁신

제 1 장 지방자치와 주민참여

제 2 장 행정책임과 행정통제

제 1 부

행정과 행정학 이해의 기초

INTRODUCTION TO THE PUBLIC ADMINISTRATION

제 1 장

행정국가와 현대정부

제 1 절 국가관의 변천과 행정국가의 특성

1. 행정국가의 등장

근대적 의미에 있어서의 행정은 자유주의적인 권력분립주의의 영향 아래서 성립된 개념이다. 권력분립의 이론은 영국의 존 로크(John Locke, 1690)에 의해서 제창되고 프랑스의 몽테스키외(Montesquieu, 1748)에 의해서 완성된 것으로서 국가권력을 입법, 사법, 행정의 삼권으로 나누고 그것을 각각 입법부, 사법부, 행정부로 분장하여 상호 견제시킴으로써 권력집중으로 인한 전제를 방지하고 국민의 자유를 보장함을 목표로 하는 것이었다.

초기 자본주의의 발달과정에서는 국가의 역할보다는 개인의 사적 활동이 중요시되었다. 그리고 그러한 사적 활동들은 사회영역에서 이루어지며 국가는 가능한 한 그들의 활동을 간섭해서는 안 된다는 가정이 지배적이었다. 사회 내에서 이루어지는 사적인 활동들은 '보이지 않는 손'에 의해 자동적으로 조화와 균형을 이루기 때문에 국가는 그러한 활동영역에 간섭할 필요가 없다는 것이다. 따라서 국가의 주된 임무는 전체 사회를 보호하기 위한 국방과 국내 치안질서의 유지라는 두 가지 목적에만 국한되었던 것이다.

이와 같은 18~19세기 야경국가 또는 입법국가에 있어서의 행정은 가능한 한 국가활동영역의 감축을 원리로 하는 것이었다. 다시 말해서 시민에 대한 국가의 간섭을 가능한 한 배제하고 개인의 자유와 평등을 최대한으로 보장하려는 자유주의적 사상이 행정의 기본적 지도원리로서 작용하였으며, 그러한 자유주의적 사상은 경제적으로는 절대적인 사유재산의 보호와 자유경쟁의 보장으로 나타났다.

그러나 고전적 시장경제원리의 핵심이라고 할 수 있는 시장의 자기규제적 메커니즘의 한계가 노출됨에 따라 독점자본주의의 형태가 나타나게 되고 이것은 국가의 개입을 강력히 요구하게 되었다. 또한 개인의 자유와 평등이라는 기반 위에서 동질적으로 파악되었던 국민사회는 자본주의 발전에 따라 복잡화되는 한편 자본주의 자체가 내포한 모순이 현저한 사회현상으로 출현되어 사회적 · 계급적 대립의 격화 및 여러 가지 직능의 분화에 수반되어 불경기, 공황, 실업 등이 나타남으로써 국민사회는 그 안정성이 상실되었다. 그리하여 국가의 개입은 불가피하게 되었고 필연적으로 정치구조상의 변화를 초래하였다.

사실상 1929년의 경제공황에 대처하기 위하여 미국의 루즈벨트 대통령이 취한 뉴딜정책은 자유방임주의에 대한 국가통제의 필요성을 새롭게 인정한 것이라고 볼 수 있으며, 사회 자체가 각 방면에 걸쳐 국가활동을 요청하기에 이르렀던 현실에 입각한 것이라고 할 수 있다. 그리하여 국가의 기능, 특히 행정의 기능이 점차적으로 그 중요성을 인정받기에 이르렀는데 이것이 바로 야경국가 또는 보안국가로부터 직능국가 또는 행정국가로의 변모된 현상인 것이다.

따라서 현대국가는 국민의 생활영역에 보다 깊숙이 관여하여 사회의 제반 문제를 해결하는 문제해결자의 역할을 수행하는 직능국가의 성격을 갖고 있으며, 직능국가의 연장선에서 정부가 국민의 사회복지에 보다 적극적인 관심을 갖고 이를 실천하는 복지국가의 성격을 가지고 있다. 또한 이는 필연적으로 정부의 기능을 확대시키게 되며, 행정부가 이런 기능을 주로 담당하는 주체가 되는데 이를 행정국가라 일컫는다.

2. 행정국가의 특징

행정국가는 행정기능의 확대 · 강화에 따라 본래 국정의 집행기관인 행정부가 정부의 기본적 정책을 수립 · 유지 · 발전시킴에 있어서 입법기관보다도 실질적인 우위를 점하고 중추적 역할을 담당한다는 기능적 관점에서의 국가

개념이다. 이러한 행정국가의 특성은 다음과 같이 요약될 수 있다.

첫째, 정부의 기능이 행정부에 집중되어 집행기능은 물론 준입법기능 및 준사법기능까지도 담당하고 있다. 즉 행정부의 자유재량의 범위가 넓어지고 또한 그 의미가 상당한 중요성을 띠고 있다.

둘째, 사회의 복잡한 문제를 처리함에 있어서 고도의 전문적인 능력이 필요하게 되어, 법률을 제정하고 정책을 결정함에 있어서도 입법부보다 전문적 숙달자가 많은 행정부가 유리한 입장에 놓이게 되었다. 뿐만 아니라 정부의 기능을 효과적으로 수행하기 위하여 필요한 경우에는 위임입법이 허용되고 있다.

현대사회는 급속한 변화를 주요 특징으로 하고 있으며 그 주요 내용으로서 정보사회, 분권화사회, 네트워크사회 등을 들 수 있는데, 이러한 변화는 개인의 자립과 참여를 촉진시키고 다양한 선택이 가능한 고도 민주사회를 가능케 하는 원동력이 된다. 그리고 이러한 변화추세는 다양한 행정수요를 발생시키고 있는데, 교육기회의 확대와 시민참여의 요구가 증대되고 있으며, 효과적인 행정관리, 적시성 있고 계층을 초월한 공공정책결정과 정직한 행정과 정부에 대한 신뢰성회복이 요구되고 있다.

21세기에 진입한 현대사회에 있어서 행정의 내용 및 기능은 정부를 둘러싸고 있는 환경에 의해 좌우된다는 관점에서 볼 때, 행정 및 행정학의 주요 과제는 다음과 같이 정리될 수 있다. 즉 모든 정책결정에서 새로운 정보시스템을 활용하는 기획의 확대와 개선, 공공부문과 민간부문 간에 자원배분의 형평성 확보, 모든 시장의 공개성과 자유를 위한 틀의 설정, 인간성 존중과 생산성의 증진에 토대를 두고 조직구성원과 고객들의 창의성과 열정을 획득할 수 있는 인사정책의 개발, 감독 및 통제와 더불어 자기조정의 과정을 강화시키는 것 등이다.

결론적으로 정부는 헌법적 질서를 유지하고, 행정관료의 숙련된 기술적 능력을 확보하며, 각종 행정수요에 효과적으로 대처하고, 복잡하고 불확실한 환경변화를 관리하고 행정관료들이 윤리적으로 행동하도록 하는 기능을 수행하여야 할 것이다.

3. 시장실패와 정부실패

일반적으로 시장실패가 존재하는 부문은 공공부문의 담당영역이 되고, 그렇지 않은 부문은 민간부문의 영역이 된다. 반면 정부실패의 경우 그 반대로 생각할 수 있다. 이러한 양대 개념은 현대국가의 기능과 역할범위를 이해하는 데 매우 중요한 역할을 한다.

시장실패(market failure)는 모든 사람들에게 자유스럽게 행동할 수 있는 재량권을 주었을 때, 특수한 환경에 직면하면 사람들이 바람직한 교환관계에서 벗어나는 상황이 발생한다는 점에서 착안한 개념이다. 그리고 이러한 상황을 시장실패상황이라 부르는데, 이러한 관계가 정상적으로 될 수 있도록 국가가 개입해야 하는 것이다. 시장실패를 발생시키는 환경으로는 공공재, 외부효과(externality), 불완전경쟁, 정보의 불충분을 들 수 있으며 시장에 의한 자원배분의 효율성이 무너진 상태가 되므로 정부가 개입하여 규제행정활동을 펼치게 되는 것이다. 이외에도 대규모 투자를 필요로 하는 사회간접자본시설의 설치와 운영, 계층 간 형평성문제도 시장실패에 포함시키기도 한다.

한편 정부가 국민의 선호(preference)를 정확하게 대변하지 못할 때, 즉 민주성, 책임성, 형평성을 유지하지 못하는 경우와 여러 가지 요인으로 비효율성을 띠게 될 때, 이를 정부실패(government failure, non market failure)라고 부른다. 이 경우 정부는 그 역할을 축소하고 이 부분을 민영화하는 방법 등을 통해서 민간영역으로 그 기능을 이양하는 것이 바람직하다고 보는 것이다(민영화에 대한 자세한 내용은 본서 제1부 제4장 참조).

제 2 절 현대행정의 기능과 행정관료의 역할

1. 현대행정의 기능

1) 사회안정화 기능

사회안정화 기능은 행정의 전통적·소극적 기능을 의미하며 사회질서와 사회제도를 유지·안정시키는 기능을 말한다. 정부는 법과 질서의 유지, 공공사업, 과세, 외교활동, 국방 등의 기능을 수행한다.

2) 국민형성 기능

오늘날 대부분의 신생국들은 행정을 통하여 국민형성(nation building)의 목표를 달성하려고 한다. 국민형성 기능의 주요내용은 국기, 국가, 휘장 등 국민적 상징을 통하여 국민적 일체감을 높이고, 지역적·정파적 이익보다 국가정책이나 국민적 가치를 우선시킴으로써 국민적 통일성을 촉진시킨다. 또한 교육·종교·문화·시민단체 등에 대한 지원을 통하여 민족적 주체의식을 고취시킴으로써 국민적 사회화에 기여하고, 자립적 성장, 자원의 공정배분, 정치참여 및 개인적 자아실현을 통하여 국민생활의 향상과 국가발전을 도모하려고 한다.

3) 경제관리 기능

어느 국가를 막론하고 정도의 차이는 있으나 국민경제의 변동에 대한 지도·관리의 책임을 지고 있다. 정부가 수행하는 경제관리 기능으로 보조금, 기술제공 등 원조의 제공, 국민경제의 규제, 공익사업의 운영, 국민경제에 관한 기획과 안정화의 기능 등을 들 수 있다.

4) 사회복지 기능

정부의 사회복지 기능에는 보건·후생시설의 확충과 운영, 각종 보험제도 및 연금제도 등 사회보장제도의 실시, 의무교육의 강화, 공공주택건설 등이 있다.

5) 환경 및 인구관리 기능

고도의 산업화와 과학기술의 발전은 인구증가와 공해를 비롯한 각종 환경문제를 야기하였는데, 정부는 국민 생활의 질 향상을 위한 환경 및 인구관리 기능을 수행해야 한다.

2. 현대행정의 특징

1) 양적 측면

첫째, 그동안 행정환경의 변화에 대응하기 위하여 행정기구가 증설되는 것이 일반적인 추세였다. 그러나 최근에는 작은 정부와 공공부문의 축소가 세계적인 현상이 되고 있다.

둘째, 공무원 수의 증가현상이 나타나고 있었으나, 이 역시 최근에는 각국마다 공무원 수를 축소하는 움직임이 보편적인 현상으로 나타나고 있다.

셋째, 재정규모가 전반적으로 팽창되고 있다. 그러나 최근에는 이러한 재정규모의 팽창을 우려하면서 이를 줄이려는 노력들이 나타나고 있다.

2) 질적 측면

첫째, 행정의 전문화·분화를 요구하는 동시에 행정의 조정과 통합을 요구하고 있다.

둘째, 신중앙집권화·광역행정의 경향이 나타나고 있다.

셋째, 행정조직의 기동성과 신축성을 확보하기 위하여 프로젝트 팀(project team), 태스크 포스(task force) 등 동태적 조직편제의 활용이 강조되고 있다.

넷째, 정보사회에 대응하기 위한 정보기술 및 계량적 분석기법(SA, OR, PMIS 등)의 활용이 강조되고 있다.

다섯째, 자원의 최적배분을 위한 효율적 예산제도 확립 노력이 계속되고 있으며, 특히 성과(performance)를 강조하는 경향이 일반적인 추세가 되었다.

여섯째, 행정의 민주화가 중시되고 아울러 인간화를 위한 인간관계 관리기술이 강조되고 있다.

3. 행정관료의 역할

1) 공공성의 증진

행정관료의 가장 중요한 책임은 국민의 기대를 충족시키고 공공조직의 목적을 인식하려고 노력하는 데 있다. 행정관료들은 때때로 단순히 조직이 요구하는 과업을 수행한다는 견지에서 그들의 역할을 해석하는 경향이 있으나, 공공의 요구에 대처하고 공공문제의 해결을 시도하는 일이 훨씬 더 중요한 차원의 역할임을 인식해야 할 것이다.

2) 공공정책의 개발과 집행

하나의 사업을 집행하기 위해서는 여러 가지 요소들이 관련된다. 여기에는 각급 조직 간의 조정, 적절한 시기선택, 지방정부의 지원, 시민참여, 인사, 예산, 기획, 의사결정 등의 다양한 행정기능들이 관련된다. 따라서 행정관료들은 행정정보체제와 교육훈련, 목표설정방법 등의 활용과 같은 새로운 기술을 적용함으로써 위와 같은 기능의 수행을 개선하려고 시도한다. 더불어 행정관료들은 전문적인 기술과 능력을 바탕으로 사업계획의 영향과 사회적 환류를 통하여 사회에서 대두되는 문제들의 해결을 위한 새로운 정책을 개발하고 도입할 책임이 있다.

3) 행정민주화의 구현

행정관료는 행정을 수행하는 과정에서 인간의 가능성을 계속적으로 확대하며 자아실현, 자기관리의 방향으로 나아가도록 하고, 사회비판과 사회적 공헌을 위하여 인간의 능력을 활용할 수 있도록 하는 기회와 수단이 상존토록 하여야 한다. 또한 민주적 가치를 증진시키기 위해서는 행정관료들은 국민개개인의 권리를 보호할 뿐만 아니라 사회 전체의 이익을 증진시키는 역할을 수행해야 한다.

4) 행정수요에 대한 적극적 대응

행정관료들은 전체 사회에 대한 체계적인 분석과 이해를 바탕으로 하여 국민들이 요구하는 행정수요를 정확하게 파악하고 그 해결에 노력하여야 한다. 행정수요에 적절히 대응하여 국민들이 원하는 바를 충족시켜 주기 위해서 사회의 각 계층에 속하는 고객집단의 관점에서 사회문제와 행정수요를 이해하여야 하며, 국민들은 공정한 행정관료를 선호한다는 점을 철저히 인식함을 바탕으로 행정수요에 대응하여야 한다.

5) 행정관리의 효율적 집행

오늘날 정보기술(IT)의 발달과 더불어 행정의 정보화를 비롯한 행정관리의 기술이 급속하게 발전하고 있다. 행정관료들은 행정의 낭비적 요소를 제거하면서 대민봉사의 극대화를 위한 최신의 행정기술을 습득하고 그것을 지혜롭게 실천에 옮기는 일을 게을리하지 말아야 한다.

6) 행정윤리의 확보

행정윤리란 행정관료들이 행정을 수행하면서 준수해야 하는 일련의 행동규범이라고 정의할 수 있다. 현대 행정국가에서 행정관료들의 결정이 국민생활에 미치는 영향을 고려할 때, 행정관료들은 부정부패의 방지와 같은 소극적 의미에서뿐만 아니라 공익성과 봉사정신을 강조하는 적극적 의미에서 행정윤리를 확보할 책임을 지고 있다.

제 3 절 행정의 과정

일반적으로 행정과정은 목표설정, 정책결정, 기획, 조직화, 동작화, 평가 및 시정조치 등 일곱 개의 단계들이 연결되어 순환과정으로 움직여 가는 것으로 파악되고 있으나, 이 중 동작화로 표현되고 있는 관리의 기능적 요소들은 행정과정의 순환을 기동시키는 힘으로서, 이상의 어느 일정한 과정적 단계 속에 포함되는 것이 아니라 전체적 과정 속에 침투되어야만 행정이 이루어져 나

간다고 본다. 따라서 이러한 기능적 체계, 즉 행정관의 의지적 측면으로 표출되는 권위유지, 의사결정, 의사전달 및 동기부여를 포함하는 지도성은 단순히 기술적 합리화과정 속에 포함시킬 것이 아니라 별도의 차원으로 분류되어야 한다(행정 속에는 항상 관리기능이 존재하므로 행정의 과정모형과 관리의 과정모형은 동일하게 표현될 수 있다).

행정과정의 입체모형에 따라 설명하여 보면, 행정과정 중 첫 번째 단계인 목표설정은 행정체제가 장래에 이룩하고자 하는 바람직한 상태를 설정하는 단계이다. 이와 같이 행정체제 전체에 대한 목표가 설정되면 행정과정은 정책의제형성과 정책결정을 포함하는 정책형성단계로 옮겨지게 된다. 정책형성단계에서 결정된 정책을 구체화시켜 목표달성을 위한 합리적 수단을 선택하는 과정을 기획이라고 한다. 넓은 의미의 기획에는 정책기획(policy planning)과 운영기획(operation planning)이 포함되며, 목표설정, 정책형성, 기획으로 세분된다. 여기서 좁은 의미의 기획은 운영기획을 의미하는데, 행정과정의 입체모형에서 다루는 기획은 바로 이러한 운영기획을 지칭하는 것이다. 기획과정을 통해 구체적인 방법 및 수단이 선택되면, 조직을 편성하고 인적·물적 자원을 동원·배분할 필요성이 생기는데, 이를 조직화라 한다. 따라서 넓은 의미의 조직화에는 조직의 분업체제뿐만 아니라 인사·예산·물자에 관한 관리작용도 포함된다. 끝으로 행정과정 속의 평가기능과 시정조치는 통제기능 속에 포함된다.

한편 권위유지, 의사결정, 의사전달, 리더십 등의 기능적 요소들은 상기한 행정과정 중 어느 한 과정에 속한다기보다는 각 과정에 공통적으로 침투되어 행정목표달성에 기여하게 되는 것이다. 그리고 조정은 행정의 모든 요소에 잠재되어 있는 구심적 작용으로서 필요에 따라 행정과정의 모든 단계에서 발동시킬 수 있다.

제4절 행정과 환경

우리의 일상생활은 정부의 활동에 의해 영향을 받는다. 그런데 이러한 정부의 활동은 조직화된 다양한 정부조직을 통하여 이루어지게 되고, 이들 조직들이 무엇을 그리고 어떻게 하느냐는 외부의 사람들과 사건, 즉 외부환경 요소의 영향을 받게 되는 것이다. 또한 각 기관들은 환경으로부터 영향을 받기만 하는 것이 아니고 환경에 영향을 미친다. 행정환경이란 행정을 주체로 하여 이에 영향을 미치는 조건들의 총체라고 할 수 있다.

1. 일차적 환경: 정치적 환경(내적 환경)

행정에 있어서 정치적 환경은 매우 중요하다. 정치적 환경은 경제적 · 사회적 · 기술적 문제들을 행정적 대응을 필요로 하는 특정한 요구들로 변화시키는 매개물이다. 여기에서는 일반시민, 고객집단, 대중매체, 입법부, 행정부, 사법부를 포함하는 정치적 환경의 몇 가지 주요한 측면을 검토해 보기로 한다.

1) 일반시민

행정에 있어서 '공공'이라는 단어는 공공기관들의 정치적 환경의 중요한 한 측면을 나타낸다. 즉 행정은 공공목적을 위한 것이며, 이는 궁극적으로 일반시민을 위한 것이다. 아무리 명목상의 민주주의라도 시민은 정치 · 행정체제 내에서 배제될 수는 없다. 왜냐하면 우선 정부 내의 모든 구성원들은 시민으로부터 충원된다. 이와 함께 시민들은 의원들을 선출하며, 정부가 수행하는 것에 영향을 미치기 위해 다양한 정치적 자원들을 사용하고, 때로는 국민투표 절차를 통하여 중요한 국가정책에 영향을 미치기 때문이다.

2) 고객집단

시민들은 그들에게 가장 많은 영향을 미치는 정부 사업에 특히 관심을 가지고 있다. 즉 사회보장은 빈곤층에게, 제대군인연금은 제대군인들에게, 농업

정책은 농민들에게 가장 중요한 것이다. 바로 이러한 집단들이 관계기관의 고객집단을 구성하는 것이다. 입법부, 행정부, 사법부를 포함한 정치적 환경에 영향력을 행사함으로써 고객집단들은 행정에 대하여 상당히 영향력을 미칠 수 있다.

3) 대중매체

일반시민에 있어서 행정에 관한 중요한 정보의 원천은 신문, 잡지, TV, 라디오를 포함하는 대중매체이다. 정부 역시 이를 중시하여 방송 또는 신문 등을 통하여 긍정적 보도의 기회를 얻으려고 노력하고, 각 기관들의 활동과 성과를 알리려고 시도한다.

4) 입법부

정부기관들에 대해서 입법부는 아주 중요한 역할을 수행한다. 대부분의 정부의 결정들은 의회의 승인을 요하는 것들이다. 정부기관들에 대한 입법부의 가장 대표적인 권한은 기관의 창설과 폐지에 관한 것이다. 단지 행정행위에 의해서 창설된 기관들은 보통 후속의 입법들에 의해 인준되거나 합법화된다. 또한 입법부는 그 기관들을 폐지시킬 수도 있다. 입법부는 또한 공공기관에 의해 사용되어지는 자원들에 대하여 상당한 통제력을 행사할 수 있다. 인사부문에 있어서 고위공무원의 임명은 입법부의 동의를 요하며, 이들을 탄핵할 수도 있다. 자금 또는 예산배정에 있어서의 입법부의 통제는 더욱 중요한 것이다. 아울러 정부기관들은 각종 행정절차들에 관한 입법부의 규정들을 준수해야 한다.

5) 행정부: 최고관리층

대통령을 비롯한 정부의 최고관리층들과 행정기관과의 관계는 복잡한 양상을 가지고 있다. 비록 이들이 명목적으로는 행정기관의 최종책임을 맡고 있지만 현실적으로는 행정부의 통제력은 제한성을 지니게 된다. 물론 대통령을 비롯한 최고관리자들이 권한을 갖고 있지 않은 것은 아니다. 이들은 주요관료들에 대한 임면권(任免權)을 갖는다. 또 예산제도를 통하여 최고관리자들은 행정기관들의 예산요구를 검토하고 수정할 권한을 가지는 것이다. 이와 함께 대통령에게 행정부서에 대한 조직재편권이 주어져 있다.

6) 사법부

사법부는 헌법, 법률을 해석하고 적용한다. 이를 통하여 법원은 정부의 모든 수준의 기관들에 상당한 영향력을 발휘할 수 있다. 물론 법원들은 또한 실제적인 불만을 지닌 개인들과 조직에 의해 소송이 제기되기를 기다려야 한다. 그러나 특정한 사건에 연루된 정부기관에 있어서 사법부의 결정은 상당히 직접적인 영향을 미친다. 또 사법부의 판결은 심리 하에 있는 특정 사건에 관계된 행정에 영향을 미칠 뿐만 아니라 유사한 사건들에 대한 선례를 형성하게 된다. 법원의 결정은 행정부가 할 수 있는 것과 할 수 없는 것이 무엇인가를 결정하는 일반규칙들을 간접적으로 설정한다.

2. 이차적 환경(외적 환경)

1) 경제적 환경

경제적 환경은 정부가 수행하는 활동의 유형과 이러한 활동에 충당하는 자원들에 영향을 미친다. 우선 행정은 경제의 규모에 따라 그 기능과 규모가 영향을 받는다. 또한 어떠한 경제체제를 택하는가에 따라서도 행정의 역할은 달라진다. 반면 행정 역시 경제에 크게 영향을 미치게 된다. 즉 산업생산력이 비약적으로 증가되면서 정부의 경제개입은 경제활동전반에 걸쳐 이루어지게 된 것이다. 개발도상국의 경우 행정은 경제발전이라는 또 다른 중요한 기능을 수행하여야 한다.

우리나라는 1960년대 이후 외형적으로는 비약적인 경제발전을 이룩하였다. 그러나 수차에 걸친 경제발전계획을 통하여 정부주도로 수출증진, 국민소득증대, 경제구조개편 등의 성과를 거두어 온 반면, 그동안의 성장위주정책의 누적된 부작용, 경제구조의 허약체질 개선문제 등이 제기되기 시작하였고 급기야는 1998년 경제위기로 인한 IMF구제금융을 신청하기에 이르렀다. 이후 국민과 정부의 노력으로 경제위기를 극복하기는 하였으나 아직도 그 후유증

이 잔재하고 있는 실정이다. 앞으로 우리나라 경제는 변화하는 국제경제흐름에의 적응, 경제민주화와 경제 산업구조의 개혁, 소득재분배, 물가안정 등을 지속적으로 추진하여야 할 것이다.

2) 사회적 환경

사회는 그 유형에 따라 특유한 방식으로 행정체제에 영향을 미칠 수 있고, 행정체제 역시 각 사회의 특성에 대응하여 독특한 방식으로 운영되고 있다. 행정체제는 그 운영에 필요한 인적 자원을 사회집단으로부터 충원하기 때문에 사회의 모든 집단의 가치를 반영하게 되고 이의 영향을 받는다. 그러나 행정이 사회로부터 일방적으로 영향을 받기만 하는 것은 아니며, 공공정책을 통하여 사회에 영향을 미치고, 사회의 문제를 해결하고 나아가 사회변동을 촉진, 관리한다.

특히 개발도상국가에서는 행정이 국가의 목표를 제시하고 사회 각 부분을 이끌어 가는 선도적 역할을 하고 있는 것이다. 개발도상국가들은 1960년대 이후 급격한 사회변동을 경험하였는데 이 중 대표적인 것으로 공업화와 도시화를 지적할 수 있다. 이로 인하여 인구증가, 대도시 인구집중과 이로 인한 도시문제와 농촌 피폐화 등의 많은 문제점이 노출되기 시작하였다. 그러므로 정부는 이러한 문제점들을 해결할 수 있는 능력과 의지를 갖추고 있어야 하며, 국민들 역시 문제해결을 위한 적극적 참여의식을 갖추고 있어야 한다.

3) 기술적 환경

기술적 환경 역시 행정에 다대한 영향을 미친다. 즉 과학기술은 행정의 능률은 물론, 행정의 내용, 정책의 결정 및 집행의 방법, 나아가서는 행정조직의 구조문제에 이르기까지 결정적으로 영향을 미치고 있다.

특히 정보기술을 기반으로 하는 정보사회의 도래는 행정의 역할과 내용을 크게 변화시켰다. 행정에서의 정보기술의 활용은 행정의 생산성 향상, 체제의 민주성확보 기능, 시민의 이익표출을 비롯한 참여의 활성화 기능, 인간교육적 기능, 시민의 이해를 돕고 지지를 이끌어 내는 홍보 기능을 동시에 제고시킬 수 있는 것으로 평가받고 있다.

제5절 우리나라 정부의 구성

우리나라 정부는 행정부, 입법부, 사법부로 구성되어 있다. 넓은 의미로는 이 3부 기관을 통틀어 일컫는 개념이지만, 좁은 의미로는 행정부만을 일컫는다.

행정부는 대통령을 수반으로 하여 입법부에서 법률로써 정한 사안들을 실행한다. 대통령은 국무총리와 국무위원으로 구성된 국무회의의 조력을 받아 업무를 처리한다. 행정각부는 행정부의 업무를 직접적으로 처리하는 집행기구이다. 각 부의 장은 국무위원 중에서 대통령이 임명하며, 국회의 인사청문회를 반드시 거쳐야 한다.

입법부는 국회를 가리키는데, 대한민국 국회는 국민을 대표하는 기관으로 입법권을 가진다. 현재 단원제로 구성되어 있으며, 의원수는 300명이다. 의원들은 상임위원회에 소속되어 있으며, 상임위원회는 총 16개가 있다. 사법부는 대법원, 고등법원, 지방법원과 지원으로 구분된다. 그리고 입법, 행정, 사법에 속하지 않는 독립기관으로 헌법재판소, 중앙선거관리위원회, 국가인권위원회를 두고 있다.

행정부는 대통령을 중심으로 국무총리 산하에 18부 4처 17청(2018년 기준)을 두고 있다. 대통령은 정부의 수반으로서 법령에 따라 모든 중앙행정기관의 장을 지휘·감독한다. 국무총리는 대통령의 명을 받아 각 중앙행정기관의 장을 지휘·감독하며, 부총리는 기획재정부장관과 교육부장관이 각각 겸임하고 있다.

중앙행정기관은 정부조직법과 다른 법률에 특별한 규정이 있는 경우를 제외하고는 부·처 및 청으로 한다. 각 행정기관의 장은 소관사무를 통할하고 소속공무원을 지휘·감독한다. 각 행정기관에 배치할 공무원의 종류와 정원, 고위공무원단에 속하는 공무원으로 보하는 직위와 고위공무원단에 속하는 공무원의 정원, 공무원배치의 기준 및 절차 그 밖에 필요한 사항은 대통령령으로 정한다.

그림 1-1-1 우리나라 정부조직도

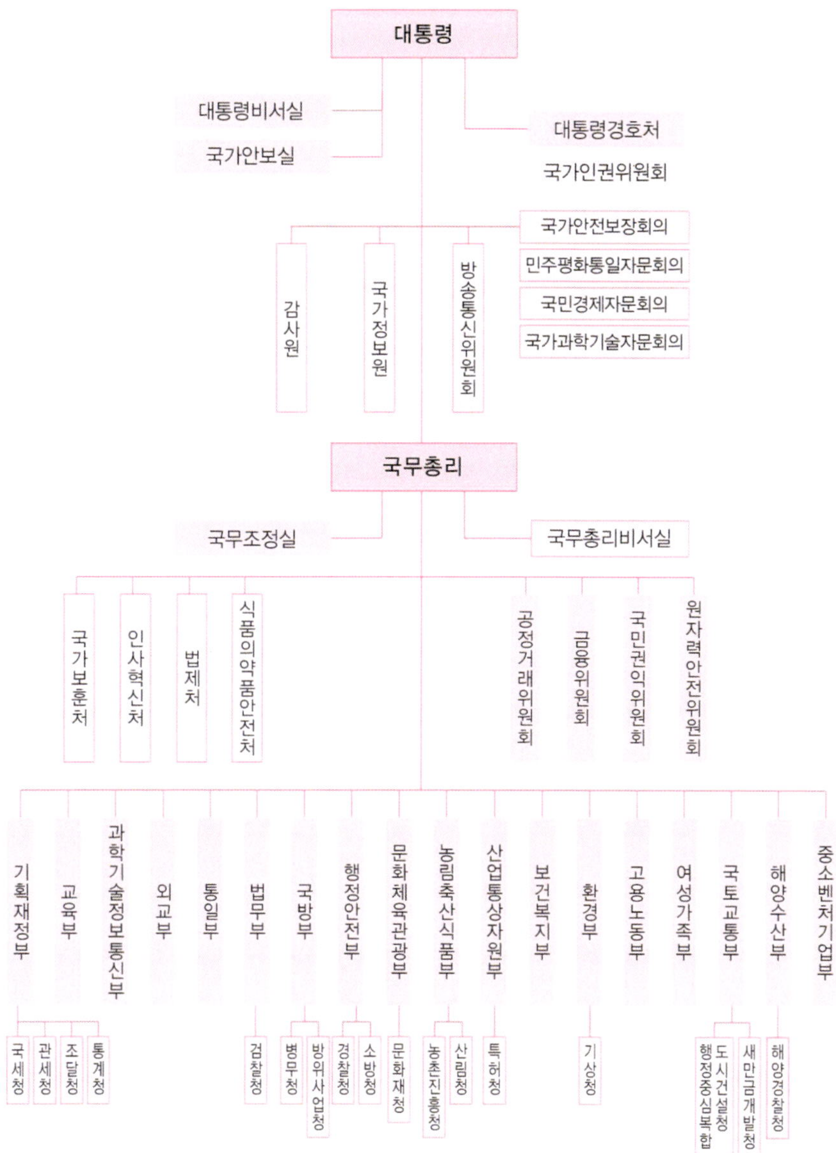

중앙행정기관으로 기획재정부, 교육부, 과학기술정보통신부, 외교부, 통일부, 법무부, 국방부, 행정안전부, 문화체육관광부, 농림축산식품부, 산업통상자원부, 보건복지부, 환경부, 고용노동부, 여성가족부, 국토교통부, 해양수산부, 중소벤처기업부 등 18부와 국가보훈처, 인사혁신처, 법제처, 식품의약품안전처의 4처가 있다.

제 6 절 정보사회와 행정

1. 정보사회의 의의

일찍이 토플러(Tofler)는 그의 저서 「제3의 물결」에서 농업사회와 공업사회에 이은 정보사회의 도래를 예견했다. 정보사회라는 개념은 매우 다양하게 규정되고 있으나 "정보의 상대적 가치가 다른 어떤 재화와 어떤 용역보다도, 그리고 어떤 시대 어떤 사회에서보다도 더 높고, 정보에 관련된 산업과 활동이 주축을 이루며, 정보에 대한 수요와 활용도가 대단히 높은 사회"로 보고 있는 것이 일반적이다. 그리고 이러한 정보사회에서는 정보의 생산, 처리 및 활용기술이 사회발전의 원동력이 되고 사회를 지배하는 권력의 원천이 된다.

이러한 정보사회에서는 우리의 일상생활도 크게 변화하게 된다. 정보고속도로라는 사회간접자본의 확충에 따라서 도시는 지하 케이블을 갖추고, 새로운 형태의 정보 미디어인 쌍방향 TV나 단말기 등 멀티미디어 서비스의 확산을 통하여 원격의료, 원격교육, 전자도서관 등이 보편화되는 정보공동체(information community)가 이루어지고 있다. 또 정보통신 기기의 네트워크화 및 초고속화가 이루어짐으로써 영상회의가 보편화되고, 홈쇼핑, 홈뱅킹 등 전자상거래(electronic commerce)가 일상화되었다. 아울러 정치적으로는 전자 민주주의(cyber democracy)에 의하여 더 많은 사람들이 참여 민주주의의 대열에 합류하고 있다.

2. 정보사회의 정부모형

정보기술의 확산으로 나타난 정보화는 산업화 시대의 지식은 물론 조직구조마저 붕괴시키고 있으며, 새로운 형태의 지식기반사회를 만들고 있다. 이러한 지식기반사회를 기반으로 새롭게 나타나거나 논의되고 있는 정부모형이 바로 전자정부, 모바일(mobile) 정부, 유비쿼터스(ubiquitous) 정부 등이다.

전자정부란 일반적으로 '정보기술을 활용하여 행정 활동의 모든 과정을 혁신함으로써 정부의 고객인 국민과 기업에게 제공하는 각종 서비스와 정보를 손쉽게 이용할 수 있도록 하고, 행정 및 정책 활동의 생산성을 향상시켜, 한반도의 지식정보화를 선도할 수 있는 정부로 재창출하는 것'으로 정의하고 있다. 이러한 전자정부에 유동성의 개념이 다시 강조되어 '모바일정부'라는 용어가 쓰이기도 한다.

유비쿼터스 정부는 u-정부라고도 하는데, 이는 협의로는 초소형 컴퓨터를 모든 생활기기 및 주택, 도시 시설물 등에 설치하고 상호 간 유·무선 초고속 통신망을 이용하여 연결함으로써 일상생활 및 국토 공간을 구성하는 모든 사물들을 지능화시키는 것을 의미한다. 광의로는 이를 기반으로 국가의 경쟁력 향상을 기하는 정보사회의 국가경영 전략 개념으로 볼 수 있다.

정보사회에서 요구되는 바람직한 정부의 요건으로 OECD는 조직의 슬림화와 기존 행정관리 및 운영 패러다임의 전면적 수정을 제시하면서 앞으로의 행정은 지식을 바탕으로 이루어져야 한다고 강조하고 있다. 즉 정보통신 기술을 사용하여 지식(정보)의 산출, 확산, 이용 및 관리와 행정인의 창조적이고 혁신적인 능력의 통합을 통해 부가가치를 창출하는 행정이 되어야 한다는 것이다. 따라서 이러한 정보사회에서의 행정은 단순히 정보기술(information technology)을 행정업무에 도입하는 것만으로는 이루어지지 않으며, 고객중심적인 거버넌스(governance) 이념의 구현, 지능형 행정, 분권화와 조정력을 갖춘 행정, 원스톱(one-stop)서비스의 구현, 행정개혁 등이 함께 이루어져야만 성공할 수 있을 것이다.

제 2 장

행정의 개념과 가치

제 1 절 행정개념의 다양성

행정이란 무엇이냐에 관한 개념규정을 한 마디로 하기란 어려운 일이다. 행정학의 연구대상인 행정현상이 시대와 국가에 따라 조금씩 달라져 왔고, 그리고 현대사회의 확대되어 가는 행정수요에 대응해 나가기 위하여 행정기능이 양적으로 증대하고 질적으로도 변화되어 가기 때문이다.

나이그로(Felix A. Nigro)는 행정개념의 정의가 어려운 이유로는, 첫째 행정의 한계가 불분명하고, 둘째 근래에 행정의 내용이 계속 확대되고 있다는 것을 들고 있다. 이것은 행정현상이 계속 동태적으로 변하고 있다는 것을 의미한다.

행정의 개념을 규정하는 데는 크게 행정법학적 접근과 행정학적 접근의 두 가지 개념규정의 방법이 있는데, 우선 행정법학자들이 규정한 행정개념에는 삼권분립공제설, 국가목적실현설, 법함수설 등과 같은 학설이 있다. 여기에서는 행정학적 행정개념을 중심으로 살펴보기로 한다.

첫째, 행정관리설이 있는데, 이는 행정을 이미 수립된 법이나 정책을 구체적으로 집행·관리하는 기술적 과정 내지 체계로 파악한다. 그러므로 행정과 경영을 동질적인 것으로 보는 것으로 가치판단적 기능을 배제하였다.

둘째, 통치(정치)기능설이 등장하는데, 이는 행정의 본질을 정치와의 밀접한 관계에서 파악하며, 행정을 정치 또는 정책의 기능으로 이해한다. 디목(Dimock),

애플비(Appleby) 등이 통치기능설을 대표한 학자이다.

셋째, 1940년대 중반부터 대두된 행정행태설은 공행정과 사행정을 구별하지 않고 행정을 사회적 집단행동으로 파악하며, 인간의 행동에 연구의 주된 관심을 두는 것이 특징이다. 또한 가치판단을 배제하고 순수한 과학성을 추구한다는 점에서도 특징을 지닌다. 공·사행정의 본질적인 차이를 인정하지 않는다는 점에서 이 학설은 전술한 행정관리설과 유사하나, 과학적인 행정행태를 강조한다는 점에서는 상이하다.

넷째, 1960년대부터 대두된 발전기능설이 있다. 행정이란 국가발전을 위한 정치적·사회적·경제적 목표설정에 적극적으로 참여하고 그에 일치되는 정책과 계획을 수립하고 집행·관리하는 기능으로 이해한다. 에스만(Esman), 와이드너(Weidner) 등을 대표적 학자로 들 수 있다.

다섯째, 최근에는 거버넌스론(governance)이 등장했는데, 이는 국가·정부에 중점을 두었던 전통적 행정개념과는 달리 정부, 비영리조직, 비정부조직(NGO), 자원봉사 등 여러 조직의 공공활동을 행정으로 파악하는 새로운 개념이다. 이는 지역사회로부터 국제사회에 걸치는 여러 공공조직에 의한 행정서비스 공급체계의 복합적 기능에 중점을 두는 포괄적 개념으로 인식될 수 있다. 신관리주의(new managerialism)에 기초한 이 개념은 전통적인 행정 혹은 통치의 개념보다 경영의 의미가 강하다.

여기에서는 행정을 일단 "국민들이 물질적 및 정신적인 풍요로움을 체험할 수 있는 선한 문명의 창조·개발을 목적으로 정책을 형성하고 집행하며 관리하는 공적 활동"이라고 규정하고자 한다.

제 2 절 공행정과 사행정의 비교

행정의 본질을 명확하게 이해하기 위해서는 공행정과 사행정(경영)의 유사성과 차이점들을 이해할 필요가 있다. 공행정과 사행정의 성격에 관하여는 지금까지 양대 입장으로 갈라져 오고 있다. 그것은 양자의 유사성을 더 강조하는 입장과 이의 차이점을 더 강조하는 입장이라고 간략히 요약할 수 있겠다.

양자의 유사성을 강조하는 입장은 정치행정 이원론의 기술적 행정학에서의 주장으로 행정을 관리기술로 파악하여 행정을 정치와 분리하여 인식함으로써 공사행정 동질론의 견해를 취하는 입장이다. 이러한 입장을 취하는 대표적인 학자로서는 윌슨(Woodrow Wilson), 귤릭(Luther Gulick), 어윅(Lyndall Urwick) 등이 있다.

반면 양자의 차이점을 강조하는 입장은 정치행정일원론의 기능적 행정학에서의 주장으로 공공의 목적과 가치로 중시하여 양자는 본질적으로 상이한 것으로 보는 공사행정 준별론을 취하는 입장이다. 이러한 입장을 취하는 대표적인 학자들로는 애플비와 디목을 들 수 있다.

이상의 두 입장 중 어느 쪽이 우세하느냐 하는 것은 시대에 따라 다르나 현재는 차이점을 강조하는 입장이 우세하다고 보는 견해가 더 강하다고 볼 수 있으나, 거버넌스론(governance)이 등장하면서 다시 공통점을 강조하거나 심지어 사행정의 우위론을 전개하는 견해도 나오고 있다.

첫째, 양자의 유사점으로는 ① 목표달성의 수단성, ② 관료제적 성격, ③ 관리기술, ④ 협동성, ⑤ 봉사성 등을 갖는다는 점을 들 수 있다.

둘째, 양자의 차이점은 ① 목적, ② 성과의 측정, ③ 법적 규제, ④ 정치성, ⑤ 독점성, ⑥ 평등성 등의 측면에서 찾을 수 있다.

행정과 사행정의 관계는 유사성보다는 차이성을 강조하는 입장이 우세하다. 그러나 다른 한편 사기업체의 정치성, 대규모 기업들의 출현, 기업의 사회적 책임성의 강화, 제3부문(the third sector)의 등장에 기인하여 공행정과 사행정은 융합하는 경향이 존재하고 있다. 그래서 양자의 차이점도 본질적인 것이라기보다는 양적, 정도상의 차이에 불과하다고 볼 수 있다(제3부문(the third sector)라 함은 민간부문, 정부부문으로 구별하고 이 양 부문이 합쳐지는 공공부문－비영리, 임의－을 제3부문이라 부른다).

공행정과 사행정과의 관계는 특정 국가의 정치체제의 유형이라든가 정치사회발전의 수준에 따라 상이하게 나타나고 있다. 미국에서는 경영이 먼저 발달하여 국가의 행정에 이것이 적용되어 행정도 경영방식으로 보는 경향이 강하나 우리나라의 경우 행정은 경영과 전혀 별개로 권력적인 것으로서 운영되어 왔기 때문에 공행정과 사행정의 차이가 훨씬 크다고 볼 수 있다. 따라서 우리나라의 경우 공행정과 사행정의 관계는 양적 차이뿐 아니라 질적 차이까지 있다고 말할 수 있다.

제 3 절 공공행정의 기본적 속성

공공행정의 개념을 가장 단순화시키면 공익을 달성하기 위한 합리적 협동행위라고 할 수 있다. 이러한 점에서 착안하면 공공행정의 기본속성을 공익성, 합리성, 조직성이라고 할 수 있는데, 이를 구체적으로 살펴보면 다음과 같다.

1. 공익성

1) 공익의 개념 및 학설

(1) 공익의 개념

공익(public interest)은 20세기 이후의 행정국가화와 더불어 주목을 받게 된 개념이다. 공익에 대한 관심이 증대된 배경을 구체적으로 살펴보면 첫째, 행정국가화에 따라 행정의 재량권이 커지고 이들이 좌우하는 자원이 엄청나게 커졌다. 둘째, 이러한 결정을 누가 어떻게 결정을 하느냐에 의문을 갖게 되었다. 셋째, 이와 같은 관심의 증대는 종래 공익결정방법으로 인정되어 온 다수결의 원칙이 언제나 공익을 구현하는 유일한 방법이냐에 대한 의문을 갖게 된 데서부터이다.

공익이라는 용어는 포괄성, 상대성을 본질로 하기 때문에 다양하게 정의되고 있을 뿐만 아니라 아직도 그 의미는 확정되어 있지 않다. 지금까지 공익 개념에 관하여 내려진 정의를 보면 사회일반의 이익, 불특정다수인의 결정, 사회구성원의 평균적 이익 등이 있는데 이들을 종합해 보면 공익이란 일반성을 가진 불특정다수인의 이익이라고 할 수 있다. 공익이라는 개념은 이와 같이 매우 애매모호하고 가치 함축적이고 이상적이며 현실과 거리가 있는 것으로 인식되기 쉬우나, 공익은 행정의 최고이념이며 행정인의 활동에 관한 최고의 규범적 기준으로서의 정책결정의 기준이 된다.

(2) 공익개념에 관한 제 학설

공익의 내용이 무엇인가를 파악하는 데에는 여러 가지 인식태도가 있겠으나 여기에서는 규범설, 과정설, 공동체이익설, 공공재설을 중심으로 살펴보기로 한다.

규범설

이 학설에 의하면 공익은 정치생활에 적용될 수 있는 최고의 윤리기준으로서 정책결정에 있어서 모든 행위를 인도하고 규제하는 규범적 개념이라는 것이다. 그러므로 이때의 공익은 공공선(common good)과 같다는 것이다. 이때의 공공선으로서의 공익은 공동체에 내재하고 있는 특유한 것으로 단순한 개인적인 이익의 집적과는 질적으로 다르다는 것이다. 윤리기준으로서의 공익이 이루어지는 과정에 대하여 리프만은 인간이 바르게 보고 합리적으로 사고하고 공평하고 자비롭게 행동할 때 나타난다고 한다.

과정설

이 학설은 공익은 선험적인 개념이 아니라 집단과정의 결과적 산물이라는 것이다. 즉 정치현상을 집단현상으로 파악하고 집단 간의 경쟁과 대립 속에서 정책이 이루어지고 그 산물로서 공익이 나타난다는 것이다. 개인이나 집단들은 자기들의 이익과 선호를 증진시키기 위해서 정치광장 속에서 상호 관계하고 있는데, 이러한 이익들이 정치과정 속에서 공익으로 전환된다는 것이다. 이 학설은 어떻게 보면 공익이 없다는 입장과 같다고 볼 수 있다. 그러나 이 입장은 다음과 같은 점에서 비판을 받고 있다. 첫째, 이기적인 이익이 갈등을 조정하는 과정에서 공익화하며, 둘째, 이것이 국민의 다수이익을 대표할 수 있다고 볼 수 없으며, 셋째, 더구나 조직화되지 않고 정보에 밝지 못한 국민의 경우 어떻게 누가 참여하여 대변하며, 넷째, 규범적·도덕적인 것이 개입할 여지는 전혀 없느냐 하는 것이다. 그러므로 이 과정설은 토의, 비판과 경쟁의 과정이 발달하지 못한 신생국에서는 그 적용이 제한된다고 할 수 있다.

공동체 이익설

이 학설은 사회나 국가는 개인으로 구성되어 있지만 단순한 개인의 집합체와는 다른 인격과 권익을 가지고 있는데, 이것이 바로 공익의 원천이라는 것이다. 즉 사회 전체로서의 권익과 인격을 추구하고 실현하는 것이 공익이라는 것이다. 그러므로 "공익은 사익의 단순한 집합에 불과하다"는 설에 정면으로 반대되는 학설이다. 이 입장은 국가나 사회는 개인의 단순한 집합체 이상의 그 무엇으로서 자신의 인격과 권익을 가지고 있으며 이러한 단체로서의 인격과 권익은 개인의 그것과는 별개의 것으로 자신의 가치체계를 갖는 독립된 통일체로서 인식되고 있다. 이러한 가치체계와 권익은 개인의 그것들보다 훨씬 중요한 것으로 실제로 존재하고 있다고 주장되고 있다. 학자들에 따라서는 실체설이라고도 한다.

공공재설

공공재설은 재화의 성격에서 공익을 찾아야 한다는 것이다. 재화에는 공공재와 사용재가 있는데, 이 중 공공재는 비배제성(non-exclusion)과 비경합적 소비성(non-rival consumption)을 가지고 있다. 즉 사용이나 소비에 있어서 생산에의 기여 여부에 관계없이 분할할 수도 배제할 수도 없는 성격을 말한다. 이 학설은 이러한 비배제성과 집합적 소비성을 가진 재화를 생산하는 것이 공익이라는 것이다.

2) 공익의 기능

행정과정이나 정책결정에 있어서의 공익의 기능을 몇 가지로 나누어서 살펴보면 다음과 같다.

① 공익은 정책결정 및 프로그램을 평가해 주는 기준이 된다.

② 공익은 주관적 가치를 객관적인 평가로 전환시켜 주는 역할을 한다.

③ 공익은 집단이익을 조절하는 과정 속에서 잠재적 이익이나 조직화되지 않은 이익까지도 고려하게 하는 기능을 수행한다.

④ 공익은 다원적 사회에 있어서 공존체제를 구축하는 역할을 한다.

⑤ 공익은 국가의 행위를 정당화시켜 주는 역할을 한다.

2. 합리성

1) 개념

합리성이란 여러 각도에서 개념규정을 할 수 있지만 우선 사색·이성적 과정으로서, 어떤 행위가 이성에 합치될 때 합리적이라 일컬어진다. 즉 행위가 지성적이고 상식적인 면에서 이해될 수 있고, 의식적이며 심사숙고의 과정을 거치고 계산된 것이라면 합리성을 띠고 있다는 것이다.

합리성의 개념에 관하여는 만하임(Karl Mannheim), 사이먼(H. A. Simon), 디싱(Paul Diesing)의 견해를 중심으로 살펴보고자 한다.

(1) 만하임(Karl Mannheim)의 이론

만하임은 합리성을 실질적 합리성과 기능적 합리성으로 구분하여 설명하고 있다. 실질적 합리성(substantial rationality)이란 어떤 특정의 상황에서 여러 가지 사건이나 요소 간의 상호 관계에 대해서 지성적 통찰력을 나타낼 수 있는 사고작용이라는 것이다. 기능적 합리성(functional rationality)이란 이미 정해진 목표의 성취에 순기능적 행위를 할 때 나타나는 합리성을 말한다. 즉 목표의 성취에 기여하는 행위는 기능적인 면에서 합리성을 띠고 있는 것이다.

(2) 사이먼(Herbert A. Simon)의 이론

사이몬은 합리성을 내용적 합리성과 절차적 합리성으로 나누어 설명하고 있다. 내용적 합리성(substantive rationality)은 경제학적 개념으로 목표성취에 기여하는 행위를 말한다. 즉 행정의 내용적 합리성 여부는 목표성취에의 기여 여부에 달려 있다는 것이다. 그런데 이때의 목표성취는 주로 효용 또는 이윤의 극대화이다. 절차적 합리성(procedure rationality)은 심리학적인 개념으로 의식적인 사유과정을 의미한다. 즉 어떤 행위가 의식적인 사유과정(deliberation)의 산물이거나 인지력(cognitive power)과 결부되어 있을 때에 절차적 합리성을 다루고 있는 것이다. 절차적 합리성은 어디까지나 결과보다는 과정에 관심을 두는 것이다.

(3) 디싱(Paul Diesing)의 이론

디싱은 합리성을 기술적 합리성, 경제적 합리성, 사회적 합리성, 법적 합리성, 정치적 합리성으로 나누어 설명하고 있다. 기술적 합리성(technical rationality)이란 하나의 목표를 성취하기 위하여 적합한 수단을 찾는 것을 말한다. 따라서 수단·목표의 계층적 구조는 기술적 합리성의 골격을 이루는 것이다. 경제적 합리성(economic rationality)이란 비용·효과의 비교개념에서 목표를 선정하고 평가하는 과정에서 나타나며, 비용에 비해서 효과가 큰 목표를 선정하는 것에 관계된다. 따라서 경제적 합리성은 두 개 이상의 목표 등이 서로 경쟁을 벌이고 있을 때에 나타나게 된다. 사회적 합리성(social rationality)은 사회체제의 구성요소 간의 조화 있는 통합성을 말한다. 법적 합리성(legal rationality)이란 인간과 인간 간에 권리의무관계가 성립할 때에 나타난다. 법적 합리성은 인간생활의 규범적 측면에서 갈등을 해결할 필요가 있을 때에 나타나게 된다. 정치적 합리성(political rationality)은 정책결정구조의 합리성을 말한다. 즉 정책결정구조가 개선될 때에 정치적 합리성은 나타나게 된다.

2) 합리성의 제약요인

합리성을 제약하는 요인은 여러 가지 측면에서 생각할 수 있으나 여기에서는 주로 목표달성의 극대화라는 차원의 제약요인을 살펴보기로 한다.

(1) 감정적 요소

인간의 감정적 요소는 합리성의 주요 제약요인이라고 할 수 있다. 즉 인간은 감정에 의하여 지배되거나 감정을 현명하게 관리하지 못함으로 인해 비합리적 행위를 하는 경우가 많다.

(2) 가치선호의 갈등

가치선호의 갈등은 사실에 대한 정확한 지식의 결핍으로부터 오는 경우가 많다. 사실에 대한 정확한 정보와 지식이 존재한다 할지라도 가치선호의 갈등 문제는 그대로 남게 된다. 이러한 가치선호의 문제는 합리성을 제약하는 요인이 된다는 것이다.

(3) 지식 및 정보의 불완전성

합리성은 일반적으로 행위상황에 대한 지식 및 정보의 완전성을 전제로 한다. 합리성을 추구하는 과정에서 지식의 역할이란 어떤 대안이나 행위를 취하였을 때 그것이 어떤 결과를 가져다 줄 것인가를 파악하고 결정하는 것이다. 그러나 각 대안마다 어떤 결과를 가져다 줄 것인가를 정확하게 파악한다는 것은 불가능하다. 여기에 지식 및 정보의 불완전성은 나타나게 되고 이것이 합리성을 제약하게 되는 것이다.

(4) 기존의 가치체계

사회에 전반적으로 받아들여지고 있는 기존의 가치체계는 인간의 사고와 행동을 같은 방향으로 인도함으로써 새로운 사고와 행동을 방해하게 된다.

(5) 비용의 과다

합리성이 보다 나은 결과를 추구하는 과정이라고 볼 때에 시간, 노력, 금액의 더 큰 소요는 불가피하다. 이 때 소요되는 비용이 너무 크면 합리성은 그만큼 제약을 받게 되는 것이다.

(6) 관습과 기억

습관(habit)은 행동유형의 보수성을 강화시킴으로써 합리성을 제약하게 된다. 그리고 기억 역시 습관과 마찬가지로 행위나 사고의 보수성을 강화시킨다.

(7) 타성

인간은 한번 행위나 관심이 일어나면 상당 기간 동일한 방향으로 나가려고 한다. 동일한 방향으로의 지속적인 행위의 진행성은 다른 가능성에 대한 관심을 차단시킴으로써 합리성을 제약하게 되는 것이다.

3. 조직성

1) 행정활동에 있어서의 조직성의 의미

행정활동의 조직성이란 말은 한 마디로 구체적 행정은 조직을 통하여 이루어진다는 의미이다. 그러나 행정의 연구에 있어서 조직은 개인이 일상생활에서 접힐 수 있는 소규모조직들보다 훨씬 규모도 크고 구조도 복잡하다. 이러한 대규모의 복잡한 조직 내에서 조직구성원들이 수행하는 업무들은 지속적인 기반 위에서 의무로서 배정되어진다. 또 정부조직 내에서의 업무배정과 이의수행 여부의 확인은 관리직 또는 감독직으로 임명되어진 개인들에 의하여 수행되어진다. 물론 이러한 거대하고 복잡한 조직의 보편성은 행정에 있어서만 독특한 것은 아니다. 사조직들 역시 이러한 특성을 공유한다. 그런데 법인, 회사 또는 기업이란 용어들이 사조직과 동의어로 사용되는 것과 마찬가지로 기관(agency)이란 용어는 공공조직을 나타내는 용어로 사용되어질 수 있다. 조직과 기관이란 물론 정부란 말과 같이 추상적 용어이다.

2) 행정조직의 민주성과 합리성을 제고하기 위한 원칙

행정조직의 민주성과 합리성을 확보하기 위해서는 관리적 측면, 정치적 측면, 법적 측면의 세 가지 측면을 모두 검토해야 한다. 여기에서는 로젠블룸(D. Rosenbloom)의 이론을 토대로 이를 검토하기로 하겠다.

(1) 관리적 접근방법

행정에 대한 관리적 접근방법(the managerial approach)은 베버와 테일러의 이론에 기반을 두고 발전되어 온 것이다. 이는 후에 귤릭과 어윅의 「행정학논집」이 등장하고 귤릭의 POSDCORB이론이 소개되면서 그 절정기를 이루게 된다. 관리적 접근방법은 행정조직의 구조와 과정에 내재되는 가치로서 능률성, 절약성, 효과성을 강조한다. 또 전문화(specialization)를 경제적 합리성과 생산성의 핵심요소로 간주한다.

관리적 접근방법은 여러 학자들의 비판과 이를 대체할 수 있는 보다 적합한 접근방법의 탐색의 어려움에도 불구하고 특히 생산성에 대한 공헌을 한 것으로 평가된다. 이 접근방법의 이론적 전통을 계승하여 행정에 도입, 활용되는 기법들 중 대표적인 것들로 OR, MBO, PERT 등이 존재한다.

(2) 정치적 접근방법

제2차 세계대전 말기부터 몇몇 학자들이 행정조직의 중심이 정치라고 주장하였다. 정치의 문제로서의 행정조직을 바라보는, 즉 정치적 접근방법(political approach)을 추구하는 사람들은 다음과 같은 점을 지적한다.

첫째, 행정조직은 사기업과는 성격이 다르다. 다시 말해서 일반조직이론의 시각을 그대로 행정조직에 적용하기에는 한계가 있다는 것이다. 애플비는 그의 저서에서 정부조직은 사기업의 조직과 영역, 영향, 배려의 규모, 공적 책임성, 정치적 성격에서 차이가 난다고 주장하였다. 둘째, 기존의 이론은 관리적 의미에서의 계층제적 권위에 관심을 두었던 반면, 정치적 접근방법은 정치적 권력의 개발, 유지, 소재를 강조한다. 즉 정책에 관한 정치적 결정, 집행수단, 정부기관의 일반운영을 결정하는 권위에 관심을 둔다. 셋째, 정치적 접근방법의 세 번째 전제는 대표성(representation)이 행정조직의 주요한 측면을 형성한다는 것이다. 여기로부터 관리적 접근방법과는 차이가 나는 인적자원의 관리문제가 도출되는데 그 핵심이 바로 대표적 관료제의 개념이다. 이들 세 가지 내용을 강조하는 가운데 정치적 접근방법은 구조적 기제(mechanics), 헌정체제의 해석, 조직적 행위, 정치, 지위, 권력의 수단으로서의 조직구조의 전략적・전술적 이용을 포함하는 조직기본이념(doctrine)을 견지한다. 이 정치적 접근방법에 따르면 행정조직은 다양한 고객집단 및 입법부 및 사법부와 같은 외부 환경의 고려, 행정조직구조의 분권화를 기해야 한다고 주장한다.

(3) 법적 접근방법

행정조직에 대한 법적 접근방법(legal approach)은 다른 접근방법에 비해 잘 논의되지 않는 내용이며, 학자들의 저술, 판례, 관련법규 등을 통해서 다소간 규정되고 있다. 역사적으로 미국에 있어서 법적 접근방법은 다른 두 접근방법, 특히 관리적 접근방법에 의해 중요성이 가려져 왔다. 이 접근방법은 행정이 법적 관심과 판례에 대한 관심으로 고양되어 왔다고 보며, 행정법, 행정절차법, 헌법 등에 그 원천을 두고 있다.

제 4 절 행정의 추구가치: 행정이념

1. 행정이념의 의의

행정이념이란 행정이 업무를 처리하는 데 있어서 의존하는 일종의 기준으로서 흔히 바람직한 행정은 어떤 것이고 어떻게 해야 할 것인지의 지침이 되는 것을 의미한다. 즉 행정이념이란 행정의 지도정신, 행정이 지향하는 최고 가치를 의미하며 행정에 있어서의 철학적 요소라고 볼 수 있다.

행정이념은 그 기능으로서 행정의 방향·지침을 제시해 주고, 행정활동에 대한 평가기준을 제공해 준다. 보통 어떠한 국가에 있어서도 통용될 수 있는 행정이념으로 합법성, 능률성, 민주성, 효과성, 생산성, 중립성 그리고 사회적 형평성 등을 들 수 있다. 이와 같은 여러 이념들은 서로 상호 보완적인 관계를 지니고 있다.

2. 행정이념의 내용

1) 법적 측면: 합법성

행정이념으로서의 합법성은 행정과정이 법률적합성을 지녀야 하고 합법적이어야 한다는 것을 의미한다. 행정은 아무리 재량성이 강조되어도 법의 테두리를 벗어날 수 없다는 것을 말한다. 합법성은 행정권의 자의적인 발동을 억제함으로써 국민의 권리 및 자유의 보장과 법적 안정을 찾으려 한 것이다. 오늘날 행정권의 강화, 위임입법의 증대, 행정의 전문화에 기인하여 현대 행정국가에서 합법성은 최소의 준거로 인식되면서 합법성의 비중은 저하되고 있다. 그러나 이러한 합법성에 대한 인식의 변화가 곧 행정이념으로서의 합법성의 가치를 떨어뜨리는 것은 아니다.

앞으로 행정이념으로서의 합법성은 다음과 같은 두 가지 방향에서 인식되고 실천되어야 할 것이다. 첫째, 합법성은 그 형식적 윤리를 강조하기보다는 사회변동에 적응할 수 있고, 규범적 가치를 실현할 수 있어야 한다. 둘째, 합법성은 단순히 행정이 법률에 위반되어서는 안 된다는 것을 의미하는 것이 아니라, 법의 의도 내지 취지를 적극적으로 살려야 한다는 것을 의미한다.

2) 경제적 측면: 능률성, 효과성, 생산성

(1) 능률성

능률이란 최소의 비용으로 최대의 효과를 거두려는 것을 의미한다. 즉 투입에 대한 산출의 합리적인 비율로 정의할 수 있다. 즉 일정한 투입에 의해서 얻어진 성과, 소득, 편익을 극대화시키며 제한된 자원으로 행정목표를 최대로 성취할 수 있는 대안을 선택하는 것을 의미한다. 그런데 행정학 연구의 초기 단계인 1930년대 이전에 있어서는 생산성을 높이는 데 있어서는 비용, 시간, 인력 등의 자원을 극소화하자는 소위 기계론적 능률(mechanical efficiency)의 입장을 취하였다. 그러나 1930년대 후반에 와서 디목(M. E. Dimock)은 이러한 능률개념에 비판적인 입장을 취하면서 사회적 능률(social efficiency)을 제창하고 있다. 디목은 종래의 능률개념이란 '누구를 위한 능률이냐'의 목적의식을 결여하고 있어 기계적인 성격에서 벗어나지 못하고 있다고 지적하면서 능률의 상대화 · 사회화 · 인간화를 주장하였다. 이러한 사회적 능률성의 내용은 ① 인간적 능률, ② 합목적적 능률, ③ 상대적 능률, ④ 장기적 능률로 나누어 볼 수 있다.

그런데 공행정에서의 능률성의 확보는 사행정에서와 같이 용이하지 않다. 공행정에서 능률성의 확보가 어려운 이유를 들면 다음과 같다. 첫째, 공행정에서 추구하는 효과는 사행정에서처럼 화폐로 표시하기가 어렵다는 것이다. 둘째, 공행정에서의 비용개념은 보는 시각에 따라 이윤이나 효과성이 될 수 있다는 것이다. 셋째, 공행정에서의 목표는 가시적으로 측정하기가 어려운 경우가 많다. 목표가 구체적이고 가시적으로 표현된다 하더라도 공행정에서의 목표성취는 어디까지나 명확한 기준이 없는 정도의 문제라는 것이다.

(2) 효과성

효과성(effectiveness)이란 목표의 달성정도를 의미한다. 효과성은 투입과 산출의 비율을 따지지 않고 목표의 달성 정도(degree of goal achivement)만을 따진다는 점에서 능률성과 다르다. 능률성은 수단을 목적으로부터 분리한 상태하에서 제한된 자원과 중립적인 수단을 사용하여 산출의 극대화를 기하는 것을 의미하는 정태적 · 기계적 · 경제학적 개념이다, 반면, 효과성은 목적과 수단을 연결한 상태 하에서 현실적인 산출이 당초의 목적을 어느 정도 충족시켰는가 하는 목표의 성취도를 의미하는 동태적 · 기능적 · 사회학적인 개념이다. 즉 능률성은 수단적인 개념 또는 하위목표적인 개념인 데 비하여 효과성은 목적적인 개념 또는 상위목표적인 개념이다.

능률성과 효과성은 서로 병행하는 경향이 있으나 항상 일치하는 것은 아니다. 그러나 효과성은 목표성취만을 강조한 나머지 주요한 절차를 무시함으로써 비민주성의 위험도 내포하고 있다는 점에 유의해야 한다.

(3) 생산성

생산성(productivity)이란 개념은 원래 기업경영이나 고전경제학에서 유래된 것으로서 경영이나 경제에서는 능률성과 같은 의미, 즉 투입에 대한 산출의 비율을 나타내는 개념으로 사용되어지고 있다. 그러나 최근 공공행정부문에서 사용되고 있는 생산성의 개념은 능률성과 효과성을 포괄하는 것으로 이해되어야 한다는 것이다. 즉 공공행정에 있어서 생산성이란 이른바 효율성(효과성+능률성)과 같은 개념으로 보아야 한다는 것이다. 이러한 의미에서 생산성을 지향하는 행정은 공공서비스를 향상시키고 예산의 절약을 기할 수 있으며, 인력수급과 고용예측의 합리화를 가능케 함으로써 경제변동에 신축성 있게 적응할 수 있고, 행정과정에 있어서 조정과 통합 및 통제메커니즘을 개선하게 한다는 등의 효용성을 갖는다.

행정에 있어서 생산성을 측정하는 데에는 행정 자체의 특성으로 인한 어려움이 뒤따른다. 왜냐하면 행정에는, ① 명백한 공적 산출물의 단위가 없고, ② 명백하고 특정한 생산함수가 존재하지 않으며, ③ 다목적적 기능의 활동이 많고, ④ 상호 의존적 · 상호 작용적 관계를 갖는 업무가 많기 때문이다. 생산성측정에는 측정 자체가 지니고 있는 문제점도 있다. 즉 ① 측정대상이 질적인 경우 또는 정부 전체의 생산성을 파악하려는 경우에는 측정이 사실상 곤란하며, ② 측정에 있어서의 역효과의 가능성, 즉 어느 한 측면에서 행정의 생산성을 측정하는 경우에는 다른 측면이 간과되거나 망각될 우려가 있다.

행정에 있어서 생산성을 제고하기 위한 방안은 여러 가지가 있겠으나, 어느 경우를 막론하고 그 방안의 선택은 창조적이고 쇄신적이어야 하며, 또한 합리성과 타당성을 지녀야 한다. 행정의 생산성에 영향을 미치는 주요변수로서는 인적 요소(유능한 인력의 흡수 및 개발·동기부여 등)와 과정적 · 관리적 요소(구조개선·기술화 등) 및 생산적 요소(인적·물적·생산요소의 최적결합·업무량의 적정화 등)를 들 수 있다.

3) 정치·사회적 측면: 민주성, 중립성, 사회적 형평성

(1) 민주성

민주성이란 민주적인 행정을 말하며, 국민의 의사를 행정에 반영하고 국민을 위한 행정을 수행하자는 것이다. 행정이 대외적으로는 행정과정의 민주화로써 국민의사를 행정에 반영하고 국민에게 책임을 지는 행정을 의미하며, 대내적으로는 행정관리의 민주화로써 인간욕구의 충족과 직장생활의 질을 향상시키고자 하는 것을 뜻한다.

민주성의 확보방안으로는 대외적 민주성과 대내적 민주성의 확보방안으로 나누어 볼 수 있다. 대외적 민주성의 확보방안으로는 ① 공개행정, ② 행정과정의 민주화, ③ 행정통제의 강화, ④ 행정구제제도의 확립, ⑤ 대표성의 확립, ⑥ 행정윤리의 확립 등을 들 수 있다. 또 행정의 대내적 민주성을 확보하기 위해서는 ① 커뮤니케이션의 원활화, ② 참여의 확대, ③ 동기부여의 장려, ④ 직무확대와 직무충실화, ⑤ 분권화의 촉진, ⑥ 업적 평가의 정확화 등을 들 수 있다.

(2) 중립성

중립성이란 행정의 중립성, 특히 공무원의 정치로부터의 중립성을 의미한다. 행정은 특정정당이나 정치세력에 봉사해서는 안 되고 국민전체에 봉사해야 된다는 것이다. 중립성은 원래 행정을 능률적으로 행하기 위해서는 정치와 행정은 이원론을 따라야 되며 공무원은 성실하고 능률적으로 업무를 집행하기 위해서는 정치에 초연해야 한다는 것이다. 중립성은 공무원이 정치에 개입하지 않으므로써 행정의 계속성 · 합리성 · 안정성을 유지하여 능률적인 행정을 수행할 수 있는 장점이 있는 반면 공무원의 신분보장으로 더욱 더 관료화될 가능성도 있다. 행정의 중립성을 보장시켜 주는 현실적인 수단으로서는 공무원의 신분보장 · 전문화 · 실적주의 등을 들 수 있다.

(3) 사회적 형평성

사회적 형평성(social equity)은 1970년대 신행정론에서 강조된 이념으로서, 이것은 적극적인 분배의 평등관을 함축하고 있다. 이것은 언제나 사회적 · 경제적 · 정치적 환경이 열세한 계층에 보다 많은 그리고 양질의 행정서비스를 제공하는 것을 의미한다. 프레데릭슨(Frederickson)에 의하면 사회적 형평성이란 일련의 가치선호(value preference)를 내포하는 개념으로서 공공서비스의 평등성, 의사결정과 사업수행에 있어서 행정관의 책임성을 강조하는 것이며, 또한 공공기관의 요구보다도 시민의 요구에 대한 대응성(responsiveness)의 확보를 의미한다.

3. 행정이념 간의 우선순위

행정이념의 내용으로 살펴본 합법성, 능률성, 민주성, 효과성, 생산성, 중립성, 형평성 등은 모두 필요하고 중요하다. 그러나 모든 이념들이 동시에 동일한 비중을 가지고 추구되기는 어렵다. 시대와 장소 및 최고정치지도자의 지도이념 등에 따라서 이들 이념 사이의 우선순위는 언제나 변하는 것이다. 그런데 특정이념이 우선시된다고 해서 다른 이념들이 경시된다는 뜻은 아니다. 당시의 시대적 요청과 정신에 따라 또 국가의 상황에 따라 보다 우선적으로 강조되는 이념이 있다는 것이다.

오늘날 선진국은 20세기 중반부터 민주성을 강조하여 오는 경향이 짙다. 대외적으로는 국민의 행정수요에 반응하고, 대내적으로는 계층적 상·하관계보다는 분권화, 권한의 위임, 자아실현이 강조되므로 민주성이 최우선시되고 있다고 할 수 있다. 그러나 제2차 세계대전 이후에 나타난 신생국들이나 저개발국들의 경우는 근대화의 추진과 빈곤으로부터의 해방이라는 과업을 성취하기 위해 효과성이 강조되었고 그 다음이 능률성이었다. 효과성과 능률성이 우선시되다 보니 민주성과 합법성·중립성은 뒤로 처지게 되었다. 여기서 우리나라의 국가발전을 의식하면서 그 우선순위를 정하여 본다면 민주성과 사회적 형평성·생산성(효과성·능률성)·중립성·합법성의 순으로 정할 수 있다.

물론 여기서 합법성이 가장 뒤에 있다고 해서 법령을 경시해도 좋다는 것은 결코 아니다. 민주국가에 있어서 모든 행정활동은 법적 근거가 명백히 요청됨은 두말할 나위가 없다. 여기서 밝히고자 하는 것은 이들 이념 간의 상대적 비중일 뿐이다. 한편 이러한 이념 간의 우선순위는 조직의 계층에 따라 달라질 수도 있다는 점에 유의할 필요가 있다. 앞에서 나열한 우선순위는 국가발전을 구상하고 지도하는 최고관리층의 입장에서 본 것이다.

보완학습 1

능률성의 보완과 여벌성(가외성)

능률성을 개념에 입각해서 본다면 중첩이나 반복은 비능률적으로 인식된다. 그러나 중첩이나 반복 없는 최소구성단위로 이루어진 조직체는 오류발생의 가능성이 가장 큰 허약체제라는 인식이 점차 높아지게 되었고 여벌성(가외성, redundancy)의 개념이 등장한 것이다. 이는 신경체제적 성향을 갖고 있는 행정조직에서 오류의 발생을 방지하므로 체제의 안정성과 적응을 높여 주는 기능을 하는 것으로 평가된다.

랜다우(Martin Landau)에 의하면 정치행정상의 모든 제도가 여벌성현상의 반영이라고 한다. 즉 권력분립, 견제와 균형, 거부권제도, 계선과 참모, 양원제, 합의제, 위원회제도 등이 모두 여벌성현상이라는 것이다.

여벌성의 특징은 ① 중첩성(overlap), ② 반복성(duplication), ③ 동등잠재성(equipotentiality) 등을 들 수 있다. 중첩성이란 기능이 여러 기관에서 혼합적으로 수행되는 상태를 말하며, 반복성이란 동일한 기능을 여러 기관들이 독자적인 상태에서 수행하는 것을 말한다. 동등잠재성이란 주 기관이 기능을 수행하지 못할 때, 보조기관들이 그 기능을 인수·수행하는 경우를 의미한다.

여벌성은 구체적으로 ① 안정성·신뢰성의 확보, ② 적응성의 증진, ③ 창조성의 제고, ④ 정보의 정확성 확보 등의 효용성을 가진다. 그러나 그 한계점으로 첫째, 비용상의 문제를 지적받는다. 따라서 적정수준에서 유지되어야 하며, 중요성이 없거나 애매한 오류에 대해서는 여벌성을 설치할 필요가 없다. 둘째, 기능중복의 문제를 지적할 수 있다. 기능의 중복은 조직 내의 갈등을 유발시킬 수도 있고, 타 기관의 기본영역을 침범하는 것도 문제가 되기 때문이다.

보완학습 2

민주성과 능률성의 관계

행정이념에서 특히 논의의 대상이 되는 것은 행정의 민주성과 능률성에 관한 문제이다. 양자의 관계는 언뜻 상호 모순적이거나 또는 민주성이 능률성을 압도하는 것처럼 보인다. 사실 민주국가에서 행정의 민주성과 능률성은 목적가치와 수단가치의 관계를 갖는다. 즉 양자는 상호 모순적인 관계를 갖는 것이 아니라 상호 연쇄적인 관계를 갖는다.

따라서 앞으로 우리나라의 행정에서는 민주화의 관계를 재인식하고 민주화를 위한 방안과 능률화를 위한 방안을 개발하는 데 전력을 기울임과 동시에, 양자를 상호 조화시키는 데 노력하여야 할 것이다. 양자 중 어느 하나만을 추구하거나 요구하는 경우, 특히 발전의 개념을 양적 성장으로 잘못 인식하고 민주화를 유보한 채 기계적인 능률화만을 추구하는 경우, 결국은 양자를 모두 상실하게 될 것이기 때문이다.

제 3 장

행정학의 발달과 접근방법

제 1 절 행정학의 이론적 특성과 체계

1. 행정학의 이론적 특성

행정이론은 행정이 무엇이고, 행정이 하는 일을 어떻게 개선시킬 것인가, 행정이 해야 할 일은 어떻게 규정하는가 등을 개념화하려는 노력이다. 이러한 내용을 다루는 행정이론은 다음과 같은 다섯 가지 이론의 개발과 관련되어 있다.

1) 기술적 이론(descriptive theory)

기술적 이론은 행정기관 내에서 실제적으로 일어나고 있는 것이 무엇인가를 기술하고, 관찰된 행태의 원인이 무엇인가를 가정 또는 설명하는 것이다.

2) 처방적 이론(prescriptive theory)

처방적 이론은 전문성과 정치적 권력을 이용함으로써 공공정책의 방향을 처방하는 것이다. 즉 행정이론은 행정과정을 개혁하고 수정하며 향상시키기 위해서 존재한다는 것이다.

3) 규범적 이론(normative theory)

규범적 이론은 행정이 마땅히 수행해야 할 행정규범을 도출해 내는 이론이다. 즉 공공관료제가 정치 및 정책의 영역에서 어떤 역할을 수행해야 하는가, 그리고 그러한 역할은 고정적인 것인가, 확장되어야 하는가, 아니면 축소되어야 하는가의 여부에 관한 것이다.

4) 가정적 이론(assumptive theory)

가정적 이론은 행정현상을 정확히 이해하고, 개선하려면 인간의 본성과 조직의 본질에 대한 올바른 이해가 있어야 한다는 전제하에서 인간의 본질이나 조직의 성격에 관한 기본적 가정을 밝히는 데 초점을 두고 있는 이론이다.

5) 도구적 이론(instrumental theory)

도구적 이론은 정책목표를 보다 효율적으로 실현하기 위한 행정관리의 기술을 향상시키기 위한 방법을 뚜렷한 개념으로 정리한 것이다. 이 이론은 행정체제 내에서 명시된 가치를 실행하는데 필요한 도구·기술 등에 관한 이론이다.

2. 행정학의 학문적 성격

1) 행정학의 과학성과 기술성

행정학의 성격을 논할 때 행정학이 실천위주의 기술이냐 아니면 인과적 지식인 과학이냐의 문제는 오랫동안 논쟁의 대상이 되어 왔다. 이러한 논쟁은 비단 행정학에만 국한된 것이 아니며 사회과학 전반에 걸쳐 제기되어 왔다.

자연과학이나 물리학의 연구방법 및 업적에 비교하여 행정학도 꼭 같은 의미로 과학이 되어야만 한다는 의견과 실제행정의 유동성, 창의성이나 판단 및 지도력과 같은 무형적인 성질의 중요성을 인식하여 행정학은 과학이 될 수 없다는 또 다른 의견이 끊임없는 논쟁점이 되어 왔다. 즉, 행정학이 물리학, 공학 등과 같이 과학일 수 있다는 입장과 행정이란 실제 상황에 적응해야 하는 활동요건을 가지고 있어서 과학(science)일 수 없으며 단지 기술(art)에 불과하다는 상반된 관점이 행정의 전통적인 논쟁이 되어 왔다.

실제 행정에 있어서의 창의성·지도성에 관심을 가진 논자들은 행정학이 과학이 될 수 없고 기술이라고 주장하여 왔으며, 이에 반하여 자연과학의 업적에 깊은 인상을 받은 논자들은 행정학이 자연과학과 같은 의미에 있어서의 과학이 될 수 있고 또한 되어야 한다고 주장하여 왔다. 그러나 어느 한쪽도 행정학의 성격을 모두 대변한다고 할 수 없다. 다만 어느 측면을 강조하느냐에 따라 기술성이 강조되기도 하고 과학성이 강조되기도 한다. 하지만 현재로서는 『행정학은 기술이며 동시에 과학이다』라고 말하는 것이 통설인 것이 사실이다.

행정학의 과학성을 강조하던 경향은 결국 그 이전의 이론들이 현실문제의 해결에만 중점을 둔 나머지 지나치게 주관적이고 근거 없는 비체계적인 지식에 기반을 두고 있다는 점에 대한 비판에서 비롯되었다. 반면에 행정학의 기술성을 강조하는 경향은 그 이전의 이론들이 객관적이고 신뢰할 수 있는 지식만을 강조한 나머지 가치판단문제를 의도적으로 배제하여 그 사회가 나아가야 할 방향을 제시하지도 못할 뿐만 아니라 과학적 방법에 의한 연구가 용이한 분야의 지식만을 축적하게 되어 결국 그 지식이 급박한 현실 문제를 제대로 해결할 수 없다는 학문의 적실성에 대한 비판에서 비롯되었다.

행정학은 처음에 실천적 이유 때문에 출발하였으므로 기술성을 지니고 있다. 그런데 이러한 실천적 필요성은 당연히 과학적 연구를 촉진시키게 되어 결국 행정학은 필히 양면성을 다 지니게 되었다. 즉 행정학은 한편에는 기술적 성격을 지니는 동시에 다른 한편에는 과학적 연구의 성과를 현실에 적용할 수 있는 과학성을 지녀야 하는 것이다.

2) 행정학의 보편성과 특수성

사회현상이란 특정한 역사적 상황이나 문화적 맥락 속에서 이루어지기 때문에 그 나름의 독특한 성격을 갖기 마련이며, 이러한 역사적·문화적 특수성을 초월하는 일반이론을 구축하기란 쉽지 않다. 또한 무수한 역사적 현상을 관류하거나 문화적 장벽을 뛰어 넘는 보편적 인과법칙 내지 일정한 경향성을 전적으로 부정하기도 어렵다. 따라서 각국의 역사적 상황이나 문화적 장벽을 뛰어 넘는 보편적 일반이론을 구축하려는 사회과학자들의 노력을 무모하다고 일축하기도 어렵다.

행정이론이란 사회현상의 하나인 행정현상에 관한 일반적 법칙을 포함하고 있는 체계적으로 연결된 일단의 언명들이다. 행정현상이란 그 국가의 정치체계의 맥락 속에서 나타나며, 동시에 사회 문화적 환경에 의해 크게 영향을 받게 된다. 따라서 국가의 정치체계나 사회 문화적 환경이 바뀌게 되면 행정도 바뀌게 된다. 1950년대 비교행정이 발달하게 된 이유도 이와 맥을 같이 한다. 미국의 행정학자들은 자신들의 행정이론이 세계적 보편성을 띠고 있다고 믿었으나 그 이론의 적용 한계가 있다는 것을 발견하고 많은 행정학자들이 유사한 정치체계나 혹은 문화권 내의 보편적인 행정이론, 소위 중범위이론의 개발에 관심을 기울이게 되어 비교행정의 발달에 기여하였다.

외국에서 성공적인 제도라도 그 제도를 도입하기 위해서는 적어도 그 나라와 우리나라가 처해 있는 상황의 유사성이 전제되어야 한다. 이것은 곧 행정이론의 보편성과 특수성 때문이다. 외국의 제도를 도입할 수 있다는 것은 행정이론의 보편성 때문이며, 동시에 상황의 유사성을 확인해야 한다는 것은 행정이론의 특수성 때문이다. 행정이론의 보편성과 특수성 문제는 외국이론의 수용과 관련하여 논의되고 있으며, 외국의 행정현상에 관한 이론이 한국적 상황에도 그대로 타당할 것이라고 전제하여 무비판적으로 수용하는 것은 문제가 된다. 외국의 이론은 그 사회에 관한 보편적 언명이기 때문에 한국의 상황에는 전적으로 맞지 않을 수도 있는 것이다. 외국의 이론을 수용하는 경우 그것이 한국적 상황에 적용 가능한지에 대한 엄밀한 경험적 검토가 이루어져야 할 것이다.

3) 행정학의 가치판단과 가치중립성

사회과학연구에서 몰가치적인 객관성을 가져야 한다는 주장이 강력하게 대두된 것은 베버의 논문 '사회과학적 및 사회정책적 인식에서의 객관성'에서 비롯되었다. 베버는 개인적인 세계관이 사회과학의 논의 속에 스며드는 경향이 있음을 비판한 바 있다. 윤리적 가치판단은 가치철학의 문제이지 경험과학인 사회과학의 방법이 될 수 없다. 인간의 기본적 가치에 대한 궁극적인 합리적 근거는 있을 수 없다.

사회과학의 몰가치성을 주장하는 학자들은 자료의 수집과 분석 과정에서 객관성의 확보를 무엇보다도 중시하고 있으며. 타인이 확인할 수 있는 증거의 제시를 강조한다. 과학으로서의 행정학 정립을 위해서는 연구자의 조사 및 분석 과정에서 가능한 한 편향된 사고를 줄이고 객관성을 높이는 것이 요구된다.

한편, 사회과학 연구에서 가치판단문제를 완전히 배제할 수는 없다는 주장도 있다. 사회현상은 객관적인 실체로 존재하는 것이 아니라 연구자의 정신이나 의식 자체에 의하여 선택되고 구성되기 때문이다. 사회과학자의 관찰영역인 사회적 실재나 현상은 그 속에서 살고, 생각하고, 의사소통하고, 행동하는 사람들에게 특정한 의미를 갖는 것이기 때문이다. 이러한 의미를 파악하는 것은 사회과학 연구에서 상당히 중요하며, 이러한 의미파악 과정에서 연구자의 가치판단이 개입되기도 한다.

행정학이 현실의 행정문제를 해결하려는 실천적 성격을 강력히 띠고 있으므로 행정학 연구는 경험적 사실관계에 관한 체계적인 지식은 물론 올바른 가치판단에 기초를 두어야 할 것이다. 무엇이 합리적이고 정당하며 선에 입각한 행정인지를 결정하기 위해서는 행정학 연구에서 가치판단의 개입은 불가피하다고 본다.

3. 행정학의 체계

1) 일반행정학과 특수행정학

행정학이 행정의 궁극적인 목적, 즉 국민 모두가 물질적으로나 정신적으로 풍요로운 삶을 체험할 수 있는 선한 문명의 창조·개발을 실현하는 데 실질적으로 기여할 수 있으려면, 행정학을 일반행정학과 특수행정학(분야별)으로 체계화시키는 것이 좋다고 생각한다. 전자는 모든 행정 분야에 공통되는 문제점을 다루고 후자는 대체적으로 부처별 특수 분야의 문제점을 다루는 행정학을 말한다.

'일반행정학'과 '전문분야별 특수행정학'의 관계는 마치 두 수레바퀴의 관계와 같다. 즉 수레가 앞으로 나아가기 위해서는 두 개의 수레바퀴가 함께 움직여야 하듯이 행정학이 발전해 나가기 위해서는 '일반행정학'과 '전문분야별 특수행정학'이 조화와 균형을 이루면서 연구되지 않으면 안 된다.

2) 일반행정학의 체계

일반행정학은 크게 행정일반이론, 정책과정론, 관리행정론, 행정책임론으로 구성된다.

(1) 행정일반이론

공행정의 성격과 행정국가의 제도적 특성 및 행정학의 이론형성과정을 다룬다.

(2) 정책과정론

정책형성, 정책집행, 정책평가, 정책변동의 일반과정에 관한 이론을 다룬다.

(3) 관리행정론

이는 행정을 효율화시키는 특수한 행정작용과 관련된 이론을 의미하는데, 이는 ① 행정구조상의 기본과제를 포함하는 조직관리와 행정활동을 지도·촉진하는 협의의 행정관리로 구성되는 운영관리, ② 삼대 자원적 요소라 할 수 있는 인적 자원과 재원 및 물자를 동원·배분·활용하는 보조·지원적 기능으로서의 인사관리와 재무관리 및 물자관리, ③ 조직활동의 적시성을 확보하기 위한 정보를 생산·활용·보관하는 연계적 기능으로서의 정보관리체제론으로 구별된다.

(4) 행정책임론

책임 있는 행정을 확보하기 위한 관료제의 통제장치에 관한 이론을 뜻한다.

3) 전문분야별 특수행정학

전문분야별 특수행정은 다시 주권적 행정, 경제행정, 사회복지행정, 환경행정, 지방·도시행정 및 여가행정 등으로 구분할 수 있는데, 우선 주권적 행정은 국방행정·외무행정·공안행정(경찰, 검찰, 교정 등)을 말한다. 경제행정은 재정행정(화폐, 금융, 세제 등), 경제·물가행정, 상공행정, 농수산행정, 교통행정을 의미하며, 사회복지행정은 교육·문화행정, 복지행정, 의료행정, 노동행정을 포함한다.

각 분야별 특수행정학의 구성내용은 특수행정 일반이론, 분야별 정책과 상황적응적 관리기술로 이루어진다.

4. 행정학과 인접학문과의 관계

행정학은 한 마디로 행정활동에 대해서 연구하는 학문이다. 그런데 행정 역시 사회현상 중의 하나이므로 행정학을 연구함에 있어 다른 인접 사회과학과의 관계를 살펴보지 않을 수 없다. 여기에서는 이 중 정치학, 법학, 사회학, 재정학과의 관계를 중심으로 살펴보고자 한다.

1) 정치학과의 관계

행정학은 넓은 의미에 있어서 정치학의 한 분야라고 할 수 있다. 그러나 정치과정론과 같은 협의의 정치학과 행정학과는 차이가 있다. 만일 관료제를 연구함에 있어서 관료행위를 조직 간의 권력관계현상으로만 파악할 경우 이는 정치학과 행정학의 구별이 필요 없게 된다. 그러나 행정학은 조직 내의 통제, 조정, 협동관계를 관리적 접근방법(managerial approach)를 병용하여 연구함으로써 협의의 정치학과 구별되는 것이다.

2) 법학과의 관계

헌법학, 행정법학이라는 공법학은 입헌군주제시대 이후 권력분립제와 법치주의 헌법원리를 기초로 하고, 정부의 활동을 규율하는 규칙, 특히 그 중에서도 의회와 집정기관이 행정활동을 규율하기 위하여 제정한 법령에 대하여 정확한 해석론을 구축하고자 하는 학문이다. 이에 반하여 행정학은 그 고찰의 국면을 행정활동을 규율하는 규범으로 한정하고 있지 않으며 법률행위보다 오히려 사실행위와 기능에 관심을 두고 있는 경우가 많다.

3) 사회학과의 관계

사회학 중에서 특히 조직사회학은 조직일반에 속하는 것의 하나로서 관료제조직을 연구대상으로 하는 것이 있다. 이는 경영학 가운데 경영관리론의 경우도 마찬가지다. 그러나 행정학의 경우 오직 '공공' 관료제조직만을 고찰대상으로 하고 공적 관료제의 특수성을 강조한다는 점에서 차이가 난다.

4) 재정학과의 관계

정부활동의 자원의 측면에서 보면 재정학은 예산에 관심을 기울이고 행정학은 예산과 인적 자원 모두에 관심을 쏟는다는 점에서 차이가 있다. 그러나 최근 재정학이 전통적인 세입부분에서 세출론의 영역까지 범위를 확장하고 있어 행정학과 재정학의 관계는 보다 가까워졌다고 할 수 있겠다.

제 2 절 행정학의 발달과정

1. 독일의 관방학과 슈타인(Stein)의 행정학

1) 관방학

관방학(Kamerawissenschaft, cameralism)은 16세기 중엽부터 18세기 말엽까지 독일과 오스트리아에서 발달되었던 절대주의국가의 통치 내지 행정사상으로서 특수한 유형의 국가를 관리하는 기술 및 이론이라고 할 수 있다. 대부분의 학자들은 이러한 관방학에서 행정학의 기원을 찾는 것이 보통이다. 이 이유는 관방학이 국가의 목적 또는 이념을 실현하기 위한 합목적적인 국가활동에 관한 이론이었다는 점에 있다. 근대국가가 등장한 16세기 이후 영국과 프랑스는 통일국가 형성이 이루어졌으나 독일은 그 당시 경제적 · 정치적으로 낙후성을 띠고 있었고, 신속한 국가부강을 꾀하기 위해 국내자원의 개발에 의한 관방경제의 충실화를 기하려고 하였는데 이러한 배경에서 발달된 것이 바로 관방학인 것이다.

관방학은 1727년 할레(Halle)대학과 프랑크프루트(Frankfurt)대학에 관방학 강좌가 설치된 때를 기준으로 전기와 후기로 나누어 파악하고 있다. 양자의 주된 차이점은 ① 공공복지의 사상적 기초를 전기는 신학에 두는 데 반하여 후기는 계몽사상에 두고 있으며, ② 관방학이 전기에 있어서는 재정학과 경제정책 등과 융합 또는 혼돈되어 있는 데 반하여, 후기에는 그것들과 구별되는 독자적인 경찰학의 체계를 수립하였다는 점이다.

경찰학을 체계화한 학자는 유스티(J. H. G. Justi)였는데, 그는 국가목적을 국가자원의 동원과 유지 및 국가자원의 유용한 사용으로 구분하고, 전자의 목적은 통치학이 국가 내외에 있어서의 질서와 안녕의 유지를 관장하고 경찰학이 국가자원의 확보를 담당함으로써 실현될 수 있으며, 후자의 목적은 재정학에 의해 실현될 수 있다고 보았다.

2) 슈타인의 행정학

슈타인(Lolenz von Stein)은 관방학의 근본개념이었던 경찰을 헌정(국가의사의 형성활동)과 행정(국가의사의 실현활동)의 두 개념으로 구분하고, 이들 양자의 관계를 공법학에서와 같이 헌정의 절대적 우월관계로 이해하지 않고 상대적 우월관계로 파악하였다. 그리고 그는 행정을 외무행정, 군무행정, 법무행정, 내무행정 및 재무행정의 5대 영역으로 구분하였다.

그러나 슈타인 행정학은 그 이상 학문적 발전이 없었다. 그 주요원인은 우선 그의 행정학의 근본사상인 보수주의적 사회개량주의가 법치국가적 자유주의 시대의 요구에 합치되지 않았고, 공법의 법률학적 연구에 관한 적극적인 요구가 발생하였기 때문이다.

2. 미국행정학의 발달배경

1) 사상적 배경

미국행정학이 성립하게 된 것은 초대 재무장관이었던 해밀턴(A. Hamilton)의 행정철학과 제3대 대통령 제퍼슨(T. Jefferson) 및 제7대 대통령 잭슨(A. Jackson)의 민주행정사상에서 찾을 수 있다.

해밀턴은 강력한 중앙정부와 능동적 행정을 주장하였는데, 이러한 능동적인 행정사상은 능률적 행정개념의 원형이 되고 있다. 제퍼슨은 미국의 행정이 민주적 이념에 기초를 두고 발달할 수 있도록 공헌한 사람으로서 그는 최소의 행정이 최선의 행정이라는 행정관을 가지고 시민의 자유와 의회의 우위를 주장하였으며, 행정분권화의 필요성을 주장하였다. 한편 잭슨은 공직의 장기적인 보유는 행정의 부패와 타락을 초래할 위험성을 지니고 있기 때문에 정부행정의 민주화를 확립하기 위해서는 공직의 경질제(rotation in office)가 필요하다고 주장하였다. 비록 공직경질제는 엽관주의(spoils system)의 병폐로 인하여 타락했지만 정부행정의 민주주의적 발전에 공헌한 점은 부인할 수 없다.

2) 행정기능의 확대·강화

미국의 산업혁명은 경이적인 발전과 동시에 독점기업의 출현, 노동운동의 발전, 도시화 현상, 사회악의 가속도적인 증가 등의 부산물을 초래하였다. 이러한 문제를 해결하기 위하여 미국정부의 행정기능은 확대·강화되었고, 이는 독립규제위원회의 출현, 행정기구의 증설, 공무원 수의 증가, 예산규모의 팽창과 같은 결과를 가져 왔으며, 미국행정학 발전에 결정적인 영향을 미쳤다.

3) 정부개혁운동과 과학적 관리론

19세기 후반에 있어서 미국은 정부의 부패와 비능률을 겪게 되어 민주주의적 정부의 존속이 위태롭게 되었고, 이를 개선하고자 정부개혁운동이 일어나게 되었는데 이 운동은 당시 사기업에서 일어난 과학적 관리운동과 함께 행정학의 성립과 발전을 촉진시키는 데 중요한 역할을 하였다. 특히 공무원제도개혁운동, 펜들턴법(Pendleton Act, 1883)의 제정, 시정개혁운동 등은 미국행정학의 성립에 큰 영향을 미쳤다. 또 테일러(F. W. Taylor)에 의해 추진된 과학적 관리론은 행정의 비권력적인 성격과 능률성을 강조하는 능률주의적·기술적 행정학을 발전시키는 데 결정적인 영향을 미쳤다.

3. 미국행정학의 발달과정

1) 미국행정학이론의 흐름: 일원론과 이원론의 교차

현대행정학, 특히 미국행정학의 발달에 관한 설명은 학자들의 관점에 따라 다양하게 전개되고 있다. 가장 일반적인 관점은 정치행정이원론(기술적 행정학)과 정치행정일원론(기능적 행정학)의 교차로 보는 관점이라고 볼 수 있다. 즉 윌슨(W. Wilson)의 '행정의 연구'(The Study of Administration, 1887)라는 논문에서 강조된 것처럼 행정과 정치를 구분하는 정치행정이원론에서 미국의 현대행정학은 출발하였다고 볼 수 있다. 이러한 이원론은 행정의 관리기술적 측면을 강조했던 입장이다. 그러나 1930년대 행정의 정치적인 가치배분기능을 인식하고 강조하는 입장이 나타났는데 이것이 바로 정치행정일원론이다.

이러한 행정학에 대한 패러다임(paradigm)은 시대의 변천과 학문의 발전에 따라 행정이론의 과학화를 위하여 이른바 신정치행정이원론의 입장이 나오게 되었다. 이는 정치와 행정의 연관성은 인정하지만 행정연구의 과학성 추구와 관련하여 가치문제를 배제하고 사실문제만 연구대상으로 하자는 사이먼(H. A. Simon)을 중심으로 하는 행태론자들의 입장이다. 그러나 1960년대 이후에 들어서는 발전행정론과 신행정론의 조류 속에서 새로이 신정치행정일원론(행정우위론)이 등장하게 되어 오늘에 이르고 있다. 이러한 전개과정은 시대별 실용적 요청과 이에 대한 처방으로서의 학문적 관심이 어떻게 변화·발전해 왔는가를 말해 주고 있다.

이와 같은 행정학의 발달과정을 파악하기 위해 헨리(Nicholas Henry)는 행정학 연구의 소재(locus)와 초점(focus)이라는 두 개념을 사용하여 포괄적으로 소개하고 있는데 여기서는 그의 분류를 중심으로 고찰하고자 한다(헨리가 말하는 소재는 '연구영역의 제도적 장소'를 의미하며, 초점이란 '연구영역의 특정한 대상'을 의미한다).

2) 행정학의 패러다임의 변화

(1) 패러다임 1: 정치행정이원론(1900~1926)

패러다임 1의 강조점은 행정연구의 소재를 정부의 관료제(bureacracy)에 두고 있다. 이러한 행정의 소재중심 정의에 대한 최초의 개념적 정당화가 정치행정이원론(politics－administration dichotomy)으로 알려지게 된 것이다. 이와 같은 패러다임 1의 대표적 학자들은 굿노우(Frank J. Goodnow)와 화이트(Leonard D. White) 등이 있다. 굿노우는 「정치와 행정」(Politics and Administration, 1900)이라는 저서 속에서 '정부에는 두 개의 구별되는 기능이 있다'고 하면서, 그 중

하나는 정치로서 '정책 또는 국가의지의 표현을 다루는 기능'이고 다른 하나는 행정으로서 '정책의 집행을 다루는 기능'이라고 하였다. 한편 화이트는 그의 저서 「행정학입문」(Introduction to the Study of Public Administration, 1926)에서 정치는 행정에 간섭해서는 안 되며, 행정은 관리의 영역이라고 주장하였다. 따라서 행정학은 당연히 가치에 구애받지 않는 과학이 될 수 있으며, 행정의 임무는 절약과 능률이어야 한다는 것이다.

(2) 패러다임 2: 행정원리론과 이에 대한 도전과 반응(1927~1937)

패러다임 2는 행정원리론(The Principles of Administration)을 중심으로 이에 대한 도전 및 도전에 대한 반응의 순서로 그 이론이 전개되었다. 행정원리론이란 행정에는 문화·환경·제도·체제 등과는 상관없이 어떠한 행정상황에도 적절히 적용할 수 있는 '원리'가 존재한다는 견해를 말한다. 이는 절약과 능률 및 경제적 합리성을 확보하고 행정의 실제를 개선하는 데 연구의 목적을 두었다. 행정원리론의 주요이론으로는 윌로우비(W. F. Willoughby)의 「행정의 제원리」(Principles of Public Administration, 1927), 귤릭(L. H. Gulick)의 POSDCORB 등을 들 수 있다.

윌로우비는 행정에 관한 어떤 과학적 원리들이 존재하며, 이러한 과학적 원리들이 발견되어질 수 있다고 주장하였다. 또한 행정관리자들이 이들 원리들의 적용방법을 배우게 된다면 그들은 그들 자신의 직무에서 전문가가 될 수 있다는 새로운 믿음을 제시하였다. 행정원리론의 절정은 1937년 귤릭(L. H. Gulick)과 어윅(L. Urwick)의 「행정학논문집」(Papers on the Science of Administra-tion)이 발간된 시기이다. 귤릭은 이 보고서의 서두논문에서 최고관리자의 일곱 가지 기본적 기능을 POSDCORB라는 표현으로 행정원리를 제시했다. POSDCORB는 모든 조직에서 공통적으로 찾아 볼 수 있는 관리기능을 기술·설명하기 위하여 만들어 낸 인조어로서 Planning(기획), Organizing(조직화), Staffing(인사), Directing(지휘), Coordinating(조정), Reporting(보고) 및 Budgeting(예산)의 머리글자이다. 이와 함께 부국편성의 원리, 명령일원화의 원리, 통솔범위적정화의 원리, 명령계통의 원리, 분업 및 조정의 원리 등이 행정원리론의 주요 내용을 이루고 있다.

그런데 바나드(C. I. Barnard)의 「관리자의 기능」(The Functions of the Executive, 1938)이 간행되면서 종래의 정치행정이원론과 원리론을 중심으로 하는 행정학의 주류는 그 첫번째, 개념적 도전을 받게 되었다. 행정학에 대한 바나드의 영향은 그 당장에는 대단하지 않았으나, 1946년 사이몬(H. A. Simon)이 「행정의 격언들」(The Proverbs of Administration)이라는 글 속에서 원리론에 대한 신랄한 비판을 가할 만큼 상당한 영향을 미쳤던 것이다. 기왕의 행정학의 주류에 대한 비판과 도전은 1940년대에 들어와 두 개의 상호 강화적인 방향으로 가속화되었다. 하나의 이론은 정치와 행정이 어떠한 형태로든 결코 분리될 수 없다는 정치행정일원론이고, 다른 하나는 행정의 원리는 관리적 합리성의 최종적 목표 이외는 아무것도 아니라는 원리론에 대한 비판이다.

(3) 패러다임 3: 정치학으로서의 행정학(1950~1970)

패러다임 3, 즉 정치학으로서의 행정학은 행정학과 정치학 간의 개념적 관련성을 재확립시키려는 시도였다. 그 결과 행정학은 정부관료제란 소재에 대한 정의를 새롭게 했으나 행정학의 초점은 상실하게 되었다. 이 기간 동안 행정학의 정체성 위기(identity crisis)논쟁이 일어나게 되었고, 왈도는 이를 극복하고자 행정의 전문직업주의를 주장하기도 하였다. 그러나 이 기간 동안에 인식론적 도구로서 사례연구(case study)의 발전과 행정학의 하위분야로서 비교 및 발전행정론의 부침은 행정학자들과 정치학자들 간의 고조된 긴장상태를 전혀 다른 방법으로 반영하고 있다.

(4) 패러다임 4: 경영으로서의 행정학(1956~1970)

패러다임 4는 패러다임 3과 거의 동시에 일어났지만 하나의 패러다임으로서 정치학이 누려온 것과 같은 광범위한 호응을 얻지는 못하였다. 일반경영론으로서의 행정학 패러다임은 기업과 정부를 포함하는 모든 관리자들에게 유용한 단일의 행정과학이 존재한다는 생각에 근거를 두고 있다. 즉 조직이론, 컴퓨터과학, 의사전달과 정보이론, 통계학 등이 모두 경영론 분야를 구성하는 것으로 행정학 연구에 관련된다는 것이다. 그러나 경영으로서의 행정학 역시 본질적으로는 행정학의 정체성 및 독창성을 상실하게 하는 것이었다. 패러다임 4는 학문의 초점은 제시하지만 행정의 소재는 제시하지 못하고 있다. 그럼에도 불구하고 패러다임 3과 패러다임 4의 기간의 침체상태에 있을 때에도 행정학은 재기를 위한 씨앗을 뿌리고 있었다고 볼 수 있다. 그러한 노력 중의 하나가 과학·기술 및 공공정책 간의 통합프로그램의 개발이었고 다른 하나는 '신행정론'의 등장이었다.

(5) 패러다임 5: 행정학으로서의 행정학(1970~현재)

독자적 분야로서의 행정학의 윤곽은 사이몬(Simon)이 행정학은 '순수행정과학'이어야 한다고 언명했던 바와 같이 여러 면에서 반영되고 있다. 행정학 분야의 초점은 아직까지도 부족하다고 볼 수 있지만 순수행정과학의 방향으로 특히 조직이론과 정보과학(information science)의 분야에서 커다란 발전을 가져왔으며, 아울러 행정학의 적용기법들과 방법론들을 세련시키는 데 상당한 발전을 이룩하였다. 패러다임 5는 행정학으로서의 행정학의 위치를 확립시킴으로써 종래의 초점과 소재를 둘러싼 논쟁으로부터 이 두 측면을 포괄하는 종합과학으로서의 성격을 굳혀 가는 방향에 있다 할 것이다.

(6) 패러다임 6: 거버넌스로서의 행정학(1990~현재)

1980년대 이후 행정환경의 변화와 이에 대응하기 위한 다양한 정책적 노력과 이론적 연구들이 누적되면서 1990년대 전후로 거버넌스(governance) 이론이 제시되었다. 거버넌스 이론은 그동안의 정부 주도의 공공 서비스전달 및 공공문제 해결을 넘어선 대안을 제시하기 위해 등장하였다고 볼 수 있다. 즉 정부라는 제도적 장치에만 의존하는 것이 아니라 민간부문 및 비영리부분과의 협력적 네트워크를 구성하여 공공서비스의 제공을 시도하고 다양한 대안을 모색하는 것이다. 이러한 부문 간의 상호협력에 대한 이해와 적절한 관리가 새로운 행정학의 한 단면이라고 헨리는 주장한다.

그는 또한 패러다임 5가 패러다임 6에 의해 완전히 대체되는 것은 아니라고 하면서, 패러다임 5와 패러다임 6은 상호 공존하면서 상호 보완적 역할을 할 것이라고 전망하고 있다.

4. 비교행정론

1) 비교행정의 의의와 발달배경

비교행정(comparative administration)이란 이질적인 문화권과 국가배경을 지닌 다양한 여러 행정체제의 모든 실질적 자료를 활용하여 행정현상의 변수와 이동성을 발견하고, 여러 행정체제에 적용할 수 있는 행정이론을 검증 · 확장하기 위한 일련의 행정에 관한 연구 · 분석활동을 의미한다. 행정에 관한 비교연구가 본격화된 것은 제2차 세계대전 이후의 일로서, 비교행정이 발달하게 된 요인은 대체로 ① 행정학의 과학화를 위한 노력, ② 후진국 원조의 필요성, ③ 비교정치론의 영향, ④ 유럽학자들의 학문적 영향, ⑤ 비교행정연구회(GAG)의 활동 등을 들 수 있다.

2) 리그스의 비교행정론: 일반체제모형

리그스(F. W. Riggs)는 행정체제를 비교 · 연구하는 유형으로서 농업사회(Agraria)와 산업사회(Industria)의 사회이원적 모형을 제시하였다. 그 후 그는 사회의 유형을 융합적 사회(fused society)와 분화적 사회(refracted society)로 나누고 중간에 과도기적 사회를 설명하기 위해 프리즘적 사회(prismatic society)를 설정하였다. 그는 또 농업사회와 산업사회를 비교하기 위해 다섯 가지의 환경적 변수로서 경제적 기반, 사회적 기반, 이념적 준거틀, 의사소통망, 정치체제 등을 들고 있다. 농업사회의 경제적 기반은 자급자족적 경제체제이며, 산업사회는 상호의존적 경제체제이다. 사회구조면에서 보면, 농업사회는 일차 집단,

표 1-3-1 산업사회와 농업사회의 비교

	농업사회	산업사회
경제적 기반	자급자족적 경제체제	상호의존적 경제체제
사회구조면	일차적 집단이 지배적	이차적 집단이 지배
이념준거틀	영감, 직관중시, 의식주의	경험중시, 합리주의
의사소통망	제한적임, 장애 다수존재	원활함, 능률적임
정치체제	실질적 권력 큼, 강제적 수단	실질적 권력 작음, 국민위주

산업사회는 이차 집단이 지배적이며, 이념적 준거틀은 농업사회는 영감・직관 중시, 의식주의 지배를 받는데, 산업사회는 경험과 합리주의에 기반을 두고 있다. 의사소통망의 경우 농업사회는 제한적이며, 장애가 다수 존재하고 산업사회는 원활하며 능률적이다. 또 정치체제를 보면, 농업사회는 실질적 권력이 크며, 강제적 수단에 의존하는 반면, 산업사회의 경우 실질적 권력이 작고 국민 중심이라는 특징이 있다.

리그스는 융합사회, 분화사회, 프리즘적 사회 내에서 행정이 수행되는 장소를 융합사회는 안방(chamber), 분화사회는 관청・사무실(bureau), 프리즘적 사회는 사랑방(sala)이라고 설명하고 있다. 사랑방체제의 특징으로서는 ① 형식주의와 표리부동성, ② 이질혼합성과 기능중복, ③ 다분파주의・파벌도당・다규범주의, ④ 양초점성・권한통제의 불균형, ⑤ 상향적・하향적 누수체제, ⑥ 연고우선주의 ⑦ 신분계약의 혼합관계, ⑧ 가치의 응집, ⑨ 가격의 부정가성 등을 들 수 있다.

표 1-3-2 사회유형별 주요 특징

	융합사회	프리즘적 사회	분화사회
기능	융합적	프리즘적	분화적
구조	전통적	과도적	현대적
역할	미발달	발전도상	발전됨
사회체제	농업사회	프리즘적 사회	산업사회
관료제	안방	사랑방	관청・사무실

그러나 리그스의 이론은 다음과 같은 비판을 받고 있다. 즉 구조・기능적 분석에 입각한 균형이론이고 정태적 성격을 띠고 있는 까닭에 사회변동을 충분히 다루고 있지 않으며, 결정론적 입장에서 후진국의 발전이나 근대화의 전망을 비관적으로 보고 있다는 것이다. 또 행정엘리트의 활동을 경시하고 급격한 사회변동 속에서 새로운 사상과 제도가 도입되면 발전으로 유도될 수 있다는 가능성을 간과하고 있다.

5. 발전행정론

1) 발전행정의 의의와 접근방법

발전행정(development administration)은 1960년대에 들어서 실용주의에 입각한 새로운 규범적이며 동태적인 행정이론을 모색하고자 하는 가운데 태동한 것이며, 국가발전의 행정이라는 의미와 행정 자체의 발전이라는 의미를 함께 내포하는 개념이다. 즉 발전행정은 국가발전을 이룩하기 위한 국가의 모든 발전사업을 행정이 선도적 · 주도적으로 수행하며, 또한 그러한 역할과 기능을 수행하기 위하여 그 자체의 능력 내지 역량을 발전시키는 것을 말한다.

발전행정은 다음과 같은 특성을 지니고 있다.

① 계획적 · 의도적으로 사회변동을 유도하고 관리하는 지도촉진적인 정책과 계획 및 전략을 포함하는 행정이다.

② 정치 · 경제 · 사회체제의 발전 및 행정체제의 발전을 위한 목표지향적 행정이다.

③ 사회변동에 능동적으로 대응할 수 있는 능력을 증진시켜 나가는 활동이다.

④ 국가발전을 위하여 쇄신적 가치를 창안하고 추구하는 활동이다.

⑤ 국가발전과 행정발전을 이룩하는 데 필요한 여러 유형의 자원을 동원 · 배분 · 관리하는 과정이다.

⑥ 발전적 의지를 자극하고 동원하며 유지하는 활동이다.

이러한 발전행정의 접근방법에는 행정체제적 접근방법(administration system approach)과 사회체제적 접근방법(social system approach)으로 나누어 볼 수 있다.

첫째, 행정체제적 접근방법은 행정의 문제를 타 분야와 분리시켜 고찰하려는 입장으로, 이를 다시 균형적 행정발전전략과 불균형적 행정발전전략으로 나누어 볼 수 있다. 균형적 행정발전전략은 행정전반에 걸쳐서 동시적 · 전면적으로 발전을 이룩해야 한다는 전략이다. 즉 인사행정, 재무행정, 기획제도, 조직관리 등이 상호 보완적으로 동시에 발전되어야 한다는 것이다. 불균형적 행정발전전략은 행정능력이 부족하고 근대적 행정체제를 확립하지 못한 신생국에서는 균형적 행정발전전략이 비현실적인 것이므로, 행정의 비교적 중요한 분야부터 먼저 발전시키고 이를 기반으로 전체적인 발전을 도모하는 것이 현실적 방법이라는 입장이다.

둘째, 사회체제적 접근방법은 행정도 사회체제를 구성하는 하나의 하위체제로서 하위체제와 상호 밀접한 의존관계를 유지하고 있음을 중요시하는 입장이다. 이는 다시 균형적 사회발전전략과 불균형적 사회발전전략으로 나누어 볼 수 있다. 균형적 사회발전전략은 행정의 발전은 정치 · 경제 · 사회 등의 발전이 전제되거나 동시에 진행되는 경우에만 가능하다는 것이다. 즉 행정의 발전을 위해서는 건전한 경제제도, 강력한 정치체제 및 기능적으로 분화된 사회체제가 필요하다는 입장이다. 불균형적 사회발전전략은 행정과 정치 · 경제 · 사회체제와의 상호 의존적 관계를 도외시하는 것은 아니지만 행정이 발전의 주도적 역할을 담당한다는 입장이다.

2) 발전행정과 기관형성(institution building)

발전을 위한 하나의 접근방법으로서의 기관형성론이 말하는 기관이란 변동을 유도하고 변동을 보호하는 공식조직을 의미한다. 따라서 기관형성이란 발전촉진적이고 발전보호적인 공식조직을 창설하거나 혹은 현재의 조직을 그와 같은 조직으로 개선하기 위하여 기획하고 지도하는 과정을 말한다.

기관형성의 기본적인 방향 내지 목표는 ① 가치관, 역할, 자연과학적 및 사회적 기술의 변화를 도모하고, ② 새로운 규범과 행동양식을 정립하고 육성하며 보호하고, ③ 환경으로부터 지지와 협조를 받는 것이다. 원래 기관형성에 대한 관심은 미국에서 대외원조정책을 효율적으로 수행하기 위한 전략의 하나로서 에스만(M. J. Esman)과 블레이즈(H. C. Blase) 등에 의해 정립된 것으로, 발전의 요새 내지 거점이 될 수 있는 새로운 경향의 조직을 만들고 강화하는 데 있어서 효과적인 전략으로 받아들여지고 있다.

6. 신행정론

1) 신행정론의 의의

신행정론(New Public Administration)이란 1960년대와 1970년대 미국의 후기 산업사회의 현실을 배경으로 그에 알맞는 적정한 행정이론의 정립과 이론의 현실적 적응을 내용으로 하는 행정학의 사조이다. 종래의 행정학이 정치 또는 정책문제에 만족할 만한 이론적 준거틀을 제공하지 못했으므로 행태주의적 행정학에 대한 비판이 일어났으며, 당시 시대성과 실제성에 맞추어 행정이론이 학문적 자율성을 확보할 수 있도록 재구성하고자 하였다. 또한 월남전에서의 패배, 흑백인종분규, 빈민문제, 도시문제 등 미국사회 내의 제 문제는 정치・행정학자들로 하여금 그들의 관심이 발전도상국으로부터 미국 사회내부의 발전문제로 옮겨지게 되었다.

2) 신행정론의 내용과 평가

위와 같은 배경하에 1968년 왈도(D. Waldo)의 주제로 개최된 행정문제에 관한 미노부룩(Minnowbrook) 회의에서 소장학자들이 행정학의 정체성의 위기(identity crisis)문제를 제기하고 새로운 대안으로서 사회적 형평성, 인본주주의적 철학, 적실성 있는 행정연구, 행정학의 독자성 확보, 사회변동에의 대응성 등을 강조하는 규범적 이론을 중심으로 하는 새로운 방향설정을 모색하게 되었던 것이다. 이러한 신행정론의 주요 내용은 사회적 형평성의 추구, 적실성(relevancy)과 변동에 대한 대응성, 가치지향, 참여와 행정책임의 강조, 인본주의적 규범주의 등을 들 수 있다. 또 조직구조의 재설계에 관심을 갖고 있었는데, 이러한 관심에 부응하기 위하여 행정적 분권화모형, 이웃통제모형, 매트릭스모형, 연합모형, 협상모형의 다섯 가지 구조적 모형이 제시되었다.

신행정론은 일반적으로 다음과 같은 문제점을 갖고 있는 것으로 지적되고 있다. 첫째, 사회적 형평의 규범적 인식에 대한 객관적 기준이나 접근방법을 제시하지 못하고 있다. 둘째, 관료들의 가치지향적 행동을 지나치게 강조하게 되면 정치적 불안이 발생할 수 있으며, 행정의 통일성, 능률성이 희생될 수 있다. 셋째, 실제로 과연 비계층제 혹은 비관료제적 구조로 전환될 수 있는가의 문제와 실증주의나 행태론에서의 기술적 업적을 전면 부정할 수 있는가 하는 측면에서 그 한계점이 지적되고 있다. 넷째, 고객집단이 행정에 참여하여 특수이익을 추구하는 경우 공익이나 행정목표와 대립하게 되면 그 해결이 곤란해진다. 다섯째, 행정의 개혁방안이 대체로 이상주의적이며 급진적인 성향을 나타내므로 실제 조직에 대한 조직원의 충성은 지나치게 과소평가되고 현실적·점진적인 개혁이 경시된다.

신행정론은 윤리적·규범적인 가치를 강조하고 그 실현을 위한 야망은 다소 비현실적이거나 추상적인 면을 배제할 수 없어 행정학 분야의 쇄신에 대한 야망을 실현하지는 못했지만 그것이 행정학 분야에 미친 영향은 매우 크다고 볼 수 있다. 즉 행정학자들로 하여금 전통적 사고방식을 재고하도록 자극을 주었으며 행정학의 학문적 자율성 내지 주체성을 위한 가능성을 심사숙고하도록 하였다.

7. 신공공관리론과 뉴거버넌스 및 신공공서비스론

1) 신관리주의와 신공공관리론

행정은 변화하는 환경에 대한 적절한 대응을 하여야 하고 나아가 소망스런 변화의 촉진자 역할을 하여야 한다는 것은 주지의 사실이다. 그동안 이러한 행정환경의 변화에 대응하는 개념으로서 많은 이론 및 모형들이 개발되어 왔는데, 최근 이러한 논의의 초점으로서 신관리주의(new managerialism), 신공공관리론(new public management), 거버넌스 혹은 뉴거버넌스론(new governance) 등이 활발히 논의되어 왔다.

관리주의(managerialism)는 민간부문의 관리시스템과 기법을 정부부문에 도입하고자 하는 주장으로서 정부부문의 성과·실적을 중시하고 관리자의 개인적 책임을 강조하는 사고방식을 말한다. 이러한 관리주의의 핵심은 경제적 생산성, 다기능적 대규모 집행기관, 생산성 지향의 인력, 관리의 독자적 기능, 관리자율성이다. 그 후의 관리주의는 공공선택론, 대리인이론 등과 결합하게 되고 그 결과 신관리주의(new managerialism)라는 새로운 형태로 거듭나게 되었다. 이 사고방식은 노젓기가 아닌 방향제시, 과정이 아닌 결과, 정치가 아닌 생산, 권력행사가 아닌 권한위임, 갈등이 아닌 협력을 강조하는 것으로 특징지어진다. 관리주의는 1980년대에 관료모형을 극복하는 방안으로서 일선관리자에게 예산과 인사상의 권한을 위임해 주는 형태로 실시되었다. 이에 비해 신관리주의는 행정가의 정책기업가(policy entrepreneur)로서의 역할을 강조한다.

신공공관리론은 1980년대 이후 '시장주의'와 '신관리주의'에 기반을 두고 전통적 행정패러다임의 한계를 극복하고 작은 정부를 구현하기 위해 개발된 정부운영에 관한 이론이다. 신공공관리론의 주요 내용을 요약하면 다음과 같다. 첫째, 정부기능 및 규모의 축소, 행정서비스의 민영화 등에 중점을 둔다. 둘째, 결과 혹은 성과를 강조하며, 행정관료의 책임을 강조한다. 셋째, 공공서비스의 시장지향을 추구하고 고객지향적 행정을 강조하며, 시장지향적 성격을 띤 공공관리의 새로운 모형을 모색한다. 넷째, 공직임용에 있어서의 계약제를 강화하고, 이른바 책임기관(agency)을 설치하여 정부조직구조의 변화를 추구한다. 다섯째, 전통적인 통치의 개념이 아닌 신관리주의적 정부운영의 개념을 강조하여 작은 정부(limited government)를 강조한다.

이러한 신공공관리론은 상당히 설득력을 얻고 있기는 하지만 정부관리 전체에 일률적으로 적용하기에는 무리가 있다고 생각된다. 특히 공공부문과 민간부문의 근본적 차이를 경시하였다는 점에서 비판받아야 하며, 민간부문이 무조건 우월하다는 논리에도 문제점이 있다. 또한 사회보장의 축소로 인한 사회적 약자(minority)들의 어려움의 증대, 공무원의 사기저하와 심리적 동요 및 공직 이탈현상의 가속화, 능률지상주의로 인한 다양한 부작용, 단기적 · 가시적 성과에 대한 집착으로 인한 폐해 등이 나타나고 있는 현실을 보면 이에 대한 진지한 재검토 및 보완이 필요하다고 볼 수 있다.

한편 신공공관리론에 따라 공공서비스의 전달과정에서 민간부분과 비영리부분의 참여가 확대되었고, 이러한 배경에서 정부주도의 공공서비스 전달 및 공공문제 해결방식을 넘어선 대안을 제시하기 위해서 등장한 것이 거버넌스 혹은 뉴거버넌스 이론이다. 이러한 거버넌스라는 말은 전통적인 정부 이미지와 대조되는 새로운 방식의 통치에 대한 다목적용 용어가 되고 있다.

2) 뉴거버넌스의 의의와 유형

거버넌스 혹은 뉴거버넌스에 대해서 프레더릭슨(Frederickson)은 공공부문에 있어서의 상호협력관계에 있는 전통적인 공공부문과 민간부문의 전 범위를 거버넌스란 개념으로 포괄할 수 있다고 보고 있다. 그러나 거버넌스의 개념은 개념정의 수준에 따라 협의의 개념과 광의의 개념으로 구분할 수 있다. 전자의 경우 국가와 시장메커니즘과는 분명히 구별되는 시민사회영역 내에 존재하는 자발적·자율적이고 자기조직적인 조정양식을 의미한다면, 후자의 경우는 국가와 시장, 시민사회가 과거와는 다른 새로운 형태의 상호작용과 협력체제를 구성하면서 등장한 조정양식을 의미한다고 볼 수 있다. 이를 좀 더 구체적으로 설명하면 다음과 같다.

첫째, 협의의 거버넌스 개념은 오래 전부터 국가나 시장메커니즘과는 별도로 존재해 왔던 조정양식의 원형으로 파악하여, 시민사회 중심적인 접근을 하고 있다. 이러한 협의의 정의에서는 거버넌스를 복합조직 또는 네트워크(network)로 부르면서 '공식적 권위 없이도 다양한 행위자들이 자율적으로 호혜적인 상호 의존성에 기반하여 협력하도록 하는 제도 및 조정 형태'로 정의한다. 그리고 이러한 기반에서 거버넌스는 '사회적 사이버네틱 체제'나 '자기조직적 네트워크'를 구축할 수 있다고 보고 있다.

둘째, 광의의 거버넌스 개념은 정부중심의 공공조직과 민간조직의 경계가 무너지면서 나타난 새로운 상호 협력적인 조정양식을 의미하는 것으로 이해된다. 이는 협의에서는 포함하지 않는 국가와 시장도 포함하는 국가, 시민사회 및 시장 간의 파트너십을 통한 새로운 협력형태를 의미하며, 그 내용과 성격에 따라 최소국가론(minimal state), 좋은 거버넌스(good governance) 및 신공공관리론(new public management: NPM) 등을 포함한다.

(1) 로즈(Rhodes)의 분류

로즈(Rhodes)는 최소한 여섯 가지로 구분되는 거버넌스 용법이 존재한다고 정리하는데, 최소국가로서의 거버넌스, 기업식 거버넌스, 신공공관리로서의 거버넌스, '좋은 거버넌스', 사회적 사이버네틱(cybernetic) 체계로서의 거버넌스, 자기조직화 네트워크로서의 거버넌스 등이 그것이다.

첫째, 최소국가(minimal state)의 의미인데, 이는 공공개입의 범위와 형태를 재정의하고, 공공서비스의 공급에 있어서 시장과 준(準)시장을 활용하려는 것이다.

둘째, 기업적 거버넌스(corporate governance)의 의미이다. 이는 전통적인 행정서비스의 정서 혹은 공평무사한 서비스 및 개방성에 대한 가치와는 다른 기업적인 문화와 분위기를 추구하는 것이다.

셋째, 새로운 행정관리(new public management)의 의미이다. 이것은 두 가지의 의미를 함축하고 있는데, 우선 관리주의(managerialism)를 들 수 있다. 이는 간단히 말해서 민간부문의 경영방식을 공공부문에 도입하려는 것이다. 다른 하나는 신제도경제학(new institutional economics)적 측면인데, 이는 시장경쟁과 같은 유인체계를 공공서비스 제공에 도입하려는 시도이다. 그리고 여기서는 이른바 '조타기능'(steering)이 공공관리분석의 중심으로 자리잡는데, 이 '조타기능'이 거버넌스와 동의어인 것으로 보고 있으며 '기업가적 정부'를 대안으로 제시한다(Osborne & Gaebler, 1992).

넷째, '좋은' 거버넌스(good governance)의 의미이다. 여기서 거버넌스란 국가의 일을 관리하기 위해 정치권력을 행사하는 것으로 신공공관리와 자유민주주의를 결합한 의미로 보고 있다. 그리고 '좋은' 거버넌스가 되기 위해서는 능률적인 관료군, 독립적인 사법체계 및 계약집행을 위한 법률구조, 책임성 있는 공공기금 관리, 대의제적 의회에 책임을 지는 독립적 공공감사기구, 법과 인권을 존중하며, 다원주의적인 제도적 구조와 출판의 자유 등이 전제되어야 한다고 한다.

다섯째, '사회적 사이버네틱 체제'(socio—cybernetic systems)의 의미로 사용하는데, 여기서 거버넌스는 사회정치체계에서 모든 행위자들의 상호작용노력의 결과로서 출현하는 하나의 형태 또는 구조이며, 이와 같은 형태는 특정한 하나의 행위자 혹은 행위자 집단으로 환원될 수 없다고 한다.

여섯째, 거버넌스는 '자기조직화 네트워크'(self-organizing networks)의 의미이다. 즉 거버넌스를 '자기조직적인, 조직 간 네트워크'(self-organizing, inter-organizational networks)로 보는 것이다. 그리고 여기에 신공공관리, 정부 간 관리(intergovernmental management) 등의 개념들이 모두 포함되는 것으로 보고 있다.

(2) 피터스(Peters)의 분류

피터스(Peters)는 거버넌스를 정부가 행정행위를 관장해 가는 과정이라고 전제하면서 <표 1-3-3>과 같이 네 가지 거버넌스의 모형을 제시하고 있다. 피터스의 모형구분에서 거버넌스를 네 가지 형태로 구분 짓는 요소는 조직구조, 조직의 관리방식, 조직의 정책결정기저이며, 이러한 요소들이 조직의 정책목표와 국민의 관심정도와 경향에 따라 거버넌스의 유형이 구체적으로 결정된다고 보는 것이다.

첫째, 시장형 정부모형은 전통적 관료제에 대한 불신을 전제로 시장의 효율성에 대한 신뢰를 기초로 하고 있다. 따라서 행정개혁은 정책결정과 집행의 분권화를 추구하며 민간 또는 준민간조직의 이용을 적극 권장한다.

둘째, 참여적 정부모형은 시장모형과는 이념적으로 반대입장에 있는 모형으로서 정부에 대해 시민들이 적극적으로 의견을 투입하는 참여지향적 개혁방향을 모색하게 된다. 피터스는 참여적 정부모형의 또 다른 대안적 개념으로서 위임국가(empowerment state)를 들고 있는데, 이러한 위임국가는 계층제적 체제하에서 배제되었던 사람들의 조직적 참여를 허용하는 모형이다.

셋째, 신축적 정부모형은 전통적 정부모형에 대한 대안으로서의 제시된 것으로, 변화가 요구될 때 생존을 위하여 변화에 효과적으로 대응하는 것에 주안점을 두고 있으며, 정부 내의 구조적 변화를 대안으로 제시한다.

넷째, 탈규제적 정부모형은 적어도 피터스가 보는 견지에서는 경제정책과는 관련이 없고 내부적인 정부관리의 맥락과 관계가 있다. 즉 탈규제적 정부

표 1-3-3 거버넌스의 모형과 주요요소

요소/모형		시장형 정부	참여적 정부	신축적 정부	탈규제적 정부
정책목표		독점 타파	계층제 타파	불변성 타파	내부규제 타파
조직	조직구조	탈집중	평면조직	가상조직	특별정부
	관리방식	성과제	MBO, 팀제	일시적 인력관리	자율적 관리
	정책결정 기저	시장적 동기	협상과 협의	실험적	기업가적 정부
국민의 관심		저비용	관여 및 협의	저비용, 조정	창의성, 능동성

모형은 공공관료제 내부의 독특한 문제를 강조한다는 점에서 다른 모형들과 구분되며, 관료제 역기능의 원천으로서 조직 내의 내부규제를 강조한다.

피터스는 이러한 네 가지 정부모형이 추구해야 할 행정개혁의 방향을 다음 <표 1-3-4>와 같이 정리하고 있다.

표 1-3-4 기본적 문제에 대한 해답: 정부개혁의 방향

구 분	시장모형	참여모형	신축모형	탈규제모형
조 정	보이지 않는 손	하의상달	조직개편	관리자의 자기이익
오류발견/수정	시장적 선호	정치적 신호	오류의 제도화방지	보다 많은 오류 수용
공무원제도	시장기제로 대체	계층제 축소	임시고용제 활용	내부규제철폐
책임성확보	시장에 의존	소비자 불만에 의존	(명확한 제안 없음)	사후통제에 의존

3) 신공공서비스론

신공공관리론이 그 나름대로의 성과도 있었으나 몇 가지 면에서 문제점을 노출하였다. 그 중 하나가 시민은 배제된 채, 관료들이 방향잡기와 노 젓기 중 어디에 치중해야 하는가와 같은 문제에 관심을 두어 온 결과 오히려 관료들의 권력만을 강화시켰다는 것이다. 따라서 시민은 배제된 채 관료에게만 집중되었던 권력을 시민에게 되돌려 주어야 한다는 주장이 제기되었다. 또 이러한 맥락에서 신공공관리를 비판하면서 그 자리를 신공공서비스(new public service)로 대치하여야 한다는 주장도 등장했다.

신공공서비스론은 이와 같이 신공공관리론의 잘못된 시각과 처방에 대한 반작용과 행정환경의 변화에 대한 반응으로 등장했다고 볼 수 있다. 신공공서비스론의 지적 기반은 민주적 시민이론, 지역공동체 및 시민사회 모형, 조직인본주의와 담론이론 등에 기초하고 있는데, 이런 측면에서 신공공서비스론은 과거 신행정학이 강조했던 사회적 형평성과 대응성을 강조했던 것과 맥을 같이 한다고 볼 수 있다. 행정이 얼마나 효율적으로 수행되었느냐보다 어떻게 시

민의 삶의 질을 향상시키는 데 기여했느냐가 더욱 중요하다는 입장인 것이다.

신공공서비스론은 향하는 행정의 규범적 특성과 가치가 지나치게 강조되면서, 행정에서 요구하는 전문성·능률성·효과성 등의 수단적 가치와의 균형에 관한 논의가 부족하다는 비판을 받고 있기도 하다. 그러나 신공공서비스론은 민주사회의 가치에 기반을 두면서 전통적 행정과 신공공관리론에서 주창하는 기법과 가치가 작동될 수 있는 규범적 틀을 제시했다는 점에서 그 의의를 찾을 수 있을 것이다. 신공공서비스론과 앞에서 살펴본 신공공관리론과의 차이점은 <표 1-3-5>와 같다.

표 1-3-5 신공공관리론과 신공공서비스론의 비교

관 점	신공공관리	신공공서비스
이론적 인식기반	경제이론	민주주의 이론
행태모형	기술적 경제적 합리성	전략적 혹은 공식적 합리성
공익에 대한 입장	개인 이익의 결합	공유가치에 대한 담론의 결과
반응대상	고객	시민
정부의 역할	방향잡기	봉사하기
정책목표 달성기제	개인 및 비영리기구를 활용하여 정책목표를 달성할 기구와 유인체제를 창조	상호 간에 동의한 욕구를 충족시킬 행정기구, 비영리기구 및 민간기구의 연합을 구축
책임에 대한 입장	시장지향적: 개인 이익의 단순 총화는 다양한 시민 혹은 고객 집단에게 바람직한 결과를 가져옴	다국면적: 공무원은 법률제정, 공동체가치 창출, 정치규범, 전문가적 기준 및 시민들의 이익에 참여해야 함
행정재량	기업적 목적달성을 위해 넓은 재량이 인정됨	재량이 필요하지만 제약과 책임이 따름
기대하는 조직구조	분권적	협동적
행정인에 대한 동기부여	기업가 정신: 정부규모축소 추구	공공서비스: 사회기여추구

제 3 절 행정학의 접근방법

행정학의 접근방법(approach)은 행정현상을 연구하는 데에 있어서 어떠한 기본입장을 취할 것이며, 또한 어떤 시각에서 관심이 되는 대상을 분석할 것인가에 관련된 것이다. 즉 쉽게 말해서 접근방법이란 학문의 연구방법을 의미한다고 하겠다. 이러한 접근방법들은 상호 보완적인 관계에 있으며, 전적으로 한 가지 접근방법만을 사용하는 경우는 거의 없고 몇 가지 방법들이 동시에 사용될 수 있는 것이다.

1. 제도론적 접근방법

제도론적 접근방법은 주로 행정제도의 기술과 분석에 초점을 두는 전통적 접근방법이다. 따라서 이는 법률적 접근방법과 상당 부분을 공유하고 있다. 즉 제도론적 접근방법은 정부조직법, 국가공무원법 등 법규를 중심으로 정부의 조직구조와 기능, 인사행정, 예산절차 등을 연구하는 것이다.

행정은 법률과 규칙 등에 규정된 내용에 입각해 수행되기 때문에 제도론적 접근방법은 실제의 행정을 연구함에 있어서 그 기본적 내용을 파악하는 데 상당히 유용한 접근방법이라고 평가할 수 있다. 그러나 이 접근방법은 공식적 제도나 법률에 기반을 두고 있어서 제도적 측면 이외의 행태적 측면, 환경적 측면을 간과하고 있다는 비판을 받고 있다.

2. 역사적 접근방법

역사적 접근방법은 과거의 역사과정과 각 시점에서의 사건의 의미를 파악하고 이를 통하여 과거와 현재를 이해하고, 나아가 미래에 대한 합리적인 예측과 지침을 제공받으려고 시도하는 연구방법이다. 이러한 접근방법은 각종 정치·행정제도의 성격과 특성을 역사적 맥락 속에서 이해할 수 있도록 해 주는 역할을 한다. 역사적 접근방법이 행정학 연구에 불가결하다는 사실은 인정하지만, 이것은 어디까지나 행정이 걸어온 과거의 중요한 사실을 체계화하고 분석하는 데 유익하며, 현실적인 문제의 파악과 분석에는 한계점이 있다.

3. 행태론적 접근방법

1) 행태론의 의의

행태론은 사회현상을 연구함에 있어서 이념이나 제도 등에 관심을 두지 않고 사회현상을 빚어 내는 인간의 행태(behavior)를 관찰하고 분석하며 설명하려는 방법으로 일종의 사회심리학적 접근방법이라고도 할 수 있다. 행정학에서 행태론을 추구한 사람들 중 다알(R. Dahl), 바나드(C. I. Barnard), 사이먼(H. A. Simon) 등이 대표적이며, 특히 사이먼의 「행정행태론」(Administrative Behavior, 1945)은 행태론을 행정학에 도입하는 데 크게 공헌하였고 그 이후 조직 내 행태연구론자들에 의해 지속적으로 발전되었다. 사이먼과 그에 동조하는 학자들의 관심은 주로 행정조직 속의 집단의사결정, 리더십, 갈등 및 권위 등의 문제를 연구하는 데 많은 업적을 남겼다. 이러한 행태론이 도입됨으로써 행정현상의 연구가 보다 더 객관적이고 과학적으로 연구되도록 촉진되었다고 평가할 수 있다.

이러한 행태론의 특징은 다음과 같다. 첫째, 사회현상도 자연과학과 마찬가지로 엄밀한 과학적 연구가 가능하다고 믿는다. 둘째, 지식을 얻는 방법, 즉 인식론적 근거로서 논리실증주의(logical positivism)를 신봉한다. 셋째, 사회현상을 빚어내는 인간은 일종의 자극(stimulus), 반응(response)의 존재로서 그들의 행태 및 행태의 규칙성, 상관성 및 인과성은 경험적으로 입증하고 설명할 수 있다. 넷째, 연구에 있어서 가치중립성이 엄밀히 지켜져야 한다. 즉 가치는 사실과 분리되어야 한다. 다섯째, 객관적인 자료를 찾고 해석하는 기술적 방법이 필요하다. 여섯째, 자료의 분석에 있어서 계량화와 객관적 측정방법을 이용한다.

2) 행태론의 한계

행태론은 행정학의 과학화, 정체성 위기를 극복하는 데 크게 기여하였으나 1960년대 말부터 이 방법의 한계점으로 인한 비판이 다음과 같이 제기되었다.

첫째, 인간의 외면상의 객관적 행태를 관찰하고 설명하기는 하지만 그 행태의 진정한 내면적 의미를 파악하는 데 한계가 있다. 둘째, 객관적으로 존재하는 사실의 세계만을 다루게 되므로 경험적 보수주의에 빠진다. 셋째, 가치와 사실을 분리시키고 가치판단을 배제하는 것은 적절하지 않다. 특히 사회과학자는 그의 연구에 있어서 어떤 선호와 윤리적 입장을 갖지 않을 수 없다. 넷째, 본질 혹은 실체(substance)는 기술적인 연구방법보다 우선시된다. 따라서 사회문제의 연구는 도구적 방법보다 중요시되어야 한다. 다섯째, 지식인은 자신의 지식을 이용하여 사회를 재구성해야 한다는 것이다.

이러한 행태론에 대한 비판은 1970년대 초 새로운 접근방법으로서 후기행태론을 탄생시켰다. 후기행태론의 성격은 이스턴(David Easton)이 주장하는 적실성(relevance)과 실행(action)이라는 두 개념 속에 잘 나타나 있다. 행정학에도 소위 신행정론(New Public Administration)이 대두됨으로써 후기행태론이 도입되기 시작하였다. 신행정론은 행태론에서 소홀히 다루었거나 배제했던 가치(value)라든가 사회적 형평(social equity), 사회정의(social justice), 규범주의 등이 강조되었다. 이러한 학문적 경향을 일컬어 제2세대 행태론, 후기행태론 또는 탈행태론이라고 한다.

4. 생태론적 접근방법

1) 생태론의 의의

생태론(ecology)이란 유기체와 그 환경의 상관관계를 밝히려는 이론이라고 할 수 있다. 여기서 환경이란 유기체 또는 유기체의 집합이 능동적 또는 잠재적으로 대응하는 모든 외부적인 힘이나 요인들을 포괄하는 하나의 총체적 개념이다. 행정학의 연구에 있어서 생태론을 도입하게 된 동기는 다음과 같다.

첫째, 종래의 행정연구방법은 정태적 방법이었기 때문에, 행정현실과 행태상의 특징을 밝혀내는 데 제약이 뒤따랐다.

둘째, 전후 신생국의 경우, 이식된 구미의 제도와 실제제도의 운영이 괴리되어 제도의 이상이 형식화되거나 또는 역기능이 표출되었는데, 이것은 선진국과 신생국의 문화적·환경적 차이와 장벽에서 기인한 것이라고 생각하였다.

행정학연구에 생태론적 방법을 도입·확립하는 데 공헌한 대표적인 학자는 가우스(J. M. Gaus)와 리그스(F. W. Riggs)이다. 가우스는 「행정에 관한 성찰」(Reflections on Public Administration, 1947)에서 정부 및 행정에 영향을 미치는 환경적 요인으로서 인구, 장소, 물리적 기술, 사회적 기술, 소망과 사조(思潮), 재난, 인물·개성 등의 일곱 가지를 들었다. 리그스는 '농업사회와 산업사회'(Agraria and Industria)라는 논문에서 발전도상국의 행정에 대한 생태론적 연구방법을 강조하였다.

2) 생태론적 방법에 대한 평가

1950년대의 행정연구방법론상 가장 압도적인 위치를 지녔던 생태론에 대한 평가는 다음과 같이 요약할 수 있다.

(1) 행정연구에 대한 생태론의 공헌

첫째, 문화적·환경적 맥락 속에서 행정을 고찰함으로써 행정행태의 특징을 보다 생생하게 파악케 하였으며, 행정현상에 대한 예측가능성의 폭을 확대시켰다.

둘째, 문화적·환경적 차이, 시간 및 공간의 차이에 따라 행정의 특성이 다르다는 사실을 인식케 하는 지적 도구를 제공하였다.

셋째, 인류학, 사회학, 정치학, 심리학 등과의 상호 교류의 수용을 촉진시켰으며, 행정에 대한 종합과학적 연구활동을 자극하였다.

(2) 행정연구에 있어서 생태론의 결함

첫째, 결정론적 견해를 취함으로써 행정을 문화적 환경에 의하여 좌우될 수밖에 없는 유기체로 전락시켰다.

둘째, 행정을 종속적·수동적인 것으로 파악하기 때문에 신생국의 발전을 논함에 있어서 결국 비관론 내지 패배주의를 초래하게 된다.

셋째, 행정이 적극적·능동적으로 문화적·환경적 요소를 새로이 구성하고 형성하는 쇄신적 관리활동력을 지니고 있음을 간과하였다.

넷째, 행정을 환경과의 관계에서 균형관계를 유지하는 체제로서 파악하기 때문에 역동적인 발전을 논하기가 어렵다.

5. 체제론적 접근방법

1) 체제론의 의의

체제론이란 연구대상이나 관리 및 문제를 체제(system)라는 개념을 기반으로 해서 분석하는 이론체제를 의미한다. 여기서 체제란 상호 의존적이고 상호 관련적인 관계 하에 일정한 질서와 통일성을 유지하면서 환경과 끊임없이 영향을 주고받는 제 구성요소 또는 제 변수의 집합(set) 내지 실체(entity)를 말한다. 체제론에서 강조하는 주요 특징을 보면 다음과 같다.

① 하나의 체제로서 성립되기 위해서는 그것을 형성하는 여러 개의 구성요소·부분들이 단순히 모여 있는 것에 그쳐서는 안 된다. 그것은 각 구성요소 및 환경과 구분되는 하나의 집합체로서 전체성을 지녀야 한다.

② 체제는 폐쇄체제(closed systems)와 개방체제(open systems)의 두 종류로 구분할 수 있다.

③ 어느 체제를 막론하고 그것이 체제로서 인식되기 위해서는 체제와 그의 환경을 구별해 주는 경계(boundaries)를 가지고 있어야 한다.

④ 폐쇄적 물리체제(closed physical systems)는 사멸되는 경향이 있다. 그러나 개방체제는 환경으로부터의 투입을 받아들이기 때문에 엔트로피(entropy)를 극복할 수 있다.

⑤ 개방체제는 안정된 상태 또는 동태적 항상성(dynamic homeostasis)을 지님으로써 그의 생존을 유지한다.

⑥ 체제가 동태적 항상성 또는 일종의 동태적 균형(dynamic equilibrium)을 유지하기 위해서는 환류작용장치(feedback)를 가지고 있어야 한다.

⑦ 모든 체제는 하위체제(subsystem)이다. 이는 체제란 하위체제로 구성되는 동시에 상위체제(suprasystem)의 한 구성요소 내지 부분임을 의미한다.

⑧ 개방체제, 특히 사회적 체제는 점차적으로 정교화(elaboration)되어 가고, 분화 내지 특수화(differentiation)되어 가는 경향이 있다.

⑨ 개방체제는 이인동과성(異因同果性, equifinality)의 원리·과정에 의하여 체제가 추구하는 바람직한 상태(동태적 항상성 또는 안정된 상태)에 도달할 수 있다.

2) 개방체제의 모형과 기능

(1) 개방체제 모형

개방체제는 환경과의 상호 작용 속에서 ① 투입(input), ② 전환과정(conversion process), ③ 산출(output), ④ 환류(feedback)의 역동적이며 순환적 작용을 수행한다. 여기서 환경이란 체제에 영향을 미치는 동시에 또한 영향을 받는 개인, 집단, 기관 또는 사회적·경제적·정치적 상황 등을 의미한다.

(2) 체제의 기능

적응기능(adaptation)

환경으로부터 인적·물적 자원과 정보·자료를 획득하고 그것을 가공하여 배분하는 기능을 말한다.

목표달성기능(goal attainment)

체제가 추구하고자 하는 목표가 무엇인가를 설정하고, 이를 달성하기 위하여 환경으로부터 조달된 모든 자원을 체계화하고 활용함으로써 목표를 구체화하는 기능을 의미한다.

통합기능(integration)

체제를 구성하는 여러 하위체제 및 구성요소의 활동을 조정·통합하는 기능을 가리킨다.

체제유지기능(pattern maintenance)

체제가 그의 기본적인 유형을 유지하고, 자신의 가치와 규범을 계속적으로 창조·재생산해 가는 기능을 뜻한다.

3) 체제론에 대한 평가

(1) 행정연구에 있어서 체제론의 장점

첫째, 다양성을 띤 여러 행정체제의 비교분석을 위한 일반적인 기준을 제시하여 주고 있기 때문에 보편성을 가진 행정일반이론을 정립할 수 있다.

둘째, 문제해결과 의사결정의 합리화에 기여할 수 있고, 광범한 정보이론의 활용을 통하여 행정행태를 보다 정확하게 예측하고 설명할 수 있기 때문에 행정이론의 과학화에 이바지한다.

셋째, 거시적으로 전체를 보면 체제와 환경 간, 여러 체제 간 그리고 체제와 구성요소 간에 존재하고 변화·발전하는 행태와 관계를 분석하는 데 도움을 준다.

넷째, 체제론적 접근법은 연구대상을 상징으로서 취급하기 때문에 추상적이며, 구조가 중요시되지 않는다는 점에서 전체론적이고, 변동을 다룬다는 점에서 동태적이며, 하나의 과업이나 기능의 수행에 관심을 가진다는 점에서 실제적이다.

(2) 행정연구에 있어서 체제론의 결함

첫째, 모형의 작성 및 적용이 주관과 편견에 의하여 결정되기 때문에 모형에 대한 타당성이 크지 못하다.

둘째, 상위체제를 구성하는 서로 다른 수준의 하위체제들을 같은 수준에서 취급하며, 하위체제의 수에 대한 결정이나 투입·전환과정·산출의 한계규정이 자의적이다.

셋째, 상위체제의 유지는 하위체제간의 균형을 통해서 가능하므로 균형유지형의 이론이다. 따라서 사회개혁을 위한 불균형적 전략의 도입이 불가능하다.

넷째, 체제개념과는 관계없이 구성한 이론들을 체제론에 의하여 종합하는 경우, 부자연스러운 이론이 되어 결국 체제론의 의의를 상실하게 된다.

6. 현상학적 접근방법

1) 현상학의 의의

사회과학연구에 있어서 지금까지 주류를 이루어 온 것은 행태주의, 객관주의 및 논리실증주의였다. 이러한 연구경향은 행정학의 과학화에 공헌을 하였지만 가치를 배제시킴으로써 행정의 방향을 제시하지 못하고, 또한 논리성 및 정밀성을 강조한 나머지 행정의 실상을 외면한 형식논리에 빠지기 쉽다는 비판을 받고 있다. 이와 같은 한계를 보완하는 새로운 측면의 연구가 최근의 관심의 대상이 되고 있는 현상학적 접근방법(Phenomenological Approach)이다. 현상학적 입장에의 현상이란 인간의 의식작용을 통해서 어떤 의미가 부여된 모든 것을 말한다. 그것이 현실이든 상상이든 실제이든 관념이든 상관없다.

현상학(Phenomenology)이란 사회적 행위의 해석에 있어서 의식을 중요시하는 학문을 말한다. 그러기에 현상학은 사회적 세계의 현상의 행위를 연구하는 방법과 관련된다. 현상학은 후셀(Edmund Hussel)이 대표적 학자이며 쉘러(Max Scheler), 슈츠(Alfred Schutz) 및 나탄슨(M. Natanson) 등 수없이 많다.

2) 현상학의 내용적 특색

사회과학에 있어서 행태론이 객관주의적 접근방법이라면 현상학은 주관주의적 접근방법에 해당하는 것이다. 현상학적 접근방법의 특색을 다음 네 가지 관점에서 살펴보기로 한다.

첫째, 존재론적인 면에서 객관주의는 객관적 실제론(realism)을 강조하나 주관주의는 유명론(nominalism), 즉 객관적 실체가 있거나 없거나 인간의 의식과 믿음을 중요시한다.

둘째, 우리가 지식을 얻는 방법과 관련된 인식론(epistemology)적인 면에서 볼 때 객관주의는 실증주의를 옹호하나, 주관주의는 반실증주의적 입장을 지지한다.

셋째, 사회과학의 연구에 있어서 가장 기본이 되는 대상인 인간의 성격(human nature)에 대하여 객관주의는 결정론적 입장을 취한다. 즉 인간성이란 외부환경의 자극과 그에 대한 유기체의 반응의 형식으로 결정되는 수동적·비자발적인 것으로 보는 것이다. 그러나 주관주의적 입장에서는 자발론적 견해를 지지한다. 인간을 자유의사를 가진 적극적·자율적 존재로 보는 것이다.

넷째, 방법론적인 면에서 보면 객관주의는 일반법칙적 방법의 추구를 강조하나, 주관주의는 개개의 사례나 문제중심적 방법의 추구에 초점을 둔다.

3) 현상학의 비판

첫째, 이 접근방법은 지나치게 사변적이고 철학적이기 때문에 주관적인 철학의 범주를 벗어나기 어렵다.

둘째, 이 접근방법은 행위의 목적성과 의도성을 찾아내는 데 주안점이 있지만 이것을 해결하는 방법에 대해서는 언급이 없다는 것이다.

셋째, 인간의 모든 행위는 의식과 의도의 산물이라고 가정하고 있는데, 인간행위의 많은 부분이 무의식이나 집단규범 또는 외적 환경의 산물이라는 것을 간과하고 있다.

넷째, 조직 내의 개별적 행위들에 대해서는 설명을 잘하고 있지만 조직의 전체성을 파악하는 데에는 미약하다는 것이다.

7. 공공선택론적 접근방법

1) 공공선택론의 의의와 주요내용

공공선택론(public choice theory)은 사회적 선택(social choice) 또는 집단적 선택(collective choice)이라고도 불리는 것으로서, 1960년대부터 본격적으로 시작된 부캐넌(J. Buchanan)과 털록(G. Tullock) 등의 현대정치경제학 연구에 힘입어 형성된 행정연구의 한 접근방법이다. 즉 공공선택론은 그 자체가 하나의 연구주제라기보다는 하나의 주제를 연구하는 접근방법으로 미시경제이론과 민주정치이론의 주요 가정들을 바탕으로 하여, 정치경제학적 관점을 사용하여 공공재의 공급을 행정학의 주요 대상으로 삼고 공공재의 공급을 위한 의사결정방법과 조직배열을 연구하는 것이다. 오스트롬은 공공선택이론을 공공기관의 산출물인 공공재에 영향을 미치는 다양한 의사결정장치(decision-making arrangement)에 관한 이론으로 보고 있다. 여기에서는 이상의 개념을 종합하여 공공선택이론을 비시장적 의사결정에 경제학적 분석도구를 적용하여 제도적 상호 작용을 연구하는 일련의 시도라고 정의한다.

공공선택이론은 이를 행정학에 접목시키는 데 공헌을 한 빈센트 오스트롬(V. Ostrom)과 엘리너 오스트롬(E. Ostrom)에 의해서 체계적으로 정리되었으며, 전통적 행정관을 부정하고 정치경제학적인 시각이라는 새로운 각도에서 정책결정의 행태를 이해함으로써 정책결정현상의 이해와 규범적 차원의 연구에 큰 기여를 하였다. 오스트롬의 견해를 중심으로 공공선택이론의 주요한 특징을 살펴보면 다음과 같다.

첫째, 공공선택이론은 정치경제학적 성격이 강하다. 정책이 산출해 내는 공공재화와 용역(public goods and services)을 중시하고 그 공공성을 강조하여 사적 경제부문에서의 경제논리를 그대로 적용하는 것을 비판한다. 따라서 공공재화와 용역의 공급은 다양한 의사결정자의 결정에 달려 있음을 강조하고 장기에 걸친 정치적 실현가능성을 중요시한다.

둘째, 다양한 공공재와 공공서비스를 제공하기 위해서는 이에 맞는 다양한 조직배열이 사용되어질 수 있다.

셋째, 정책의 확산효과(spill-over effects)를 강조한다. 정책의 긍정적 효과란 정책결정자가 당초에 의도하고 예상한 효과로서 정책이 실현하려고 하는 것들이 현실적으로 이루어지는 것을 말하고 부정적 효과란 의도하지 않은 부차적 결과가 발생하는 것을 말한다.

2) 공공선택론의 평가

공공선택이론은 경제적 합리성을 지나치게 강조함으로써, 인간의 비합리적 측면과 경험 등을 제외시킨 결과 이론적 명제의 타당성을 크게 저해할 수 있다는 비판을 받는다. 그럼에도 불구하고 공공선택이론이 행정학에 공헌한 점을 요약하면 다음과 같다.

첫째, 공공선택이론을 연역적·법칙적 설명방식을 취하고 있기 때문에, 행정현상에 관한 추론(reasoning)의 방법을 이해하는 데 유용하다. 둘째, 공공선택이론은 행정의 실증적 설명과 규범적 설명을 제공할 수 있기 때문에 행정이론 및 실제의 보완적 해석에 도움을 준다. 셋째, 공공선택이론은 공공재의 전통적인 관념보다는 다소 덜 엄격한 행정행태이론을 제공한다.

요컨대 행정학에서의 공공선택이론의 유용성은 방법론적 개인주의와 경제적 합리성을 기본가정으로 하여 공공재와 공공서비스의 효율적인 공급을 가져오기 위한 실증적이고 규범적인 설명을 제공함으로써, 행정의 분권화와 탄력성 및 대응성을 제고시킴으로써 민주행정의 실현과 자원배분상의 효율성을 달성할 수 있게 한다는 것이다.

8. 신제도론적 접근방법

1970년대 말 이후 제도에 대한 연구가 다시 새롭게 관심을 끌게 되었는데, 새롭게 제기된 제도론적 접근방법은 전통적인 제도론적 접근방법과는 연구대상과 방법에서 여러 가지로 차이가 있다. 전통적인 제도론적 접근방법에서는 주요 기관의 권한이나 기능을 파악해 서술하는 데 초점을 두고 있는 데 반하여, 새로운 제도론적 접근방법에서의 제도는 일단의 규칙을 의미하며 정부활동의 결과인 성과에 영향을 미치는 제도적 장치를 규명하는 데 초점을 두고 있다.

이러한 이론은 신제도론적 경제학에 주로 기반을 두고 있는데, 이들에 따르면 경제적 생산활동의 결과는 경제활동과 사회를 지배하는 정치적 · 사회적 제도인 일단의 규칙에 크게 의존한다는 것이다. 행정학 연구의 이러한 연구방법을 '신제도론적' 경제학의 이름을 따서 '신제도론적 접근방법'(neo-institutional approach)이라 한다. 신제도론적 접근방법을 이용한 행정학의 연구는 다양한 분야에서 적용이 가능하지만, 특히 공유자원을 어떻게 관리 운영하면 가장 바람직한 결과를 가져올 수 있겠는가의 문제를 다루는 데 적합하다고 평가받는다.

제 4 장

행정수요의 관리

제 1 절 행정수요의 관리

1. 행정수요의 의의

행정수요라는 용어는 자주 사용되고 있으나 그 개념에 대한 명확한 정의를 찾기 힘들며, 학자들도 이를 매우 다양하게 정의하고 있다. 행정수요를 한마디로 정의한다면 '국민이 정부에 충족시켜 주기를 요구하는 서비스의 수요'이다. 행정이 본래 국민의 수요를 충족시켜 공권력의 기능화라는 의미를 갖는 것이라면 행정은 국민의 수요의 변동에 응해 시대적 · 장소적으로 변동하는 성질을 갖고 있는 것이다. 그러므로 본질적으로 행정수요란 정책의 형성과정에서 결정과정, 평가과정에까지 깊이 관련되는 개념인 것이다.

그러나 모든 정부활동이 행정수요에 대한 자동적 반응으로서 이루어지는 것은 아니다. 즉 공공목적이 성립되기 위해서는 특정한 사회적 요구의 충족에 내재하는 기본적인 가치의 인식과 여러 가지 요구 간의 우선순위가 설정되어야 하는 것이다. 따라서 이는 궁극적으로 국가목적의 설정문제와 연결되는데 이는 여러 가지 형태로 표현되는 국민의 가치판단의 상호작용에 의해서 부여되는 것이 가장 바람직할 것으로 생각된다. 또한 국민들 역시 국가목적의 설정과정에 능동적으로 참여함으로써 이것의 달성방법과 절차형성에 기여하여야 할 것이다.

2. 행정수요의 관리방안

행정수요가 확대될 경우 일반적으로 행정서비스의 공급량을 늘리는 것이 통상적인 대처방안이다. 그러나 이는 행정수요와 재정지출구조의 관계에서 간략히 살펴보았듯이 재정에 따른 제한을 받을 수 있다. 또 항상 경계되는 과도한 국가의 간섭을 초래할 가능성도 있다. 그러므로 기존의 관점을 역전시켜 행정수요를 감축시키는 방안을 고려해보는 것이 필요한 것이다. 행정수요의 억제방안으로는 다음과 같은 방안을 고려해 볼 수 있다.

1) 지도·규제를 통한 예방방안

이는 행정수요가 발생할 것을 미리 국민으로 하여금 억제케 만듦으로써 행정수요를 감축시키는 방안이다. 예를 들어 자가용을 이용한 등교 혹은 출근을 규제함으로써 주차장수요를 감소시킨다든가, 건강진단과 보건지도를 철저히 함으로써 본인 자신이 건강관리를 하게 함으로써 의료서비스에 대한 수요를 감축시키는 방안 등을 들 수 있다.

2) 조성·진흥을 통한 민간활동의 활성화 방안

이는 민간이 행정수요를 충족시켜 줄 수 있도록 조장함으로써 정부의 역할을 줄이는 방안이다. 사립학교, 민간병원, 개인이 운영하는 복지시설 등 민간의 공익법인을 통하여 교육, 의료, 복지서비스의 공급량을 증대시킴으로써 국립학교, 병원, 사회복지시설 등의 시설의 필요성을 최소화시키는 방안을 예로 들 수 있다.

3) 가격조정을 통한 수요의 감축방안

이는 주로 행정서비스의 공급가격을 올림으로써 그 수요를 억제하는 방안이다. 예를 들어 수도요금을 인상시킴으로써 절수효과를 올린다든지, 노인의료를 유료화하여 의료수요를 억제하는 방안 등을 고려해 볼 수 있다. 즉 이는 소비자의 소비성향을 억제하게 함으로써 소비량을 감량하는 방안인 것이다.

3. 행정수요측정과 사회지표

1) 사회지표의 의의

사회지표(social indicators)란 인간의 삶의 질에 관한 정보로서 사회적인 가치와 목표에 관한 정보를 내포하며 사회정책의 형성을 위한 가치기준을 의미한다. 삶의 질(quality of life: QOL)이란 개인에 의해 경험한 삶의 모든 측면을 포괄하는 함축적인 개념이라고 할 수 있으며, 따라서 개인적 발전, 자아실현, 균형된 생태체계와 같은 삶의 주요 욕구와 물리적 만족을 포함하는 개념이다.

행정학에서의 사회지표는 국민의 전반적인 생활상의 기본적 욕구의 충족도를 측정・기술한 자료, 정보 및 통계를 의미하며, 또한 삶의 질에 관한 과거・현재・미래의 추세를 규범적 기준에 의하여 해석・판단하는 지침이라고 할 수 있다. 사회지표는 사회개발의 중요성이 대두되자 경제지표의 약점을 보완하기 위해 개발된 것이다. 사회지표는 사회회계 또는 사회보고라고 일컬어지기도 하는데 이것은 사회적 측면의 질적・복지적 수준의 변화를 측정하기 위해 마련된 도구라고 할 수 있다.

2) 사회지표의 필요성과 문제점 및 방향

사회지표는 첫째, 사회개발방향의 목표를 제시해 주고, 둘째, 사회변동의 선도적 역할을 담당하며, 셋째, 인간의 관리와 능력개발에 상당한 기여를 해준다는 점에서 개발・활용해야 할 필요성을 찾을 수 있다.

그러나 사회지표는 다음과 같은 점에서 그 한계점이 지적되고 있다. 첫째, 사회지표는 사회 전체의 상태를 나타내는 객관성과 개인적 욕구충족도를 고려하는 주관성을 동시에 충족시킬 수 있는 것이어야 한다는 어려움이 있다. 둘째, 주관적 만족도나 욕구충족도는 문화 또는 퍼스낼리티에 따라 현저한 차이가 있을 수 있다. 셋째, 사회지표의 구성요소의 종류・범주에 대한 합의가 이루어져 있지 않다. 넷째, 생활의 질을 객관적으로 계량화하기가 곤란하다.

그러므로 앞으로의 사회지표의 활용은 다음과 같은 방향에서 이루어져야 할 것이다. 첫째, 국가발전계획과 긴밀한 관련성을 가지면서 체계적으로 개발・활용되어야 한다. 둘째, 객관적 지표와 주관적 지표를 포괄하여 생활의 질과 사회적 형평성에 중점을 두는 방향으로 작성되어야 한다. 셋째, 급속한 사회변동에 대응할 수 있고, 앞으로의 전망과 바람직한 방향을 예측할 수 있어야 한다. 넷째, 현재 수행하고 있는 사회개발정책의 성과와 영향 그리고 문제점까지도 파악할 수 있어야 한다.

제 2 절 행정서비스의 민영화

1. 민영화의 의의

민영화(privatization)는 무상이나 저가로 정부에 의해 수행되었던 기능을 수요가 분명하고 생산비의 전액을 가격에 반영하는 민간부문에로의 이양을 의미한다. 행정업무의 민영화는 시장원리의 적용이 가능하고 공공성을 유지할 가능성이 높은 업무를 대상으로 삼게 되며 따라서 제품이나 서비스 생산에 소요되는 경비를 행정기관에서보다 감소시킬 수 있는 가능성이 높은 것이 될 수 있다.

이러한 행정기능의 민영화로 기대되는 효과는 다음과 같이 정리할 수 있다.

① 적은 비용으로 좋은 서비스를 제공할 수 있어 효율적이다.
② 민간의 해당 분야 전문적 기술을 활용하여 보다 나은 서비스를 제공한다.
③ 신규 수요에 신속히 대응하고 신규 프로그램 실험을 용이하게 한다.
④ 대규모 투자자본을 줄일 수 있다.
⑤ 정부의 크기에 관계없이 규모의 경제를 얻을 수 있다.
⑥ 공급자를 분산하여 하나의 공급자에 대한 의존도를 낮출 수 있다.
⑦ 정부운영의 관리상의 효율화를 기할 수 있다.
⑧ 민간부분의 고용효과를 창출하여 민간경제의 활성화에 도움을 준다.

그러나 민영화는 부정적인 측면을 아울러 갖고 있음을 지적하는 견해들이 있다. 즉 민영화는 시민의 헌법상의 권리를 위협하는, 시민권의 보호와는 상호배타적인 목표라는 것이다. 민영화는 최악의 경우 정부의 비용을 오히려 증대시킬 수 있으며, 형평성, 민주성, 책임성 등과 같은 다른 중요한 가치들을 손상시킬 수 있고, 일자리의 축소로 인한 잠재적인 실직 가능성을 발생시킬 수 있다.

2. 민영화의 방법

민영화의 방법은 여러 가지가 다양하게 논의되고 있으나, 그 방법 여하에 따라 국가경제에 주는 영향이 상이할 것이므로 그 적용방법이 달라져야 할 것이다. 만약 민영화가 단지 정부의 독점을 민간부문의 독점으로 전환하는 것에 지나지 않는다면 그것은 아무런 의미가 없다. 일반적으로 가장 많이 제시되고 있는 민영화의 방법으로는 다음과 같은 것들이 있다.

1) 주식매각

주식매각은 정부보유주식을 민간에게 매각함으로써 정부소유지분을 민간부문으로 이전하는 방법이다. 이 때 주식매각의 정도에 따라 완전민영화와 부분적 민영화로 구분할 수 있다.

2) 계약 제도(contracting out)

계약제도란 재화나 서비스에 대한 생산을 일정기간 민간 기업에서 담당하되 그에 필요한 재원은 정부가 담당하는 제도를 말한다. 프랜차이즈제도와 대여제도 등이 이에 속한다. 프랜차이즈제도(franchising system)는 재화나 서비스의 배분이나 공급권을 일정기간 동안 특정 개인 또는 집단에게 부여하는 방법을 말한다. 대여제도(leasing)란 정부가 기업을 소유하되 기업 전체를 사기업체로 전환대여를 하여 사기업의 장점을 모두 취할 수 있도록 해 주는 제도이다.

3) 정부규제완화 또는 자유화

정부규제완화 또는 자유화란 공기업에 대한 경쟁을 제한하는 여러 가지 법적 규제를 제거하거나 완화하고, 현재 정부 또는 공기업이 독점하고 있는 재화나 서비스의 공급을 민간영역에서도 공급할 수 있도록 허용함으로써 경쟁이 가능토록 하는 것을 뜻한다.

4) 바우처 제도(voucher)

바우처 제도는 정부가 재화 및 서비스의 공급에 필요한 자금은 부담하지만, 시장에서 재화 및 서비스를 구매할 수 있는 바우처 카드 등을 대상자에게 지급하여 각 개인이 이를 이용할 수 있도록 하는 제도이다. 예를 들어 식권(food stamp) 등을 지급하여 이용하도록 하는 방식을 사용하는 것이다.

제 5 장

현대관료제와 행정문화

제 1 절　관료제의 의의

1. 관료제의 개념

관료제(bureaucracy)의 개념은 학자에 따라 매우 다양하게 규정될 수 있으나 보편적인 의미로선 합리적으로 발전시킨 규칙(rules)에 의거 규정된 권위관계의 체제(a system of authority relations)를 갖는 대규모의 조직을 말한다. 독일의 사회학자 막스 베버(Max Weber, 1864~1920)에 의해 사회체제의 '이념형'(ideal type)으로 제시된 관료제는 합리적이고 효과적인 조직(rational and effective organization)으로 유형화한 것이다. 이와 같은 관료제는 오늘날 정부기관은 물론 군대나 민간회사 등을 모두 포함하는 대규모 조직을 지칭하고 있다. 대규모 조직을 특별히 관료제라고 부르는 것은 막스 베버 이후 학계의 관례라고 볼 수 있다. 이와 같이 관료제를 조직의 기능수행과 관련되는 구조적 특징으로 파악하는 경우 가장 보편적이고 중립적인 개념으로 파악하게 되는 것이다.

또한 관료제는 조직구조적 측면에서뿐만 아니라 구조기능적 측면에서 파악될 수 있다. 즉 관료제를 현재적 구조로서 공식적 조직과 잠재적인 기능면에서 비공식적 조직의 복합체로서 보고, 특히 비공식적 조직은 공식적 조직이 목표로 하는 능률성과 합리성을 높여 주는 순기능과 더불어 그 모순이나 병리현상으로서 역기능(dysfunction)을 하는 경우도 있다는 점에 착안하여 관료제를 파악하고 있다.

2. 관료제의 구조·기능적 측면

1) 구조적 측면

구조적 측면에서 볼 때 관료제는 계층제적 형태를 띠면서 합법적 내지 합리적 지배가 제도화되어 있는 대규모 조직을 의미하며 다음과 같은 특성을 지니고 있다.

(1) 관료제의 보편성

관료제는 대규모 조직을 의미하므로 국가뿐만 아니라 사기업, 노동조합, 교회 등의 비국가적 조직에서도 찾아볼 수 있다.

(2) 의사결정센터(center of decision-making)

관료제란 계층제를 지닌 대규모 조직이지만 모든 대규모 조직이 모두 관료제가 아니라는 사실에 주의할 필요가 있다. 적어도 관료제란 단일의 의사결정의 최고정점(one center of decision-making)을 지닌 대규모 조직이다.

2) 기능적 측면

기능적 측면에서 볼 때 관료제는 합리적이기도 하며, 병리적이기도 하며, 또한 권력적이기도 하다.

(1) 관료제의 합리성(bureau-rationality)

이른바 베버의 이념형(idea type)은 이 합리적 측면을 강조한 것으로 기능적 전문화(function specialization), 몰인격성(impersonality in membership relation-ship), 표준적인 규칙(standard sets of rules), 권위의 계층제(a hierachy of author-ity), 분권화 등이 이에 해당된다고 하겠다.

(2) 관료제의 병리(bureau pathology)

관료제에는 병리현상이 많이 존재하는데, 톰슨(V. A. Thompson) 등의 이론은 이 병리적 측면을 강조한 것이다. 관료제라 하면 흔히 비능률, 무사안일주의, 형식주의, 비밀주의, 무책임성, 문서주의(red tape) 등을 연상하게 되는데 이것은 관료제의 역기능적 측면의 하나인 병리적 측면이다.

(3) 관료제의 권력성

관료제에는 권력성이 따른다. 라스키(Harold J. Laski)와 파이너(Herman Finer) 등이 이러한 입장을 취하는 대표적인 학자이다. 이는 관료군이 정치권력의 장악자로서 특권층을 형성하고 있는 경우를 말하는데 리그스는 이를 특히 관료주의(bureaucratism)라는 말로 표현하고 있다.

3. 관료제의 성립요건

관료제가 성립하기 위해서는 일반적으로 다음과 같은 요인 또는 기반이 조성되어야 한다.

1) 화폐경제의 성립·발달

화폐경제는 공동의 가치척도에 의해서 사물을 가치화함으로써 보편주의를 조장하고 인간의 교환행위를 촉진하게 되는데 이러한 보편주의적·합리적 교환행위는 관료제의 성립과 발달을 촉진하게 된다.

2) 합법적·합리적 권위의 보편화

베버는 지배의 정당성의 근거로서 권위를 들고 있는데, 특히 합법적·합리적 권위 하에서만 관료제가 성립될 수 있다고 한다.

3) 자본주의경제체제의 성립

자본주의는 정부영역에서 관료제적 성격을 갖춘 조직구조를 탄생·발전시키면서 다른 사적 영역에서도 관료제화를 촉진시킨다. 기업조직의 확장과 이윤추구의 원리는 조직운영의 관료제적 방법을 촉진하게 되는 것이다.

4) 역할분할의 보편화

사회는 정치, 경제, 문화, 교육, 종교 등의 각 영역별로 역할분할과 동시에 상호 의존성도 발달하여야 한다. 이때의 사회는 배타성을 띤 제 일차적 집단으로 구성되는 것이 아니라 보편성을 띤 제 이차적 집단으로 구성됨으로써 관료제가 성립하게 되는 것이다.

5) 성취주의의 보편화

역할의 충원이나 할당은 혈연이나 지연 등의 특수집단의 멤버십에 의해서 이루어지는 것이 아니라, 보편적이고 성취적인 기준에 의해서 이루어져야 한다.

6) 선의의 경쟁을 통한 자원 확보

인적 자원이나 물적 자원은 특정의 폐쇄적 집단에 의해 독점되어 있지 않고 유동적인 자원(free-floating resources)으로 존재해야 하며, 모든 집단들은 이러한 자원을 확보하기 위해 선의의 경쟁을 할 때 관료제가 성립할 수 있는 것이다.

제 2 절 이념형 관료제

1. 베버(Max Weber)의 이념형 관료제이론

독일의 사회학자 베버(Max Weber 1864~1920)는 관료제를 이념적으로 체계화한 대표적인 학자이다. 베버의 관료제의 특색은 이념형(ideal type)이라는 점이다. 베버의 관료제를 이념형이라고 하는 것은 그의 이론이 현존하는 관료제의 속성을 경험에서 추출한 것이 아니고 사유작용에 의해서 관료제의 가장 특징적인 면만을 관료제이론으로 정립하였기 때문이다. 그러므로 이념형은 반드시 실제의 관료제와 동일한 것은 아니다. 다만 실제의 관료제가 어느 정도로 이 이념형에 접근하고 있는가를 판단하는 기준이 될 수 있는 것이다. 그러나 주의할 것은 이것이 단순한 개념도식에 그치는 것이 아니라 가설적인 성격을 갖는 일반이론의 성격도 지니고 있다는 점이다.

베버는 이념형의 입장에서 권위의 정당성을 기준으로 하여 지배유형을 ① 전통적 지배, ② 카리스마적 지배, ③ 합법적 지배로 분류하였다.

첫째, 전통적 지배는 정당성의 근거가 전통에 있다고 보는 것이며, 이 유형으로서의 가산적 관료제는 조선조의 관료제도와 매우 유사하다.

둘째, 카리스마(charisma)적 지배는 정당성의 근거가 개인의 비범한 능력의 소유나 천품에 있는 것으로 보는 것이며, 많은 추종자를 끄는 종교 · 정치 · 군지도자와 같은 사람이 여기에 속한다.

셋째, 합법적 지배는 정당성의 근거가 성문화된 법령에 있다고 보는 것으로서 근대사회를 특징짓는 관료제적 지배를 의미한다. 베버가 계층제적 대규모 조직을 관료제라고 한 것도 여기에서 도출된 결론이라고 할 수 있다.

2. 관료제의 특징

이념형으로서의 합법적 또는 관료제의 구조적 특징은 다음과 같이 지적할 수 있다.

(1) 명확한 관청적 권한

관료의 직무 및 권한의 배분, 관료의 자격요건 등은 명백히 법규에 규정되어 있다.

(2) 계층제

조직내부 또는 조직 간의 상하관계의 체계가 계층제의 원리에 의하여 확립되어 있다. 즉 각 하급기관은 상급기관의 통제와 감독을 받는다.

(3) 문서주의

행정행위, 결정 및 규칙은 공식화되고 모든 업무는 문서로서 처리된다.

(4) 공 · 사의 분리

공공사무는 사적 사무와 분리된다. 관청과 사택은 근본적으로 분리되고 직무상의 금전 · 설비와 관료의 사유물은 엄격히 구분된다.

(5) 전문지식 · 기술

전문적인 직업활동은 특별한 교육과 훈련을 받은 전문지식인이나 기술인을 요구한다. 또한 전문적인 지식과 기술은 관료에게 합법성을 인정하는 기초가 된다.

(6) 직무의 전념화

관료의 직무시간은 명확히 제한되어 있다 하더라도 직무상의 활동은 관료의 전 노동력을 요구하게 된다.

(7) 법규에 의한 행정

관료의 직무집행은 명확하고 철저하며, 또한 습득가능한 일반적인 법규에 따라 수행된다.

제 3 절 베버(Max Weber)이론의 수정

1. 사회학자들에 의한 수정

1930년대 이후 미국의 사회학자들은 베버의 이념형을 가리켜 그것은 전형적인 것도 아닐 뿐만 아니라 개념적인 것도 아니며, 베버시대의 프러시아 관료제의 영향을 받아 형성된 개념에 불과한 것이라고 통박하면서 베버가 간과한 관료제의 비공식적인 측면, 비합리적 측면, 역기능적 측면, 환경과의 교섭의 측면을 강조하면서 베버이론을 수정·보완하였다.

1) 비공식적 측면

베버의 관료제이론은 공식적인 면에만 관심을 가지고 비공식적인 면은 도외시하였다. 이 면을 보완한 것은 블라우(Peter M. Blau)라고 할 수 있는데 그는 자생집단의 순기능적인 면을 지적하였다.

2) 비합리적 측면

베버의 이론은 지나치게 합리적인 면만 강조하고 비합리적 면은 등한시하였다. 그러나 합리적인 면만 강조한 나머지 오히려 예상치 않은 비합리적인 행동결과가 나타나며, 또한 반대로 비합리적이라고 해서 목표달성에 반드시 역기능적인 것만도 아니라고 하는 것을 새롭게 지적하였다. 특히 블라우는 비합리적이지만 목표지향성, 즉 순기능성을 가질 수 있다는 사실을 지적하였다.

3) 역기능적 측면

머튼(R. K. Merton)은 역기능이론에 의하여 관료의 역기능적인 면을 지적·수정하였다. 즉 종래의 이론은 관료제의 순기능적인 면만 강조되었고 역기능적인 면이 경시되었다는 것이다. 사실 관료는 언제나 목표달성에 이바지하는 방향으로만 움직이는 것은 아니며, 때로는 목표달성에 반하는 역기능적인 행동도 할 수 있다.

4) 환경과의 교섭적 측면

관료제를 환경과 관련시켜 보지 않고 조직내부에 한정해서 고찰하였다는 점에 주목하여 새로운 연구를 한 학자로 셀즈닉(Philip Selznick)을 들 수 있다. 그의 포용(cooptation)이론은 관료제가 환경과의 적응을 위하여 인재를 관료조직 속에 받아들임으로써 정치적 지지를 받으려 한다는 점을 제시하였다.

2. 발전론자들에 의한 수정(1960년 이후)

1960년대 이후의 발전론에서는 베버의 이론을 전면적으로 비판·수정하게 되었다. 그 근본적인 이유는 베버의 이론이 관료제의 기능을 법질서의 유지와 부여된 임무의 기능적인 집행에 중점을 두고 있는 데 반하여, 발전론자들은 이들을 이차적인 것으로 생각하고 보다 중요한 것은 관료제 자체가 사회의 발전·쇄신에 있어서 주도적인 기능을 수행하고 있다고 본다는 점이다. 발전론자들의 비판·수정을 베버가 논한 근대적 관료제의 특징에 따라 검토하여 보면 다음과 같다.

1) 관청권한의 명확화 문제

베버의 이론에서는 각 관서의 권한이 법규에 의하여 명확히 규정되도록 하고 있는데, 이는 발전의 입장에서는 오히려 방해가 된다는 것이다. 왜냐하면 계속 새로운 사업이 착수되고 신속한 사회변화에 적응하는 데 저해요인이 되기 때문이다. 따라서, 오히려 조직체의 정원은 어느 정도 통제를 할 필요가 있겠지만 내부구조의 변혁은 신축성 있게 책임자에게 일임함으로써 임시구조 성격을 갖도록 하는 것이 바람직하다는 것이다.

2) 계층제 문제

베버의 이론에서는 조직에 있어서 상・하의 지배・복종관계를 강조하는 계층제를 중시하고 있으나, 발전론의 입장에서는 하의상달이나 참여는 물론, 계층제의 기능을 지배・복종관계보다도 분업의 입장에서 고려하여야 한다는 것이다. 따라서 종래에는 조직의 구조라고 하면 당연히 피라미드를 연상해 왔는데 이제는 이러한 주장에 대한 수정이 불가피하게 되었다는 것이다.

3) 전문지식·기술의 문제

관료로서 전문지식・기술이 요청된다는 점은 변함이 없으나, 주의를 요하는 것은 좁은 분야의 시야만 갖고 사회 전반에 대한 해석력이 결핍되었거나 또는 발전지향성이 부족해서는 오히려 곤란하다는 것이다.

4) 전문직업인의 문제

전임직이 요청되는 점은 변함이 없지만, 이외에 특정분야 또는 문제에 관해서 민간의 전문가를 임시로 고용할 수 있는 전문담당반(task force or project team)을 운영하도록 하고, 직원들에게도 전문직업인으로서의 자율성을 어느 정도 부여함으로써 전문직업에의 충성 및 전문가적 능력향상에 기여할 수 있도록 해 주는 것이 바람직하다는 것이다.

5) 법규에 의한 행정의 문제

법령에 따른 행정이 계속 요청되기는 하나 이것이 지상의 것일 수는 없으며, 또한 해석에 있어서 실질적 합리성보다 형식적 합리성에 치중되어서도 곤란하며, 바람직한 것은 발전목표에 비추어 합목적적인 해석을 하고 필요한 경우 이의 개정에도 적극적인 태도를 취하는 것이다.

제 4 절 관료제의 병리와 쇄신

관료제의 병리란 본래 의도된 것과 다른 변화가 관료제의 구조·기능에 야기되어 조직목표에 지장을 초래하는 현상을 말하는데, 주로 머튼(R. K. Merton), 톰슨(V. A. Thompson), 블라우(P. M. Blau) 등의 학자들에 의하여 연구되었다.

1. 관료제병리의 연구

1) 머튼(Merton)의 연구

관료제의 병리문제에 관해서 체계적인 연구를 처음 시도한 학자는 머튼이다. 그는 1940년에 발표한 '관료제와 인성'(Bureaucratic Structure and Personality)이라는 논문에서 관료제구조로부터 발생하는 역기능의 문제에 관하여 논급하였다. 그의 중심과제로는 동조과잉에 의한 목표의 전환으로서 규칙의 엄수는 형식주의를 가져오므로 조직의 목표달성에 저해된다고 한다.

2) 톰슨(Thompson)의 연구

안정성의 결여 또는 불안의식이라는 개념으로 관료제의 역기능과 병리에 관한 설명을 시도한 사람으로 톰슨을 들 수 있다. 그는 관료병리(bureau-pathology)라는 용어를 사용하여 병리적 행태를 설명하고 있다.

3) 블라우(Blau)의 연구

블라우는 머튼의 역기능 개념을 계승하여 동조과잉이나 의식주의 등의 병리는 조직 내의 사회관계의 불안정성에서 유래한다고 보았다. 즉 사회관계의 안정성의 결여에서 조직원의 지위의 불안이 조성되고, 이로 인하여 동조과잉 내지 변화에 대한 저항을 하게 됨으로써 쇄신적 관리활동 내지 발전목표의 수행은 곤란하게 된다는 점이다.

2. 관료제의 병리현상

1) 동조과잉(overconformity)

동조과잉이란 본래 수단으로 간주되었던 규칙의 준수가 형식주의를 초래하게 되어 그 자체가 목표로 되는 현상을 말한다. 관료제의 기능은 무엇보다도 먼저 정실이나 자의에 의거한 개별주의를 배제하고 일차적 규칙 등을 통하여 보편주의를 확립함으로써 조직전체의 통일성을 확보하고, 조직목표를 능률적·합리적으로 달성하는 데 있다. 그러나 규칙준수를 지나치게 강조한 나머지 결과적으로 규칙을 절대적인 것으로 받드는 동조과잉 현상을 낳는다.

2) 서면주의(red tape), 형식주의(fomalism)

관료제에 있어서는 모든 사무의 처리를 일반적 규칙에 의거하여 일정한 양식과 절차에 따라 서면으로 행하며, 모든 처리와 권리·의무·책임의 존재 및 한계는 이 서면을 증거로 하여 확인된다. 따라서 관료제에 있어서의 사무의 처리는 문서라는 형식에만 의존하게 되는 것이다. 이와 같은 서면주의에는 문서다작, 다인장, 번문욕례(red tape) 등이 따른다.

3) 전문화로 인한 무능(trained incapacity)

현대의 관료제는 고도의 전문가를 요청하게 되며, 이러한 전문가는 극히 한정된 분야의 전문성을 지니고 있어 다른 분야에 대한 이해도 적을 뿐만 아니라 전문화의 원칙이 지나치게 강화되는 경우 아집화, 할거화, 시야협소화, 무능화 등의 병리현상을 초래하게 된다.

4) 무사안일주의

적극적으로 새로운 일, 조언, 결정 등을 하려 하지 않고 선례에 따르거나 상관에게 무조건 영합하는 소극적인 행동을 의미하는데, 이러한 태도는 관료의 신분이 불안하고, 상관이 부하의 맹종을 즐기고, 건설적인 조언을 권장하지 않거나 또는 보다 사무를 감정적으로 처리하고, 업적을 중시하지 않는 경우 이러한 현상이 특히 많이 나타난다.

5) 행정의 독선화

관료제는 국민에 대하여 직접 책임을 지지 않을 뿐만 아니라 그 계층제성, 과두제성, 경직성 등으로 인하여 고질적인 관료독선주의를 가져와 민주행정에 역행하게 된다. 이러한 관료독선주의에는 기만성, 불친절, 냉정, 비밀주의, 무책임성 등이 따른다.

6) 귀속주의(ascription)에 입각한 자생집단

대규모 조직체에는 항상 자생집단이 탄생하게 마련이다. 이 때 대인관계 및 인사의 기준이 실적에 입각한 것이 아니고 출신학교·출신지역과 같은 귀속적인 기준에 의하여 이루어지는 경우 정실인사가 되며, 과소관료제화(underbureaucratization)가 나타남으로써 서식주의와 같은 과잉관료제화(overbureaucratization)와는 반대적 병리현상을 나타내게 된다.

7) 인간성의 상실

관료제조직의 구성원들은 주어진 일정한 한정된 업무를 매일 반복적·기계적으로 처리하기 때문에 무감정화, 권태감, 욕구불만, 시야협소 등을 경험하고, 마치 기계의 부품 같은 취급을 받으며 인간으로서의 인격성을 상실하게 되기 쉽다.

8) 변동에 대한 저항

관료제의 가장 중요한 병리적 현상은 변동 및 쇄신에 대한 저항이다. 관료의 자기유지에 대한 불안·위협 때문에 관료제는 본질적으로 보수성을 띠게 된다. 이러한 관료제의 보수성으로 인하여 관료제 외부의 변동에 대하여 민감하게 대처하지 못함으로써 발전목표의 추구에는 항상 제약 내지 저항이 수반되게 된다.

이러한 병리현상의 근본원인은 다음의 세 가지로 집약될 수 있을 것 같다. 즉 첫째는 관료의 자기이익을 보존하려는 욕망이고, 둘째는 대규모 조직이 본래적으로 내포하고 있는 특성이며, 셋째는 계속하여 상대적으로 강화되고 있는 행정권에 대한 효율적인 통제의 곤란성이 그것이다.

3. 관료제와 민주주의의 관계

베버 자신도 관료제와 민주주의를 관심 있게 다루었는데 그의 최대의 관심사는 관료제 내에서 어떻게 개인의 자유를 보호하느냐 하는 문제였다. 베버는 관료제가 갖는 민주주의에의 폐해를 극복하기 위하여 의회주의화와 민주주의화를 요구하였다. 즉 첫째로 의회주의에 의한 관료지배의 배제, 둘째로 의회에 의한 정치적 지도자의 선출, 셋째로 정치지도자의 의회에 대한 책임을 강력히 주장했던 것이다. 그가 말하는 민주주의화란 전문직업관리의 지배권력의 극소화를 의미한다. 한편 관료제의 민주주의의 상관관계에 대하여 블라우는 다음과 같이 설명하고 있다.

조직을 구성하는 데는 두 가지 이유가 있는데, 첫째는 공동의 목표나 행위과정에 관해서 합의에 도달하기 위해서이며, 둘째는 합의에 도달한 결의를 수행하기 위해서이다. 따라서 조직의 공동목표를 설정하기 위해서는 민주적인 조직, 다수결의 원리, 소수의견의 존중, 반대의 자유가 보장되어야 하며, 한편 설정된 조직목표를 효율적으로 수행하기 위해서는 능률을 기본원리로 하는 관료제조직이 필요하다는 것이다.

요컨대 민주주의적인 조직과 관료제적 조직을 구별하는 기준은 조직의 주된 목적이 목표설정에 있는가, 아니면 능률의 원리에 있는가에 있다. 즉 목표설정을 위해서는 민주적인 조직이 필요하며, 목표수행을 위해서는 능률을 기본원리로 하는 조직, 즉 관료제가 필요하다. 그러나 이것은 분석상의 구별에 불과하며 많은 조직이 목표설정과 목표수행의 두 가지 기능을 함께 지니고 있어 실제에는 이 원리 간에 갈등이 존재한다는 데 목표가 있다.

1) 관료제의 민주주의에 대한 저해요인

관료제가 민주주의를 위협한다는 주장은 주로 라스키(H. Laski)와 같이 관료제를 정치권력의 집단으로 보는 학자들에 의하여 주장되고 있는데 이를 몇 가지 측면으로 나누어 보면 다음과 같다.

(1) 권력의 불균형

관료제는 이를 장악하고 있는 소수자에게 너무나 많은 권력을 집중케 하여, 관료의 기술의 독점, 권력의 독점이라는 권력의 불균형현상을 야기하게 된다. 이와 같은 정치적·사회적 권력의 불균형은 일반국민의 이익보다는 관료 자신의 이익을 위하여 권력을 행사하게 됨으로써, 주권은 국민에게 있으며 모든 국민은 동등한 발언권을 지녀야 한다는 민주주의원칙에 위반하게 된다.

(2) 민중요구에 대한 부적응

파이너(Herman Finer)는 관료제를 가리켜 특수계층을 형성하고 있는 방대한 관료군이 자기가 형성한 원리에 따라서만 행동하며, 관료와 국가의 동일성을 요구하고, 민중을 지도하는 것만 알고, 민중으로부터의 지도는 인정하지 않는 체제라고 주장하면서 관료제의 비민주적 독선을 비판한다.

(3) 행정의 정책형성 권력의 과대화

관료제는 원래 입법부 및 행정수반의 결정을 집행하기 위해서 존재하는 것이었으나 오늘날에는 행정권의 확대·강화로 인하여 종래에 입법부 및 행정수반이 해야 할 입법 및 정책형성의 권한까지도 행사하고 있다. 클레르(G. S. Claire)는 이러한 관료제를 독선관료제(administocracy)라고 부르면서, 여기에 민중의 자유가 상실된 위험성이 내재한다고 주장한다. 즉 관료는 막중한 정책형성권을 장악하면서도 국민에 대하여는 하등의 직접적인 책임도 지지 않고, 다만 행정수반에 대해서만 책임을 짐으로써 국민에 의한 행정이 간접적으로밖에 확보되지 못하고 있다는 것이다.

(4) 비민주적 보수단체화

대중이 여론조성에 영향을 미치고 그것을 정책에 반영시키기 위해서는 대중의 생각을 취합·전달할 수 있는 제도적 장치가 전제되어야 한다. 왜냐하면 오늘날과 같은 대중사회에 있어서는 조직화되지 않은 주장이나 견해는 무력하기 때문이다. 따라서 각 개인은 그의 주장이나 의견을 관철할 목적으로 민주적인 조직을 구성하거나 또는 이미 구성된 조직에 가입함으로써 정책형성에 그 주장과 의견을 반영하려고 하는데, 처음에는 진보적인 주장·의견을 중심으로 한 민주적인 조직도 시간이 흐를수록 보수화·관료제화되며 과두제의 철칙이 지배하게 됨에 따라 대중의 정책반영력은 자연히 약화되게 된다.

(5) 권한의 독점과 과두제의 철칙

관료제는 엄격한 계층제를 그 기본요건으로 하는바 여기에 상·하의 수직적 지배·종속관계가 발생하고, 피라미드적 계층제의 정상에 있는 소수인에게 권한이 집중되어 권한의 독점현상이 나타나며, 소위 미헬스(R. Michels)의 '과두제의 철칙'(law of oligarchy)이 적용되게 된다.

2) 관료제의 민주주의에 대한 공헌

상술한 바와 같이 관료제가 민주주의를 저해하는 측면은 많지만, 반면에 민주주의에 공헌하는 측면도 있음을 주시해야 한다.

(1) 공직에 대한 기회균등의 제공

관료제는 전문적 지식과 능력에 의거한 관료의 임용을 원칙으로 하기 때문에 고용의 기회균등을 촉진한다. 그러나 교육의 기회균등이 마련되지 않은 여건하에서 엄밀한 의미의 공직의 기회균등을 위시한 고용의 기회균등을 보장하기는 어려우나 이를 촉진하는 것만은 사실이다.

(2) 법 앞의 평등의 실현

관료제는 전통적·비합리적인 정실주의나 자의에 의한 개별주의를 배제하고 일반적 법규에 의한 보편주의를 지향하기 때문에 민주주의의 가장 기본적인 원리의 하나인 법 앞의 평등을 이룩하는 데 공헌한다.

(3) 민주적 목표의 수행

의회에 의하여 결정된 정책이건 노동조합·사기업의 운영방침이건간에 민주적으로 결정된 조직의 민주적 제 목표는 오늘날 기술적 우수성을 자랑하는 관료제적 조직의 도움 없이는 실현되기가 힘들다. 특히 오늘날 많은 개발도상국에 있어서는 국가관료제가 비약적인 경제발전을 위해서 주동적인 역할을 하고 있음을 주목해야 할 것이다.

제 5 절 행정문화와 관료행태

1. 행정문화의 의의

행정문화란 한 국가의 행정인들이 가지고 있는 공통된 의식구조, 사고방식, 가치관, 태도, 신념 및 풍습 등을 포함하는 복합적인 개념이다. 왈도(D. Waldo)는 행정문화를 행정에 있어서 행정인의 행동을 규제하고 그 지침으로서의 역할을 하는 관념이나 가치의 총체를 의미한다고 하고 있다.

행정문화는 일반문화의 하위문화로서 일반문화의 변화에 따라서 행정문화도 변하게 되어 있다. 따라서 일반문화는 행정문화의 내용을 결정하는 환경적 세력으로 역할을 하고 있다. 그러므로 행정체제 내부의 행정인의 가치관이나 의식구조는 환경변화에 따라 계속적인 변화를 일으키고 있으며, 이러한 가치관은 다시 행동을 통하여 환경의 변화에 영향을 미치거나 새로운 변화를 유도한다.

행정문화를 이해하려고 하는 이유는 행정제도나 조직구조만으로는 파악할 수 없는 행정체제의 독특한 특성이나 행정의 실체를 이해하는 데 도움을 주기 때문이다. 그러므로 행정문화는 행정의 진실을 이해하는 데 크게 도움을 주게 된다.

2. 행정문화의 내용

행정문화는 그 국가의 역사적 산물이므로 나라마다 그 내용이 다르다. 여기에서는 긍정적(선진적) 행정문화와 부정적(후진적) 행정문화로 나누어 살펴보기로 한다.

1) 긍정적(선진적) 행정문화

(1) 합리주의

합리주의는 모든 객관적인 지식을 동원해서 최적 규모의 정책결정을 추구하려는 태도를 말한다. 그러므로 합리주의가 보편화되고 있는 사회에서는 감정이나 편견이 정책결정에 끼치는 영향이 적고 만인이 공유감을 가질 수 있는 정책이 추구된다.

(2) 성취주의

성취주의는 인간의 능력을 평가할 때 출신성분이나 종교, 출신지역 등의 귀속적인 요소에 의해서 평가되는 것이 아니라 실적이나 자격 등 객관화된 요소로 평가하려는 것이다. 성취주의가 보편화되어 있는 사회에서는 인사행정의 공평성을 기대할 수 있다.

(3) 상대주의

상대주의는 어떤 가치라도 영속성과 불변성 및 고정성을 띤 가치는 없다는 것이다. 어떠한 가치나 관계도 상대적이고 유동적이라는 것이다. 이러한 사회에서는 특정가치에 대한 집착현상이 없기 때문에 변화에 대한 적응력이 강하고 정책결정도 점증성을 띤다.

(4) 모험주의

모험주의는 항상 보다 나은 것을 추구하기 위하여 무엇을 시도하는 것을 말한다. 따라서 모험주의는 시행착오(trial and error)를 무서워하지 않는다. 이러한 사회에서는 시행착오 속에서 문제가 해결된다고 생각하기 때문에 행정은 문제해결과정이라고 인식되고 있다.

(5) 사실정향주의

사실정향주의는 가치판단의 제일의 기준이 사실이라는 것이다. 정책결정에서 아무리 훌륭한 의견일지라도 객관적인 사실보다 우선시할 수 없다는 것이다.

(6) 중립주의

중립주의는 행정은 어떤 정당이나 입후보자의 편을 들어서도 안 된다는 것이다. 공무원이 어떤 정당이나 입후보자를 선호해도 그것은 개인적인 것이지 공적으로 연장되어서는 안 된다는 것이다. 행정은 어디까지나 그 본래의 성격이 도구성, 관리성, 수단성을 강하게 띠고 있기 때문에 정치영역에 개입해도 안 되고 정치에 영향을 받아도 안 된다.

(7) 비물질주의

비물질주의는 정신적 가치인 명예, 위신, 덕성 등을 중히 여기는 것이다. 이러한 사상은 오늘날 책임의 윤리, 청렴의 윤리, 깨끗한 행정풍토의 실현가능성을 뒷받침해 주고 있다.

2) 부정적(후진적) 행정문화

(1) 권위주의

권위주의는 유교문화의 소산으로서 인간관계를 평등한 수평적 관점에서보다는 불평등한 수직적인 관계에서 보려는 의식구조를 의미한다. 이러한 사회에서는 권한이 상층부에 집중되어 있고 관의 민에 대한 책임의식이 약하다.

(2) 가족주의

가족주의는 행정단위를 하나의 가족단위로 생각하며 혈연적 유대관계를 우선적으로 내세우는 의식구조이다. 이러한 사회에서는 조직구성원 간에 화합과 위계적 질서가 강조되지만 공·사의 구별이 분명하지 않다.

(3) 연고주의

연고주의는 혈연·지연·학연 등 배타적이면서도 특수한 관계를 강조하는 의식구조이다. 이러한 사회에서는 집단 내의 갈등이 심하고 인사문제가 공정하게 이루어질 가능성이 적다.

(4) 의식주의(형식주의)

의식주의 또는 형식주의는 내용이나 실리보다는 선례, 의식, 절차, 형식에 지나치게 집착하려는 성향이다. 이러한 사회에서는 실질적 책임보다는 법적 책임이 강조되어 법규만능주의가 성행한다. 또 의식과 선례를 강조하다보니 변화에 저항적이다.

(5) 정적 인간주의(온정주의)

정적 인간주의 또는 온정주의는 인간관계를 이해타산이나 직무관계로 보지 않고 정(情)의 연대관계로 보려는 성향이다. 이러한 사회에서는 상·하 간의 관계가 직무 대 직무의 관계가 아니라 인격 대 인격의 관계로 맺어지며, 정책결정에 있어서 객관적인 사실보다는 주관적인 감정이나 편견이 작용하게 된다.

(6) 운명주의(관운주의)

운명주의는 성공의 여부가 인간 이외의 초자연적인 힘이나 신비적인 힘에 달려 있다고 믿는 것이다. 이러한 사회에서는 변명이 많고 책임전가 현상이 일어난다. 그리고 과학적이고 합리적인 사고를 가진 지도자보다 카리스마적인 지도자가 더욱 환영을 받으며 쇄신적인 행정을 기대하기 어렵다.

(7) 일반주의

일반주의는 혼자 모든 것을 다할 수 있다고 생각하는 의식구조이다. 그러므로 세상사물은 일반적인 상식수준에서 다 이해되고 해결될 수 있다고 생각한다. 이러한 사회에서는 직업적 전문주의(professionalism)가 좀처럼 일어나지 않고, 혼자서 모든 일을 다 할 수 있다고 생각하기 때문에 권한의 위임이 잘 이루어지지 않는다.

(8) 관직이권주의(관인지배주의)

관직이권주의는 관직을 직업으로 생각하지 않고 출세와 이권의 수단으로 생각하는 의식구조이다. 이런 사회에서는 관료들 간에 보다 큰 이권이 개입되는 자리를 찾기 위하여 경쟁이 벌어진다. 그리고 국민에 대한 봉사의식을 기대하기 어렵다.

(9) 전시주의

전시주의는 무엇인가를 나타내 보이려는 욕구가 지나쳐 실제의 내용을 과장한다거나, 내용보다는 외양을 강조하려는 의식구조이다. 이러한 사회에서는 전시행정의 풍토가 그 병폐로 나타난다.

3. 행정문화의 쇄신

1) 쇄신의 필요성

오늘날 우리나라 행정에 있어서 행정체질의 개선, 행정풍토의 쇄신, 행정인의 의식구조의 혁신 등이 강력히 요청되고 있다. 이러한 변화가 없이는 행정발전이나 국가발전을 기대할 수 없기 때문이다. 그러나 역사적 산물로서 형성되는 행정문화를 하루아침에 전환 · 변화시킨다는 것은 불가능하다. 그러므로 우리가 가지고 있는 전통적 행정문화 가운데서 발전을 저해하는 부정적 측면을 버리고 발전을 보조 · 지원하는 긍정적 측면은 현실에 맞게 되살리는 이른바 행정문화의 재창조가 필요하다.

2) 행정문화의 쇄신전략

행정문화를 바람직한 방향으로 변화시키기 위해서는 다음과 같은 전략을 제시해 볼 수 있다.

(1) 국민과 행정 간의 거리감의 축소

행정은 최소한 국민에게 위협이나 공포의 대상이 되어서는 안 된다. 행정과 국민 간에 거리감이 없고 신뢰하는 풍토를 조성하는 것이 발전적 행정문화의 제일의 요소이다.

(2) 정치로부터 자율성의 확보

행정은 정책을 집행한다는 점에서 정치와 연속과정의 상태에 있기 때문에 완전히 분리된다는 것은 불가능하지만 서로 상대방에 의해서 침해될 때에는 그 고유성을 상실하게 된다. 그러므로 행정의 안정성이나 국민에 대한 봉사성을 확보하기 위해서는 행정이 정치로부터 자율성을 확보해야 한다.

(3) 사실정향적인 사고의 확립

사물의 판단기준으로서 주관적 가치나 직감보다는 사실을 택해야 한다. 이와 같은 사실정향적 사고는 사실에 대한 오해나 왜곡을 지양시킨다.

(4) 행정을 문제해결과정으로 인식

행정을 단순한 법령의 집행으로 생각하지 말고 문제해결과정으로 생각할 때 관료들은 자기 행위에 대해서 목적성과 의미성을 부여하게 된다. 또한 국민에 대해서도 보다 적극적이고 협조적인 자세를 갖게 된다.

(5) 원초적 집단의식의 지양

원초적 집단은 지연·혈연·학연으로 구성된 제1차적 집단을 의미한다. 이러한 집단에 집착하는 의식이 강하면 폐쇄주의, 정실주의, 연고주의가 행정을 지배하게 되고 갈등과 분열을 조장하게 되므로 이를 지양해야 한다.

(6) 과업중심적 사고의 지향

관료들이 갖추어야 하는 주관심의 대상은 자기가 맡은 프로그램이나 과업이어야 한다. 관료들의 관심의 주 대상이 과업 밖의 것이라면 행정의 능률성이나 봉사성을 추구하기 어렵게 된다.

(7) 자기역할에 대한 한계성의 인식

무엇이든지 내가 혼자서 다 할 수 있다는 일반주의를 극복하려면 행정관료가 자기의 한계성을 인식할 때 가능하다. 관료들이 자기능력의 한계성을 인식하게 되면 행정의 질적 향상을 촉진시킬 뿐만 아니라 분야별로 전문적 행정엘리트를 키워 행정상의 다원주의를 조성하게 된다.

끝으로 우리는 우리의 전통적 가치관에 대해 무조건 과소평가하는 경향이 있는데, 이는 행정문화의 재창조에 있어서 바람직한 태도라고 볼 수 없다. 전통적으로 가지고 있는 우리의 청백리사상, 선비사상 등은 오늘날 건전한 행정문화를 형성하는 데 없어서는 안 될 가치관이고 사상이라고 하겠다. 행정문화의 쇄신 내지 재창조란 우리의 고유한 문화와 외국의 문화를 조화시켜 새로운 우리의 문화로 만들고 발전시켜 나가는 것임을 인식해야 할 것이다.

제 2 부

공공정책과 정책과정

INTRODUCTION TO THE PUBLIC ADMINISTRATION

제 1 장

정책학과 정책의 본질

제 1 절 정책학의 등장과 정책연구

1. 정책학의 등장

제2차 세계대전 후 정치학과 행정학에서는 행태주의운동이 활발하게 일어났다. 연구과제의 중심을 구조와 제도보다는 과정에 두었으며, 인간의 행태연구에 대해서도 집단의 행동보다는 개인의 행동을 연구하는 경향이 있었는데 가장 많이 연구된 것은 개개인의 투표행위에 관한 것이었다.

그런데 1960년대에 들어서자 흑인폭동과 월남전에 대한 반전데모 등 인종갈등과 사회문제가 엄청나게 폭발하였는데, 고작 개개인의 투표행위 등을 연구하는 행태주의적 연구로는 이러한 당면 문제해결이 어렵다는 사실을 알게 되었다. 즉 현실적합성(relevance)의 결여로서 문제의 파악과 대책수립은 인간의 행태중심이 아니라 사회문제중심의 연구여야 한다는 점을 깨닫게 되었다. 1960년대 말 이스턴(D. Easton)은 「정치학의 새로운 혁명」(The New Revolution in Political Science)이란 저서에서 '후기행태주의'가 시작됨을 선언한 바 있다. 이와 같은 관점에서 존슨 행정부(Johnson Administration)는 '위대한 사회'(The Great Society)의 건설을 위하여 흑인 등 저소득층을 겨냥한 사회복지정책을 추진하였다. 이후 1970년대에 접어들면서 도시문제, 환경문제, 에너지문제 등 문제중심의 정책연구는 급속하게 발전하여 왔다.

이와 같은 정책연구가 학문으로서 연구되기 시작한 것은 1951년 라스웰

(Lasswell)과 러너(Lerner)에 의해서 정책과학(Policy Sciences)이란 이름으로 시작되었다고 보겠는데, 그 후 20년 가까이 학문적으로는 정체상태를 벗어나지 못하다가 1971년에 관심 있는 정치학자들이 중심이 되어 미국정책학회를 창설한 후 수많은 저술물들이 쏟아져 나오는 등 급격한 발전을 이루었다.

2. 정책연구의 특징

(1) 현실의 문제에 초점을 두며 해결을 중시

정책연구는 과거의 것을 들추어내는 것이 아니라 현실문제에 대한 대처방안을 수립하는 것이며 그 해결에 목표를 두는 것이다.

(2) 분석중심적이며 종합학문적인 지식을 이용

정책연구는 정치학, 행정학, 사회학, 사회심리학, 인구학, 도시학 등의 여러 분야의 지식을 동원한다. 문제해결의 기본방향이 설정되고 나면 구체적인 대안에 대한 검토가 있게 되는데, 여기에서 분석중심적인 기법들, 즉 다양한 계량분석의 방법들이 사용된다.

(3) 가치문제를 다룸

정책연구는 다분히 가치함축적인 것이므로 가치문제에 관하여 대단히 민감하다. 또한 가치에 대하여 과학적으로 접근할 수 있다는 신념을 갖고 그에 대한 부단한 노력을 하는 것이다.

(4) 학제적이며 집단적으로 이루어짐

정책연구는 정책문제가 지니는 종합학문적인 성격 때문에 어느 한 개인이 여러 분야의 전문가일 수는 없으므로 각 분야의 전문적 지식을 갖춘 많은 사람들이 집단적으로 상호 교환 · 조정 · 통합되어서 근본적인 문제해결책을 제시하는 것이다.

제2절 정책의 의의와 정책과정

1. 정책의 개념과 구성요소

1) 정책의 개념

정책은 보는 사람의 시각과 연구하는 관점에 따라 매우 다양하므로 모든 사람이 동의할 수 있는 개념규정을 찾는다는 것은 거의 불가능한 일이다.

일찍이 라스웰(H. D. Lasswell)과 카플란(Abraham Kaplan)은 "정책이란 목표가 되는 가치와 실제를 투사해서 얻은 행동계획"이라고 정의하고 있는데, 이는 정책의 계획성·목표성·가치함축성·실제성을 강조한 개념규정으로 해석된다.

이스턴(David Easton)은 "정책이란 전체사회를 위한 제 가치의 권위적 배분"이라고 정의하였는데, 이는 정책의 공식적·권위적 성격을 잘 표현한 것이라고 볼 수 있다. 또한 프리드리히(C. Friedrich)는 "정책이란 목표를 달성하기 위하여 환경적 장애를 극복하고, 또한 기회를 활용하려는 노력이다"라고 정의함으로써 정책의 목적 지향성을 강조하고 있다.

드로어(Y. Dror)는 "정책은 매우 복잡하고 동태적인 과정을 통하여 주로 정부기관에 의하여 만들어지는 미래지향적인 행동지침을 말하며 그것은 공식적으로는 가능한 최선의 수단을 통하여 공익을 달성할 것을 목적으로 하는 것이다"라고 말하고 있다. 이것은 정책이 갖는 공익지향성과 미래지향성 그리고 하위결정에 대한 지침성 등을 강조한 것이라고 볼 수 있다.

끝으로 앤더슨(J. Anderson)은 "정책이란 어떤 문제 또는 관심사를 다루는데 있어서 행위자 또는 행위자집단이 추구하는 의도적이고 실제적인 행동노선이다"라고 정의하고 있는데, 이는 정책의 행동지향성과 실제성을 강조하고 있음을 알 수 있다. 그리고 사실상 위에서 살펴본 정책에 대한 여러 가지 개념은 상호 배타적인 것이 아니라 상호 보완적인 것으로 이해하여야 한다.

2) 정책의 구성요소

정책의 개념을 보다 명확히 이해하기 위해서는 정책의 개념정의에 포함된 구성요소를 중심으로 검토하는 것이 의미 있는 것이라고 생각한다. 대체로 정책개념에 공통적으로 포함되어 있는 정책의 구성요소를 여기서는 네 가지 정도로 구분하여 검토하기로 한다.

첫째, 정책은 미래지향적인 정책목표를 갖고 있다. 구체성의 정도에 있어서 차이가 있지만 정책 속에는 정책을 통하여 달성하고자 하는 목표를 갖고 있다. 둘째, 정책은 앞에서 언급한 목표와 이를 달성하기 위한 구체적인 수단체계로 구성되어 있다. 셋째, 정책은 권위 있는 정부기관에 의하여 결정되며, 공식적으로 표명되게 된다. 넷째, 정책 속에는 그 정책이 대상으로 하는 정책대상집단(policy target group)을 명시하는 경우가 있으며, 정책으로부터 혜택을 받는 집단과 정책으로 인하여 불이익을 받는 집단 등이 나타나게 된다.

3) 정책과 입법형식

정치기관에 의해 결정 완료된 활동방안이란 국회, 국무회의, 장관 등이 입법 또는 제정한 법령, 예산, 계획, 행정규칙 등의 형식으로 다양하게 규정된다. 그러나 실제에 있어서는 다음의 두 가지 사항에 주의하여야 한다.

첫째, 어떤 한 정책의 구성요소란 통상적으로 복수의 입법형식으로 분산되어서 규정되는 경향이 많다는 점이다. 즉 일부는 법령으로, 일부는 계획으로, 일부는 예산으로 그리고 나머지는 행정규칙 등으로 나타난다. 이러한 의미에서 정책과 개별 입법형식과는 구별하여 둘 필요가 있다고 하겠다.

둘째, 국회의 의결, 국무회의의 결정·양해 등으로 규정된 사항, 국회에서의 대통령의 시정방침연설 등을 비롯하여 국회에서의 국무위원의 답변이라든지 대통령과 장관의 기자회견에서의 발언 등에서 표명된 정부의 활동방침 등도 정책의 일부라는 점이다. 따라서 정책의 표현형식은 각종의 입법형식으로만 제한되어 있는 것은 아니라는 점이다.

2. 정책과정과 참여자

1) 정책과정

여러 학자들의 정책과정을 참고로 하여 정책과정을 연속적이며 순차적인 순환과정으로 보고자 한다.

제1단계는 정책의제설정단계로 하나의 이슈가 입법부 또는 행정기관과 같은 정부의 기관에 의하여 처리되어질 문제가 되는 것을 의미한다.

제2단계는 정책결정단계로서 정책입안(policy making)과 정책결정(policy decision)의 두 단계로 세분할 수 있겠다. 선정된 이슈가 논의되고 정의되어져서 이슈과 관련하여 형성된 의제로부터 정부가 대처하여야만 하는 것으로 인지된 것에 대하여 정부의 대응방안을 구체화하는 것이 정책입안이다. 이렇게 해서 입안된 정책대안에 대하여 제도상의 결정권한을 갖는 기관이 분석·심의하고, 결정하는 것이 정책결정단계이다.

제3단계는 정책집행단계로서, 주어진 행위 또는 결정에 의하여 행정기관이 집행하게 된다.

제4단계는 정책평가단계로서, 행정기관에 의하여 이루어진 행위는 의도한 대상과 고객에 영향을 주었는가를 결정하기 위하여 평가하는 작업을 하게 된다.

제5단계는 정책종결단계로서, 정책이 정치적인 지지를 잃어 버리거나 의도한 목표달성의 가능성이 보이지 않을 때 또는 비용이 과다하게 들어가는 경우 등 정책목표의 달성과는 상관없이 정책이 종결되는 경우가 상당히 존재하는 것이다.

그런데 이상의 정책과정에서 주목하여야 할 점은 바로 하위순환(sub-loops)이라고 팔럼보가 말한 바와 같이 정책집행과 정책평가로부터 정책결정에 이르는 하위순환과정이다. 정책이란 이와 같이 실질적으로 집행되어 가면서 그리고 평가되는 단계에서 새로운 지식과 문제점의 발견을 통하여 이러한 사태에 대응하기 위하여 개정되어 간다는 것이다. 이것은 기존의 정책과정론을 현실감각에 맞게 적응시킨 것이라고 하겠다.

2) 정책과정의 참여자

앤더슨(James E. Anderson)은 정책결정자를 정책결정에 참여할 수 있는 공식적인 권한을 갖고 있는 공식적 정책결정자와 정책결정을 할 수 있는 법적 권한을 소유하고 있지 않은 비공식적 정책결정자로 구분하여 미국의 정책결정자를 논하고 있다. 여기서는 이와 같은 견해를 원용하여 정책과정의 참여자를 설명하고자 한다. 그런데 정책과정에의 참여자를 공식적 권한 여부에 따라서 공식적 참여자(official policy actor)와 비공식적 참여자(unofficial policy actor)로 구분하는 것이 일반적이라고 할 수 있겠는데, 이 경우 공식적 참여자 간에 있어서 또는 비공식적 참여자 간, 그리고 전체 정책과정의 참여자 간에 있어서 주요 정책참여자(primary policy actor)와 보조적 정책참여자(supplementary policy actor)의 구분이 실제로 정책과정에서 누가, 무엇을, 언제, 어디서, 어떻게 하였는가라고 분석하고자 하는 경우에 중요한 실마리를 제공하게 될 것이다.

(1) 정책과정의 공식적 참여자

정책과정은 정치체제의 핵심적 활동으로서 이 과정에서 산출되는 정책이나 정책결과 등은 모든 국민에게 지대한 영향을 미치기 때문에, 국민들은 누구나 자신들의 이익을 위하여 이 과정에 참여하고자 하며, 민주적 정치체제에서는 그것이 또한 당연한 것으로 인정되어 있다. 그러나 행정국가화와 정보공개 등 모든 국민들이 참여하기에는 너무도 많은 제약이 존재하고 있으며, 간접민주주의 하에서는 더욱더 참여의 폭은 좁아지게 마련이다.

대체로 우리나라의 경우는 대통령이나 국회의원, 그리고 행정관료가 정책과정에 공식적으로 참여하고 있다. 미국의 경우에는 사법부도 정책과정에서 커다란 역할을 하고 있다.

(2) 정책과정의 비공식적 참여자

정책과정에 참여하는 공식적 권한을 지니고 있는 참여자 이외에도 비공식적으로 정책과정에 참여하여 영향력을 행사하는 집단 또는 개인이 있을 수 있다. 특히 오늘날과 같이 지방화·분권화되어 가는 시대에 있어서는 비공식적 참여자의 비중이 적지 않다고 하겠다. 여기서는 비교적 중요하고 활발하게 활동하고 있다고 생각되는 비공식적 참여자를 정당, 이익집단, 일반국민, 전문가와 학자, 언론기관 등으로 볼 수 있다.

3. 정책순환과 정치체제

1) 정책의 순환회로

정책을 정치체제로부터 환경을 향한 산출로 파악하고, 정치체계가 환경으로부터 받은 투입을 정책으로 변환하여 산출하는 것이 정치구조의 환류회로라고 할 수 있다. 정치체제가 그 사회경제적 환경의 제반 조건의 변동을 인지하고, 또한 거기로부터 생긴(또는 생길 수 있는) 새로운 정치과제의 발생을 인지하였을 때, 정치체제는 기존의 정책을 수정·전환·폐지 내지는 신규정책의 입안결정을 정부에 요청하게 되는 것이다.

이러한 새로운 정책이 정부에 의하여 결정되고 진행되기에 이르렀을 때, 정책의 최종효과(result)로서 사회·경제적 환경의 제반 조건 내지는 사람들의 사회생활에 무엇인가 객관적인 변화(impact)가 생긴다. 사람들이 이러한 변화를 정책에 의하여 초래된 효과로서 주관적으로 인지하였을 때 이것이 정책효용(utility)인 것이다. 사람들이 이러한 효용에 만족하면 이 정책과제는 일단은 해결된 것이 된다. 그러나 사람들이 그러한 정도의 효용에 만족하지 않는다면 정부에 대하여 더욱 새로운 노력을 요청하게 된다.

2) 정치체제의 구성

정치체제의 내부를 보면, 사람들과 정부를 매개하는 행위주체로서 여론의 동향으로부터 정치과제를 인지하고 이것을 집약하여 정부에 전달하는 비공식적 정치제반 집단이 존재한다. 그러한 집단의 중심적 존재가 정당이다. 그뿐만 아니라 재계, 노동계, 산업계 등 기타 각종 업계의 이익집안이 있으며, 또한 각종의 태도집단과 대중매체 등이 있다. 정부는 이들 정치제반 집단에 의하여 전개되는 정치과정의 소용돌이 속에서 정책을 입안하고 결정하며 동시에 집행하고 있는 것이다.

그리고 여기서의 공식적 정책산출기구로서는 우선 대통령을 들 수 있다.

다음으로 정부내부를 보면, 정책결정을 주된 임무로 하는 의회, 내각, 장관 등 정치기관과 이것을 보좌하고 보조하여 정책입안과 정책집행을 주된 임무로 하는 행정기관으로 구분할 수 있겠다. 특히 우리나라의 경우 정책과정에서의 대통령의 의지는 정책의제설정부터 정책집행에 이르기까지 매우 강력한 영향력을 미치고 있다. 국회에서 의결하게 되는 법률의 형태를 취하고 있는 정책의 경우도 대통령이나 행정부에 의하여 실질적으로 결정되는 경우가 많다. 행정 각 부처가 실질적으로 정책을 결정하는 경우도 대통령이 언제나 강력한 결정권을 가진다. 다만 고도의 전문지식을 요하는 업무나 대통령에게 그 분야의 전문지식이 부족한 경우에는 실질적 결정권이 각 부처의 관료조직에 있게 될 가능성이 커진다.

정책집행단계에서는 기술적·전문적 성격이 강해짐에 따라서 행정관료의 권한이 확대되며 대통령의 영향력이 약해지게 된다. 그러나 후진국에서는 대통령의 지지 여부가 성공적 정책집행의 중요한 요인임에 틀림없는 것이다.

제 3 절 정책유형

정책에 대한 연구관심이 높아져 가고 있을 무렵 연구대상이 되는 정책의 내용분석 및 그 설득력에 관심을 갖고 유용한 유형화를 추구하게 된 것은 비교적 오래된 일이다. 정책연구분야의 선진국인 미국에서는 1960년대 중반부터 정책을 직접적 연구대상으로 하는, 다시 말하면 정책을 독립변수로서 취급하는 입장에서의 행정분류로 몇 가지 뛰어난 성과를 이룰 수 있었다.

정책의 유형은 어떤 기준으로 그것을 분류하느냐에 따라 여러 가지가 있을 수 있겠다. 그러나 여기서는 널리 알려진 로위(T. Lowi)의 분류를 중심으로 살펴보기로 한다.

로위(Lowi)는 분배(distributive), 규제(regulatory), 재분배(redistributive), 구성(constitutional) 등의 네 가지 정책유형을 제시하고 있다. 그는 두 가지 축, 즉 '강제의 가능성'과 '강제의 적용가능성'(무엇을 통하여 행하는가)을 두고, 이것에 의하여 네 가지의 추상적 구분을 작성하여 거기에 정책유형을 적용시키고 있다. 이와 같은 형식으로 분류를 보여 주고 있는 것은 로위가 이러한 정책유형에 대하여 상호 배타성과 포괄성을 의식하고 있다고 생각할 수 있다.

로위는 정책이 정치를 결정한다는 인식에 입각하여 클리블랜드 대통령 이래의 역사를 소재로 이러한 자신이 제시한 정책유형의 실증을 시도한 바 있다. 그러나 이러한 시도에도 불구하고, 새롭게 추가된 '구성정책'이 충분히 명확하게 설명되었다고는 말하기 어렵다. 또한 '강제'를 중심으로 하는 이러한 분석틀로 모든 정책을 정리하는 것이 가능할 것인가라는 의문이 제기되고 있으며, 추상도가 높은 경제계획, 개발계획 등과 같은 것까지 이러한 유형 속에 위치 설정하는 것이 가능할 것인가에 대한 논란이 제기되고 있다.

로위는 정책형성에 관련된 사람들 사이의 관계와 그 정책이 사회에 미치는 영향의 특성에 따라서 정책유형론을 최초로 체계 있게 정리하였다. 1964년에 발표한 논문에서는 분배정책, 규제정책, 재분배정책으로 분류하고, 1972년에 발표한 논문에서는 구성정책(constituent policy)을 추가시켰다.

(1) 분배정책(distributive policy)

분배정책은 개인, 집단, 기업 및 지역사회 등으로 분할된 특정 부류의 인구에 대하여 서비스 또는 이득을 배분하는 것과 관련된 정책이다.

(2) 규제정책(regulatory policy)

규제정책은 개인이나 집단의 행동에 제한을 가하는 것과 관련된 정책이다. 정도의 차이는 있지만 이 규제정책 하에서는 그 대상이 누구이든간에 규제를 받는 사람 또는 집단이 그들의 자유 내지 재량권에 제한을 받게 된다.

(3) 재분배정책(redistributive policy)

재분배정책은 가진 자와 안 가진 자 또는 무산계급과 유산계급과 같이 포괄적으로 분할된 인구집단 간 또는 인구계층 간에 기존의 부, 소득, 재산 또는 권리 등의 분포상태를 포함한 조세구조에서 재원을 구하고 그 일부를 저소득층에 교부하거나 저소득층에게 유리한 각종 사회적 급부를 하는 것을 들 수 있다.

(4) 구성정책(constituent policy)

구성정책은 실제적으로 정책기관의 신설 및 변경이라든가 선거구의 조정 등과 관련된 정책이다.

제 4 절 정책환경

1. 정책환경의 의의

정책환경(policy environment)이란 정책체제와 끊임없이 영향을 주고받는 외부요소를 총칭하는 개념으로 이러한 정책환경은 무형의 환경과 유형의 환경으로 대별해 볼 수 있다. 무형의 환경은 일반사회 · 문화로부터 영향을 받으면서 정치행정체제를 지배하는 무형의 힘을 말하는데 정치행정문화, 사회경제적 여건 등이 이에 포함된다. 유형의 환경이라 함은 구체적 행위자로서의 정당, 이익집단, 언론기관 등을 말한다. 이 중 유형의 환경은 정책의제설정부분에서 자세히 서술하고 있으므로 여기에서는 무형의 환경을 중심으로 설명하고자 한다.

1) 정치행정문화

정치행정문화는 앞에서 다룬 행정문화보다 한층 더 개념의 범위가 넓다고 볼 수 있다. 즉 행정인의 가치관 · 감정 · 태도의 총합인 행정문화의 개념에 '정부가 무엇을 해야 되고, 어떻게 운영되어야 하며, 시민과 정부의 관계는 어떤 것인가에 대한 가치 · 신념 · 태도'라 할 수 있는 정치문화의 개념이 혼합된 것이라고 할 수 있다.

우리나라의 정치행정문화를 간략하게 설명하거나 이해한다는 것은 쉽지 않다. 왜냐하면, 우리의 경우 오천 년의 역사 속에서 축적되어 온 문화의 맥락 안에서 이를 보아야 하고, 무수한 외세의 영향까지도 아울러 고려해야 되기 때문이다. 지금까지 많은 학자들이 우리나라의 정치행정문화로 제시한 것으로는 가족주의, 권위주의, 의식주의, 운명주의, 일반주의, 계서주의, 정적 인간주의, 할거주의, 현시주의, 비물질주의, 의리주의 등이 있다.

2) 사회경제적 여건

여기에서는 사회경제적 여건에 지리적 요소, 인구통계적 요소를 포함시켜 설명하기로 한다.

앤더슨(J. E. Anderson)은 정책환경에 지리적 요소가 포함된다고 주장하고 있으나 이에 대한 자세한 설명은 하지 않고 있다. 그러나 기후, 천연자원, 지정학적 여건 등으로 대표되는 지리적 변수가 국가사회의 각종 정책에 영향을 미친다는 것은 당연하다고 볼 수 있다. 또한 인구의 규모와 지역적 분포, 연령과 성별분포, 인구집중으로 인한 도시화 등의 인구적 요소 역시 각종 정책에 막대한 영향을 준다고 할 수 있다.

GNP의 증가로 대표되는 경제발전, 물가상승, 산업 간 불균형, 노사문제, 국제적 경제환경변화 등을 포함하는 경제사회적 여건 역시 정책의 의제설정에서 정책변화(종결)로 이어지는 정책과정의 각 단계에 막대한 영향을 미치는 정책환경이라 할 수 있을 것이다.

2. 정책과 정책환경의 관계

1) 정책환경이 정책에 미치는 영향

(1) 환경의 정치체제에 대한 영향

정치체제를 둘러싸고 있는 환경이 다르면 정치체제의 특성이 달라진다는 것은 많은 정책학자에 의하여 주장되어서 이제 누구나 인정하는 이야기가 되어 버렸다. 이러한 연구는 미국의 경우, 시나 주의 사회 · 경제적 환경과 시나 주정부의 특성들을 대비를 통하여 경제 · 사회적 환경이 정부의 특성에 큰 영향을 미치는 것으로 밝혀졌다. 이들이 주로 관심을 가지고 본 사회 · 경제적 변수들은 소득, 산업화 등의 경제발전 정도를 나타내 주는 변수들과 도시화, 인구규모, 인구증가율 등의 사회 · 인구학적 변수들 및 미국사회의 특징의 하나인 인종문제 등이 있다.

(2) 환경의 정치체제가 정책에 미치는 영향

정치체제의 특성이 달라짐에 따라 정책의 내용이 달라질 것이라는 사고방식은 정치학의 대전제 중의 하나이다. 그리고 사회·경제적 변수를 고려하지 않고 볼 때 이 전제는 대부분의 경우에 타당한 것으로 밝혀졌다. 가령 Dawson과 Robinson의 연구에서도 정당 간의 경쟁은 복지정책과 관계가 있음이 밝혀졌으며, 그 후에 다른 학자들의 확인연구도 있었다.

여기에서 주목할 만한 것은 이들의 영향이 사회·경제적 변수에서 기인한 것이라는 연구결과이다. 도슨(Dawson)과 로빈슨(Robinson)이 지적한 것은 사회·경제적 변수를 통계적으로 통제하게 되면, 정치적 변수가 정책에 미치는 영향은 없다는 주장이다. 다시 말하면, 소득수준, 산업화, 도시화의 정도가 동일하다면, 정당 간의 경쟁이 어떠한가와는 관계없이 복지정책의 내용은 차이가 없다는 분석결과였다. 정당 간 경쟁이나 정치적 변수는 정책내용에 차이를 일으키는 것 같지만, 그것은 사회·경제적 변수의 차이 때문에 나타난 것에 불과하다는 것이다.

(3) 정책결정요인론의 문제점

정책환경이 정치체제에 영향을 미치는 것을 연구한 정책결정요인론은 환경이 정책에 미치는 영향을 검토함에 있어서 정치체제가 미치는 영향보다는 정책환경 자체가 정책에 미치는 영향을 과대평가하였다는 점을 지적하지 않을 수 없다. 즉 정치체제의 특성보다는 사회·경제적 환경을 지나치게 강조하였다는 데에 문제점이 있는 것이다.

2) 정책이 정책환경에 미치는 영향

정책이 환경에 미치는 영향은 정책효과와 정책비용으로 구분할 수 있다. 정책효과는 의도된 효과와 부수효과가 있는데, 전자가 좁은 의미의 정책효과로서의 핵심적 내용이 된다. 정책효과는 정책이 집행되어 정책목표가 달성됨으로써 나타나는 바람직한 것으로서, 정책목표가 사회문제를 해결하는 데 있는 경우에는 사회에 존재하던 문제가 어느 정도 해결되는 것으로 나타나게 되고, 새로운 상태를 창조하는 데 있는 경우에는 바람직한 새로운 상태가 이루어지는 것으로 나타난다. 예를 들면 인플레이션이 심할 때 물가안정을 목표로 하는 경제정책의 추진결과로 물가가 안정되는 것이나, 소득증가를 목표로 하는 경제성장정책의 추진결과로 국민소득이 증가되는 것 등이다.

정책효과는 정책목표와 표리의 관계에 있으면서 정책의 존재이유가 되고, 따라서 정책학의 연구대상에서 가장 중요한 것이 된다. 정책효과의 성질이나 내용은 정책목표의 성질이나 내용에 따라 결정되고, 정책효과의 대소 여부는 정책수단을 실현시키는 정책집행의 강도에 따라 결정하게 된다. 정책비용은 정책수단의 실현을 위해서 지불된 사회적 희생을 의미하는데, 정책비용의 내용이나 성질, 규모는 정책수단과 정책집행에 의해서 주로 결정된다.

제 5 절 정책분석

1. 정책분석의 의의

1) 정책분석의 개념

정책분석에 대한 학자들의 견해는 대체로 두 가지로 구분할 수 있다. 하나는 정책의 입안·결정과정의 연구 속에서 기안자의 입장에 서서 정책입안(policy making)활동을 조금이라도 합리화하려고 하는 관점에서 연구하는 정책분석(policy analysis)의 계보이며, 다른 하나는 정책형성과정(policy formation process)에서 작용하는 역할을 해명하려고 하는 관점에서 연구하는 정책연구(policy study)의 계보가 있다고 보겠다.

여기에서는 정책분석이란 "정책결정의 판단을 질적으로 돕기 위하여 정책대안에 관한 여러 가지 체계적인 연구를 행하는 것"으로 보기로 한다. 정책의 질이 분석의 대상이 된 경우에 '무엇이 좋은 정책이냐' 하는 판단의 기준은 주어진 목표를 얼마나 효과적으로 성취할 수 있는 대안을 선택하느냐 하는 것이 된다. 다시 말하면 주어진 목표를 성취할 수 있는 제 대안 중에서 가장 효과적이고 능률적인 대안을 선택하도록 하는 과정이 정책분석이다.

2) 정책분석의 절차

정책과학에 있어서 강조되고 있는 효율적인 정책분석을 기하기 위하여 뒤따라야 하는 일반적인 절차는 다음과 같다.

(1) 문제파악

정치체계와 정책결정자는 정책활동을 요구하는 여러 가지 문제에 당면하게 되는데, 우선 이러한 문제들을 설정된 발전목표와 관련하여 대국적인 차원에서 파악해야 한다. 그리고 다음으로 관심영역을 명시 내지 한정하여 대두된 문제의 성격을 구체적으로 파악하여야 한다.

(2) 상황분석

기설정된 목표를 재확인하는 동시에 정책적 해결을 요하는 당면한 문제의 성격을 명확히 파악하기 위해서는 정책결정체계의 외부적 상황과 체계 내적인 상황을 면밀하게 조사・분석하여야 한다. 이 때 원용되는 관리기법이 정보관리체계의 기법이다.

(3) 대안의 선택

목표달성과 관련성이 있는 중요한 대안이나 방법들을 모색하고, 문제의 해결을 위하여 보다 많은 정보를 입수할 가능성은 없는가를 모색한다.

(4) 모형설정

모형을 구조화하고 이와 같은 구조화된 모형을 활용하여 모색된 각 대안들로부터 나타날 결과를 예측하고 사용된 기법들의 적절성을 검토한다.

(5) 대안의 비교・평가

여러 가지 대안의 상대적 가치를 비교・평가한다.

(6) 최선의 대안선택

각 대안을 종합적으로 비교하여 설정된 목표달성에 가장 잘 부합되면서도 합리적인 안을 최종적으로 선택한다.

2. 정책대안의 현실성

정책대응수준은 앞에서 고찰한 대로 정책입안자에 있어서 비용의 관점만으로 선택되어지는 것은 아니다. 정책대안의 선택모색에 있어서 정책입안자들이 그 이상으로 신중하게 검토하고 있는 것은 정책대안의 현실성(feasibility)에 대해서일 것이다. 그리고 이러한 정책대안의 현실성은 첫째 정치상의 실현가능성, 둘째 행정자원의 조달가능성, 셋째 업무상의 집행가능성이라는 세 가지 차원으로 나누어진다. 어떻든 해당 정책대안에 대한 관계자들의 반응·행동에 대한 예측인 것이다.

(1) 정치상의 실현가능성

정치상의 실현가능성이란 정책원안을 입안한 후에, 이것이 각 부처 간 절충을 거쳐서, 여당의 이해를 얻어서 국회심의를 통과하여 성립할 가능성이 있는가 없는가에 관한 것이다. 자치단체의 정책입안의 경우에도 이러한 종류의 정치과정에 추가하여 직원조합의 합의를 이룰 가능성이 있는가가 또 하나의 중요한 고려사항이 되는 경우가 적지 않다.

(2) 행정자원의 조달가능성

행정자원의 조달가능성이란 정책의 실효성을 담보하는 데에 불가결한 권한·조직·정원·재원을 조달할 가능성이 있는가 여부이다. 이들 행정자원의 조달도 최종적으로는 여당의 지지를 필요로 하며, 국회의 의결을 필요로 하고 있는 경우가 많으므로, 이러한 점에서는 앞의 정치적 실현가능성과 동질적인 문제로 생각될지도 모르지만, 이들 행정자원의 조달에 대하여는 법제처에 의한 법령심사, 행정자치부에 의한 기구·정원심사, 기획재정부의 예산안심사 등의 관문이 별도로 존재한다. 그리고 이들 행정부 내의 총괄관리기관에 의한 승인을 얻을 수 있는가 없는가가 선결요건이 되어 있는 점이 앞의 정치적 실현가능성과는 약간 다른 것이라고 하겠다.

(3) 업무상의 집행가능성

업무상의 집행가능성이란 행정기관과 대상집단의 상호 작용의 국면에서의 문제이다. 즉 규제행정에 있어서 대상집단의 위반행동을 유효하게 처벌할 수 있을 것인가 없는가, 건설관리행정에 있어서 용지를 취득할 수 있는가 없는가, 시설운영행정에 있어서 인력을 확보할 수 있는가 없는가 등과 같은 유형의 문제이다.

(4) 정책대안의 폐기처분

이상의 세 가지 차원에서의 현실성에 대한 사전예측이 이루어져서, 그러한 단계에서 이미 현실성을 결여하는 것으로 판단되는 정책대안은 그 이상의 면밀한 검토대상으로부터 제외된다. 혹은 초안의 단계에서 관계자의 동향을 타진하고, 그 결과를 보아서 거절반응이 강한 대안부터 차례대로 단념해 가는 경우도 있다. 그리고 대다수의 정책대안이 초안의 단계에서 정책입안·정책전환비용 내지는 현실성의 관점에서 포기되고, 성안에 이르기 이전에 '폐기처분'이 된다. 그리고 최종성안의 형태로까지 입안되어서, 결재권자에게 제시되는 것은 유일한 대안으로 좁혀지는 경우가 많다. 대안이 많다고 하여도, 2~3개의 선택대안 정도밖에는 제시되지 않는다.

제 2 장

정책의제설정

제 1 절　정책의제

1. 정책의제의 의의

정책의제설정(agenda setting)이란 다양한 사회문제 중에서 특정한 문제가 선택되어 정부가 해결하기 위한 정책의제로서 채택되는 과정이라고 하겠다. 즉, 어떻게 해서 하나의 이슈가 정책문제화되며, 또 그것이 다시 정부가 해결하여야만 하는 정책의제로 되는가에 대한 과정을 연구하는 것이다. 그리고 왜, 어떤 이슈는 정책과정에서 다루어지게 되는데, 어떤 이슈는 그렇지 못한가라는 의문에 답을 제공하게 될 것이다.

정책의제란 일련의 정치적 논쟁거리로서 특정한 시기에 정치체제가 주목할 만하다고 인식하여 공식적으로 해결하여야 하는 범주의 것으로 간주되는 문제라고 하겠다. 이러한 정책의제는 정부에 대한 수많은 요구 가운데 정책결정자가 어떤 대책을 강구하지 않을 수 없다고 느끼거나 선택하게 되는 요구라는 점에서 일반적인 정치적 요구와 구별된다. 또한 정책의제는 정책의제를 구성하고 있는 세부항목들 간의 비중을 정하는 정치적 우선순위와도 구별되는 개념이다.

2. 정책의제의 유형

정책의제는 학자들에 따라 다르게 분류되고 있다. 즉 콥(Cobb)과 엘더(Elder)는 체제적 의제와 기구적 또는 정부적 의제로, 거스톤(Gerston)은 실질적 의제와 상징적 의제로 보았으며, 아이스톤(Eyestone)은 공중의제와 공식의제로 앤더슨(Anderson)은 토의의제와 행동의제로 각각 분류하고 있다.

1) 공중의제(public agenda)와 공식의제(official agenda)

(1) 공중의제(public agenda)

공중의제란 일반대중의 주목을 받을 가치가 있으며 정부가 문제해결을 하는 것이 정당한 것으로 인정되는 이슈로서, 콥과 엘더가 말하는 체제적 의제(systemic agenda)와 같은 것이라고 하겠다. 콥과 엘더에 의하면, 체제적 의제란 공적인 관심의 대상이 되며, 기존 정부권위의 합법적 영역 내에 속하는 문제들로써 정치체제의 구성원들이 공통적으로 인식하는 이슈들을 포함하는 의제라고 한다. 이와 같은 체제적 의제는 모든 정치체제에는 필히 존재하는 것들로 앤더슨은 토의의제라고 부른다.

(2) 공식의제(official agenda)

공식의제란 정부의 공식적인 의사결정에 의하여 그 해결을 시도하기로 한 이슈이다. 콥과 엘더가 말하는 기구적 의제(또는 정부의제)에 해당하는 것으로 권위적인 정책결정자가 적극적이고 심각하게 고려하는 이슈들을 포함하는 구체적인 의제이다. 예를 들어 의회의제(congressional agenda), 대통령의제(pre-sidential agenda), 행정부의제(administrative agenda) 등이 있을 수 있다. 이것을 앤더슨은 행동의제라고 불렀는데, 토의의제보다는 좀 더 구체적이고 명료하다고 보았다.

이와 같은 기구적 의제는 체제의제에 비하여 항목의 수에 있어서 보다 한정적이고 구체적이다. 콥과 엘더는 또한 이러한 기구적 의제를 구의제 항목과 신의제 항목으로 세분화시키고 있다. 구의제는 반복적으로 제기되는 의제를 말하는 것으로 그것이 갖는 반복성 때문에 그에 대한 처리 역시 유형화된 표준절차에 따라 이루어지는 것이 보통이다. 신의제는 특수한 상황에 의해 야기되는 의제를 말한다.

2) 실질적 의제와 상징적 의제(Gerston의 정책의제유형)

(1) 실질적 의제(substantive agenda)

실질적 의제란 매우 광범위하고 잠재적으로 폭발가능성이 있는 공공정책 이슈라 할 것이다. 정책문제가 실질적 의제로 되기 위해서는 다음과 같은 세 가지 요소들을 충족시켜야 한다.

첫째, 상당한 양의 공공재 할당문제가 걸려 있어야 한다. 둘째, 이슈는 시민이나 공공정책결정자의 대내적인 관심을 유발할 수 있어야 한다. 셋째, 어떤 이슈의 해결도 큰 변화에 대한 잠재성을 내포하여야 한다.

이러한 실질적 의제의 대표적인 예로는 경제적 이슈를 들 수 있다. 경제적 이슈는 정책의제를 위해 수많은 실질적 문제를 제기한다. 그러나 최근에는 경제적 이슈 이외에도 사회적 문제들을 실질적 정책의제의 중요한 요소들로 간주하는 경향이 생겨났다.

(2) 상징적 의제(symbolic agenda)

상징적 의제란 상징적 반응에 의하여 해결되어질 수 있는 정책이슈들에 대한 정책의제를 말한다. 미국과 같이 복잡하고 다원화된 사회에 있어서는 실질적 의제가 많은 갈등과 충돌을 유발할 수도 있으므로 실질적인 개선 없이도 문제들을 인식하는 방법으로 상징적 정책을 채택하기도 한다.

제 2 절 정책의제설정모형

콥(Roger Cobb, J. K. Ross, & M. H. Ross) 등은 정책의제설정과정을 선진국과 후진국의 비교정치적인 관점에서 세 가지 유형으로 구분하였다. 이들은 공중의제가 공식의제로 변화하는 과정을 매우 중요시한다. 즉 공중의제란 정치체제가 처리하여야만 할 체제의제로서 비교적 높은 수준으로 대중의 관심을 모은 확산단계를 거친 이슈를 의미한다. 그리고 공식의제 또는 정부의제란 공중의제 중에서 정부기관으로 침투하여 기관의제로 변화된 것을 의미한다. 즉 정책결정자들의 공식적인 관심을 끌어 해결을 필요로 한다고 인정되고 채택되는 의제라고 할 수 있다.

이와 같이 공식의제로 채택되는 양상을 중심으로 비교정치적인 관점에서 미국과 같이 선진국의 정치체제에서 나타나는 외부주도모형(outside initiative model), 후진국에서 흔히 볼 수 있는 동원모형(mobilization model), 그리고 양자가 혼합된 내부접근모형(inside access model) 등으로 유형화하였다.

그리고 이들은 의제형성과정으로 ① 제기단계(initiation), ② 구체화단계(specification), ③ 확산단계(expansion), ④ 진입단계(entrance) 등 네 가지 단계를 제시하고 있다. 첫 번째 단계인 의제의 제기란 개인이나 집단에 의하여 고충이 매우 포괄적이고 일반적인 용어로 표명되는 사회적 문제가 되는 단계이다. 두 번째의 단계인 구체화단계란 제기단계에서 표출된 불만이나 고충이 다양한 방법을 통하여 구체적이고 특정한 요구로 전환되는 단계이다. 세 번째의 확산단계는 제기되고 구체화된 정책문제가 확산되어 대중의 관심과 지지를 얻어내어 정부의 공중의제로 성립되는 과정이다. 마지막으로 네 번째의 진입단계는 공중의제가 정책결정자들이 관심을 갖고 신중하게 고려하게 됨으로써 공식의제 또는 정부의제로 되는 단계를 의미한다. 이렇게 정부의제가 되면 하나의 정책의제설정과정은 끝이 나는 것이다.

이러한 정책의제설정단계는 앞에서 언급한 세 가지 모형에 따라서 각 단계를 거치는 과정이 다르다. 예를 들어서 외부주도모형의 경우에는 순차적으로 네 단계를 모두 거치지만, 동원모형과 내부접근모형의 경우는 변화를 갖는

표 2-2-1 정책의제설정모형

의제설정모형	정책의제 형성과정
외부주도모형	공적문제 ➪ 공중의제 ➪ 공식의제
동원모형	공적문제 ➪ 공식의제 ➪ 공중의제
내부접근모형	공적문제 ➪ 공식의제

경우를 고려하여야 한다.

1. 외부주도모형(outside initiative model)

외부주도모형이란 비정부조직(nongovernmental groups)에 의하여 공적 문제가 제기되어 그것이 사회적인 이슈가 됨으로써 일차적으로 공중의제가 되고, 최종적으로 공식의제 또는 정부의제로 채택되는 의제설정과정이다. 이 모형은 선진국에서 자주 볼 수 있는 유형으로 다원화되고 민주화된 사회에서 나타나는 유형이다.

2. 동원모형(mobilization model)

동원모형은 외부주도모형과는 반대로 공식적인 정책결정자들에 의하여 문제가 제기되고 그것이 바로 공식의제 또는 정부의제로 채택되지만, 거기에 만족하지 않고 대중의 지지와 협조를 위하여 정부활동을 통하여 공식의제를 공중의제로 형성하여 의제설정과정을 이루는 모형이다. 이 모형은 정부부문이 타 부문에 비하여 강력한 후진국에서 많이 나타나는 모형이다. 이와 같이 의제형성의 역순을 겪게 되는 것은 정책목표의 달성을 위하여 효과적인 정책집행을 도모하고, 정책대상집단의 순응확보를 위한 전략으로서 공중의제화가 되는 것이다.

결국, 동원모형에서는 비록 정치지도자의 결단에 의하여 공식의제로 채택되고 정책의 기본방향이 결정되지만, 성공적인 집행을 위해서는 구체적인 정책내용을 공중의제화를 통하여 여론을 반영하면서 만들어 가는 과정이라고 하겠다. 이러한 동원모형은 후진국에서 주로 볼 수 있지만, 미국의 존슨 대통령시대의 빈곤퇴치운동(War on Poverty)에서도 찾아볼 수 있다.

3. 내부접근모형(inside access model)

내부접근모형은 동원모형과 마찬가지로 정부기관 내에서 정책문제가 제기되어 어렵지 않게 공식의제 또는 정부의제화하지만, 채택된 공식의제를 공중의제화하는 것을 의도적으로 규제함으로써 정부영역 밖으로 확산되지 않고 집행되는 경우의 의제설정과정을 말한다. 이 모형을 동원모형과 비교하면 두 가지 면에서 차이를 발견할 수 있다. 첫째, 동원모형에서의 주도세력은 공식적 정책결정자들인 최고통치자, 고위정책결정자인 경우가 많지만, 내부접근모형에서는 이들보다 낮은 지위에 있는 고급관료가 주도적인 역할을 담당하는 경우가 많다. 이들은 주도집단이 정책내용도 미리 결정하여 놓고서 그대로 정책집행이 이루어지기를 바라므로, 자신들과 긴밀한 개인과 집단에만 내용을 알리고 반대할 가능성이 있는 개인과 집단에게는 이를 숨기려고 한다. 둘째, 공식의제(정부의제)가 되고 난 후에 동원모형은 정부의 PR활동을 통하여 공중의제화하는 데 비하여, 내부접근모형은 오히려 의도적으로 공중의제화하는 것을 막으려 한다는 점이다.

제 3 절 정책의제설정자

정책형성의 주체로서는 정책결정체제를 둘러싸고 정부의 정책결정에 중요한 영향을 미치는 이익집단, 정당, 대중매체, 개인 등을 들 수 있으며, 이것은 앞의 정책과 정책환경에서 다룬 정책환경의 일부라고 할 수 있겠다. 또한 정치체제의 환경으로부터 요구와 지지를 받아서 그것을 정책으로 변화시켜 가는 또 하나의 정책형성자가 존재하고 있는데, 바로 정치체제내부에 존재하는 행정관료, 행정수반 및 고위행정관료, 의회 등이다. 이것은 정치체제의 수용장치(receptor)라고도 할 수 있다.

1. 정책환경으로서의 정책의제설정자

여기서 언급되는 집단과 개인은 정책과정 전반에 걸쳐서 중대한 영향을 미친다고 할 수 있다. 그러나 그들은 정책결정에 대한 공식적 권위를 갖고 있지 못하며, 이로 인하여 비공식적 참여자라고 불리기도 한다.

(1) 이익집단(interest groups)

이익집단은 개인적으로는 목적하는 바를 효과적으로 달성할 수 없지만 집단을 이룸으로써 요구의 강도와 효과를 증대시킬 수 있으므로, 시위와 폭력, 개인적 접촉, 직접대표(direct representation), 매스미디어, 정당, 입법부, 관료들에 대한 로비 등의 방법을 사용하여 정책결정에 영향력 있는 사람들이나 정책결정체제에 접근하게 된다.

(2) 정당(political party)

정당의 주된 목표는 정치권력의 획득임은 말할 것도 없지만, 정책형성과정에 있어서 정당의 주된 기능은 이익결집과 결집된 이익에 대한 이익표출을 통하여 관련된 개인과 집단의 제반 요구들을 정책결정체제 내부로 투입하는 기능을 담당한다. 정당이 개입하는 정책형성과정의 장소는 통상 의회에서의 입법과정이 된다. 정당이 다른 주체들에 비하여 정책형성 및 결정과정에 보다 직접적인 주체가 될 수 있는 근거는 국회의원을 소속 구성원으로 가지고 있으며, 그들 국회의원들은 자신이 속해 있는 정당의 정책적 입장을 정책형성과정에 투입시키는 역할을 하고 있기 때문이다.

(3) 매스미디어(mass media)

매스미디어는 뉴스보도를 통해서 특정한 이슈에 대한 정책결정자와 일반대중의 관심을 제고시킴으로써 정책의제설정에 기여하게 된다. 공공관료들은 정책형성뿐만 아니라 정책결정과정에서 기여하는 데 반해 매스미디어와 그 밖의 정책의제설정자들은 오직 정책의제설정자로서의 역할만을 수행한다.

(4) 개인

정책에 관한 논의에 있어서 개인은 이익집단, 정당, 언론기관, 입법부, 행정부, 사법부 등과 같은 집단과 기관에 비하여 중요성이 거의 인식되지 못하였다. 그러나 개인은 선거를 통하여 대통령과 국회의원을 선출할 권한을 갖고 있으며, 국가재정의 재원이 되는 납세자라는 점에서 정책형성과정에 영향을 미치지 않을 수 없는 것이다. 또한 개인은 자신이 갖고 있는 고도의 전문성과 영향력을 통하여 정책형성과정에 영향을 미칠 수 있다.

2. 정책의제설정에 영향을 미치는 요인

(1) 집단의 균형에 대한 위협

집단들은 합리적인 균형상태를 유지하고자 하는데 만약 이런 상태를 위협하는 것이 발생하면 이에 대응해 적절히 반응하게 되고 이러한 대응과정에서 정책의제가 설정되게 된다.

(2) 정치적 지도력

정치적 지도력은 의제설정에 있어서 중요한 요인이 될 수가 있다. 정치지도자들은 자신의 정치적 이익을 위해서 또는 공익을 위해서 특정문제를 포착해서 발표하고 적극적으로 그에 대한 해결책을 제시하려고 노력한다.

(3) 위기 또는 대사건

탄광사고나 자연재해와 같은 위기나 극적인 사건은 많은 사람들의 주의를 집중시킴으로써 의제의 지위를 획득하게 되며 그에 대한 대책을 강구하게 만든다.

(4) 시위활동

폭력을 동반한 시위활동도 문제를 정책결정자의 관심권 안으로 끌어들여 정책의제화하는 역할을 한다.

(5) 매스컴의 보도

특정한 문제나 이슈는 대중매체의 주의를 끌어서 이들의 보도를 통하여 정책의제로 되기도 한다.

3. 정책의 수용장치

정책결정체제의 구성요소로서 공식적 정책결정권한을 갖고 있으면서, 정책환경으로부터 투입되는 사회적 문제와 이슈를 정책의제로 형성하여 가는 데에도 적극 참여하는 기관을 정책의 수용장치(receptor)라고 부른다. 이러한 수용장치에는 관료제, 행정수반, 고급행정관료, 의회 등을 들 수 있다.

(1) 의회

의회는 정책의 구체적 표현인 법을 제정하는 곳이라는 점에서 정책결정과정의 핵심적 주체라고 하겠다. 이러한 정책결정의 핵심적 역할을 담당한다는 점에서 정책결정을 앞에 두고 이루어지는 각종 로비활동의 중심적 대상이 되며, 이익집단의 각종 이익이 집중되며, 정당과의 관련 등을 통하여 다양한 정책과제가 제기되는 곳이기도 하다. 즉 정책형성과정에서도 의회는 중요한 장이 되고 있는 것이다. 의회에서 이러한 정책수용장치로서의 기능을 전담하고 있는 것은 각 전문분과위원회이다. 이들은 다양한 사회문제를 분석하여 특히 정책적 해결을 요하는 문제를 선별·구체화하여 정책의제로 상정하는 역할을 한다.

(2) 행정수반 및 고위행정관료(public officials)

선거에 의해서 선출되는 공공관료는 선거과정에서 대중의 지지가 필요하며 이를 위해 대중이 절실히 필요로 하는 문제들에 대한 정책의제화의 약속이 있게 마련이다. 이와 같은 공공관료의 대표적 존재로서는 국민의 직접선거에 의해서 선출되는 대통령을 들 수 있는데, 특히 대부분의 개발도상국에서 정책의제설정자로서의 대통령의 역할은 실로 막중하여 거의 절대적이라고 할 수 있다. 대통령 이외에 정책의제설정자로서의 역할을 하는 사람들은 선거에 의해 선출되는 각종 지방자치단체의 장과 국회의원을 들 수 있으며, 선거에 의하여 선출되는 것은 아니지만 고급행정관료의 역할을 들 수 있겠다.

(3) 각급 행정기관

각급 행정기관은 정치적 임명의 범위를 벗어난 직업공무원을 주 구성원으로 하는 행정부서를 의미한다. 그런데 고전적 이론에 입각한 공공관료제 또는 각급 행정기관은 정치나 법에 의해서 정해진 것을 수동적이고 기계적으로 집행하는 기구로 간주되었다. 그러나 오늘날의 각급 행정기관은 과거에는 정치영역에 속하였던 가치와 목표문제까지도 다루어야만 하게 되었다. 다시 말해서 각급 행정기관은 대중의 생활의 질, 고용기회, 교육, 의료보호 등의 핵심적인 문제를 다루는 과정에서 정책의제설정과정에 영향력을 행사한다고 볼 수 있겠다.

제 3 장

정책결정

제 1 절 정책결정의 의의

1. 정책결정의 개념

정책결정(policy making)이란 정책문제가 정부로 들어가서 정책의제로 된 후 정부가 이 문제를 해결할 수 있는 대안을 개발하는 것과 관련된 모든 활동이라 하겠다. 즉 정책결정은 정부기관이 행정목표를 달성하기 위하여 장래의 활동지침을 결정하는 것을 말한다. 이러한 정책결정은 각종의 정치적·행정적 과정을 통하여 행정목표를 달성하기 위한 가장 합목적적·합리적인 방법을 체계적으로 선택하는 과정이다.

2. 정책결정자

정책결정자는 앤더슨(J. E. Anderson)에 의하면 공식적 정책결정자(official policy makers)와 비공식적 정책참여자(unofficial participants)의 두 가지로 구별할 수 있다.

1) 공식적 정책결정자

(1) 입법부(Legislatures)

의회는 대부분의 중요한 정책과 법칙을 법으로 성립시키기 위해서 협의, 토론 및 표결을 행함으로써 공식적 정책결정자로서의 역할을 수행하고 있다.

(2) 행정수반(The Executive)

행정국가시대인 오늘날 정책결정자로서 대통령의 역할이 중요시되는 이유는 무엇보다도 의회가 정보, 시간, 전문성 등의 부족으로 인하여 정책결정자로서의 역할을 충분히 수행할 수 없기 때문이다. 정책결정자로서 대통령이 수행하는 역할의 중요성과 그 범위는 정치체제의 특성에 따라서 또는 국가에 따라서 서로 상이한데 대개의 경우 선진국에서보다도 개발도상국에서 대통령이 정책결정에 강력한 영향력을 행사하는 경향이 있다.

(3) 행정기관(Administrative Agencies)

행정기관이 정책결정자로서 중요한 역할을 할 수밖에 없게 된 이유는 오늘날 사회가 고도의 복잡성과 전문성을 요구함에 따라 일차적 정책결정자인 국회가 보조적 정책결정자라 할 수 있는 행정기관에 정책결정에 대한 광범위한 재량권을 위임하게 된 것에 기인한다.

(4) 사법부(The Courts)

오늘날 사법부도 정책결정에 있어 매우 적극적이며 행정명령이나 입법부의 법률에 못지않은 영향을 행사한다. 다시 말해서 사법부는 사법적 심사권을 가지며 이를 행사하여 각종 법을 해석하는 과정에서 정책을 결정한다.

2) 비공식적 정책참여자

(1) 이익집단(interest group)

이익집단은 정도의 차이는 있겠으나 대부분의 나라에서 정책결정에 매우 중요한 역할을 수행한다. 즉 이익집단은 공통적으로 요구를 표현하고 정책대안을 제시하는 이익표출의 기능을 수행하고 있다.

(2) 정당(political parties)

정당은 국민에 호소하여 정권을 획득하여야 하기 때문에 국민의 지지를 얻기 위해서는 국민이 바라는 정책을 제시하여야 하고 이와 같은 과정에서 정책결정에 관여하게 된다. 따라서 정당은 궁극적으로 정책보다는 정권에 더 많은 관심사를 갖고 있다고 할 수 있다.

(3) 개인으로서 시민(the individual citizen)

개인으로서 시민이 행사하는 정책참여자로서의 역할에는 정책이나 법안에 대해 투표를 하거나 또는 개인의 지적 활동을 통해서 정책결정과정에 새로운 아이디어를 투입시킴으로써 기여하는 경우도 있다.

3. 정책결정과정

정책결정과정은 각종의 정치적 · 행정적 과정을 통하여 행정목표를 달성하기 위한 가장 합목적적 · 합리적인 방법을 체계적으로 선택하는 과정이다. 이에 관한 학자들의 견해가 상이하나, 여기서는 일반적인 정책결정과정을 ① 문제의 인지, ② 정보의 수집 및 분석, ③ 대안의 작성 및 평가, ④ 선택의 단계로 나누어 살펴보고자 한다.

1) 문제의 인지

문제의 인지란 현상의 불만에 대해 개혁의 필요성을 느끼는 것으로 현상에 대한 불만이 정책결정의 동기가 되는 것이다. 이러한 문제인지는 정책의제의 설정이라고도 할 수 있는데, 정치 · 행정의 이념과 체제의 성격, 문화 및 발전의 정도 그리고 결정자의 성격 · 특성(personality) 등에 따라 문제로서의 인지 여부와 그 강도가 달라진다.

2) 정보의 수집 및 분석

정책결정자가 어떤 문제의 해결을 위한 정책을 모색하는 데에는 이에 관련된 자료(data), 정보(information) 및 지식을 통하여 그 문제를 분석 · 파악하여야 하는데, 정책결정에 필요한 자료나 정보는 적기에 제공되며, 적절하고 정확한 것이어야 한다.

3) 대안의 작성 및 평가

대안의 모색은 문제의 해결이나 목표달성의 가능성이 있는 모든 대안을 포함하게 된다. 이와 같이 하여 여러 가지 대안이 고안되면 이들의 장단점, 실행가능성 및 비용·편익분석 등 계량적 방법으로 정확히 평가하여야 하는데, 정책결정을 도와주는 방법으로 관리과학, 체제분석, OR, 정책분석 등이 있다.

4) 선택

마지막 단계로서 선택이란 고안된 각종의 대안들을 비교·분석하여 이 중 최적대안을 정책결정자가 선택하는 것이다. 이 때 고려하여야 할 선택의 기준으로서는 결정자의 자의나 사익보다 국가이익 내지는 공익을 중시하여야 한다.

제 2 절 정책결정모형

1. 합리모형(rational model)

1) 합리모형의 내용

합리모형(rational model)이란 인간은 이성과 합리성에 근거하여 결정하고 행동한다는 이론이다. 즉 이것은 관련된 모든 대안들을 고려할 수 있다는 객관적 합리성에 근거하여 의사결정자에 대한 전능의 가정과 주어진 목표달성의 극대화를 위하여 최대한의 노력을 한다는 주관적 합리성에 대한 경제인과 같은 합리적 인간을 전제로 한 이론모형이다.

따라서 합리적 정책을 선택하기 위해서 정책결정자는 우선 모든 사회적 가치선호와 이들이 상대적 비중을 정확히 파악하여 명확히 문제를 인식하고, 문제해결을 위한 모든 대안을 작성하여, 각 대안에 관한 비용과 편익의 비율을 비교·검토·평가하여 최선의 정책대안을 선택하여야 한다.

2) 합리모형의 한계

합리모형에 대해서 상세하게 비판한 학자로서는 사이몬(Simon)과 린드블롬(Lindblom)이 대표적인데 이들과 비슷한 생각을 지닌 사이어트와 마치(Cyert

& March), 윌다프스키(Wildavsky) 등의 견해도 거의 같다. 이들이 주장하는 합리모형의 문제점을 제시하면 다음과 같다.

(1) 목표의 성격

합리모형에서는 해결할 문제나 달성할 목표가 명백히 주어져 있는 것으로 가정한다. 그런데 오히려 정책문제나 정책목표는 명백하지 않은 경우가 많고 심지어는 상호 모순·충돌되는 목표들이 우선순위 없이 나열되는 수가 많아 주어진 목표나 문제를 전제로 하는 분석적 결정이 어려움에 직면하게 된다.

(2) 대안비교·평가의 기준

합리모형을 대안의 비교·평가를 위한 가치기준으로서 효용함수(utility function)나 사회후생함수(social welfare function)가 주어져 있는 것으로 가정한다. 그래야만 여러 대안 중에서 최선의 대안을 찾을 수 있기 때문이다. 그러나 이러한 함수는 주어져 있지도 않을 뿐만 아니라, 이를 작성하려고 해도 그것이 불가능에 가깝다는 것이 사이몬과 린드블롬 등의 비판이다.

(3) 대안의 탐색

합리모형은 모든 대안이 이미 주어져 있는 것으로 가정하거나 모든 대안을 탐색해야 한다고 주장하면서도 어떻게 대안을 탐색해야 하는지에 대해서 전혀 언급이 없다고 사이몬은 지적하고 있다. 따라서 사이몬은 모든 대안을 탐색하는 것은 불가능하다고 주장하면서 그 이유로 첫째 시간부족, 둘째 인간 인지능력의 제약을 들고 있다.

2. 만족모형(satisfying model)

1) 만족모형의 내용

포괄적 합리모형의 약점은 크게 두 가지로 나눌 수 있다. 첫째는 의사결정에 개입되는 가치를 취급하는 가치판단의 어려움이고, 둘째는 모든 대안의 탐색이나 모든 결과를 예측하는 데 따르는 사실판단상의 어려움이다. 이 중에서 후자인 사실판단상의 어려움 때문에 합리성이 제약을 받고 있으며 이 제한된 합리성 하에서 의사결정이 실제 이루어지는 과정을 자세히 검토한 것이 사이몬(Simon)의 만족모형이다.

사이몬은 심리적인 면, 특히 의사결정의 인지과정을 연구대상으로 하여 의사결정자가 최적의 대안이 아니라 만족할 만한 대안을 선택하게 되는 것을 설명하고 있다. 그는 합리모형에서 가정하는 의사결정자를 경제인(economic man)이라고 부르고 자신이 제시하는 합리성의 제약을 받는 의사결정자를 행정인(administrative man)이라고 부르면서 다음과 같은 주장을 하고 있다.

첫째, 경제인은 모든 가능한 대안 중에서 최선의 대안을 선택한다. 그러나 행정인은 만족하는 것에 그친다.

둘째, 행정인은 모든 대안을 탐색하지 않고 몇 개의 대안만을 탐색한다. 이 때 대안의 탐색은 무작위적이고 순차적으로 이루어진다.

셋째, 경제인은 복잡하고 동태적인 상황을 그대로 모두 고려하여 대안의 결과예측을 시도하지만 행정인은 불확실성이나 불충분한 정보자료 때문에 대안의 결과를 정확하게 예측할 수 없음을 알고 있다.

2) 만족모형의 평가

만족모형의 장점은 사실주의를 추구하는 심리학과 조직이론에 기반을 두고 있다는 데 있다. 실제의 경우 정책결정자들은 자신들이 만족하는 대안 이상의 것을 추구하기 위하여 노력하지 않으며, 따라서 만족할만한 질이 바로 정책결정을 설명하는 데 있어 핵심이 되고 있는 것이다. 그리하여 만족할만한 질의 변화야말로 정책결정을 개선시키는 주요 수단이 됨에 틀림없다.

반면에 만족모형의 주요 단점은 무엇보다도 ① 만족할만한 질(the satisfactory quality)을 주어진 것으로 간주한다는 것과, ② 만족의 질을 형성하는 변수들이 무엇이며 이들 변수들이 어느 정도까지 의식적으로 통제될 수 있는가에 대한 해답이 무시되고 있는 점이다.

3. 점증주의모형(incremental model)

1) 점증주의의 내용

린드블롬(Lindblom)은 상황의 불확실성과 인간능력의 부족을 전제로 하여 실행가능하면서도 상술한 합리모형이 해결하지 못하는 약점을 극복할 수 있는 전략으로서 점증주의를 주장하고 있다. 즉 정책결정자의 분석기능 및 시간이 부족하고 정보도 제약되어 있으며, 대안비교의 기준으로 이용할 가치기준마저 불분명한 상태에서는 현존의 정책에서 소폭적인 변화만을 대안으로 고려하여 정책을 결정하고, 시간이 흐름에 따라 환류되는 정보를 보아 잘못된 점이 있으면 수정·보완하는 식으로 연속적인 정책결정을 하는 것이 가능하면서도 바람직한 정책결정방법이라고 주장하는 것이다.

이처럼 점증주의가 합리모형의 비판에서 출발하고 있다는 점에서 사이몬의 이론과 동일하지만 사이몬이 인간의 인지과정의 제약에 관심을 쏟아 개인적 의사결정의 기초를 쌓은 데 비해서, 점증주의는 이 기초 위에서 정치적 결정에 내재된 가치판단·사실판단의 상호 작용, 정책결정상황의 복잡성, 정책결정의 정치적 의미와 그로 인한 제약 등에 커다란 관심을 기울임으로써 정책결정 자체에 초점을 둔 것이다.

2) 점증주의모형의 평가

린드블롬과 윌다프스키의 점증주의는 합리모형에 대한 맹렬한 비판을 통해서 보다 현실성 있는 정책결정론을 수립하는 기초가 되었다는 점에서 높이 평가되는 반면, 과거의 정책이 바람직한 것이 아니거나 급격한 사회변동의 결과 새로운 정책의 토대가 될 과거의 정책을 발견할 수 없을 경우엔 그 실효성을 상실하게 된다. 이 모형을 다분히 보수주의적이라고 비판하는 근거도 바로 여기에 있다.

4. 혼합관조모형(mixed scanning model)

1) 혼합관조모형의 내용

혼합관조모형(혼합주사모형)은 에치오니(A. Etzioni)에 의해 제시된 것으로, 합리모형과 점증모형을 혼합시켰다는 데 그 특색이 있다. 즉 이것은 인공위성에다 카메라를 장착하고 기상관측을 할 때 먼저 광각카메라로 공간전역을 대강 조사한 후, 그 중 이상지역이 발생되면 정밀카메라로 그 지역을 집중적으로 상세히 조사하는 방법을 혼용하는 것과 같은 경우이다.

이러한 혼합관조모형은 합리적 종합모형과 점증적 모형의 두 요소를 공공정책결정에 적용시키는 이중적 접근방법으로 점증주의모형이나 합리모형보다 더 넓은 범위의 대안들과 선택들을 제공하도록 고안되었을 뿐만 아니라, 근본적인 결정과 세부적인 결정을 구별할 것을 강조한다.

2) 혼합관조모형의 평가

에치오니에 의하면 혼합모형은 결정권한이 집중되어 있고 통제·계획 지향적인 속성을 가지는 전체주의 사회체제(totalitarian societal system)에 적합하며, 세부적 점진모형은 다원적이고 합의지향적인 민주주의 사회체제(democratic societal system)에 적합한 모형이라고 한다. 나아가 혼합관조모형은 그가 주장하는 이른바 '활동적 사회'(active society)가 갖추어야 할 전략이라고 한다.

이러한 에치오니의 혼합관조모형은 합리모형의 지나친 이상적 합리성을 현실화시키는 동시에, 세부적 점증주의모형이 갖는 보수성을 극복함으로써 장기적 전략과 단기적 변화를 동시에 이룰 수 있다는 장점을 지니고 있으나, 전혀 새로운 모형이 아니라 기껏해야 기존의 것을 절충하는 데 지나지 않는다는 비판도 받고 있다.

5. 최적모형(optimal model)

1) 최적모형의 내용

드로어(Y. Dror)는 정책결정상의 문제를 합리모형과 점증모형 중에서 어느 것 하나를 선택하는 문제로 설명하는 것은 커다란 위험을 초래하므로 현실에 적합하면서 개선을 도모하는 모형, 즉 현실주의와 이상주의를 결합시키는 모형이 요구된다고 보았다. 그러한 시도로 에치오니와 마찬가지로 합리모형과 점증주의모형을 종합하였다. 그러나 이 모형은 단순합계적 혼합이 아니라 합리성과 초합리성을 동시에 고려하는 최적치(optimality) 중심의 규범적 최적모형을 제시하고 있다는 점에서 에치오니의 경우와 다르다.

2) 최적모형의 특징

드로어는 최적모형의 주요 특징들로 다음과 같은 것을 들고 있다.

(1) 질적 모형

드로어는 자신의 최적모형은 질적인 것이라고 강조하고 있다. 즉 정치체제적 의미에서 최적치란 동원가능한 투입물(feasible input)과 약정된 산출물(stipulated output) 간의 관계를 나타내는 것이기 때문에, 경제학적인 또는 관리과학에서 흔히 보게 되는 계량적인 최적치를 발견할 수는 없다는 것이다. 이러한 점에서 최적모형을 양적 모형이 아니라 질적 모형이라고 하고 있다.

(2) 초합리성의 강조

전체적이고 능동적인 정책결정과정의 질적 적정화를 기하기 위해서는 정책결정자 개개인의 지적인 합리성(rationality)만을 유일한 정책결정의 투입요소로 할 수는 없고 직관・판단・창의와 같은 초합리적 요인들(extra-rational factors)보다 더 중요시해야 한다고 한다. 특히 과거의 선례가 없는 비정형적인 결정을 내려야 할 경우엔 더욱더 그렇게 하여야 한다는 것이다.

(3) 경제적 합리성의 원칙

드로어의 최적모형은 체제론적 입장에서 정책결정체제 전체가 어떻게 합리적으로 운영되어 소위 '최적화'(optimization)를 기하느냐에 관심을 기울인다. 여기서 최적화란 정책결정체제로부터의 정책산출(policy output)과 정책결과(policy outcome)가 그 체제에 투입된 것, 즉 정책결정에 필요한 지식, 자원 등의 여러 요소들보다 큰 상태를 말한다. 이러한 점에서 드로어의 모형에서는 근본적으로 경제적 합리성에 기초하고 있다고 하겠다.

(4) 정책결정단계

드로어는 넓은 의미의 정책결정단계를 크게 세 가지로 나누고 이들을 다시 세분하여 18개 국면으로 나누었는데, 첫째 단계는 초정책결정(meta-policy making), 둘째 단계는 정책결정(policy making), 셋째 단계는 정책결정 이후(post-policy making)의 단계이다. 이 중 초정책결정은 정책결정에 관한 정책결정으로 정책결정체제를 하나의 전체로서 관리한다.

(5) 확장된 환류단계

드로어는 넓은 의미의 정책결정 속에 정책집행과정에서 환류되는 정보에 따라 정책내용을 수정하는 것, 즉 재(再)정책결정을 포함시키고 있다. 즉 그는 정책의 수정을 위해서 그리고 정책결정체제의 개선을 위해서 환류가 필요하다고 보고 환류를 중시한다.

3) 최적모형의 평가

최적모형은 가치의 존재를 중시하고, 직관, 판단, 창의와 같은 초합리성의 개념을 도입함으로써 합리모형을 더 한층 체계적으로 발전시키는 데 큰 공헌을 했다고 할 수 있다. 또한 사회적 변동상황에서의 혁신적 정책결정이 거시적으로 정당화될 수 있는 이론적 근거를 제시해 주었다는 점도 간과할 수 없는 공헌이라고 하겠다.

그러나 이 역시 정책결정에 있어 사회적 과정에 대한 고찰이 불충분하며 소위 '초합리성'이라는 것의 구체적인 달성방법도 명확치 않으며, 너무나 유토피아적인 모형이라는 비판을 받고 있고, 여전히 합리모형의 틀 속에 있다는 약점을 지닌다.

6. 쓰레기통모형(garbage can model)

1) 의의

쓰레기통모형은 사회 내의 신념체계, 가치체계가 바뀌거나 정치체제가 바뀌는 등의 보다 복잡하고 혼란한 상태, 다시 말하면 '조직화'된 무정부상태(organized anarchy)나 변동상황 속에서 조직이 어떠한 결정형태를 보여 주는가를 설명하기 위한 모형이다.

즉 이 모형은 코헨(Cohen, March, Olsen) 등이 주장하였으며 이들은 "정책결정이란, 혼란한 상황 속에서 어떤 일정한 규칙에 따라 이루어지는 것이 아니라 마치 쓰레기통에 던져 넣은 쓰레기들이 뒤죽박죽으로 엉켜져 있는 것과 같다"고 한다.

극도로 불합리한 집단적 결정에 대한 대표적인 모형이라 할 수 있으며, 따라서 복합적이고 급격한 변화가 일어나는 문제를 설명하는 데 적합한 모형이다. 이 모형은 합리성을 극도로 제약하는 세 가지 기본전제조건하에서 결정의 네 가지 요소가 우연히 결합되어서 이루어진다고 한다. 따라서 이 때의 결정에는 과거의 정책결정모형에서 볼 수 없었던 방식이 많이 있음을 지적하고 있다.

2) 세 가지 기본전제조건(assumptions)

이 모형의 전제조건이라고 할 수 있는 조직화된 혼란상태의 속성을 살펴보면 다음과 같다.

(1) 문제성 있는 선호(problematic preferences)

합리모형에서는 개인 자신이 어떤 목적을 가지고 있고, 또 자신이 무엇을 선호하는가를 안다고 가정한다. 그러나 실제로 결정에 참여하는 사람들이 자기가 무엇을 선호하는지 모르고 있는 경우가 많다는 것이다.

즉 문제성 있는 선호(problematic preferences)라 함은 ① 결정에 참여하는 사람들 간에 무엇을 선택하는 것이 바람직한 것인가에 합의가 없다는 점과, ② 참여자 중 어느 개인 한 사람을 두고 보더라도 스스로 자신이 무엇을 좋아하는지조차 모르면서 결정에 참여하는 경우가 많다는 것이다.

따라서 결정에의 참여자는 자기 자신의 선호에 입각해서 특정한 행동을 하는 경우뿐만 아니라 불분명한 선호 아래 일단 행동해 나가다가 특정한 선호를 갖게 되는 경우도 있다는 것을 주의해야 한다는 것이다. 예를 들면 국무회의에서 각 부처와 관련 없는 안건이 논의되는 경우 처음에는 자신의 선호를 모르고 참여하다가 합의가 진행되는 과정에서 자신의 선호를 발견하거나 형성하게 된다는 것이다.

(2) 불명확한 기술(unclear technology)

여기서 기술이라 함은 결정에서 달성하려는 목표와 이를 달성하기 위한 수단 사이에 존재하는 인과관계를 말한다. 비록 결정에 참여하는 사람이 목표를 명확히 알아도 무엇을 수단으로 선택해야 하는가를 잘 모르고 있는 경우가 많으며 이 경우에는 시행착오(trials and errors)를 통해 운영되는 것이 보통이라는 것이다. 예를 들면 '잘해 보자' 또는 '잘 살아 보자'라는 목표는 분명해도 이를 달성할 수단을 모르는 경우와 같다. 이것은 목표가 분명해도 나타날 수 있는 것으로 이미 여러 가지 모형에서 밝히고 있는 것이다.

(3) 일시적 참여자(part-time participation)

결정과정에 참여하는 사람들은 계속적으로 참여하는 것이 아니라 문제의 성질과 그 자신의 시간적 제약 때문에 어떤 경우에는 결정에 참여했다가 어떤 경우에는 참여하지 않기도 한다는 것이다. 따라서 결정과정의 전체적인 시간에서 보면 극히 일시적으로 참여하게 되는 것이라고 한다. 또한 결정과정에서 새로운 참여자가 관여하게 되어 어떤 결정과정이 있기까지 그 개개인으로 볼 때는 극히 부분적으로만 관여하게 되는 결과가 된다는 것이다.

이상의 전제조건들을 간추려 본다면 ① 결정자 스스로가 자신이 무엇을 좋아하는지조차 모르고, ② 목표달성을 위한 수단도 모르면서, ③ 결정과정에 참여하기도 하고 하지 않기도 한다는 것이다.

3) 결정의 네 가지 구성요소

쓰레기통모형은 앞에서도 언급한 바와 같이 위에서 제시한 전제 아래에서 마치 갖가지의 쓰레기가 우연히 한 쓰레기통 속에 모여지듯이 다음에 제시하는 네 가지 구성요소의 흐름이 서로 다른 시간에 통(can) 안으로 들어와서 우연히 모일 때 결정이 이루어진다고 보는 것이다. 네 가지 구성요소를 살펴보면 다음과 같다.

(1) 결정을 요하는 문제(problems)

결정을 위해서는 우선 문제가 존재해야 한다. 일상생활에서 발견되는 무수한 사회문제가 여기에 해당되는데 이 때 중요한 것은 ① 언제부터 문제로 나타나는가, ② 문제해결에 드는 자원은 어느 정도인가, ③ 문제의 흐름이 선택기회에 접근할 수 있는 구조는 어떠한가 등의 사항이 중요하다.

(2) 문제의 해결책(solutions)

결정을 위해서는 문제의 해결책이 있어야 하는데 현실사회에서는 해결책이 먼저 발견되고 이것이 오히려 해결해야 할 문제를 찾으려고 하는 경우가 있다.

(3) 결정의 참여자(participants)

결정을 할 수 있는 지위에 있거나 회의 등의 결정과정에 참여하는 모든 사람들을 말한다. 참여자들은 의사결정의 전 과정에 참여하는 것은 아니고 문제의 성격, 자신의 관심도, 시간의 제약 등에 따라 참여하기도 하고 안 하기도 한다.

(4) 결정의 기회(opportunity)

결정의 기회란 개인의 경우에는 결정의 순간을 의미하고 집단적 결정의 경우에는 기회를 가지는 것을 의미한다. 즉 참여자들에 의하여 여러 가지의 문제와 해결책들이 통 속에 뒤섞이게 되는데, 이 때 상호 관련되는 요소끼리 만나게 되는 상태를 말한다.

4) 결정의 유형

실제로 결정은 앞서 네 가지 흐름에 달려 있다. 즉 네 가지 요소가 모두 있어야만 결정은 이루어지게 되는데 여기에서 나타날 수 있는 유형으로는 다음과 같은 세 가지의 유형이 있다.

(1) 순수한 혼란상태(pure anarchy)

이는 네 가지 요소의 흐름에 대해 인위적 규제가 가해지지 않은 순전히 우연한 때 이루어지는 경우이다. 즉 네 가지 흐름이 서로 다른 시간의 우연적 동시성 때문에 만나게 된다. 결정은 순전히 우연한 때에 이루어지며 결정은 시간의 함수가 된다. 이 경우의 문제와 해결방법의 접근구조는 다분히 개방적이다.

(2) 완전한 통제(organized control)

이 유형은 네 가지 흐름이 등장하면 즉시 해결이 되는 경우이다. 다시 말하면 네 가지 구성요소가 모두 등장한 시점이 바로 문제를 위한 결정의 시점이 된다. 순수한 무정부상태에서는 네 가지 요소가 모두 등장하여도 즉시 결정이 이루어지는 것이 아니고 흘러가다가 우연히 의사결정이 이루어지지만 여기서는 네 가지 구성요소가 다 등장하는 시점에서 바로 결정이 이루어진다는 것이다.

(3) 조직화된 무정부상태(organized anarchy)

조직화된 무정부상태에서는 다음의 두 가지 결정방법이 대표적으로 나타난다고 한다.

첫째, 진빼기작전(choice by flight)이다. 해결해야 할 주된 문제에 관련된 다른 문제들이 있어서 결정이 이루어지지 않을 때 관련된 문제들이 스스로 다른 결정기회를 찾아서 떠날 때(flight)까지 기다려서 결정을 하는 것이다. 즉 여러 가지 관련되어 있는 문제들이 스스로 다른 선택기회(choice opportunity)를 찾아 떠날 때까지 기다렸다가 중심적인 해결문제의 결정을 하는 것이다.

둘째, 날치기작전(choice by oversight)이다. 이는 다른 문제들이 제기되기 전에 중심적인 해결문제들을 재빨리 결정해 버리는 작전이다. 예를 들면 어떤 문제들을 주장하는 참여자가 참여하기 전에 결정을 하는 것이다. 그러나 이러한 진빼기작전이나 날치기작전은 조직이 잘 구성되어 대면관계(face to face)가 익숙한 경우에는 체면상 잘 이루어지기 어렵고 쓰레기통과 같은 조직화된 무정부상태에서 일어난다.

5) 쓰레기통모형의 평가

지금까지 설명한 쓰레기통모형은 조직화된 무정부상태를 전제로 하여 현실의 결정문제를 보다 더 적실성 있게 분석했다는 점에서 의미가 있다고 하겠다. 또 쓰레기통모형은 사회 내의 가치나 신념의 무정부상태 내지 변동상태 속에서의 결정행태를 분석해 주는 데 도움을 준다고 할 수 있다. 그러나 조직화된 무정부상태가 모든 조직에서 나타나는 것은 아니며 오히려 하나의 조직체에서 여러 가지 상태, 일방적인 조직의 성격, 조직화된 무정부상태가 혼재하고 있다는 점에서 모형 적용의 제약이 있다고 볼 수 있다.

7. 공공선택이론

공공선택이론은 1960년대부터 뷰캐넌(J. Buchanan)과 툴록(G. Tullock)이 중심이 되어 연구한 것으로서 정치경제학적 관점을 사용하여 공공재의 공급을 정치학의 주요 대상으로 삼고, 그의 공급을 위한 정책결정방법과 조직배열을 연구한 것이다.

개인의 의사결정이론가들이 기술적 합리성을 강조한 반면, 공공선택이론가들은 집단적·정치적 내지 정책결정행위에 경제학적 논리를 적용시킬 것을 강조하고 있다. 공공분야의 정책결정과정에 경제적 분석의 시각을 원용하려는 시도는 앞서 언급한 뷰케넌과 툴록이 1963년의 학술회의에서 주창한 이래 1967년 공공선택학회(Public Choice Society)가 창립되고 「공공선택」(Public Choice)이라는 잡지가 창간되면서부터 큰 관심을 끌게 되었다. 그 이후 공공선택이론은 오스트롬(V. Ostrom & E. Ostrom)에 의하여 명료하고 체계적으로 정리되었으며 전통적 행정관을 부정하고 정치경제학적인 시각이라는 새로운 각도에서 정책결정의 행태를 이해함으로써 정책결정현상의 이해와 규범적 차원의 연구에 큰 기여를 하였다(본서 제1부 3장 내용 참조).

제 4 장

정책집행

제 1 절 정책집행의 의의와 유형

1. 정책집행의 개념과 특징

정책집행이란 권위 있는 정책의 내용을 실행하는 과정 또는 정부사업계획이 효과적으로 달성되도록 하는 일련의 활동들을 의미한다. 이러한 정책집행의 과정은 순환성의 원칙(principle of circularity)에 기초를 두고 있다. 즉 집행과정은 정책형성, 결정과정 및 정책평가과정과 서로 영향을 주고받을 뿐만 아니라 서로 교호작용을 한다. 이러한 정책집행의 특징은 다음과 같다.

(1) 복합적 과정

정책집행은 많은 사람과 조직이 관련되고 정책결정과정, 평가과정과 상호작용하는 복합적 성격을 가진다.

(2) 순환적 과정

정책집행과정은 법률의 제정에서 비롯하여 지침개발 · 자원배분 · 평가를 거치는 순환적 특성을 가지고 있다.

(3) 정책결정과의 상호 작용

정책결정과의 관계에 있어 정책집행은 명확히 구분되기 어려우며 오히려 정책집행의 단계에 있어서도 정책이 결정되거나 수정되기도 한다.

2. 정책집행자

행정기구가 공공정책에 있어 주요집행자(primary implementors)이기는 하지만 입법부, 법원, 압력단체 및 지역사회조직들도 단독으로 혹은 복합적으로 정책집행에 관련되거나 영향을 미치고 있다.

(1) 행정기관

공공정책은 주로 여러 행정기관의 복합체계에 의해 집행된다. 오늘날 행정기관들은 때로는 모호한 정책이나 법령을 집행하는 데 있어서 상당한 자유재량권을 갖고 있다. 즉 그것은 첫째 정책결정자가 여러 가지 상충하는 이익들을 상세하게 해결할 능력이 없는 경우, 둘째 어떤 문제는 해결이 되지 않은 채로 남겨 주는 것이 이해당사자 간에 합의를 쉽게 볼 수 있다고 생각되는 경우, 셋째 시간, 관심, 정보, 전문성 등의 결여와 집행에 있어서의 융통성의 필요성은 이들 행정기관에게 광범위한 권한의 위임을 가져오기도 하는 것이다.

(2) 입법부

의회는 여러 가지 다양한 방법으로 정책집행에 영향을 행사할 수가 있다. 의회에서 통과된 법안이 상세할수록 행정기관의 재량권은 줄어들게 된다. 또한 입법부가 거부권 행사는 의회의 동의 없이는 행정부가 단독적으로 아무 일도 할 수 없게 만든다. 또한 국회의원들은 개별적으로 자신의 지역구민들의 문제해결을 위해 정책의 집행기관에 영향력을 행사하기도 한다.

(3) 법원

법원은 직접적 또는 간접적으로 행정에 영향을 행사한다. 다시 말해서 법원은 그들의 결정을 통해서 특정한 정책의 집행을 촉진하고 방해하며 또한 무효화시키기도 한다.

(4) 압력단체와 지역사회조직

입법부에 의해 일단 정책이 결정되면 그 정책은 집행을 위해서 행정부로 넘겨지게 되는데 이 때 각종 압력단체와 지역사회조직이 개입하여 정책집행에 상당한 영향력을 행사하게 된다. 특히 오늘날과 같이 입법부가 행정부에 정책집행에 대한 상당한 재량권을 넘겨 줄 경우에는 이들 집단의 영향력은 실질적인 효과를 얻을 수가 있다.

3. 정책집행의 유형

정책집행의 유형에 대해서는 여러 학자의 주장이 있으나 여기에서는 나카무라와 스몰우드(Nakamura & Smallwood)의 모형을 중심으로 정책결정자와 집행자의 관계에 국한하여 논의하고자 한다.

(1) 고전적 기술자형(classical technocrats)

고전적 기술자형의 집행에서는 정책결정자가 집행과정에 대해서 엄격하게 통제를 하는 것을 의미하며 정책집행자는 약간의 기술적 재량만을 가지고 있을 뿐이다. 한편 이러한 유형의 정책집행이 실패하게 되는 까닭은 정책집행자가 정책에 대하여 정치적으로 반대하기 때문이 아니라 정책을 수행하는 데 필요한 기술적 능력이 부족하기 때문이다.

(2) 지시적 위임형(instructed delegates)

지시적 위임형은 고전적 기술자형에 비해 집행자가 보다 많은 권한을 위임받아 정책을 집행하는 경우로 집행자들은 목표를 달성하는 데 필요한 여러 가지 행정적 수단을 결정함에 있어서 많은 재량권을 가지게 된다. 그러나 이 유형에서도 정책결정자가 목표를 상세히 지시하며 집행자는 단순히 목표를 수행한다.

(3) 협상형(bargainers)

이 유형은 정책결정자가 목표를 수립하나, 정책결정자와 집행자가 목표나 목표달성을 위한 수단에 관하여 합의를 보고 있는 것은 아니다. 따라서 집행자들은 정책집행자와 목표나 목표달성을 위한 수단에 관하여 협상한다. 이와 같은 협상의 결과는 정책결정자와 집행자 간의 상대적인 권력관계에 의해서 결정된다.

(4) 재량적 실험형(discretionary experimenters)

재량적 실험형에서의 집행은 정책결정자가 구체적인 정책을 결정할 수 없는 경우 집행자에게 광범한 재량권을 위임하게 되는 집행유형이다. 이 유형에 있어서 정책결정자로부터 집행자에게 전폭적인 권한의 위임은 정책의 모호성과 정책을 해결할 기술의 한계에서 기인하며, 또한 이로 말미암아 정책을 보다 구체적으로 정의하고 강구할 책임이 집행자에게로 이전됨을 의미한다.

(5) 관료적 기업가형(bureaucratic entrepreneurs)

관료적 기업가형의 집행은 고전적 기술자형과 가장 대조적인 것으로 정책집행자가 정책결정자의 권력을 장악하고, 정책과정을 지배하는 유형이다. 이 때 집행자는 정보의 독점, 시간, 전문성 그리고 기술 등의 능력과 기업가정신 및 정치적 기술을 발휘함으로써 정책결정과정을 지배하게 된다.

표 2-4-1 정책집행의 유형

구 분	정책결정자의 역할	정책집행자의 역할
고전적 기술자형	·구체적인 목표를 설정 ·집행자에게 기술적인 권한 위임	정책결정자의 목표를 지지하고 목표달성을 위한 기술적인 수단을 강구한다.
지시적 위임가형	·구체적인 목표를 설정 ·집행자에게 행정적 권한 위임	결정자의 목표를 지지하며 목표달성을 위해 집행자 상호 간에 행정적 수단에 관하여 협상을 벌인다.
협상자형	·목표 설정 ·집행자와 목표 또는 목표달성 수단에 관해 협상	결정자와 목표달성수단에 관해 협상을 한다.
재량적 실험가형	·추상적 목표지지 ·집행자가 목표 및 목표달성 수단을 구체화하도록 광범위한 재량권 위임	정책목표가 불명확하기 때문에 결정자를 위해 목표와 수단을 명확히 한다.
관료적 기업가형	·집행자가 설정한 목표와 달성수단을 지지	목표와 수단을 형성시키고 결정자로 하여금 그것을 받아들이도록 설득한다.

자료: R. T. Nakamura & F. Smallwood(1980: 112~142).

제 2 절 정책집행의 순응과 불응

1. 순응의 개념

정책집행에 있어서 순응이란 정책결정자의 의도나 정책내용에 대해 정책집행자나 대상집단이 일치된 행동을 하는 것을 의미한다. 그리고 정책집행상의 불응이란 순응과는 상반된 개념으로 정의할 수 있다.

정책집행에 있어서 순응과 불응의 문제는 이처럼 개념상으로는 명확히 구분되지만 실제에 있어서는 어떤 정책에 대해 완전히 순응하거나 완전히 불응하기보다는 부분적으로 순응하면서도 부분적으로는 불응하기 때문에 이 양자의 구분은 한 연속선상에서의 정도의 상대적 차이로 파악하는 것이 바람직하다.

2. 순응의 원인

(1) 권위(Authority)

사람들이 그 정책이 합리적이고 필수불가결하며 정당한 것이라는 점을 이성적이고 의식 있게 수용함으로써 정책에 대해 순응할 수가 있게 된다.

(2) 합리성(reasoned, conscious acceptance)

정책에 관련된 사람들이 그 정책이 합리적이고 필수불가결하며 정당한 것이라는 점을 이성적이고 의식 있게 수용함으로써 정책에 대해 순응할 수가 있게 된다.

(3) 정부의 정통성(legitimacy of government)

정책을 집행하는 정부가 헌법에 근거를 두고 합당한 권한이 있는 관료에 의해 정당한 절차에 따라 이루어진 경우 정부는 정통성을 갖게 되며 이러한 정통성은 정부의 결정이나 정책에 대해 순응을 하도록 하는 원인이 된다.

(4) 개인적 이익(self-interest)

개인적 이익은 가장 흔히 볼 수 있는 순응발생요인이다. 다시 말해서 개인이나 집단이 정책규범이나 표준을 받아들임으로써 직접적으로 이익을 얻는다고 생각할 경우 정책에 순응하는 것은 지극히 당연한 것이며, 이러한 경우는 각종 경제정책분야에서 많이 찾아볼 수가 있다.

(5) 제재의 사용(use of sanctions)

벌금, 구속 등의 제재가 사람들로 하여금 정책에 대해 순응하도록 할 수가 있다. 그러나 상당수의 정책이 제재의 사용에 의해서보다는 대상 집단의 자발적인 협조에 의해서 효과적으로 집행된다고 할 수 있다.

(6) 평판(reputations)

대상 집단이 사회적 신용과 명예를 중요시하는 경우에는 처벌내용의 경중에 상관없이 정책에 순응하게 된다.

(7) 집행의 기간(length of time)

어떤 정책이 장기간 지속적으로 집행되면 비록 처음에는 순응하지 않았던 사람이라 하더라도 그 정책에 친숙해지고 습관화되어 순응하게 되는 경우도 있다.

3. 불응의 원인

(1) 가치 · 관습 그리고 신념관계상의 차이

정책이나 그 정책의 집행이 일반대상이나 그 집행대상 집단의 현존하는 가치 · 관습 그리고 신념과 갈등을 일으킬 경우 불응이 발생할 수가 있다.

(2) 선택적 불응

선택적 불응이란 어떤 법이 다른 법보다 개인에게 구속감을 덜 주는 경우 개인이 구속감을 덜 주는 법에 대해 선택적으로 불응하게 되는 것을 말한다.

(3) 집단에의 귀속감

동료와 집단에 대한 귀속은 어떤 상황에서는 순응의 원인이 되기도 하지만 법이나 정부를 무시하거나 위반하는 사람들과 교제하는 경우는 불응의 일탈적 규범과 가치를 갖게 된다.

(4) 금전적 탐욕

개인적 이익은 집행에 대한 순응뿐만 아니라 불응의 원인이 될 수도 있는

데 이는 개인이나 집단이 금전적인 탐욕과 같은 이익을 추구하기 위해서 정책의 집행에 불응을 하게 된다는 것이다.

(5) 정책의 모호성

정책에 대한 불응은 법의 애매함이나 모호성, 정책기준의 혼란, 대상 집단에 대한 정책전달의 실패 등 여러 요인에 의해 야기되기도 한다.

(6) 정책에 대한 순응의 어려움

정책의 내용을 잘 아는 경우에도 이를 준수하기가 어려운 불응이 일어날 수 있으며, 또한 행동을 규제하는 법이나 규칙의 존재에 대한 무지도 불응의 원인이 된다.

4. 순응확보의 전략

공공정책에 대한 순응을 확보하기 위한 노력은 법원에 의해서도 다소간은 수행되지만 그 핵심적인 역할은 행정에 의해서 주로 수행된다.

(1) 교육과 설득활동(educational and persuasional activities)

행정기관들은 교육 및 설득활동을 폭넓게 활용하는데 이는 대상 집단에게 정책을 이해시키고 동의를 구함으로써 자발적인 순응을 확보하기 위함이다.

(2) 선전(propaganda)

행정기관들은 때로는 정책에 대한 순응을 확보하기 위해서 선전방법을 사용하기도 한다.

(3) 정책의 수정 또는 관습의 채택

정책을 집행하는 과정에서 집행기관들은 정책을 수정하거나 관습을 채택함으로써 순응에 기여할 수 있다.

(4) 제재수단의 사용

집행기관의 모든 수단을 사용했음에도 불구하고 순응이 확보되지 않을 경우에는 행정기관이나 법원에 의해서 부과되어지는 제재의 수단을 사용할 수 있다.

(5) 보상수단(rewards)

정책을 집행하는 기구는 또한 순응자들에게 실제적인 편익을 제공함으로써 순응을 이끌어 내고자 하기도 한다. 이런 방법을 동의의 매수(purchase of consent)라 할 수 있다.

보완학습

정책갈등과 정책갈등관리

정책갈등은 정부가 시장 또는 시민사회에 개입해 발생하는 가치나 규범 또는 이해관계의 충돌을 의미한다(이종수 외, 2014: 400). 구체적으로 정책갈등은 정책과정에서 참여하는 정책참여자들 간의 갈등이며 결국 정책과정 전반에 걸쳐 발생한다고 볼 수 있다. 이러한 정책갈등을 바람직한 방향으로 관리하는 것이 정책갈등관리이며 예방적 관리와 처방적 관리 모두가 포함된다. 이 정책갈등관리과정에서 정책관리자는 조정, 중재, 협상 등의 다양한 기법을 활용하여 그 역량을 발휘하여야 한다(천대윤, 2008: 5).

정책갈등의 요인으로는 학자들마다 다양하게 제시되고 있는데 이시윤(2003)은 제도적 요인, 행태적 요인, 환경적 요인으로 나누어 설명하고 있고, 김형렬(2001)은 구조적 요인, 정책내용 및 절차적 요인, 정책당국자 및 수혜자의 행태적 요인, 정책환경 요인, 담론문화의 부재, 기타 우연적 요인을 제시하고 있다.

정책갈등이 바람직한 방향으로 관리된다면 심의민주주의 제도와 같은 비판적 토론과정으로 통해서 정책실패를 예방하거나 감소시키는 데 기여할 수 있을 것이다.

제 5 장

정책평가

제 1 절 정책평가의 의의와 과정

1. 정책평가의 개념과 목적

정책과정은 순환적 성격을 띠고 있으므로 정책에 대한 결정은 사업계획을 통하여 구체화되고 달성된 결과를 평가한 정보에 따라 환류하면서 다음의 사업계획이나 정책을 수립하게 되며 이로써 행정활동의 일관성·합리성이 확보될 수 있다.

이와 같이 정책과정의 필수적 단계라고 할 수 있는 정책평가(policy evaluation)란 정책의 내용이나 집행 그리고 그 효과 등을 평가하고 측정하며 사정하는 것을 의미한다. 일반적으로 정책평가는 정책집행의 결과에 대한 사후적 효과를 측정하는 의미로 사용되기도 하나 보다 넓게는 그에 대한 해결방법까지도 제시하는 것으로 이해될 수 있다.

이러한 정책평가 자체가 지향하고 있는 목적 내지 가치를 제시해 보면 다음과 같다.

첫째, 정책목표의 달성도를 측정할 수 있다. 둘째, 정책에 대한 국민의 욕구충족 정도와 국민의 만족도를 평가할 수 있다. 셋째, 합리적인 정책결정을 위한 다양한 정보를 제공해 준다.

2. 정책평가의 과정

정책평가의 과정에 관해서는 슈만(Suchman), 나크미아스(Nachmias), 소멜리스(Soumelis) 등 여러 학자들에 의해 언급되고 있다. 이 중에서 빈번하게 인용되고 있는 나크미아스의 정책평가의 단계를 중심으로 살펴보면 그는 정책평가의 과정으로서 모든 과학적 조사의 절차에서와 같이 일정하고도 지속적이고 상호 관련적인 여섯 단계를 다음과 같이 제시하고 있다. 즉 ① 목표의 인식, ② 인과영향모형의 구성, ③ 적절한 조사설계의 개발, ④ 측정과 표준화, ⑤ 자료수집, ⑥ 자료의 분석과 해석으로 구분할 수 있다.

(1) 정책목표의 식별(goal identification)

정책이나 사업의 목적이 애매모호하거나 산만하고, 또는 다양할 경우 이 목적들이 달성된 정도에 대해 평가하는 일은 매우 어렵다. 그러므로 조사자가 정책이나 사업의 목적을 명확히 식별하는 것이 조사의 첫 단계가 된다.

(2) 영향모형의 작성(construction of an impact model)

목표가 식별되고 난 후, 평가자는 영향모형을 작성할 수가 있는데 영향모형이란 특정의 정책이 사회구성원의 행태변화를 초래하는 과정을 인과적 논리체계로 설명하기 위한 과학적인 정책연구노력의 한 형태라고 할 수 있다.

(3) 평가연구설계의 개발(development of research design)

일단 영향모형이 완성되면 평가연구자는 자료의 수집, 측정, 분석 그리고 해석의 과정을 구성하는 작업에 들어가게 된다. 이러한 평가연구는 연구의 여러 단계에서 평가자를 인도하는 지침이 되는 이론적 모형이다.

(4) 측정과 표준화(measurement and standardization)

앞의 절차가 완료되고 나면 측정의 표준이 마련되어져야 하는데, 이 측정에 있어서 가장 어려운 문제는 무엇보다도 정책목적, 정책의 영향, 정책의 변수들을 식별하여 조작하고 양적 분석이 가능하도록 측정하는 것이라 하겠다.

(5) 자료수집

평가연구의 자료는 여러 가지의 다양한 출처로부터 다양한 방법으로 얻어질 수가 있는데 이 자료의 형태는 정책의 본질, 정책의 변수들 그리고 평가설계에 따라 다르게 나타난다.

(6) 자료의 분석과 해석(data analysis and interpretation)

자료는 분석기법을 결정함에 있어서 사회학과 정치학에서는 상관관계분석이 주로 사용되나 정책평가에서는 변화, 예측 그리고 인과성이 주요 관심사이므로 회귀분석이 적절하고 효과적인 기법이라 하겠다. 평가연구는 영향모형과 정책목적의 관점에서 평가연구의 발견사항을 해석함으로써 연구는 종결된다.

제 2 절 정책평가의 기법

정책평가의 기법에 관한 여러 학자들의 설명을 정리하여 보면, ① 과정평가(또는 집행평가)에 속하는 기법들과, ② 영향평가(또는 효과평가)에 속하는 기법들로 크게 나눠 볼 수가 있다.

먼저 과정평가에 속하는 기법에는 평가성평가, 모니터링, 정확성평가 그리고 정책구성요소의 상대적 평가 등을 들 수 있다. 이에 비해 효과평가(결과평가 또는 영향평가)에 속하는 기법들은 진실험, 준실험 또는 유사실험, 회귀분석 그리고 능률성분석 등을 들 수 있다.

이상과 같은 여러 기법들 가운데서 과정평가기법으로서 평가성평가의 모니터링을 검토한 후 영향평가가 기법인 진실험과 유사실험을 중심으로 하여 검토하기로 하겠다.

1. 과정평가

(1) 평가성평가

평가성평가란 정책평가에 대한 정보로부터 혜택을 받은 정책결정체제를 분석하는 기법과 성과를 측정하는 기준이 될 목표, 목적, 전제 등을 명료하게 하는 기법을 말한다.

이와 같은 평가성평가는 특정한 정책사업을 본격적으로 평가하기에 앞서 수행하는 활동으로서 평가에서 추구하는 목적을 달성하기 위하여 어느 정도나 적절하고 기술적으로 가능한 평가가 이루어질 수 있는가 하는지를 결정하는 예비평가의 일종이다.

(2) 모니터링(monitoring)

모니터링개념은 프로그램이 처음의 설계에 일치하게 운용되고 있는가 그리고 한정된 대상 집단에 혜택이 가도록 집행되는가를 평가하는 것이라고 정의할 수 있다.

이렇게 볼 때 프로그램의 모니터링이란 다음과 같은 두 개의 질문을 목표로 하는 것이 된다. 즉 첫째로 프로그램이 적절한 집단을 대상으로 하고 있느냐 하는 것이다. 둘째로 프로그램의 집행이 프로그램설계에서 한정한 대로 일치하고 있느냐 하는 것이다. 정책평가에 있어서 모니터링은 정책집행이 정책목표지침에 순응(compliance)하는가를 판단해 주는 기능, 감사(auditing)기능, 회계(accounting)기능, 설명(explanation)기능을 갖고 있다.

모니터링은 그것이 어디에 중점을 두는냐에 따라 프로그램 모니터링(program monitoring), 성과모니터링(performance monitoring) 그리고 균형성분석 등으로 나누어진다.

2. 영향평가

영향평가란 정책이나 정책산출이 목표에서 의도한 성과를 초래한 정도에 관해 검토하는 것이라고 할 수 있다. 그러므로 영향평가에서는 정책이나 사업이 애초에 예정했던 목표를 달성한 정도를 분석하는 인과성에 초점을 맞추게 된다.

(1) 진실험

진실험(true experiment)은 순수실험실에서처럼 실험대상을 무작위로 두 집단에 배정하여 두 집단 간의 동질성을 확보하고 하나의 집단은 비교를 위해서 사용하며 이를 통제집단(control group)이라 부르고, 다른 하나의 집단(실험집단)

에게는 일정한 처리(treatment)를 가하여 일정한 시간 후에 양 집단이 결과변수 상에서 나타내는 차이를 처리의 효과로 추정하는 실험방법이다.

(2) 준실험(유사실험)

둘 또는 그 이상의 변수들 간에 있어서의 인과관계를 밝히는 데 가장 이상적인 평가설계로서 진실험보다 나은 것은 없다. 그러나 정책평가의 사회적·정치적 그리고 윤리적 상황 때문에 진실험설계를 엄격하게 적용시킬 수 없는 경우가 많다.

결론적으로 준실험 또는 유사실험설계는 진실험적 설계에서 요구되는 통제집단을 도입하기 어렵거나, 통제집단을 도입한다 할지라도 동질적인 실험집단과 통제집단을 구성하기 어려운 경우에 사용되는 방법이다. 준실험은 실험의 일종이기 때문에 비실험적 방법에 비해서는 강점을 가지고 있으나, 진실험에 비해서는 많은 약점을 지니고 있으며, 이 약점들은 주로 내적 타당성(internal validity)에 관한 것이다.

보완학습

정책품질관리제도

정책품질관리는 정부정책의 품질을 체계적으로 관리·개선함으로써, 정책실패 및 정책불량품을 방지하는 총체적인 정부의 노력 및 활동을 의미한다. 이러한 정책품질관리제도가 필요하게 된 배경은 첫째, 시민사회 발전, 다양한 이해관계자 요구증대 등 정부 전체의 정책환경이 복잡·다양하게 변화하였다는데서 그 원인을 찾을 수 있다. 둘째, 정부는 규제영향분석·환경영향평가 등 부분적이고 제한적인 정책관리시스템을 적용하고 있어, “정책불량품”이 일부 발생하고 있다는 점도 정책품질관리가 필요하게 된 배경으로 지적할 수 있다.

정책구상		정책홍보	정책집행	정책평가 및 환류
〈정책수립의 필요성〉 ❖ 현황 · 실태 ❖ 문제점 ❖ 추진경위 ❖ 유사사례 및 참고자료	〈정책의 수립〉 ❖ 정책목표 설정 ❖ 계획 수립 ❖ 사전 타당성 ❖ 관계기관 협의 ❖ 갈등관리, 영향평가	❖ 홍보주체 대상 ❖ 홍보내용 ❖ 홍보방법 ❖ 비판논리 대응 ❖ 여론에 따른 대응	❖ 모니터링 ❖ 문제발생시 대응	❖ 평가계획 ❖ 평가결과 ❖ 평가결과 활용

제 6 장

정책변동

제 1 절 정책변동의 의의와 유형

1. 정책변동의 의의

정책과정의 특징 중의 하나란 정책평가에서 밝혀진 정보를 활용하기 위하여 환류시키는 데 있다. 즉 과정평가에서 밝혀진 내용을 바람직한 정책집행전략을 수립하는 데 활용하는 것이나 총괄평가에서 얻은 정책의 결과에 대한 정보를 정책결정과정에 환류시키는 것이 매우 중요하다. 예를 들면 총괄평가에서 정책효과가 없는 것으로 밝혀지면 이것을 정책과정에 환류시켜 그 정책이나 사업을 종결시키는 결정을 하도록 하는 것이다.

그러나 이와 같은 단순한 정책순환론은 몇 가지 문제점을 갖고 있다. 첫째 정책순환모형은 단순한 순환모형으로서 정책의 일상적인 순환과 커다란 변화와의 구별을 하지 않고 있으며, 둘째 단일정책의 점증적인 변화는 파악할 수 있으나, 다수의 정책을 내용으로 하는 정책의 동태적인 변화는 파악하기 어렵다는 점, 셋째 정책순환론은 정책의 성질을 전혀 구별하지 않고 있으나, 정책유형에 따라서 정책과정은 달라질 수 있다는 점 등을 들 수 있겠다.

2. 정책변동의 유형

정책순환론의 문제점을 해결하고 기존 정책결정의 점증적으로 변화하는 다른 동태적인 변화에 주목하면서 정책을 독립변수로 파악하려는 움직임으로써 등장한 것이 호그우드(Brian W. Hogwood)와 피터스(B. Guy Peters)의 정책변동론(policy dynamics)이다. 호그우드와 피터스는 정책순환론에 있어서 순환의 최종단계, 즉 평가후단계(post-evaluation)를 중시한다. 그리고 이 단계에서 나타날 수 있는 것으로서 정책유지(policy maintenance), 정책종결(policy termination), 정책승계(policy succession), 정책혁신(policy innovation) 등의 네 가지 유형을 들고 있다. 이러한 네 가지 유형을 간략히 설명하면 다음과 같다.

첫째, 정책유지는 현재의 정책을 그대로 지속시키는 것으로서, 정책의 기본적 특성을 그대로 유지시키는 것이다. 이러한 정책유지는 정책의 기본내용을 대폭 수정하거나 아니면 정책의 종결을 하기 위하여 노력하다가 이것이 반대세력의 저항에 부딪혀 실패하든지, 아니면 합리적 판단에 따라서 현재의 정책을 그대로 유지하도록 결정하는 경우에 발생한다고 보겠다.

둘째, 정책승계는 정책변동 중에서 가장 중요한 것으로서, 기존 정책의 목표는 변경시키지 않고 내용의 일부 또는 전부를 변경시키는 것이다.

셋째, 정책종결은 현존하는 정책을 완전히 소멸시키는 것으로서 사업과 예산이 완전히 소멸되고 이들을 대체할 정책도 결정되지 않는 경우이다. 실질적으로는 매우 보기 힘들다.

넷째, 정책혁신은 정부가 관여하지 않고 있던 분야에 개입하기 위하여 새로운 정책을 결정하는 것을 의미하는 것이다. 이는 정책변화가 아니라 새로운 정책결정인데, 정책변화의 다른 유형과의 비교를 위하여 등장시킨 것이다.

그러면 이상의 네 가지 유형 간의 관계는 어떠한 것인가는 다음과 같이 설명할 수 있겠다. 처음으로 정책이 결정되면 환경변화가 있어도 정책내용을 변화시켜서 수정・보완하여 정책유지의 형태로 그 기본적 특성을 유지하다가 변화가 누적되면 정책승계로서 정책의 전부 또는 일부를 변경하거나 대체하여 변화에 적응하여 간다는 것이다. 그러나 환경변화에서 불필요하다고 평가되면 그 정책은 종결되고 운명을 맞게 된다.

제 2 절 정책승계의 의의와 유형

1. 정책승계의 의의

정책변동의 유형 중에서 가장 많이 현실적으로 나타나는 것은 앞에서 언급한 대로 정책유지와 정책승계이다. 특히 정책승계는 기존의 정책을 전제로 한다는 측면에서 정책혁신과는 다르며, 일단 정책이 종결된 것으로 보여도 다른 형태로 다시 등장하는 점에서 정책종결과도 다르다. 그리고 정책의 변화를 수반하지 않는 정책유지와는 확실한 정책의 변화가 있다는 점에서 구별된다고 하겠다.

우리는 현실생활에 새로운 정책이 나타나는 것을 창조, 탄생 그리고 혁신이라고 말하지만 실제에 있어서는 새로운 정책이란 백지상태에서 출발하여 이루어진 것은 아니며, 더욱이 기존의 법률, 조직 그리고 고객들로 이미 정책공간(policy space)은 빽빽히 들어 차 있는 상태인 것이다. 즉 대부분의 정책결정(policy making)은 정책승계(policy succession)라는 것이다. 새로운 정책으로 등장한 것도 이미 이전에 존재하는 정책, 사업 또는 조직의 대체에 의하여 새로운 정책처럼 보이는 경우도 많은 것이다.

호그우드와 피터스는 정책승계가 점점 중요시되는 이유를 다음과 같이 제시하고 있다.

첫째 정책공간의 과밀화로서, 이미 수많은 정책이 존재하는 관계로 기존의 정책에 의하여 다루어지지 않는 영역이란 사회적으로 거의 존재하지 않기 때문에 완전히 새로운 정책이 입안될 가능성은 매우 제한되어 있다는 점, 둘째 새로운 정책이란 새롭게 형성되기보다는 오히려 기존 정책의 입안·집행과정에서 예상외의 문제를 발생시킴에 따른 자기중심적인 정책형성의 가능성이 매우 높다는 점, 셋째 정부의 재정위기에 직면하여 정책자원의 제약을 중시하여 기존 정책의 정리와 새로운 정책의 입안이 하나의 세트로 되는 경우가 많다는 점, 넷째 정책소멸(policy death)의 과장(exaggerated rumors)이란 것으로 정책의 정리・합리화의 경향이 많다는 점 등의 네 가지를 들어서 정책승계의 중요성을 강조하고 있다.

2. 정책승계의 유형

정책승계는 기존 정책의 목표를 변경시키지 않고 그 수단의 핵심이 되는 내용의 일부 또는 전부에 대해서 변경시키는 것이다. 그 내용은 크게 보아서 두 가지로 구분할 수 있다. 첫째는 변화하는 정책의 실질적 내용면에서 보는 것으로, 여기에는 정책수단의 핵심이 되는 사업, 담당하는 조직, 이를 뒷받침하는 예산 등의 일부가 크게 변동하는 경우를 말한다. 둘째는 변화 자체의 유형인데, 이러한 변화에 대하여 정책의 대상 집단과 프로그램의 수라는 두 가지 차원을 통하여 정책승계유형을 여섯 가지로 나누고 있다. 간략히 각 유형의 특징을 정리하면 다음과 같다.

(1) 선형승계(linear succession)

직선적인 승계로서, 새로운 정책이 과거의 정책을 대체하여 양자의 관계가 비교적 명료하게 나타난 경우이다. 가장 단순한 승계의 형태이다.

(2) 정책통합(policy consolidation)

정책의 통합으로 같은 분야의 정책이 합하여짐으로써 하나의 새로운 정책으로 태어나는 변화를 가리키고 있다.

(3) 정책분리(policy splitting)

정책의 분리 또는 분할이라고 할 수 있는 것으로, 앞의 정책통합과는 반대로 하나의 정책이 새로운 복수의 정책으로 분할되는 변화를 가리킨다.

(4) 부분적 종결(partial termination)

원래 정책의 일부가 종결되어 전체적으로 축소된 새로운 형태의 정책을 생성하는 변화를 가리킨다. 이러한 유형은 완전히 종결이 불가능할 경우 차선책으로 현실적인 의미가 크다고 하겠다.

(5) 비선형승계(non-linear succession)

비직선적인 승계로서 부분적 혁신, 부분적 종결, 부분적 유지 등 다면적인 요소를 갖고 있는 복잡한 양상의 변화이다.

(6) **우발적 승계**(incidental policy succession)

앞에서 나타난 유형이 의도적인 정책변동임에 비하여, 이것은 타 분야의 정책변동에 연동하여 우발적인 변화를 일으키는 양상을 가리키는 것이다.

이상의 정책승계의 모형은 이념형으로서 하나의 범주만을 다루고 있지만 현실세계에서 나타나는 정책승계는 복합적인 특성을 갖고 있으므로 전체적인 범위를 상기의 유형으로 나타낼 수 있다고는 말하기 어렵다. 그러나 현실에서 나타나는 정책승계가 보다 복합적인 것임에도 불구하고 위에서 언급한 이념형의 요소를 포함하게 될 것이라고 호그우드와 피터스는 주장한다. 이와 같은 복합적 변화는 분할과 통합의 조합이라는 경우와 부분적 종결과 관련된 분할 또는 통합의 경우를 생각할 수 있다.

제 3 절 정책종결의 의의와 유형

1. 정책종결의 의의

호그우드와 피터스는 정책종결이란 정책, 프로그램 또는 조직을 대체함이 없이 폐지시키는 것이라고 하였다. 즉 정책종결은 하나의 정책이 종결됨으로써 이 분야에 대하여는 더 이상 정부의 주목이나 행위를 필요로 하지 않는다고 하였다.

즉 앞에서 언급하였듯이 정책종결은 정책, 프로그램 그리고 담당조직을 폐지하고 이를 전혀 대체하지 않는 것을 의미한다. 이러한 정책종결에 대한 연구는 1970년대 중반 이후에 미국에서 주로 시작된 분야이며 이 분야에 대하여 관심을 갖게 된 이유는 앞의 정책승계에서 언급하였지만, 첫째로는 프로그램에 대한 평가가 아주 나쁜 경우, 둘째로는 예산절감을 원하는 정치적 분위기 등에서 찾고 있다.

2. 정책종결의 유형

정책종결은 바르다치(E. Bardach)에 의하면 다음의 세 가지 형태를 제시할 수 있다.

(1) 폭발형(explosion type endings)

이는 중대한 정치적 결정에 의하여 어느 일순간에 정책이 종결되어 버리는 것을 말한다. 정치적 논쟁을 수반하게 되는데, 우리나라에서 있었던 1960년대 말의 중학교 입시제도의 폐지를 예로 들 수 있다.

(2) 체감형(long whimper endings)

이 유형은 오랫동안에 걸쳐서 정책이 계속적으로 축소되어 가서 결국은 소멸되는 종결유형을 들 수 있다. 이것은 일정기간 동안 기존의 정책은 유지되지만 인적 또는 물적 자원이 감소됨에 따라서 점차로 감소되어 간다는 것이다.

(3) 혼합형

전자의 첫째와 둘째 유형이 모두 나타나는 경우로서 정책을 의도적으로 종결하려고 할 때 사용할 수 있는 전략이다. 폭발형으로 가게 되면 사회적 충격이 크고, 체감형으로 가면 정책종결반대자들의 저항에 의하여 결국은 종결하기 어려우므로 체감형으로 가다가 일시에 폭발형을 취하여 종결시키는 전략을 사용할 경우에 적절하다고 하겠다.

제 4 절 정책변동의 원인과 한계

1. 정책변동의 원인

정책변동의 원인에 대하여는 학자들마다 공통적으로 지적되는 요소는 정책환경의 변화가 정책변동으로 이어진다는 것이다. 그런데 레빈(H. Levine)은 정책변동의 원인을 이와 같은 정책환경만이 아니라 정부의 집행조직변화도 영향을 미치는 것으로 보고 있다.

(1) 문제소멸(problem depletion)

문제의 소멸이란 정부가 해결하여야 하는 문제가 해결되었거나 더 이상 중요성을 잃어버리는 경우에 정책종결이 나타나게 된다는 것이다. 이러한 문제의 소멸에 대한 정책변동의 요소로는 인구통계적 변화, 문제의 재정의, 정책종결 등을 들 수 있다. 따라서 문제의 변화는 정책내용의 변화로 나타난다고 보는 것이다.

(2) 환경적 엔트로피(environmental entropy)

환경적 엔트로피는 환경이 정부조직의 기존활동을 현수준에서 지원할 능력이 없을 경우에 나타난다. 고도경제성장을 이룩할 때는 새로운 정책의 추진과 기존정책의 확대 등이 나타나지만, 경제사정이 악화되는 경우에는 정부재정의 영향으로 정책의 축소 또는 폐지가 불가피하게 된다. 적자재정을 편성하는 경우와 작은 정부하에서 쉽게 나타나는 현상으로 볼 수 있다.

(3) 정책내용의 오류

정책의 내용이 잘못되어 있는 경우, 정책은 변동되어야 한다. 미미한 경우는 집행과정에서 수정・보완하는 것이 정책유지로서 나타난다. 그러나 정책내용의 오류가 정책환경의 변화와 연결되는 경우는 정책변동을 초래한다. 예를 들어 우리나라의 경우 1993년 이후 문민정부의 등장은 많은 부분에서 민주화를 갖고 왔으며 이에 따라 과거의 권위주의정권 하에서 이루어진 정책, 법률 등에 대하여 커다란 변화를 갖고 왔다.

(4) 정치적 취약성(political vulnerability)

정부조직이 예산삭감과 환경의 요구에 대하여 저항할 수 있는 내적 능력이 매우 약하거나 불안정한 경우에는 정책종결로서 나타날 수 있다는 것이다. 조직의 취약성을 초래하는 요소들은 조직의 내적 갈등, 지도력의 약화, 전문성의 결여, 자신감의 결여, 짧은 존속기간과 전통의 부재 등을 들 수 있다. 특히 조직의 존속기간은 오래되면 될수록 정치적 취약성이 문제시되지 않는다고 한다.

(5) 조직의 위축(organizational atrophy)

정부조직의 경우는 사조직과는 달리 책임의 원인과 소재에 대한 불명확성으로 인하여 변화에 적절하게 대처하지 못하며, 결국 정부조직은 위축되게 된다. 정부조직을 위축시키는 요인들로는 일관성 없고 왜곡된 유인책, 통합이 없는 분화, 역할혼동, 자기평가와 자기개선능력의 결여, 빈번한 교체, 변화하는 환경 속에서 과거의 방법과 기술에의 집착 등을 들 수 있다. 결국 이와 같이 조직이 위축되면 그 조직이 추진하던 정책은 변화하지 않을 수 없게 된다.

2. 정책변동의 한계

처음으로 정책을 결정하는 경우에 나타나는 관련된 집단 간의 갈등과 대립은 정책변동에서도 그대로 나타나게 된다. 그런데 정책변동의 경우에는 기존 정책의 혜택을 보는 집단의 정책변화에 대한 저항이 강력하므로 정책혁신, 즉 새로운 정책결정과는 커다란 차이를 보이게 된다.

정책변동에 대한 저항은 정책유지, 정책승계, 정책종결 등 각 유형에 따라서 다양한데, 그 중에서도 정책종결의 경우가 가장 심한 양상을 보이게 된다. 정책종결은 정책종결 항목에서 검토한 바와 같이 정책과 사업, 예산, 조직 등을 모두 종결시켜 버리기 때문이다. 따라서 정책변화의 한계를 극복하는 데 있어서는 정책종결의 한계를 중심으로 검토하는 것도 의미 있는 것이라고 생각된다. 이와 같이 정책종결에 대한 저항은 정책을 담당하는 행정조직과 정책수혜집단을 중심으로 나타나게 된다. 또한 바르다치(E. Bardach)가 말하는 정치적 부담(political cost)도 정책종결을 방해하는 중요한 요인이라고 하겠다.

(1) 정책담당 행정조직의 저항

어느 조직이 하나의 정책을 담당하고 있는 경우에는 논리적으로 볼 때 그 정책의 종결은 바로 조직의 존립의의가 상실되었음을 의미한다. 따라서 행정조직은 정책의 종결을 회피하기 위하여 목표가 달성된 후에도 유사한 목표를 설정하거나 정책개발을 하거나 다른 정책으로 대체하는 등 조직존립을 위한 노력을 하게 된다. 이러한 노력을 동태적 보수주의(dynamic conservatism)라고 부른다.

(2) 정책수혜집단의 저항

정책수혜집단은 자신이 갖고 있는 기득권을 유지하기 위하여 노력하는 성향을 갖고 있으므로 정책의 종결로 인하여 혜택이 없어지게 되는 것을 막으려고 다양한 방법을 통하여 노력한다. 주민운동을 비롯하여 앞의 행정조직과 연합하여 정치적 운동을 벌이는 경우도 있을 수 있다.

(3) 정치적 비용(political cost)

정책과 관련된 정치인이나 행정부의 고위 관료들은 정책종결을 통하여 자신들이 입게 될 정치적 부담을 걱정한다. 기존 정책의 변화란 목표달성을 이루지 못함으로 인하여 정권과 행정부에 대한 능력시비로 연결될 수 있기 때문이다. 또한 기존 정책의 수혜자들의 불만은 정치적 손실을 감안해야 하기 때문에 쉽게 정책을 변경·포기하는 것이 어렵다고 하겠다.

제 3 부

조직이론과 조직관리

INTRODUCTION TO THE PUBLIC ADMINISTRATION

제 1 장
조직과 조직이론

제 1 절 조직의 의의

인간은 사회의 일원인 동시에 조직의 일원이다. 조직은 인간의지실현의 주도구이며, 인간생활 전반에 걸쳐 중대하고 광범한 영향을 미친다. 따라서 현대사회를 조직사회, 현대인을 조직인이라고 부른 것은 적절한 표현이라 하겠다. 이와 같은 조직(organization)의 개념은 학자들의 관점과 접근방법에 따라 다양하게 정의된다. 베버(M. Weber)는 "조직이란 계속적이고 의도적인 특정한 종류의 활동체제"라고 정의하고 있으며, 바나드(C. I. Barnard)는 "조직이란 의식적으로 조정된 2인 이상의 활동 또는 협동의 체제"로 규정하고 있다. 또 파슨스(Parsons)와 에치오니(Etzioni)의 경우 조직을 하나의 "사회체제 혹은 사회단위"로 보고 있다. 여기에서는 일단 조직을 "2인 이상의 협동체로서 공동목표를 달성하기 위한 사회적 단위"라고 정의하기로 한다. 조직의 개념을 구성하고 있는 특성을 요약하면 다음과 같다.

첫째, 조직은 달성하고자 하는 특정한 목표 내지 목적을 가진다. 둘째, 조직은 이러한 목표 내지 목적을 달성하기 위한 복수인의 집단체이다. 셋째, 조직은 여러 과업을 수행하는 부분요소들로 구성되며, 이들은 상호 의존하면서 상호 작용을 하는 분업체제이다. 넷째, 조직은 사회적 환경 속에서 존재하며, 사회적 환경과 상호 의존된 일종의 사회체제이다. 다섯째, 조직은 사회체제 속의 한 부분체제 또는 하위체제일 뿐만 아니라 자체 내에 여러 하위체제를 가지고 있다. 여섯째, 조직은 목적달성기능, 적응기능, 형상유지기능, 통합기능을 수행하며, 비교적 장기간 존속하는 지속성을 가지고 있다.

현대조직에 있어서는 앞서와 같은 일반적 특성 외에도 조직의 대규모화, 복잡화, 전문화, 통합성과 계층성, 민주화 등이 일반적인 특성으로 나타나고 있다.

그런데 정보사회의 조직을 지칭할 때 e-조직(e-organization)으로 부르는 경우가 빈번히 있다. e-조직이란 모든 조직에 대한 e-비즈니스 개념의 적용을 의미하며, 이러한 e-조직은 단지 기업조직만을 의미하는 것이 아니라 병원, 학교, 행정조직, 군대조직까지도 모두 포함하는 개념이다. 예를 들어 국세청도 e-조직이라 할 수 있는데, 납세자들에게 인터넷을 통해 다양한 서비스를 제공하고 있기 때문이다. 이러한 e-조직을 이해하기 위해서는 인터넷(internet), 인트라넷(intranets), 엑스트라넷(extranets) 등의 개념을 이해하는 것이 필요하다. 인터넷이란 네트워크 상호 간을 연결한 네트워크의 네트워크를 의미하며, 한 마디로 전 세계를 연결하는 네트워크이다. 인트라넷은 인터넷기술을 이용하여 정보를 조직 내부적으로만 공유하는 대외 폐쇄성을 띤 네트워크를 말하며, 엑스트라넷은 인트라넷을 조직 간 거래용으로 외부에 개설한 정보시스템이다. 이는 불특정 다수의 거래자와의 접속뿐만 아니라, 기업집단, 거래선 기업, 모회사와 자회사 등 다양하게 연결되어 활용되는 형태이다. 이러한 요소 중 인트라넷과 엑스트라넷의 연계(linkages)가 낮으며, 인터넷 연계도 함께 낮은 조직이 전통적 조직이다. 이 세 가지 구성 요소의 연계가 모두 높은 조직이 바로 완전한 e-조직이라고 할 수 있다.

한편 정보기술의 변화 과정 속에서 새롭게 대두되고 있는 개념이 바로 유비쿼터스 컴퓨팅(ubiquitous computing)과 유비쿼터스 네트워크로 대표되는 유비쿼터스 정보기술이다. 유비쿼터스 정보기술은 컴퓨터와 접속의 5any화(anytime, anywhere, anydevice, anynetwork, anyservice)를 지향한다. 이러한 개념을 도입하여 정보사회의 조직을 유비쿼터스 조직(ubiquitous organization, u-organization)으로 지칭하고, 이를 정부에 적용하여 유비쿼터스 정부 또는 u-정부(u-government)라고 한다.

제2절 조직의 유형

1. 파슨스의 분류

파슨스(T. Parsons)는 조직의 분류기준을 그 조직이 사회적 필요성을 충족시키기 위해서 어떠한 기능을 하느냐에 관점을 두었다. 그는 사회체제가 수행하는 기능을 적응기능, 목표달성기능, 통합기능, 형상유지기능으로 분류하고, 이러한 개념에 입각하여 네 개의 유형을 제시하였다.

표 3-1-1 파슨스의 조직유형

유 형	내 용
경제적 생산조직 (economic production organization)	경제적 생산과 배분에 종사하는 조직으로서 영리를 목적으로 하는 사기업, 공기업 등이 여기에 해당된다.
정치조직 (political organization)	사회의 목표 가치를 창출하고 구속력을 형성하며 배분하는 조직으로서 행정기관 및 정당이 대표적이다.
통합조직 (integrative organization)	사회의 목표를 성취하는 수단적 역할의 조직으로서 사회의 일탈을 방지하고 안정을 유지하는 사법기관, 경찰서, 정당, 정신병원 등이 여기에 해당된다.
형상유지조직 (pattern maintenance organization)	사회의 문화적·교육적 기능을 수행하는 조직으로서 교회·학교 등이 여기에 속한다.

2. 블라우와 스코트의 분류

블라우(P. M. Blau)와 스코트(W. R. Scott)는 조직참여자의 카테고리를 ① 조직구성원 일반, ② 조직의 소유자나 관리자, ③ 고객, ④ 일반대중으로 구분하고, 누가 주요 수익자이냐에 따라 조직유형을 분류하고 있다.

표 3-1-2 블라우와 스코트의 조직유형

유 형	내 용
호혜적 조직 (mutual benefits associations)	조직의 구성원이 수익자가 되는 조직이다. 정당, 노동조합, 전문직업단체 등이 여기에 속한다.
사업조직 (business concerns)	조직의 소유주나 관리자가 주 수익자가 되는 조직이다. 산업공장, 도소매상, 은행, 보험회사 등 이윤추구를 위하여 운영되는 사기업이 이에 해당된다.
서비스조직 (service organizations)	조직과 접촉하는 고객이 주요 수익자가 되는 조직이다. 사회사업기관, 병원, 학교, 법률상담소 등이 여기에 속한다.
공공복지조직 (commonweal organizations)	일반대중 전체가 주 수익자가 되는 조직으로서, 예를 들어 국세청, 경찰서, 소방서 등이 여기에 속한다.

3. 에치오니의 분류

에치오니(A. Etzioni)는 복종(compliance)을 기준으로 조직의 유형을 분류하였다. 그는 상급자가 어떤 방법(권력)으로 하급자를 통제하며, 또 하급자가 그 통제에 대하여 어떤 태도(관여)를 가지냐에 따라 조직을 분류하였다.

표 3-1-3 에치오니의 조직유형

유 형	내 용
강제적 조직 (coercive organizations)	강제를 주된 통제수단으로 하며, 조직구성원들이 고도의 소외감을 느끼는 조직이다. 예를 들어 강제 수용소, 교도소, 정신병원 등이 여기에 속한다.
공리적 조직 (utilitarian organizations)	보수를 주요 통제의 수단으로 하며, 조직구성원들이 타산적 이해관계에 따라 관여하는 조직이다. 사기업, 경제단체, 농민단체 등이 이에 속한다.
규범적 조직 (normative organizations)	규범을 주요 통제수단으로 하며, 조직구성원들이 조직에 대하여 높은 일체감을 갖는 조직이다. 종교조직, 이데올로기적 정치조직, 일반종합병원, 대학 등이 여기에 속한다.

이들 외에도 우드워드(J. Woodward)는 조직유형을 조직이 사용하는 기술을 근거로 소단위 생산체, 대단위·대량생산체, 연속생산체로 구분하고 있으며, 카츠(D. Katz)와 칸(R. L. Kahn)은 조직의 기본적 기능을 기준으로 조직의 유형을 생산적 또는 경제적 조직, 형상유지조직, 적응조직, 관리 또는 정치적 조직으로 분류하고 있다.

제 3 절　조직이론의 변천

조직이론의 변천에 관하여는 학자에 따라 여러 가지로 분류하고 있으나 고전적 이론, 신고전적 이론, 현대이론으로 분류하는 것이 대다수 조직학자들의 일반적 견해이다.

1. 고전적 조직이론

고전적 조직이론은 1900년대 초반 과학적 관리법의 영향 아래 성립·발전되어 1930년대에 완성된 조직이론으로, 경영합리화와 능률의 향상을 뒷받침하기 위하여 이루어진 이론이다. 고전적 조직이론에 속하는 유파는 다음과 같은 세 가지로 분류해 볼 수 있다. 첫째는 테일러(F. W. Taylor)가 주창한 과학적 관리학파이고, 둘째는 귤릭(L. Gulick)과 어윅(L. Urwick) 등이 주도한 행정관리학파이며, 셋째는 베버(M. Weber)의 관료제이론이다. 이러한 고전적 조직이론은 단일가치기준으로서의 능률주의관, 공식적 구조의 중시, 폐쇄체제적 관점, 합리적·경제적 인간모형 중시, 과학성 추구의 형식성 등을 특성으로 한다.

1) 과학적 관리론

과학적 관리론(scientific management)은 19세기 말 주로 미국에서 발전되어 온 산업경영 및 관리의 합리화와 능률화를 위한 지식·기술의 체계를 가리킨다. 여기서 과학적 관리란 결국 과학적 방법의 활용을 통한 관리라고 규정할 수 있다. 가장 대표적인 학자가 테일러(F. W. Taylor)인데 과학적 관리론을 테일러 시스템이라 칭하는 것은 그러한 사실에서 연유한다. 과학적 관리론은 ① 시간연구 및 동작연구에 의한 작업방식의 과학화, ② 인원의 배치나 분업조직의 능률화, ③ 임금형태의 합리화 등을 주요 내용으로 한다. 이러한 과학적 관리론이 행정의 영역에 도입되어 정치·행정이원론과 능률주의적 행정이론을 발전시키는 데 공헌하였다.

그러나 과학적 관리론의 한계로서 다음과 같은 점들이 지적되고 있다. 우선 과학적 관리론은 성과를 계량적으로 쉽게 측정·평가할 수 있는 사기업과는 달리 공익의 증진을 목적으로 하는 행정에 기계적인 능률원리를 적용하는 데에는 일정한 한계가 있을 수밖에 없다. 또한 과학적 관리론은 능률의 향상과 합리화를 추구하는 방법이 너무 기계적이어서 인간기계론이라는 비판을 받는다.

2) 행정관리론

행정관리론(administrative management theory)은 조직계층의 중·상층에 적용할 수 있는 광범위한 조직원리들을 다루고 있다. 주로 1920~1930년대에 발전된 이론으로서, 주요 학자로서는 파욜(H. Fayol), 귤릭(L. Gulick)과 어윅(L. Urwick), 디목(M. E. Dimock) 등이 있다.

파욜은 관리자의 기능에 관한 실제적인 접근방법과 관리원칙의 보편성을 시사하였다. 그는 관리의 원리로서 분업, 권한과 책임, 명령통일, 지휘의 통일, 신분보장 등 14가지를 들고 있으며, 관리기능의 요소로서 기획·조직화·지휘·조정·통제의 5가지를 제시하였다. 한편 귤릭이 제창한 POSDCORB는 관리자의 기능을 표시할 뿐만 아니라 조직관리 및 행정학의 연구범위와 대상을 지칭하는 것으로 간주되고 있다.

2. 신고전적 조직이론

신고전적 조직이론은 1920년대 메이요(E. Mayo)와 그의 동료들이 실시한 호손실험(Hawthorne Experiment)을 계기로 성립된 인간관계론이 핵심이 되고 있다. 과학적 관리론이 인간의 개성이나 잠재력의 평가는 무시하고 기계 및 직무체계에 적응하는 합리적 인간을 전제로 하여 비인간적 합리성, 기계적 도구관 및 비개성화 등의 현상을 초래하였던 것인데, 이러한 견해에 대한 비판적 입장에서 인간관계론이 성립·발전을 보게 된 것이다. 인간관계론에 의하면 조직에는 어느 조직을 막론하고 자생적 조직이 존재하고 있으며, 그러한 자생적 인간관계가 공식적 권한의 명령체계보다 오히려 직무의 습성이나 태도에 대하여 유력한 영향을 미친다는 것이다.

그러나 신고전적 조직이론은 과학적 관리주의와 능률의 가치를 부정하는 것이 아니라 기존의 영역에 대하여 합리적인 통제하에 새로운 인간관계론적인 요인을 보완하려는 이론이다. 신고전기의 후반에 이르러서 환경적 영향이 조직에 작용하는 국면을 중요시하여 조직의 환경적 조건, 조직과 환경의 교호작용 등을 연구하는 환경유관론 또는 생태론이 출범되었다. 이러한 신고전이론의 특성은 조직 내의 사회적 능률 강조, 비공식적 요인의 중시, 환경유관론적 관점의 계기 제공, 사회적 인간모형에 입각한 연구, 경험주의의 제창 등을 들 수 있다.

1) (초기)인간관계론의 의의

인간관계론이란 인간의 사회적·심리적·감정적 요인에 입각하여 인간을 관리하는 방법을 탐구하는 이론 내지 관리체계라고 할 수 있다. 인간관계론은 사회학, 심리학, 사회인류학 등 범과학적인 이론과 방법을 활용하고 적용하여, 관리에 있어서 인간의 감정·정서·사회성 등을 중요시한다는 데 그 특색이 있다. 즉 관리의 민주화 내지 인간화를 추구한다.

인간관계론은 정부행정에도 도입됨으로써 행정능률의 향상에 이바지했다. 인사관리에 있어서 인사상담제도, 고충처리제도, 제안제도의 적용이라든가, 조직관리에 있어서 자생적(비공식적) 조직과 소집단의 중시, 의사소통·동기부여·리더십의 강조 등은 모두 인간관계론의 사상에서 비롯된 것이다.

2) (초기)인간관계론의 비판과 과학적 관리론과의 관계

인간관계론이 행정에 도입됨으로써 행정의 인간화와 민주화에 공헌하였지만 다음과 같은 비판을 받고 있다. 첫째, 인간관계론은 인간의 합리적 측면과 비합리적 측면 또는 공식적 조직과 비공식적 조직을 서로 대립시켜 이원론적으로 파악하려고 하였으나, 실제로는 인간의 행동은 합리적 측면과 비합리적 측면을 모두 포함하고 있다. 둘째, 인간관계론은 관리자를 위한 인간조종의 기술에 불과하다는 것이다. 그러나 다루는 대상이 인간이기 때문에 거기에는 한계가 있을 수밖에 없다. 셋째, 조직과 외부환경과의 상호 작용을 등한시하였다. 넷째, 직무 자체를 중심으로 한 동기부여 등에는 착안하지 못하였다. 다섯째, 조직구성원이 사회적 존재라는 것을 밝힌 것은 의의가 있으나 경제적 측면을 경시한 것은 잘못이다.

이러한 인간관계론은 과학적 관리론과 상호 배타적인 것이 아니라 상호 보완적인 것으로 이해할 수 있다. 사실 인간관계론이 과학적 관리론을 전적으로 부정하였던 것은 아니었으며, 오히려 그 근본적 인식은 같았다고 볼 수 있다. 그것은 과학적 관리론이 인간의 비합리적·감정적 측면을 무시하고 기계적 합리성만을 추구한 나머지, 인간의 소외현상을 가져왔다는 점에 착안하여 보다 인간적 요소를 중시함으로써 전통적 관리론의 결함을 보완하고자 하였던 이론이라고 하겠다.

3. 현대조직이론

대체로 1950년대를 시발점으로 하여 전개된 이론을 현대조직이론으로 본다. 여기에는 행태론에 입각한 조직이론, 체제론에 입각한 조직이론, 관리과학적 접근방법에 의거한 조직이론, 비교조직론, 발전이론, 행동이론 및 상황이론 등이 포함된다. 또 비교적 최근에 전개되기 시작한 이론으로는 조직경제학, 제도이론 및 신제도이론, 조직군생태이론, 자원의존이론, 현상학적 조직이론, 혼돈이론 등을 들 수 있다.

현대조직이론의 전반적 특징은 가치기준의 다원화와 문제선정의 다양화, 분화와 통합, 개방체제론적 입장, 복합과학성, 경험과학성의 제고 등으로 요약할 수 있다.

제4절 조직목표와 조직효과성

1. 조직목표의 의의와 유형

1) 조직목표의 개념

조직의 목표(goal)란 '조직이 달성하고자 하는 바람직한 미래의 상태'를 의미한다. 따라서 목표는 조직의 미래상이다. 그러나 목표는 한 번 달성되면 이미 조직의 미래상이 아니며, 조직 자체나 또는 그 조직환경에 동화되는 것이다. 그렇지만 미래의 상태를 달성하기 위하여는 현재의 행동과 반응에 영향을 미치게 되므로 매우 현실적인 사회적 힘(social force)을 가지고 있는 것이다. 조직의 목표는 일단 정립되고 나면 그 영향이 크므로 목표를 설정하는 과정에서 조직의 요구, 과거업적, 환경으로부터의 저항 등 다양한 요인을 미리 참작하여야 한다. 목표는 조직의 공식적인 이유이며, 조직의 활동은 모두 이 목표에 따라서 행하여진다.

2) 조직목표의 기능

조직의 목표는 일반적으로 다음과 같은 여러 가지 기능을 수행한다.

첫째, 조직목표는 조직이 달성하고자 하는 미래의 상태를 밝힘으로써 조직의 운영과 활동을 위한 방향 및 지침을 제시한다.

둘째, 조직목표는 조직의 존재와 활동・임무를 정당화시켜 주는 기능을 수행한다.

셋째, 조직목표는 조직의 구성원이나 외부인에게 조직의 성패, 즉 조직의 효과성과 능률성을 측정하는 기준을 제공해 준다.

넷째, 조직목표는 조직구성원들로 하여금 미래지향의 행동과 사고방식을 불러일으키는 작용을 하는데, 이는 특히 기획기능과 밀접한 관련이 있다는 것을 의미한다.

3) 조직목표의 유형

(1) 공식성 여부의 기준: 공식적 목표와 실질적 목표

공식적 목표란 그 조직이 공식적으로 내세우고 선언한 목표이며 조직의 직제, 정관 및 책임자의 공표의 형식으로 나타난다. 실질적 목표란 공식적 목표와 관계없이 그 조직이 조직의 행동을 통하여 현실적으로 추구하는 목표이다. 양자는 일치할 수도 있고, 일치하지 않을 수도 있는데, 일반적으로 일치할수록 조직존립의 정당성은 더욱 높이 확보될 수 있다.

(2) 상하계층의 기준: 상위목표와 하위목표

상위목표는 조직전체의 목표를 말하는데, 일반적으로 추상성을 띠고 있다. 이러한 상위목표를 달성하기 위한 수단적 관계에 있는 것이 하위목표인데, 구체성·사실성을 띠고 있다. 또한 양자 간에는 이른바 목표의 계층화가 이루어진다. 그런데 조직의 실제운영에 있어서 관리자들은 하위목표에 집착하는 경향이 있는데, 그 결과 목표의 대치현상이 일어나게 된다.

(3) 유형성의 기준: 무형목표와 유형목표

무형목표는 내용이 추상적이어서 구체성이 없고 계량화할 수 없는 목표를 말하며 주로 상위목표가 이에 속한다. 유형목표는 내용이 구체적이고 계량화가 가능한 것을 말하며 주로 하위목표가 여기에 속한다.

(4) 기능의 기준: 에치오니와 페로우의 목표분류

에치오니(A. Etzioni)는 조직의 일반적 기능을 기준으로 목표를 질서목표, 경제적 목표 및 문화적 목표로 나누고 있다. 질서목표는 조직으로부터의 일탈행위를 방지하거나 통제하기 위하여 존재하는 것이다. 경제적 목표는 사회를 위하여 재화나 서비스를 산출하려는 목표를 의미한다. 문화적 목표는 상징적 대상의 창조·유지 및 활용에 필요한 조건을 제도화하려는 목표를 말하는데, 여기에는 사회의 신념체계, 가치관 등이 포함된다.

한편 페로우(C. Perrow)는 조직을 체제로 보고 그 기능에 입각해 조직목표를 사회적 목표, 산출목표, 체제유지목표, 생산목표, 파생목표의 다섯 가지 유형으로 나누고 있다. 사회적 목표란 사회가 필요로 하는 것을 수행하는 목표를 말한다. 산출목표는 조직과 접촉하는 대중과 관련되는 것으로 소비자를 위한 생산활동에 관한 목표이다. 체제유지목표는 조직이 하나의 사회적 유기체로서 생존·유지·적응·성장하는 것 등에 관한 목표를 의미한다. 생산목표는 생산되는 재화나 서비스의 특성에 관한 것으로서 질, 양, 형태, 효용성 등이 생산목표가 될 수 있다. 파생목표는 조직이 원래 추구하던 목표 이외의 다른 목표를 선택하는 경우로서 조직의 활동으로부터 파생되는 목표를 말한다.

2. 목표와 조직효과성 평가

조직은 그 업적·성과를 측정·평가할 수 있어야 하는데 이러한 평가에는 일반적으로 효과성이 그 척도가 된다. 효과성(effectiveness)이란 조직의 목표 달성도를 의미하며, 조직목표는 조직의 성공도를 평가하는 기준이 될 수 있다. 이러한 조직효과성 평가의 대표적인 접근방법으로는 다음과 같은 것들이 있다.

1) 전통적 접근방법

(1) 체제 자원적 접근법

조직은 외부 환경과 관계를 맺고 상호작용을 통해 자원을 획득한다. 체제자원적 접근법(system-resource approach)은 조직효과성에 대한 평가가 투입물 획득의 능력, 변환 과정, 산출물의 유통 능력, 안정과 균형의 유지 등에 의해 이루어져야 한다고 본다. 즉 ① 가치 있고 희소한 자원을 탐색하고 알아내는 능력, ② 외부 환경의 올바른 파악 능력, 획득한 자원의 이용 능력, ③ 조직 내부 활동의 유지 능력, ④ 환경 변화에 대한 대응 능력 등이 조직효과성 판단의 기준이 된다는 것이다.

그런데 이러한 기준들은 조직의 효과성 그 자체보다는 효과적인 조직을 만드는 데 필요한 수단에 초점을 맞추고 있다는 것을 알 수 있다. 즉 조직이 필요한 자원을 탐색하고, 자원을 획득하며, 이들 자원을 조직 생존을 위해 활용하는 것은 일종의 과정 변수로서 효과적인 조직을 만들 수 있는 수단인 것이다. 결국 체제 자원적 접근법은 조직의 생존에 영향을 미치는 요인들인 수단-목표(means-goals)를 조직효과성 판단의 기준으로 보는 접근법이다.

(2) 내부 과정적 접근법

내부 과정적 접근법은 조직의 효과성을 조직 내부의 건전성과 경제성 측면에서 평가하는 것으로, 체제의 내부전환 과정(conversion process)을 중시하는 모형이다. 즉 조직구성원들이 조직에 만족하고 행복감을 느끼는 경우나 조직 내부 변환 과정의 경제적 효율성이 높은 경우에 조직의 효과성이 높다고 하는 접근법이다.

내부 과정적 접근법에서 조직구성원 개개인이나 그들로 이루어진 집단의 행태적 특성을 기준으로 조직의 효과성을 판단하는 예로는 ① 상사가 부하들을 고려하는 정도, ② 조직구성원 간 협력의 정도, ③ 상사와 부하들 간의 신뢰 및 믿음의 정도, ④ 의사결정이 정확한 정보에 의하는 정도, ⑤ 의사전달의 수평적・수직적 원활성, ⑥ 조직목표 및 계획에 조직구성원들의 노력이 통합되는 정도, ⑦ 높은 성과와 성장을 보장할 수 있는 보상 체계의 적절성, ⑧ 조직과 하부집단 간 상호작용의 원활성 등을 들 수 있다.

또한 경제성에 관한 효과성의 지표로는 ① 투입에 대한 산출의 비율, ② 투입에 대한 변환의 비율, ③ 산출에 대한 변환의 비율, ④ 투입에서의 변화 등이다. 예를 들어 민간 조직의 투자수익률은 투입에 대한 산출의 비율이고, 대학교에서 등록 학생 수의 변화는 투입에서의 변화로 볼 수 있다.

(3) 목표 달성 접근법

목표 달성 접근법은 조직목표의 달성 정도를 조직효과성의 기준으로 삼는 접근법으로 주로 조직의 산출 측면에서 효과성을 평가하는 것이다. 이러한 목표 달성 접근법의 기본 가정을 살펴보면 ① 조직은 궁극적인 목표를 가지고 있어야 하고, ② 그러한 목표는 잘 이해될 수 있도록 그 내용이 정의되어야 하며, ③ 관리가 가능할 정도의 소수의 목표여야 하고, ④ 조직 내의 전반적인 합의와 의견 일치의 바탕 위에서 설정된 목표여야 하며, ⑤ 그러한 목표를 향한 진행 과정은 추정이 가능해야 할 것 등이다.

2) 현대적 접근방법

(1) 이해관계적 접근법

이해관계적 접근법(constituency approach)은 조직의 다양한 활동을 통합적으로 보면서 조직의 여러 구성 요소, 즉 이해관계자들에 초점을 둔다. 여기서 이해관계자란 조직의 성과에 이해관계를 갖고 있는 조직 내부 및 외부 집단을 말한다.

이해관계적 접근법은 조직을 조직 외부와 내부에 존재하는 구성 요소들이 조직과 거래하면서 상호 교환의 고리로 연결된 종합체로 본다. 이 접근법은 조직의 각 이해집단은 각기 상이한 의도로 조직에 참여하고, 각 이해집단은 조직에 여러 가지 경합적인 요구를 하지만 모든 이해집단이 동일 수준의 중요성을 갖는 것은 아니라고 본다. 따라서 이 접근법은 조직이 중요한 이해집단을 확인하는 능력과 그 이해집단이 요구하는 내용을 충족시킬 수 있는 능력이 있어야 하며 이에 따라 조직의 효과성도 달라진다고 본다.

(2) 경쟁적 가치 접근법

조직효과성에 관한 대부분의 연구는 생산성이나 효율성에 초점을 맞추고, 특히 민간 조직의 경우 이윤이나 판매량 등을 주요 지표로 사용한다. 그러나 행정조직의 경우 능률성이나 효율성을 측정하는 데 많은 어려움이 있고, 정책결정의 다원성으로 인해 여러 가지 상이한 가치가 상충되는 경우가 많다. "어떠한 조직이 효과적인가?"라는 질문에 대한 판단은 분명히 가치판단적인 것이다. 그러나 가치판단은 필연적으로 상충될 가능성이 있다. 조직효과성을 일차원적인 관점으로 설명하려는 연구에 내재된 문제점들을 보완하고자 통합적 분석틀이 개발되었는데, 이것이 바로 경쟁적 가치 접근법(competing values approach)이다.

경쟁적 가치 접근법은 캠벨(Campbell)이 제시한 30개의 조직효과성 측정기준들 중에서 상호 공통적인 것들을 세 가지 가치 차원으로 범주화함으로써 개발되었다. 그러한 세 가지 가치 차원은 다음과 같다.

첫 번째 가치 차원은 유연성–통제의 차원(flexibility and control dimension)

으로, 조직구조에 관련된 것이다. 이 차원은 혁신, 적응성, 변화 등에 대해 권위, 질서, 통제 등이 갈등적인 관계에 있음을 나타낸다. 두 번째 가치 차원은 조직의 초점과 관련된 것으로, 조직구성원의 복지 및 발전에 초점을 두는 것에 대해 조직의 생산성 및 과업의 완수 등에 초점을 두는 것이 갈등적 관계에 있음을 나타낸다. 세 번째 가치 차원은 조직의 수단－목표의 차원과 관련된 것으로, 과정을 강조하는 것에 대해 목표 달성을 강조하는 것이 갈등적 관계에 있음을 나타낸다.

표 3-1-4 경쟁적 가치접근법의 조직효과성 기준

모 형	강조점	효과성	
		수 단	목 표
개방체제	조직 및 유연성	유연성, 신속성 유지	성장, 자원 획득
합리적 목표	조직 및 통제	기획, 목표 설정, 평가	생산성, 효율성, 이윤
내부과정	인간 및 통제	정보관리, 조정	안정성, 균형 유지
인간관계	인간 및 유연성	응집력, 사기 유지	인력자원의 개발

이러한 세 가지 차원을 조합하면 모두 여덟 가지 조직효과성 측정 기준이 마련되고, 위의 첫 두 차원을 연결하면(즉, 조직구조와 조직의 초점을 기준으로 하면), <표 3－1－4>와 같은 네 가지의 모형이 도출된다.

첫째, 개방체제 모형은 조직 내의 인간보다는 조직 그 자체를 강조하고 조직구조에서는 유연성을 중시하는 모형이다. 조직의 유연성과 신속성을 유지하는 것이 효과적인 조직이 되는 수단으로 보며, 조직의 성장과 자원 습득을 주요한 조직목표로 간주한다. 이 모형에서 주된 가치는 자원의 습득과 관련해 환경과 바람직한 관계를 정립하여 조직을 성장시키는 것이다.

둘째, 합리적 목표모형은 조직구조에서는 통제를 강조하고 조직 내의 인간보다는 조직 그 자체를 중시하는 모형이다. 합리적 계획과 목표 설정 및 평가를 통해 조직이 효과적이 될 수 있다고 보며, 조직의 생산성, 효율성, 이윤 등을 주요 조직목표로 간주한다.

셋째, 내부과정 모형은 조직구조에서는 통제를 강조하고 조직 그 자체보

다는 조직 내의 인간을 중시하는 모형이다. 정보관리와 의사전달을 통해 조직이 효과적이 될 수 있다고 보며, 조직의 안정성과 균형 유지를 주요 조직목표로 간주한다.

넷째, 인간관계 모형은 조직 그 자체보다는 조직 내의 인간을 중시하고 조직구조에서도 유연성을 강조하는 모형이다. 조직구성원들의 응집력과 사기 유지를 통해 조직이 효과적이 될 수 있다고 보며, 조직 내 인적 자원의 가치를 인정하고 개발하는 것을 주요 조직목표로 간주한다.

조직효과성을 측정하는 데 전술한 네 가지 모형은 어느 경우에 사용되어야 하는가에 관해 퀸(Quinn)과 카메론(Cameron)은 조직의 성장단계에 따라 적당한 모형이 달라진다고 주장한다.

즉 조직의 창업 단계에서는 혁신과 창의성 및 자원의 집결이 강조되므로 개방체제 모형으로 조직효과성을 평가하는 것이 좋고, 비공식적 의사전달과 협동심 등이 강조되는 집단공동체 단계(collectivity stage)에서는 인간관계 모형을 적용하여 조직효과성을 판단해야 한다고 주장한다. 또한 규칙과 절차 및 활동의 효율성 등을 중시하는 공식화 단계에서는 내부과정 모형 및 합리적 목표모형이 적합하다고 하며, 마지막으로 조직이 외부환경에 적응하고 환경을 조정해 가면서 조직 자체의 변화와 성장을 도모하는 구조의 정교화 단계에서는 다시 개방체제 모형으로 조직의 효과성을 평가해야 한다고 주장한다.

3. 조직목표의 변동

조직의 목표는 조직의 내·외적 영향에 따라 변동된다. 이러한 목표의 변동에는 목표의 대치, 목표의 승계, 다원화 및 확대가 있다.

1) 목표의 대치

목표의 대치(displacement)는 조직이 원래의 목표를 상실하고 그 목표를 달성하기 위한 수단이 오히려 목표로 대치되어 격상되는 현상을 말한다. 이는 목표의 달성이 불가능하므로 새로운 목표를 채택하는 목표의 승계와 구별되며, 목표를 보존하면서 새로운 목표를 그에 추가하는 목표의 확대와도 구별된다.

2) 목표의 승계

목표의 승계(succession)란 본래의 조직목표를 달성하였거나 또는 달성 불가능할 때 새로운 목표를 발견하여 선택하는 것을 말한다. 목표가 없어진 조직의 활동은 그 구성원에게 무의미한 것이므로 사회로부터 정당성을 확보하지 못하므로 목표승계의 과정을 거침으로써 조직활동을 계속할 수 있다. 조직은 일단 성립되면 그 목표를 달성한 경우에도 쉽게 해체되지 않으며 목표의 변동현상을 나타내기 쉽다.

3) 목표의 다원화 및 확대

원래의 조직목표 달성이 어려울 때는 본래의 목표에 새로운 목표를 추가하거나 범위를 확대함으로써 조직은 계속 존속한다. 이와 같이 기존의 목표에 새로운 목표를 추가하는 것을 목표의 다원화(multiplication)라 하고, 기존의 목표의 범위를 확장하는 것을 목표의 확대(expantion)라고 한다.

보완학습

목표의 수와 과다측정

조직은 한 개 혹은 두 개 이상의 목표를 가질 수 있는데, 대부분의 조직은 두 개 이상의 목표를 가지고 있다. 또 차츰 새로운 목표를 추가할 수도 있다. 조직이 하나의 목표만을 갖는 경우를 단일 목표조직이라고 하고, 두 개 이상의 목표를 갖는 경우를 복수 목표조직이라고 한다.

목표의 과다측정(overmeasurement of goals)이란 조직의 관리자가 조직의 효과성을 측정하기 위하여 무형목표보다 유형목표를 강조하게 되는 시각을 의미한다. 즉 조직의 효과성을 측정하기 위해서는 구체적인 기준을 찾게 되고, 그 결과 조직이 행정조직이나 종교조직과 같이 그 목표의 무형성이 매우 강한 경우에도 유형적인 수치에 의하여 업적을 측정하려고 하는 것이다. 이러한 목표의 과다측정현상이 장기간 계속되면 목표왜곡(goal distortion)현상이 일어나게 된다.

4. MBO(목표에 의한 관리)

1) MBO의 의의

목표에 의한 관리, 즉 MBO(management by objective)란 장래의 일정기간에 대한 조직의 각 부서 · 직원의 목표를 설정하고 이에 따라 직무를 수행하게 하는 것을 말한다.

MBO는 ① 조직의 관리자와 직원이 함께 참여하여 조직의 공동목표를 명확히 하고, ② 기대되는 결과와 관련시켜 각자의 개별목표와 책임범위를 상호 협의하여 설정하며, ③ 이를 각 부서의 운영지침으로서 활용하여 직무를 수행하게 하고, ④ 구성원 각자의 기여도를 측정 · 평가하고, 이를 환류하여 궁극적으로는 조직의 효율성을 증진시키려는 데 그 목적이 있다. MBO는 1950년대부터 미국의 사기업에서 널리 사용되어 왔으며, 행정부문에서는 1973년 미 연방정부가 종래의 계획예산제도(PPBS) 대신 행정관리의 통제수단으로 채택한 바 있다.

MBO의 특징으로는 ① 목표설정과정에의 부하의 참여, ② 조직 전체 목표와 개인목표의 일치모색, ③ 장기적 · 전략적 성격, ④ 집권화와 분권화의 조화, ⑤ 통합적 · 종합적 관리방법, ⑥ 성과와 능률의 중시, ⑦ 의도적인 관리방법, ⑧ 자기실현적 인간관리 등을 들 수 있다.

2) MBO의 절차

(1) 목표설정단계

MBO의 절차는 조직의 생존 · 성장 · 개선을 위하여 조직이 달성하고자 하는 구체적인 목표를 설정하는 데서부터 시작되는데 이 때 부하의 참여가 필수적이다. 부하의 참여를 통한 목표설정은 최고관리자의 문제 인식의 범위를 확장시킬 수 있고 조직의 의사소통을 촉진시키며 조직구성원의 자발적인 동기를 유발하여 목표를 보다 효율적으로 달성할 수 있도록 해 준다. 이렇게 설정된 목표는 부하의 업적을 평가 · 환류하는 기준이 될 뿐만 아니라 개인별 및 조직단위별 활동을 조직전반의 계획에 통합시킬 때의 기준이 된다.

(2) 목표실행단계 및 중간평가단계

목표가 설정되면 이를 달성하기 위한 업무계획·활동계획 등의 지표를 작성하고 이를 실제 행동에 옮긴다. 이 단계에서는 최종목표에 이르는 각 중간목표가 마련되고, 그 진척상황을 최고관리자의 기본목표와 밀접한 관련 하에 분석·평가하게 된다. 이 때 각 관리자들은 중간평가를 하고 순조롭지 않은 경우에는 자원을 추가로 공급하거나 목표수정을 한다. 그러나 목표를 너무 빈번하게 수정하면 MBO의 효용을 감소시킬 우려가 있다.

(3) 최종평가단계

목표달성의 예정기간이 끝나면 부하의 목적달성도와 업적을 최종 평가한다. 최종평가의 결과는 목표성취 여부에 대한 판단으로 나타내며, 이것이 다음에 진행되는 MBO의 과정에 환류되는 동시에 동기유발, MBO에 대한 태도, 상관과 부하의 상호 관계 및 태도에 영향을 미치게 된다.

(4) 환류단계

최종평가의 결과를 환류시켜 다음의 목표설정에 도움을 주고 장래의 MBO의 개선에 기여하도록 해야 한다. 명확한 환류는 집단의 문제해결능력을 증진시키고 개인의 업무수행능력을 향상시킨다.

3) MBO의 장점과 문제점

MBO는 조직의 의사소통, 구성원의 인간관계 및 계획활동을 개선하고 보다 적극적인 평가제도와 관리활동을 통하여 조직이 쇄신을 촉진하는 데 그 효용이 있으며 다음과 같은 구체적인 장점이 있다.

첫째, 조직목표를 명확히 하여 조직활동을 목표달성에 집중시킴으로써 조직의 효율성을 높인다. 둘째, 업무계획을 수립하게 하고 이를 돕는 역할을 한다. 셋째, 조직참여자의 사기를 높여 준다. 넷째, 인적자원의 효율적 활용과 능력발전에 기여한다. 다섯째, 목표 및 역할의 갈등과 대립을 감소시킨다. 여섯째, 조직의 민주적 운영을 추구한다. 일곱째, 관료제의 부정적 속성을 제거하는 데 도움을 준다. 여덟째, 조직의 취약점과 목표달성을 저해하는 문제를 신속히 발견할 수 있게 해 준다.

MBO는 여러 가지 장점이 있는 반면 운용상 다음과 같은 문제점이 있다고 지적되고 있다.

첫째, 목표달성의 성과를 측정하는 것이 용이하지 않다. 이와 함께 행정계층제에서 권력분담이나 참여관리가 쉽지 않다는 점도 지적할 수 있다. 둘째, MBO를 운영하는 데에는 많은 시간이 소비되고 관리자들은 서류작성의 부담이 크다. 셋째, 관리상황이 유동적인 곳에서는 MBO가 소기의 성과를 거둘 수 없다. 넷째, 장기적·질적 목표보다 단기적·양적 목표에 치중하게 된다. 다섯째, 인간중심주의적 관리방식에 대한 경험이 없는 조직에 MBO를 도입할 경우 강한 저항에 부딪치게 된다. 여섯째, MBO는 조직계층 상하 간의 상호신뢰가 구축되어 있어야 효용성이 있는데, 실제 조직생활에서는 상하계층이 서로 신뢰하기보다는 불신하고 경계하는 경향이 강하다. 일곱째, MBO는 분권화를 지향하기 때문에 위기해결관리방안으로는 부적합하다.

4) MBO의 성공적 운영조건

MBO는 명확한 목표설정, 자발적 동기부여, 결과에 대한 평가, 지속적 통제능력 등으로 이루어진 총체적 관리체제이므로 다음과 같은 여건을 갖추어야 한다.

첫째, 최고관리층이 MBO의 실시를 지지하고 솔선수범해야 한다. 둘째, 조직의 구조와 과정이 MBO를 수용할 수 있도록 민주적 조직구조와 인간중심적 관리과정이 마련되어야 한다. 셋째, MBO와 다른 관리기능을 상호 지지적인 기능을 할 수 있도록 조정·통합해야 한다. 넷째, 조직 내의 원활한 통신과 환류의 과정이 형성되어야 한다. 다섯째, 조직발전(OD)의 노력이 선행적 및 동시적으로 추진되어야 한다. 여섯째, 조직 내의 조사연구활동이 촉진되어야 한다. 일곱째, 미래의 상황에 대한 적정수준의 예측이 가능하도록 조직 내외의 여건이 조성되어 있어야 한다. 여덟째, MBO의 기본과정 자체가 합당하고 실현가능하며 조직목표추구에 도움을 줄 수 있도록 수립되어야 한다.

이러한 MBO를 우리나라 행정조직에 적용하여 그 효과를 거두기 위해서는 무엇보다 조직이 참여적이고 개방적이어야 하는데, 우리나라 행정조직의 특색은 권위주의적이고 중앙집권적이며 폐쇄적이므로 MBO의 효용을 거두기 어려운 점이 많은 실정이다. 그러나 MBO의 운영의 묘를 살리고 제반 구비조건을 갖춘다면 그 적용이 결코 어려운 것은 아니다. 즉 우리나라의 행정조직에 MBO를 도입할 경우에는 목표설정과정에 있어서의 관리자의 권위주의적 태도의 불식, 부하의 적극성과 자율성이 요청되는 민주적 참여관리 등 행정문화의 창조적 조성이 선행되어야 할 것이다.

보완학습

준정부조직

준정부조직이란 행정조직으로부터 어느 정도의 독립성은 인정되지만 행정기능을 부분적으로 담당하는 조직을 의미한다. 따라서 순수한 공공부문과 민간부문의 연속선상의 중간에 위치하고 있다고 볼 수 있다. 준정부조직은 제3영역(third sector), 비영리조직(non-profit organization), 준공공기관 등으로 지칭되는데, 구체적으로 공단, 특수법인, 각종 기금, 연구기관, 정부출연기관, 정부보조기관 등이 여기에 속한다.

제 2 장

조직의 구조와 설계

제 1 절 조직구조의 의의

조직구조(organizational structure)는 조직을 구성하는 각 부문 간의 확립된 관계의 유형으로서 조직 활동의 형태, 기준, 조직부서 간 조정방법 등을 포함하는 개념이다. 그리고 조직의 목표를 달성할 수 있도록 조직구조를 만들고 조정하는 과정이 조직설계(organizational design)인 것이다(Nelson & Quick, 2008: 356). 조직은 구체적인 환경과 요구에 대응하기 위해 조직구조를 설계한다. 조직구조를 설계할 때 고려해야 할 기본 요소는 공식화, 집권화와 분권화, 복잡성을 들 수 있다. 복잡성의 경우 수평적 분화(업무전문화와 부서화)와 수직적 분화(명령계통과 통솔범위)로 세분화 할 수 있다.

표 3-2-1 조직구조를 설계할 때 고려해야 할 요소

주요 질문	해결책
규칙 및 규정이 구성원들의 행동을 어느 정도로 제약하는가?	공식화
의사결정 권한이 어디에 있는가?	집권화와 분권화
활동이 어느 정도로 세분화되어 있는가?	업무전문화
어떤 근거로 업무를 함께 묶을 것인가?	부서화
개인이나 집단은 누구에게 보고하는가?	명령계통
한 관리자가 효과적으로 관리할 수 있는 부하는 몇 명인가?	통솔범위

자료: Robbins & Judge(2015: 465).

1. 조직구조의 기본변수

1) 공식화

공식화(formalization)는 조직 내에 규칙, 절차, 지시 및 의사전달이 명문화된 정도로서, 조직 내의 업무가 표준화되어 있는 정도를 의미한다(Robbins & Judge, 2015: 470). 조직은 공식화를 통해서 구성원을 표준화된 절차에 따라 목표 달성의 방향으로 나아가게 한다. 직무가 공식화되어 있다는 의미는 직무수행자가 이미 규정된 규칙에 따라 업무를 수행해야 하기 때문에 개인의 재량권이 낮은 것을 말하고, 공식화 정도가 낮다는 것은 사전에 규정된 절차나 규칙이 적어 구성원들이 상당한 재량권을 발휘하면서 업무를 수행하는 것을 의미한다.

공식화가 필요한 이유는 다음과 같다(Mintzberg, 1979: 81－84). 첫째, 조직구성원의 행동을 정형화함으로써 통제를 용이하게 하는 것이 가능하다. 둘째, 공식화의 정도가 높을수록 조직 내에 어떤 행동이 있을 수 있고 그 결과가 어떠하리라는 예측 가능성이 높아진다. 셋째, 조직 내 활동을 고도로 표준화할 경우 어떤 상황에서 무슨 행동을 해야 하는지 알게 되므로 혼란을 막을 수 있다.

그러나 공식화는 다음과 같은 한계점을 갖고 있다. 첫째, 미리 정해진 규칙 절차의 준수를 강조하게 되면 조직구성원들의 자율성이 감소되고 상황적합적 재량을 발휘할 가능성이 축소된다. 둘째, 관료제의 병리 현상이 만연될 수 있다는 것이다. 즉 공식화는 규칙준수를 제도적으로 강요함으로써, 조직구성원을 기계화시키고, 소외감을 증대시키며, 변화를 기피하게 만들 수 있다.

2) 집권화와 분권화

(1) 집권화와 분권화의 개념과 형태

집권화(centralization)란 의사결정권 및 명령지휘권이 조직 내 어느 일부 계층에 집중되어 있는 것을 말하며, 분권화(decentralization)란 의사결정권과 명령지휘권이 하위계층에 위임되는 것을 말한다(Slocum, Jr. & Hellriegel, 2011: 462). 집권화된 조직에서는 최고관리층이 거의 모든 의사결정을 내리고 하위계층에서는 최고관리층에서 결정한 사안을 단순히 집행하는 역할만을 수행한다. 권한이 완전히 집중되어 있거나 완전히 분산된 상태란 조직이 존재하지 않는다는 것을 의미하므로 완전한 집권화나 완전한 분권화란 있을 수 없다.

(2) 집권화의 촉진요인

집권화를 촉진시키는 요인 또는 집권화를 통해서 얻을 수 있는 이점은 다음과 같다.

소규모 조직

조직의 규모가 작을 경우에는 조직구성원의 수가 적을 뿐만 아니라 의사소통이 활발하게 이루어질 수 있고 책임자가 조직의 제 문제를 상세하게 파악할 수 있다. 이 경우 업무가 질적·양적으로 한정되어 있기 때문에 자연히 집권화가 이루어지기 마련이며, 또한 집권화가 능률적이다.

신설조직

신설조직에 있어서는 하위계층에 있는 사람들이 업무활동에 관한 경험과 지식이 부족하기 때문에 최고관리자의 지시에 많이 의존하게 되고 조직의 안정 또한 확립되어 있지 못한 상태이므로 집권화되는 경향이 많다.

일인 지배적 체제

조직의 운영이나 의사결정이 특정 개인의 리더십에 의존하는 경우 집권화되기 쉽다.

위기의 존재

조직이 그 생존에 관한 위기에 직면하게 되면, 모든 조직단위에 영향을 미칠 수 있는 결정이 강력한 리더십에 의해서 신속하게 결정되고 수행되어야 할 필요성이 있기 때문에 집권화를 초래한다.

직접적인 통제와 획일성의 요구

최고관리층이 조직활동에 대하여 보다 직접적인 통제와 획일성을 원하는 경우 집권화되기 쉽다.

하위계층의 능력부족

하위계층에 있는 사람들의 문제해결능력이 부족하거나 또는 능력이 있다고 하더라도 상위계층에서 그들의 능력을 과소평가하는 경우에는 집권화가 이루어진다.

관리기능의 전문화

조직의 제 관리기능 중 특정 조직의 전문화를 강조하는 경우 그에 따라 집권화가 일어난다.

특정 활동의 강조 및 관심의 집중

조직 내의 특정 활동에 대한 일반의 관심이 높아지거나 최고관리층에서 그 활동을 강조하는 경우 관계기관의 지위가 높아지고 집권화가 촉진된다.

교통·통신의 발달

교통 · 통신기술의 비약적인 발달은 집권화를 촉진시키고 있다.

(3) 분권화의 촉진요인

분권화를 촉진시키는 요인 또는 분권화를 통해서 얻을 수 있는 이점은 다음과 같다.

최고관리층의 업무부담 감소

최고관리층에서 정책결정이나 장기계획에 보다 많은 시간과 정력을 기울이기 위해서는 일상적 · 세부적인 업무를 하위계층에 위임할 필요가 있다.

특정 지역실정에의 적응

교통 · 기술이 고도로 발달되어 의사소통이 원활하게 진행된다 하더라도 지역사회의 모든 실정을 정확하게 파악하기란 곤란하다. 따라서 특정 지역의 실정에 적합한 관리를 수행하기 위해서는 권한의 위임이 필요하다.

관리자 양성의 필요성

유능한 관리자를 양성하기 위해서는 하위계층에 있는 사람들에게 의사결정을 실제 경험할 수 있고 잠재된 능력을 발휘할 수 있는 기회를 제공하여 주는 것이 중요하다.

사기 앙양의 필요성

분권화된 조직에 있어서는 권한의 위임이 광범위하게 이루어지고 있기 때문에, 하위계층에 있는 구성원들의 적극적인 참여의식과 자발적인 협동정신을 고취시킬 수 있다. 즉 권한의 위임을 받은 구성원의 사기가 높아지고 창의성이 증대될 가능성이 많다.

사무 처리의 신속화

분권화는 여러 가지 복잡한 행정절차를 간소화함으로써 신속한 행정활동을 가능하게 하므로 사무 처리의 신속을 필요로 하는 경우 권한을 위임 · 분산하게 된다.

민주적 통제의 강화

분권화는 곧 참여의 확대와 자율적 통제의 강화를 의미한다. 민주적 통제를 강화하고 조직의 건전성을 높이기 위해서 분권화는 필연적인 것이다.

3) 복잡성

복잡성(complexity)이란 조직의 분화 정도(degree of differentiation)를 의미하는데, 여기서 분화(differentiation)란 조직목표의 달성을 위해 구성원과 자원을 과업에 할당하고 업무와 권한을 세분화하는 과정을 말한다(Jone, 2010: 114). 조직의 분화는 부문 간 횡적 분화의 정도를 나타내는 수평적 분화(horizontal differentiation)와 조직의 계층화 정도를 나타내는 수직적 분화(vertical differentiation)로 나누어진다. 수평적 분화는 조직이 수행하는 업무의 분화를 의미하는데, 이는 업무의 전문화와 연관되어 있다. 수직적 분화는 조직계층의 최상층으로부터 최하층에까지 이르는 계층의 수를 가리킨다. 대부분 조직의 경우 상하 관계가 계층으로 구성되어 있으며, 계층에 따라 피라미드 체제를 이루고 있다. 조직에서 직위의 계층은 기본적인 의사전달통로가 되고 공식적 권한구조를 이루며 명령 계통이 된다.

(1) 수평적 분화: 업무전문화(분업)와 부문화

분업(division of works)이란 업무를 그 종류와 성질별로 나누어 구성원에게 가능한 한 한 가지의 주된 업무를 분담시킴으로써 조직의 능률을 향상시키려는 것을 말한다. 분업과 동시에 전문화가 발생하는 것이므로 분업과 전문화는 사이몬이 지적한 바와 같이 이어동의적인 것이다. 전문화(specialization)는 조직과업들이 별개의 직무로 세분화되어 있는 정도를 의미한다(Quick & Nelson, 2008: 369). 또 분업화 할 때에는 목적 또는 기능별로 분업화하는 것이 보통이므로 목적의 원리(principle of purpose), 기능의 원리(principle of function), 기능주의(functionalism)라는 용어도 분업화와 같은 의미를 갖는 것이다.

분업 및 전문화는 조직의 규모가 확대되고, 업무처리의 전문성이 증가하면 증가할수록 더욱 요구된다. 따라서 이러한 분업은 조직의 모든 계층에 적용된다. 또한 그것은 기계적인 업무의 경우뿐만 아니라 정신노동이나 의사결정의 경우에도 적용되는 것이다.

합리성을 지향하는 조직이 전문화의 원리를 택하는 이유는 다음과 같은 세 가지 가설에 의하여 설명될 수 있다. 첫째, 개인은 그가 담당하는 업무가 전문화되면 전문화될수록 보다 능률적으로 행동한다. 둘째, 업무의 전문화에 의하면 업무를 가장 신속하게 수행할 수 있는 유일최선의 방법을 발견할 수 있다. 셋째, 업무의 전문화는 기계화를 가능케 하므로 기술과 사무를 가급적 기계에 이전에 이전시킴으로써 구성원의 개인적 차이를 무시할 수 있다.

그러나 분업이 과도하게 이루어지면 다음과 같은 단점이 된다. 첫째, 단순한 업무의 반복으로 조직 내 개인은 흥미를 상실하고 싫증을 느끼게 되고 창조적 정신을 상실케 되어 자아실현욕구를 저해하며, 직원의 능력발전을 저해하게 된다. 둘째, 분담된 업무만 수행하게 되므로 인간의 기계화현상을 가중시키고, 시야의 협소화를 초래하여 소위 '훈련된 무능력'을 나타내게 된다. 셋째, 분업을 세분화하면 할수록 통합적으로 조직을 관리하는 것보다 더 많은 비용 소요와 업무의 중복, 낭비, 책임회피를 가져올 수 있다. 넷째, 분업은 조직 내의 각 단위간의 조정을 어렵게 한다.

부서화(departmentalization)는 업무를 서로 묶는데 사용되는 기본원칙을 의미한다(Robbins & Judge, 2015: 466). 일반적으로 부서화의 편성기준으로는 ① 목적(purpose) · 기능(function), ② 과정(process), ③ 수익자(clientele) · 취급물(material), ④ 지역(territory) · 장소(place)의 네 가지를 들 수 있다.

목적 · 기능

목적 · 기능에 따른 편성방법은 동일종류에 속하는 모든 기능은 동일 부서에 소속시키고, 각 부서는 타 부서의 업무에 관여해서는 안 된다는 원리에 따른 것으로서 가장 전통적인 방법이다.

과정 · 절차

조직은 업무를 수행하는 데 있어서 필요한 과정과 절치를 기준으로 편성할 수 있다. 과정에 따른 조직의 편성방법은 예산, 통계 등 전문기술이 필요한 조직에서 이용되고 있으며, 현대행정의 전문화 · 분업화에 따라 적용범위가 더욱 확대되어 가는 경향이 있다.

고객 · 취급물

조직은 조직활동의 고객 · 수익자 · 취급물과 같은 객체를 기준으로 편성할 수 있다. 예컨대 국가보훈처, 고용노동부 등은 수익자 · 고객을 기준으로 편성된 조직이며, 산림청, 문화재청 등은 취급물을 기준으로 편성된 조직이다.

지역 · 장소

조직은 활동이 수행되는 지역 또는 장소에 따라 편성되기도 하는데, 지역의 요구와 특성에 따라 서비스를 제공할 수 있다는 장점이 있다. 이러한 편성방법은 주로 보조기관 또는 일선기관의 조직편성방법으로 사용되기도 한다.

(2) 수직적 분화: 명령계통과 통솔범위

명령계통(chain of command)이란 조직의 최고관리층부터 하위계층까지 연결하는 선으로 권한체계와 누가 누구에게 보고하는가를 명시하는데, 여기서 명령계통의 일원화가 중요한 의미를 가진다(Robbins & Judge, 2014: 467). 명령계통일원화의 원리(unity of command)란 조직의 어떤 구성원도 한 사람의 직속상관으로부터만 명령을 받아야 하며, 두 사람 이상의 상관을 섬겨서는 안 된다는 원칙이다.

명령계통일원화의 원리는 한 마디로 조직에는 오직 한명의 장(부에는 장관, 국에는 국장, 과에는 과장)이 있어야 하며, 이 한 명의 장에게 그 조직을 운영할 최종권위가 부여되어야 한다는 원리이다. 그렇지 않고 조직의 어느 구성원이 복수의 상관으로부터 명령을 받게 되는 경우 그들의 명령이 상호모순성을 내포할 가능성이 있을 수 있다는 것이다. 따라서 이 원리는 복수의 상관에 대한 이중 복종의 폐단을 없애기 위한 것이라고 할 수 있다. 명령통일의 원리를 지킴으로써 얻는 이점은 ① 책임소재를 명백히 하고, ② 조직의 장으로 하여금 전체적인 조정을 가능하게 하며, ③ 부하직원으로 하여금 누구에게 보고를 하고 또 누구로부터 보고를 받는지를 명백히 해준다는 점이다. 이에 반하여 명령통일의 원리가 지나치게 강조되는 경우의 단점은 ① 의사소통의 과중한 부담을 야기하며, ② 기능적 전문가들의 영향력이 감소되며, ③ 업무의 지연을 초래하게 되는 것을 들 수 있다.

통솔범위(span of control)는 1인의 상관 또는 감독자가 직접 효과적으로 통솔할 수 있는 부하의 수를 말한다(Robbins & Judge, 2015: 468; Slocum, Jr. & Hellriegel, 2011: 459). 통솔의 범위를 정하는 것은 인간은 지식과 시간 및 능력에 한계가 있기 때문이다. 통솔범위는 심리학적 개념인 인간의 주의력의 범위(span of attention)를 관리에 적용시킨 것이다. 따라서 통솔범위의 원리는 인간의 능력의 한계가 있기 때문에 상관은 일정한 수의 부하를 통솔하여야 한다는 원리이다.

통솔범위 영향을 미치는 일반적 요인을 살펴보면 다음과 같다.

직무 요인

부하직원이 담당하는 직무의 성질에 따라 통솔범위가 달라질 수 있다. 즉 업무가 복잡하고 정신적인 노력을 요구하며, 상호관련성이 많은 것일수록 통솔범위는 좁아질 수밖에 없으며, 업무가 표준화되어 단순하고 동질적인 때에는 통솔범위를 확대할 수 있다.

인적요인

감독자의 능력 및 인품이 통솔의 범위에 영향을 미친다. 부하를 통솔할 수 있는 능력과 인품이 훌륭하면 많은 부하를 거느릴 수 있지만, 그렇지 못하면 적은 수의 부하도 거느리기 힘들다. 또한 부하직원이 유능하고 동일한 교육·훈련을 받은 경우에는 통솔의 범위를 넓혀도 되지만 그렇지 않은 경우에는 좁아질 수밖에 없는 것이다. 따라서 계선부하가 어느 정도의 업무를 위임받아 완수할 능력이나 기술이 있는지 여부는 통솔범위에 직접 영향을 미친다.

시간적 요인

역사가 오래된 기성조직의 감독자는 신설조직의 감독자보다 많은 직속부하를 통솔할 수 있다. 즉 안정된 조직인가, 새로이 변화하는 조직인가, 또는 전통조직인가, 신설조직인가에 따라 달라질 수 있다.

공간적 요인

지리적 거리에 따라 통솔의 범위가 달라진다. 어떤 기관이 한 장소에 모여 있는 경우에는 여러 장소에 분산되어 있는 경우보다 더 많은 부하를 직접 통솔할 수 있을 것이다. 즉 동일건물 배치조직인가, 장소분산의 조직인가에 따라 달라질 수 있다.

관리수준 요인

관리조직의 상태, 즉 참모제도의 발달은 통솔범위를 확대시키며, 행정조직의 제도화 및 관리기술 수준(정보관리체제, 회계제도, 통제제도 등)의 정도도 직접 통솔범위에 영향을 미친다.

사회심리적 요인

조직 내의 각종 기관담당자 중에는 제국건설형(empire building type)의 개성 소유자가 있어 이들은 자신의 관할영역을 최대한 팽창시키고자 하는 권력욕에서 통솔의 범위를 확장하려 할 것이며, 또 업무량과는 관계없이 부하직원을 증원하고자 하는 '파킨슨법칙' 현상이 통솔의 범위를 확대시키는 요인이 된다.

통솔의 범위와 계층제의 원리는 상호관계에 있다. 즉 통솔의 범위를 좁게 하면 계층이 늘어나서 고층구조(tall structure)가 되고, 통솔의 범위를 넓히면 계층 수가 적어지며 평면구조(flat structure)가 된다(McShane & Glinow, 2008: 434-435). 오늘날 조직의 일반적 경향은 교통·통신과 정보관리기술의 발달 등으로 통솔의 범위가 넓고 계층의 깊이가 얕은 조직으로 변화되어 가는 추세에 있다고 볼 수 있다. 또한 관리자가 효과적으로 관리할 수 있는 인원의 수는 위로부터의 명령과 아래로부터의 정보전달의 효과성에 크게 의존하고 있으며, 이것이 조직의 계층구조에 중대한 영향을 미친다.

표 3-2-2 고층구조와 평면구조의 특성

	평면구조	고층구조
계층수	적음	많음
관리폭	넓음	좁음
통제방식	분권화	집권화
의사소통방향	상향적	하향적
장점	개인성장 촉진	질서유지·일사분란한 업무처리
단점	의사소통의 조정이 곤란	조직의 경직화

자료: 박연호(2000: 449).

제 2 절 조직설계에 대한 상황적 접근

1. 보편적 접근법과 상황적 접근

조직설계의 보편적 접근법(universal approach)은 어떠한 상황에서도 적용 가능한 처방 혹은 명제이다. 따라서 보편적 설계는 조직의 외부환경, 산업, 일하는 방식 등과 같은 요소와는 상관없이 직무와 권한, 조직의 보고체계를 구조화하는 단일의 방법을 제시한다.

그러나 상황적 접근법(contingency approach)은 조직능률성과 효과성이 다양한 방법에 의해 달성될 수 있다고 본다. 즉 상황의 요구에 적합하게 조직을 설계할 때 조직은 더 효과적이 된다는 것이다(Griffin & Moorhead, 2014: 460; Kinichi & Kreitner, 2008: 387). 상황적 설계에서는 조직의 규모, 기술, 환경, 전략, 권력 등 다양한 상황적 조건(변수)들이 조직구조를 결정한다.

그림 3-2-1 조직구조의 결정모형

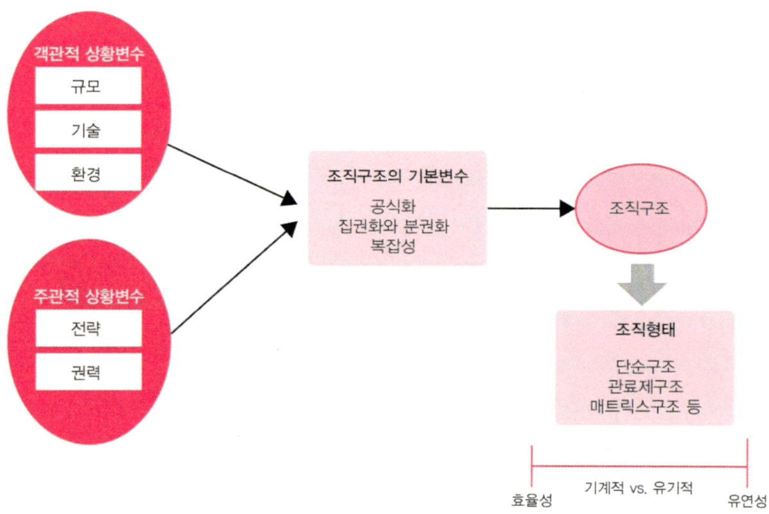

자료: Colquitt, LePine & Wesson(2015: 519).

2. 조직구조의 객관적 상황변수

1) 조직 규모

조직의 규모는 조직구조에 큰 영향을 미치는 것으로 인식되어 왔다(김인수, 2005: 112-115; 양창삼, 1994: 309-321). 조직 규모는 다양한 방법으로 측정할 수 있다. 조직의 규모는 조직구성원의 총수, 매출액, 대응 고객 수 등 여러 가지 관점에서 측정될 수 있는데, 일반적으로 조직의 규모는 전체 구성원의 수를 의미하는 경우가 많다(Nelson & Quick, 2008: 356).

조직 규모의 증대는 공식화에 영향을 미친다. 조직의 규모가 커질수록 구성원들의 행동은 공식화된다. 조직의 규모가 커질수록 관리자들은 구성원들의 행동을 예측하고 통제하려고 하기 때문에 그들의 행동을 가급적 공식화하려고 한다(Mintzberg, 1979: 233). 조직 규모와 집권화의 정도는 부(negative)의 관계에 있다고 할 수 있다. 조직의 규모가 커지면 한 사람이 이를 통제한다는 것이 불가능하게 되고, 권한의 위임(분권화)이 불가피해진다(Hall, 1991: 76). 또한 조직의 규모가 커짐에 따라 조직구조는 복잡해진다. 즉 규모가 커질수록 복잡성이 커져 구조의 분화가 높아진다. 조직의 규모가 커지게 되면 조직의 질서를 유지하기 위해 분업화, 통합화, 권한의 위양 등이 필요할 뿐 아니라 부서의 수와 규모도 상당히 증가하게 되어 조직을 복잡하게 만든다. 이처럼 조직의 규모는 조직설계에 영향을 미치는 중요한 상황 변수가 된다.

2) 기술

기술이란 투입을 산출로 변환시키는 기계적이고 지적인 과정을 의미한다. 모든 조직은 투입물, 물적・인적・재정적 자원을 제품 또는 서비스로 전환시키는 기술을 가지고 있다(Robbins & Judge, 2015: 483; Griffin & Moorhead, 2014: 464).

기술과 구조와의 관계에 대해서는 많은 연구가 수행되었다. 우드워드(Woodward, 1965)의 연구는 생산기술이 조직설계에 영향을 미친다는 최초의 연구이자 가장 중요한 연구라 할 수 있다. 우드워드의 연구 결과는 조직이 사용하고 있는 조직기술과 그 조직의 구조는 밀접한 관련이 있으며, 조직의 기술과 구조 간의 적합성이 조직의 효과성을 결정한다는 것이다.

페로(Perrow, 1967)는 부서 수준의 기술과 조직구조의 관계에 초점을 두고 연구를 수행하였다. 그는 부서 수준의 기술이 조직구조에 미치는 영향을 두 가지 차원, 즉 과업다양성 차원과 문제의 분석 가능성 차원으로 기술을 분류했으며, 이에 따라 조직구조 및 조직목표가 달라진다고 보았다. 페로는 문제의 분석 가능성과 과업 다양성의 두 가지 차원을 이용해서 기술을 일상적 기술·공학적 기술·장인기술·비일상적 기술 등 네 가지로 구분했다. 사용되는 기술에 따른 부서의 구조적 특징을 살펴보면 다음과 같다(Daft, 2013: 601－603).

첫째, 일상적인 기술을 사용하는 부서의 조직구조는 기계적인 특성을 나타내고, 비일상적인 기술을 사용하는 부서는 유기적인 조직구조의 특징을 나타낸다. 일상적인 기술을 사용하는 부서에서는 고도의 규정과 절차, 그리고 의사결정의 집권화가 나타나게 되며, 비일상적인 기술을 사용하는 부서에서는 자유로운 의사전달에 의한 유기적인 구조 특성을 지닌다. 둘째, 일상적 기술을 사용하는 업무 분야에서는 과업의 표준화 및 분업화를 통해 높은 공식화가 이루어져 있으며, 대부분의 업무 수행에 대해 정해진 규칙과 절차가 적용된다. 비일상적 기술을 사용하는 부서에서는 업무를 수행하는 절차나 방법이 비공식적이며 표준화의 정도가 매우 낮다. 셋째, 일반적으로 통솔범위는 과업의 복잡성과 조직구성원이 업무를 수행하는 데 필요한 전문화의 정도에 영향을 받는다. 일반적으로 비일상적인 기술을 이용하는 과업은 전문화 정도가 높은 부하에 의해 수행되며, 일상적인 기술을 이용하는 과업일수록 상사의 통솔범위의 폭이 넓어진다. 넷째, 일상적 기술을 사용하는 부서에서 이루어지는 대부분의 의사결정은 관리자에게 집권화되어 있고 비일상적인 기술을 사용하는 조직일수록 분권화의 정도가 높다. 다섯째, 비일상적인 기술을 이용하는 부서의 구성원들은 정기적인 회의나 수평적인 의사전달 등의 조정 체계를 통해 의사결정 활동에 참여한다. 일상적인 기술을 사용하는 부서의 경우 관리자의 영향력이 크며, 규칙이나 절차를 통해 의사결정과 통제활동이 이루어진다.

그림 3-2-2 부서의 기술과 구조

자료: Daft(2013: 602).

톰슨(Thompson, 1967)은 기술의 유형을 단위 작업 간의 상호의존성의 형태에 따라 세 가지 유형으로 분류했다. 여기서 상호의존성이란 조직구성원 개인이나 부서에서 과업을 수행하기 위해 다른 부서와 얼마나 의존적인 관계를 유지하는가를 나타내는 개념이다.

톰슨은 기술을 중계형 기술(집합적 상호의존성), 연속형 기술(연속적 상호의존성), 집약형 기술(교호적 상호의존성)로 나누고 각각의 기술에 적합한 의사결정이나 조정의 구조가 형성되어야 한다고 보았다. 중개형 기술은 낮은 복잡성과 높은 공식화를 특징으로 하는데 표준화와 규칙 및 절차를 통해 효과적으로 조정되고, 연속형 기술은 중간 정도의 복잡성과 공식성을 갖는데 계획 등을 통해 조정이 이루어지며, 집약형 기술은 높은 복잡성을 가져 팀워크에 의한 상호조정이 필요하다는 것이다.

3) 조직환경

조직환경이란 조직의 경계 밖에 존재하면서 조직 전체나 일부분에 영향을 미칠 가능성이 있는 모든 것이다(Daft, 2013: 136). 환경은 조직이 생존을 위해 필요로 하는 자본, 인적·물적 자원, 기술적 정보, 시장 등을 제공하여 조직의 생성, 존속 및 성장에 커다란 영향을 미친다. 환경의 불확실성이란 의사결정자가 환경에 관한 충분한 정보를 가지고 있지 못함으로 인해서 외부 환경 변화를 제대로 예측하지 못하는 상태를 의미한다. 던컨(Duncan, 1972)은 환경의 불확실성은 두 가지 차원, 즉 정태성－동태성이라는 차원과 단순성－복잡성이라는 차원으로 이해할 수 있음을 밝혔다.

환경의 복잡성이란 조직이 의사결정을 할 때 고려해야 할 환경 요소의 수에 관련된 개념으로서, 환경이 복잡하다는 것은 의사결정을 할 때에 고려해야 할 환경 요소가 그만큼 많다는 뜻이다. 또한 환경의 복잡성과 함께 환경의 불확실성에 영향을 미치는 하나의 차원, 즉 환경의 동태성이란 조직이 의사결정을 할 때 고려하는 환경 요소들이 얼마나 동태적인가 하는 개념으로 '환경이 동태적이다'라는 것은 환경 요소들의 특징이 자주 변한다는 뜻이다. 정태성－동태성 차원은 의사결정에 고려해야 할 요인들의 변화 정도를 고려한 것이고, 단순성－복잡성 차원은 의사결정을 할 때 고려해야 할 요인들의 수와 그 요인들의 유사성 정도를 고려하는 것이다.

던컨은 조직이 효과적으로 조직목표를 달성하려면 조직환경의 불확실성 정도에 적합한 조직설계가 이루어져야 하는데, 예를 들어, 환경의 불확실성이 낮은 조직은 기계적 조직구조, 낮은 차별화와 기계적 통합 방법을 사용해야 한다는 것이다. 반면에 환경의 불확실성이 높은 조직은 유기적 조직구조, 다수의 변경조직, 높은 차별화와 유기적 통합 방법을 사용해 조직을 설계하는 것이 효과적이라고 한다.

그림 3-2-3 환경의 불확실성과 조직설계

환경의 동태성		환경의 복잡성: 단 순	환경의 복잡성: 복 잡
	안정적	낮은 불확실성 1. 기계적 조직 (공식적 · 집권적) 2. 소수의 변경조직 3. 아주 낮은 분화 아주 적은 통합 방법 4. 생산 지향적	다소 낮은 불확실성 1. 기계적 조직 (공식적 · 집권적) 2. 다수의 변경조직 3. 낮은 차별화 아주 적은 통합 방법 4. 약간의 계획
	동태적	다소 높은 불확실성 1. 유기적 조직 (비공식적 · 분권적) 2. 소수의 변경조직 3. 높은 차별화 많은 통합 방법 4. 계획 지향적	높은 불확실성 1. 유기적 조직 (비공식적 · 분권적) 2. 다수의 변경조직 3. 아주 높은 분권화 아주 많은 통제 방법 4. 포괄적 계획, 예측

자료: Daft(2013: 142).

3. 조직구조의 주관적 상황변수

1) 전략(strategy)

조직의 최고관리자는 조직이 나아갈 방향을 설정한다. 우선 조직목표를 설정하고, 그러한 목표를 달성할 수 있는 전략을 개발한다. 이렇게 설정된 목표와 방향에 의해서 조직을 어떻게 설계하고 관리할 것인지가 결정된다. 조직이 나아갈 방향을 설정하는 과정은 일반적으로 외부환경의 기회와 위협에 대한 평가에서 시작된다. 이후 조직이 가지고 있는 경쟁우위를 파악하기 위해 내부의 강점과 약점을 평가한다. 다음 단계에서는 외부 기회와 내부 강점을 근거로 조직이 달성하고자 하는 사명과 목표를 설정하고, 이를 달성하기 위해 필요한 구체적인 운영목표와 전략이 수립되는 것이다.

전략은 조직이 목표를 달성하기 위해 경쟁적인 외부 환경과 상호작용을 어떻게 할 것인가에 관한 계획(plan)이다. 목표는 '조직이 원하는 것'이고 전략은 '그것을 어떻게 달성할 것'인가와 관련된 것이다. 목표를 달성하기 위한 전략은 다양한 것들이 있지만, 핵심은 '경쟁자에 비해 차별화된 활동을 할 수 있는가'와 '경쟁자가 수행하는 활동과 유사한 활동을 보다 효율적으로 수행할 수 있는가'를 선택하는 것이다.

2) 권력(power)

조직의 상황 변수, 즉 규모, 기술, 환경, 전략 등은 조직설계에 중요한 영향을 미친다. 그러나 이들 변수들은 조직구조 변화의 50~60%밖에 설명하지 못한다고 한다(최종태 · 백삼균, 2002: 133). 나머지 부분을 설명해줄 수 있는 상황 변수가 바로 권력(power)인 것이다(김석회, 2004: 355). 그래서 조직구조는 자신들의 이해관계를 추구하는 내부 구성원의 권력투쟁의 산물이라는 주장도 있다(Pugh, 1973: 19-34). 규모, 기술, 환경 등은 모두 합리성을 가정하고 있다. 그러나 조직구조에 대한 결정이 모두 합리적일 수는 없다. 아무리 합리적이고 바람직한 조직구조가 있다고 해도 선택자의 이해관계에 의해 다른 조직구조가 선택될 가능성이 높은 것이다. 즉 관리자가 반드시 조직의 이익을 극대화하는 구조를 선택하는 것이 아니다. 권력통제의 관점에서 본다면 권력을 소유한 사람들은 자신들의 통제를 증대시킬 수 있는 구조를 선택하리라는 것이다(박내회, 2004: 369-370). 그래서 통제력을 더욱 증진시키기 위해 권력을 가진 사람들은 복잡성이 낮고 공식화와 집권화가 모두 높은 조직구조를 선택할 것이라는 것이다.

제 3 절 조직구조의 유형

1. 기계적 조직구조와 유기적 조직구조

기계적 조직구조(mechanistic organizations)는 전형적으로 높은 수준의 공식화, 엄격하고 계서적인 명령계통, 고도의 전문화, 좁게 한정된 업무범위, 상명하달식의 의사소통, 의사결정의 집권화, 그리고 좁은 통제범위에 의존하는 구조이다. 효율적이고 예측 가능하며 표준화된 조직이기 때문에 안정적인 환경에 적절하다. 기계적 조직구조의 대표적인 형태가 관료제적 조직구조이다(Ivancevich, Konopaske & Matterson, 2008: 461). 유기적 조직구조(organic organizations)는 전형적으로 낮은 수준의 공식화, 약하고 복합적인 명령계통, 낮은 수준의 전문화, 분권화된 의사결정 그리고 넓은 통제범위에 의존하는 구조이다. 유연하고 적응적이며 조직외부에 초점을 맞추고 있으며 역동적인 환경에 적절하다(Colquitt, Lepine & Wesson, 2015: 510; 박연호, 2000: 451-452).

표 3-2-3 기계적 조직구조와 유기적 조직구조의 특성

기계적 조직구조	유기적 조직구조
높은 수준의 과업 전문화(전문 과업)	낮은 수준의 과업 전문화(일반 과업)
아주 명확한 권한 체계	명령체계는 존재하나 구성원의 자율성 강조
소수에 의한 집권화된 의사결정	다수의 참여에 의한 분권화된 의사결정
높은 수준의 계층적 통제	낮은 수준의 계층적 통제
부하와 상사 간의 수직적 의사소통	조언에 초점을 둔 수평적 의사소통
전문분야에서 특화된 전문성의 개발 장려	전문분야 외의 지식과 전문성 개발 장려
낮은 환경 불확실성에 적합	높은 환경 불확실성에 적합

실제 조직은 기계적 조직구조와 유기적 조직구조 중 극단적으로 어느 한 쪽을 취하고 있는 조직은 거의 없고, 양 구조극단 사이의 중간 지점 어느 한 쪽에 위치할 가능성이 높다. 즉 어떤 조직은 기계적 구조 특성을 좀 더 가지고 있고, 다른 조직은 유기적 구조 특성을 좀 더 가지고 있다고 볼 수 있는 것이다.

2. 계선조직과 참모조직

1) 계선조직의 개념과 특징

계선조직은 명령복종관계가 수직적으로 연결되어 있고, 계층화에 따른 분업에 중점을 두고 있는 조직이다. 계선조직은 조직의 목표를 달성하는 데 직접적으로 기여하고 책임을 진다. 계선조직의 특징으로는 ① 수직적 권한의 계열로 이루어져 있으며, ② 결정권·집행권을 가지며, 이에 대한 책임을 지고, ③ 계층제·명령통일·통솔범위에 따른 분업화에 중점을 두고 있으며, ④ 일반대중과 밀접한 관계를 유지한다는 점을 들 수 있다.

2) 참모조직의 개념과 특징

참모(막료)조직이란 계선기관이 조직의 목표달성을 위한 정책결정, 집행 등 조직의 모든 활동을 원활하게 수행할 수 있도록 도와주기 위하여 계선 외부에 설치한 조직을 말한다. 이와 같은 참모기관은 자문·조정·정보수집분석·기획·통제·인사·회계·법률·공보·조달·연구 등의 기능을 수행함으로써 계선기관의 업무활동을 지원·촉진시켜 주는 역할을 한다. 참모기관은 ① 전문적인 지식·경험을 가지고 조직목표 달성에 간접적으로 기여하고, ② 구체적인 집행권이 없기 때문에 일반적으로 명령이나 지휘권을 갖지 못하고, ③ 일반대중과 직접 접촉하거나 봉사하지 않는다는 데 그 특징이 있다.

3) 계선과 참모조직의 관계

오늘날 계선과 참모의 구별은 거의 소멸되고 있으며, 따라서 계선과 참모는 기능상 엄격히 구별되는 개념이 아니라 상호 보완·의존적 관계를 지니고 있는 밀접한 개념으로 파악되어야 한다. 그러나 현실적으로는 양 조직 간에 갈등이 발생하기도 하는데 이의 원인으로는 ① 사회적 배경·생활양식의 차이, ② 개혁과 현상유지, ③ 업무의 성질에 대한 인식 부족, ④ 최고관리자의 측근자로서의 참모와 계선의 방어적 태도 등을 지적할 수 있다. 양 조직 간의 갈등의 해결방안으로는 ① 권한과 책임한계의 명확화, ② 인사교류, ③ 기관장 자신의 인식, ④ 교육훈련의 실시 등을 들 수 있다.

3. 일반적 조직형태

민츠버그(Mintzberg)에 의하면 조직에는 다음과 같은 다섯 가지 기본 부문이 있다. 첫째, 핵심 운영 부문으로 현장에서 조직의 제품이나 서비스를 생산해 내는 곳이다. 둘째, 전략 부문으로서 조직을 관리하는 최고관리층이 있는 곳으로 조직의 전략을 형성한다. 셋째, 중간라인 부문으로 전략 부문과 핵심 운영 부문 간을 연결시키는 라인에 위치한 중간 관리자로 구성되어 있다. 넷째, 기술구조 부문은 조직 내의 과업 과정과 산출물이 표준화되는 시스템을 설계하는 분석가들로 구성된다. 다섯째, 지원 스태프 부문으로 기본적인 과업 흐름 외에 발생하는 조직의 문제에 대해 지원을 하는 전문가들로 구성되어 있다. 조직은 이러한 다섯 부문에 작용하는 힘에 의해 다음과 같은 다섯 가지의 구조를 갖게 된다고 한다.

1) 단순구조

단순구조는 상대적으로 소규모이고 주로 초창기 조직에서 발견되는데, 일반적으로 복잡하지 않은 기술을 사용한다. 단순구조는 집권화된 유기적인 구조라 할 수 있다.

(1) 일반적 성격

① 단순구조는 복잡하지 않으며 공식화 정도도 낮다.

② 권한이 최고관리자에게 집중되어 있으며, 소계층조직으로서 핵심운영부서가 유기적 구조인 것이 단순구조의 특징이다.

③ 과업 수행시 주로 사용하는 조정수단은 직접감독이다.

④ 특히 중요한 모든 의사결정권한은 최고관리자에게 집중되는 경향이 있

으며, 따라서 최고관리자는 이 구조의 핵심부문으로 등장한다.

⑤ 단위부서들은 대략적인 기능의 구분에 의해서 묶어지는데 단위부서들 간의 조정은 최고관리자가 담당한다.

⑥ 의사소통은 비공식적으로 행해진다.

(2) 장단점

단순구조의 가장 큰 장점은 단순성에 있다. 즉 ① 단순구조는 신속하고 유연성이 있으며 유지비용이 적게 들며, ② 진취적이고 혁신적이어서 관료제 구조가 회피하는 위험한 환경을 계속적으로 추구할 수 있다. 반면 단순구조는 집권화로 인한 다음과 같은 단점을 가진다. ① 단순구조는 최고관리자에게 전적으로 의존하기 때문에 최고관리자의 건강이나 판단 여하에 따라서 조직의 성패가 좌우된다. ② 구조적인 변화가 필수적임에도 불구하고 최고관리자가 그 변화를 거부하거나 저항하는 경우에는 단순구조의 가장 큰 장점 중의 하나인 유연성이 단순구조의 치명적인 부담이 된다. ③ 단순구조에서는 최고관리자의 견제세력이 거의 존재하지 않으므로 최고관리자의 권력남용 가능성이 크다.

2) 기계적 관료제 구조

기계적 관료제 구조는 전형적으로 단순하고 안정적인 환경에서 적절한 조직구조 형태이다. 기계적 관료제 구조에서는 활동을 가급적 조직 내부에서 완전하게 통제하려 함으로써 작업 흐름을 안정적으로 유지하려고 한다. 또한 작업의 반복성이 높고 표준화를 정착시킬 수 있는 조직에서 찾아볼 수 있다.

(1) 일반적 성격

① 기계적 관료조직은 작업이 철저하게 세분화되어 있고 또 그 작업은 반복적으로 수행되며, 핵심현장부서에서 매우 공식화되어 있다.

② 조직전반에 많은 규칙과 규제가 존재하며 의사소통 또한 매우 공식화되어 있다.

③ 핵심현장부서의 작업 단위가 크며 기능에 따라 작업이 통합된다.

④ 종업원에 대한 교육훈련은 별로 행해지지 않으며 부서간의 횡적 통합

방식도 거의 사용되지 않는다.

⑤ 집권화된 형태의 의사결정유형을 보이며 관리구조가 계선과 참모로 명확하게 구분되는 특성이 있다.

(2) 장단점

기계적 관료조직은 장점은 다음과 같다.

① 업무수행의 정확성 · 신속성 · 명확성 · 지속성 · 단일성과 갈등의 감소, 인적 및 물적비용의 절약 등을 추구할 수 있으며, 다른 어떤 조직형태보다도 기술적 합리성을 유지할 수 있다. ② 기계적 관료조직은 쉽게 통제가능하며 효율적이기 때문에 대량의 동일한 산출물을 생산하는 데 적합하다.

한편, 기계적 관료조직의 단점으로는 ① 과업에 대한 지나친 세분화로 작업의 일상화를 가져오며, 그 결과 비인간화 문제를 야기할 수 있다는 점, ② 하위목표에 대한 집착으로 말미암아 고객에 대한 서비스가 무시될 수 있고, 변화에 대한 저항을 초래할 수 있다는 점, ③ 조직 내의 갈등이 표준화에 의해서 해결될 수 없을 때 라인과 스텝간의 조정문제가 대두되며 그 결과 환경변화에 대한 둔감한 적응을 보이기도 한다는 점들을 들 수 있다.

3) 전문적 관료제 구조

전문적 관료제 구조는 수평 · 수직적으로 분권화된 조직 형태로서, 복잡하고 안정적인 환경에서 적절한 조직구조 형태이다. 즉 환경이 복잡하면서, 표준화된 시식과 기술 및 운영절차를 사용할 수 있을 정도로 안정되어 있는 경우에 적합하다.

(1) 일반적 성격

① 전문적 관료조직은 오랫동안 고도의 교육과 훈련을 받고 직업의식이 투철한 작업현장의 전문가들에게 상당한 자율성을 부여한다.

② 분권화를 가능케 하는 조정 메커니즘으로 조직구성원들의 행동을 표준화한다. 이 조정 메커니즘은 지식 및 기술능력의 표준화이며, 전문적 관료제는 이 메커니즘에 의존한다.

③ 전문가들은 그들 과업을 스스로 통제할 뿐만 아니라 지원부서와 같은

관리기구에 대해서도 통제를 유지하려고 한다.

④ 전문가들의 복잡한 과업을 쉽게 공식화할 수 없고 그 결과도 행동계획이나 성과통제시스템에 의해 표준화될 수 없기 때문에 지원스텝은 매우 구체화되어 있다.

⑤ 전문적 관료조직에서는 고객과 그에 봉사하는 전문가들이 서로 밀착 연결되어 있으므로 구조면에서 서로 일치한다고 볼 수 있다.

(2) 장단점

전문적 관료조직의 장점으로는 ① 구성원들에 폭넓은 재량권을 제공하며 이에 수반되는 모든 압력과 정치적인 힘에 대하여는 물론 그들의 동료들로부터도 제재를 받을 필요가 없다는 점, ② 작업자들과 고객을 유리시키는 장벽이 없으며, 양자의 인간적인 접촉을 가능케 함으로써 기술적 시스템과 사회적 시스템의 완전한 조화를 연출하게 된다는 점을 들 수 있다.

그러나 전문적 관료조직은 ① 라인계층의 수직적인 힘과 전문가들의 수평적인 힘 사이에서 갈등을 겪고 있는 지원스텝과의 조정문제, ② 자기 분야에서 권위자임을 자부하는 전문가들 사이에서의 조정문제, ③ 전문가의 비양심적인 그릇된 판단에 대한 통제문제 등의 단점을 가지고 있다.

4) 사업부제 구조

사업부제 구조는 제한된 수직적 분권화 조직 형태로서, 이러한 구조가 형성되기 위한 기본적인 조건은 무엇보다도 고객이나 제품 및 시장의 다양성이다. 이 구조는 상대적으로 안정적인 환경에서 운영되는 대규모의 조직에서 발견된다.

(1) 일반적 성격

① 사업부제구조는 하나의 완전한 구조가 아니라 다른 구조에 하나의 구조를 겹쳐 놓은 구조형태이다. 이 구조는 각각의 사업부를 관리하는 하나의 본부를 갖춘 시장중심의 구조이며, 그 각각의 사업부는 독자성을 가지고 운영된다.

② 사업부제구조하에서는 중간관리층이 조직의 핵심부문으로 등장하며,

각 사업부마다 성과표준을 설정하고 설정된 표준과 일정기간 동안의 과업수행결과를 비교하는 성과통제시스템이 운영된다.

③ 각 사업부의 자율성을 보호하면서 사업부를 통제하기 위해서는 각 사업부는 단일의 일관된 목표를 갖는 단일의 통합시스템으로서 이루어져야 하고 목표는 양적 측정이 가능해야 한다. 그래야만 성과표준설정이 용이하기 때문이다.

(2) 장단점

사업부제의 장점으로는 ① 자원의 효율적인 배분을 가능케 한다는 점, ② 개별사업을 영위할 수 있는 기회가 주어지기 때문에 전반관리자를 훈련시키는데 유리한 조건을 갖고 있다는 점, ③ 한 사업부의 파탄이 다른 사업부에 영향을 주지 않고 그 한 사업부의 파탄으로 끝나기 때문에 위험을 분산시킬 수 있다는 점, ④ 사업부 관리자가 자유롭게 사업을 전개할 수 있으며, 사업부는 그들의 관료적 기구를 변화시킬 수 있다는 점 등을 들 수 있다. 사업부제구조의 단점으로는 ① 사업부제의 통제시스템이 관리자들로 하여금 금전적 성과에 치중하게 하여 관리자들의 혁신능력을 저해할 수 있다는 점, ② 종종 본부의 관리자들이 사업부의 권한을 빼앗아 제품이나 시장에 관한 의사결정을 본부에 집중시킴으로써 사업부제 본래의 목적을 상실시킬 수도 있다는 점, ③ 본사가 사업부를 관리함에 있어 이익·매출액·투자수익률과 같은 양적인 측면의 성과를 기준으로 사업부를 평가하고 통제하게 될 경우 제품의 질, 작업에 대한 자부심, 고객에 대한 봉사, 환경보호 및 미화 등과 같은 측정될 수 없는 목표 등이 무시되어질 수 있다는 점 등을 들 수 있다.

5) 애드호크라시 구조

애드호크라시는 기계적 관료제 구조와 반대의 속성을 갖는 조직구조로서, 동태적이고 복잡한 환경에 처한 조직에 적합한 분권화되고 유기적인 조직구조이다.

(1) 일반적 성격

① 행동의 공식화가 크게 요구되지 않은 유기적 구조이다.

② 준공식적 권한(quasi-formal authority)을 참모에게 부여하기 때문에 계선과 참모의 권한이 불명확하다.

③ 구조는 기능 및 시장중심으로서 동시에 결합되는 매트릭스 구조에 광범위하게 의존하기 때문에 명령계통일원화의 원칙이 적용되지 않는다.

(2) 장단점

애드호크라시의 장점으로는 ① 구성원의 능력과 재능을 최대한 발휘하게 함으로써 혁신을 촉진할 수 있다는 점, ② 고객의 특별한 요구나 시장에서의 급격한 변화에 개별팀을 프로젝트 간에 이동시킴으로써 신속하게 대응할 수 있다는 점 등을 들 수 있다. 한편 애드호크라시의 단점으로는 ① 기능부서와 프로젝트관리자들 사이의 권력투쟁에 따른 갈등으로 개인의 역할 및 책임과 권한이 모호해지며, 이로 인해 종업원들에게 스트레스를 줄 수 있다는 점, ② 잦은 계약관계의 설정 및 해체가 구성원들에게 사회적 스트레스와 심리적 긴장감을 유발시키기 쉽고 종업원들이 조직에 대한 몰입을 하기 어려운 면이 있다는 점, ③ 개인의 성장을 위한 경력개발이 체계적이지 못한 경우가 많다는 점, ④ 종업원의 시간배분 및 성과평가를 누가 어떻게 할 것인가가 명확하지 않다는 점, ⑤ 의사소통에 높은 조정비용이 수반되고 불균형한 과업부담으로 인해 일상적인 일을 수행하는 경우에 내부효율성을 기하기 어렵다는 점 등을 들 수 있다.

4. 현대적 조직형태

전통적 조직구조에 대한 이론적 비판은 이미 오래전부터 행해져 왔으나 조직사회의 실제에 있어서는 과학지식과 기술의 지나친 강조, 지식의 세분화 및 기존 조직질서의 변화에 대한 저항 등으로 인하여 기존 조직구조에 대한 큰 변화를 이룰 수가 없었다(Forrester, 1965: 5). 그러나 1960년대 후반에 와서 전통적 조직구조에 큰 변화가 일어나게 되었다. 그것은 행태주의론자와 더불어 조직의 실무자들이 전통이론의 한계를 크게 인식한 결과라고 볼 수 있다. 즉 종래의 조직이론에 의한 방법으로는 현대조직의 복잡한 문제를 더 이상 해결할 수 없음을 인식하고 급변하는 환경에 동태적으로 적응할 수 있는 새로운 조직구조의 모형을 모색하게 되었다. 여기에서는 이와 같은 새로운 모형 중에서 비교적 널리 이용되고 있는 프로젝트조직, 매트릭스조직, 태스크포스에 관하여 살펴보고자 한다.

1) 프로젝트(project)조직

(1) 프로젝트조직의 의의

프로젝트(project)조직은 일반적으로 많은 기획과 조사연구 및 업무의 조정이 요구되는 고도의 산업기술업체에서 이용하고 있는 조직모형으로서 오늘날에는 산업기술업체뿐만 아니라 일반기업체는 물론 정부기관 및 군대에서도 널리 이용되고 있다. 프로젝트조직은 종래의 전형적 조직으로 생각되어 왔던 직능조직의 결함, 즉 기능별 명령계통의 협조곤란과 환경의 변화에 따른 신속한 적응곤란 등을 극복하기 위하여 고안된 것으로서, 조직 내의 분파주의를 방지하고 환경의 변화에 창조적으로 적응할 수 있도록 조직의 기동성을 확보하려는 데 목적을 두고 있다.

요컨대 프로젝트조직이란 특수한 사업이나 목표를 달성하기 위하여 일정한 기간 업무를 수평적 · 대각적으로 배열하고 막대한 양의 인적 · 물적 자원을 탄력적으로 이용하는 동태적 조직이다.

(2) 프로젝트조직의 특징

프로젝트조직의 특징으로는 다음과 같은 점을 들 수 있다(Cleland, 1967: 66).

존속기간

프로젝트조직은 특수한 사업 · 목표를 수행하기 위하여 구성되었다. 이를 달성하면 해산되는 조직이므로 그 존속기간이 한정적이다. 이와 같은 방식을 채택하는 목적은 조직의 유연성을 확보하는 데 있다.

계선의 기능

계선도 특정사업 · 목표를 달성하는 데 있어서 지원 역할을 한다. 그러나 권한과 책임의 체계는 존재한다.

수평적 · 대각적 관계

수직적인 연쇄요소가 존재하기는 하지만 주로 수평적 · 대각적인 관계를 중심으로 업무가 수행된다.

목표의 다변화

조직에서 달성하고자 하는 사업은 비교적 독립된 여러 부서로 분할된 합동적인 것이므로 목표가 다변적으로 설정된다.

2) 매트릭스조직

(1) 매트릭스조직의 의의

매트릭스조직은 조직의 기능에 따라 수직적으로 편성된 직능조직에 수평적·측면적인 프로젝트조직의 모형을 부가시킨 조직을 말한다. 즉 매트리스조직은 전통적인 기능적 조직과 프로젝트조직을 합한 것이다. 기능부서의 장은 수직적인 부서의 전문가에 대한 계선 권한을 가지면, 기능적 전문가는 수평적 구조의 특수사업에 배열되어 특정한 임무를 맡게 된다. 이와 같은 임무는 일반적으로 특수사업이 착수될 때 관련 있는 기능부서의 관리자와 프로젝트 부서의 관리자 간의 긴밀한 협의를 통하여 배당된다.

매트리스조직은 전통적인 조직원리들을 무시하게 된다. 즉 명령통일의 원리나 계층제의 원리가 적용되지 않으며, 계선과 참모구조의 모형과도 일치되지 않는다. 따라서 매트리스조직에서는 상당한 갈등이 발생하게 된다고 평가되고 있다. 그러나 매트리스조직은 전통적인 기능적 조직의 이점과 프로젝트조직의 장점을 포용한다는 데 강점이 있다. 매트리스조직을 지지하는 이론가들은 매트리스조직의 장점이 그의 단점을 능가할 수 있다고 주장한다.

(2) 매트리스조직의 장단점

매트리스조직은 직능조직과 프로젝트조직의 이점을 활용한 조직으로서 그 장점을 살펴보면 다음과 같다(Cleland & King, 1968: 172).

① 특수사업과 관련된 모든 문제가 일인의 관리책임자에 의하여 처리되므로 특수사업이 강조된다.

② 기능적 전문가의 지위가 확보되므로 인적 자원을 융통성 있게 활용할 수 있다.

③ 계획을 위하여 전문지식·경험을 공평하게 활용할 수 있다.

④ 특수사업이 달성되어 그 사업에 종사하였던 직원이 불필요한 경우에도 그들이 근무할 수 있는 기능적인 부서가 마련되어 있다.

⑤ 의사전달망의 설정과 의사결정의 집중화로 특수사업의 필요성이나 고객의 욕구에 대한 반응이 빠르다.

⑥ 특수사업에 대한 관리를 일관성 있게 수행할 수 있다.

⑦ 직능적 구조와 프로젝트구조 간에 상호 견제, 형평의 유지 작용 및 협의가 계속적으로 존재하기 때문에 시간·비용·성과의 평형을 유지할 수 있다.

매트릭스조직의 단점으로서는 다음과 같은 점을 지적할 수 있다(Fiore, 1970: 6).

① 전통적 조직원리, 즉 계층제 원리·명령계통일원화의 원리가 적용되지 않는다.

② 계선·참모의 구조모형과도 일치하지 않는다.

③ 기능구조의 프로젝트구조가 혼합되어 있으므로 갈등이 발생할 우려가 많다.

④ 비공식집단과 상하관계의 유지가 곤란하다.

⑤ 활동적인 성격을 가지고 있지 못한 사람들의 경우, 조직에 대한 참여동기, 충성, 일체감 등이 감소될 가능성이 있다.

3) 태스크포스

태스크포스(task force) 역시 가장 폭넓게 이용되는 애드호크라시의 형태이다. 이는 추구하는 목표가 달성되었을 때 해체된다는 점에서 임시조직(temporary organization)의 성격을 가지고 있다. 태스크포스가 필요시 되는 이유는 새로운 과업이나 사업계획의 집행이 필요할 때 기존 조직 내의 부서만으로는 감당할 수 없고 여러 부서 간의 협조가 요구되기 때문이다. 과업이 성공적으로 완성되었을 때는 태스크포스에 참여한 사람들은 본래 소속해 있던 부서로 복귀하거나 새로운 태스크포스로 이동하게 된다.

5. 정보사회에서의 새로운 조직형태

1) 팀조직

팀조직(team organization)은 태스크 포스(task force)에 대한 대안적 역할을 수행하는데, 장기간에 걸쳐 팀 구성원들이 특정 업무나 프로젝트를 전담하여 수행하는 프로젝트 팀 형태를 띠게 된다. 팀조직이 등장하게 된 배경을 요약하면, ① 신속한 환경 대응의 필요성, ② 관료주의 병리 현상의 타파 필요성, ③ 업무 수행에 요구되는 새로운 의식과 행동의 변화 등을 들 수 있다.

팀조직은 다음과 같은 점에서 장점을 발휘할 수 있다. 첫째, 계층의 축소는 신속한 의사결정을 가능하게 하며 팀에 대한 권한 이양을 통해 탄력적인 조직의 유연성을 제고시킬 수 있다. 둘째, 자율팀 조직은 각 팀별로 업무의 실행뿐만 아니라 계획과 통제의 주체가 되므로 조직의 간소화를 기대할 수 있다. 셋째, 구성원에 대한 권한 부여로 업무 수행 능력에 대한 창의성을 발휘할 수 있는 기반을 제공하므로 업무 또는 조직에 대한 구성원의 긍지를 높일 수 있다.

2) 프로세스 조직

프로세스 조직(process organization)은 리엔지니어링(reengineering)에 의해 기존 조직을 근본적으로 다시 생각하고 재설계하여 획기적인 조직관리 성과를 도모할 수 있도록 프로세스를 기본 단위로 설계된 조직을 말한다. 이와 같은 프로세스 조직을 설계하기 위해서는 다음과 같은 몇 가지 전제 조건이 요구된다.

첫째, 비교적 안정적이고 식별 가능한 프로세스가 존재해야 한다. 즉 프로세스는 반복적으로 발생되어 정형화된 특성을 갖추어야 한다. 둘째, 기존 업무 처리 방식이나 조직 시스템을 근본적으로 재설계해야 한다. 셋째, 정보기술의 활용이 전제되어야 한다. 이러한 프로세스 조직을 공공 부문에 도입해 적절히 활용할 경우 ① 국민 요구에 대한 신속한 대응, ② 간접관리 인원의 축소, ③ 행정 능력의 획기적 향상, ④ 국민에 대한 수준 높은 공공서비스의 제공, ⑤ 행정의 질 향상이라는 효과를 기대할 수 있을 것이다.

3) 네트워크 조직

오늘날 정보통신 기술의 발전과 국제화의 진전으로 인해 민간 부문은 물론이고 공공 부문에서도 네트워크 조직(network organization)의 필요성이 점차 대두되고 있다. 네트워크 조직이란 독립적인 여러 개의 조직 단위가 유동적으로 결합한 조직 형태이다.

네트워크 조직은 전략, 계획, 통제의 기능만을 수행하고 대부분의 생산 기능은 다른 조직에 위임하기 때문에 공동조직(hollow organization)이라고도 한다. 네트워크 조직은 전통적인 위계적 조직을 대체하는 자유시장적 관점을 수용하는 조직 유형으로서 계층이 거의 없고, 조직 간의 벽도 없으며, 부문간 교류가 활발하게 이루어지는 조직을 말한다.

4) 학습조직

학습조직(learning organization)이란 "격변하는 외부환경에 대처하고 조직의 내적 성장 능력을 극대화하기 위해 조직의 전 구성원이 끊임없이 새로운 지식을 창조 · 습득 · 전파하고, 이러한 활동 속에서 일정한 노력의 결과를 산출해 내며, 이에 대한 비판적 분석과 성찰적 종합을 통해 조직의 당면 문제 해결이나 미래의 비전 및 관리전략을 체계적으로 정립하는 조직"이라고 정의된다. 이를 간단히 요약하면 학습조직을 "조직의 모든 구성원들이 지속적으로 학습하고 이를 관리하는 조직"이라고 정의할 수 있다. 학습조직의 특징을 여러 학자들의 견해를 종합하여 몇 가지로 나누어 정리하면 다음과 같다.

첫째, 학습조직은 적응적 학습(adaptative learning)과 생성적 학습(generative learning)의 의미를 동시에 포함하고 있다. 여기서 적응적 학습이란 변화하는 환경에 반응하거나 대처하는 의미를 지닌 수동적 · 현재 지향적 학습 개념이며, 생성적 학습이란 조직의 현재 능력을 확장시킴으로써 미래의 기회를 발견하는 의미를 지닌 적극적이고 미래 지향적인 학습 개념이다.

둘째, 학습조직은 자신과 타인의 경험과 시행착오를 통한 학습 활동을 높게 평가한다는 점에서 기존의 조직과 구분된다. 학습조직에서는 시행착오를 범하는 과정이 바로 학습이 발생하는 출발점으로 보고 있기 때문이다.

셋째, 학습조직은 외부 특정 전문가를 중시하기보다는 조직구성원 모두가 맡은 분야의 전문가가 될 수 있도록 제도적인 도움을 제공해 준다. 따라서 학습조직은 공식적이거나 정규적으로 이루어지는 교육/훈련(education/training) 활동보다 비공식적이거나 비정규적으로 이루어지는 조직구성원들의 자발적 학습 활동을 강조한다. 그러므로 학습조직은 학습에서 모든 조직 수준의 구성원들의 참여를 촉진하고 학습을 보상하는 체제를 가진다.

5) 가상조직

가상조직(virtual organization)이란 전자적 연계에 의존하는 지리적으로 분산된 개인, 집단, 조직 단위 또는 조직의 일시적 혹은 지속적인 집합이라고 정의된다. 또는 가상조직은 특정한 과업을 수행하기 위해 핵심적인 기술과 자원의 공유를 통해 일시적인 조직의 체계를 형성하는 자율적 조직의 집합체라고 볼 수 있다. 과업이 완료되면 팀은 해체되고 작업집단들은 분해된다.

가상조직의 토대는 의사소통과 신뢰이며, 개방적이고 자발적인 의사소통은 신뢰와 관계를 확립하는 데 필수적이다. 가상조직의 특징은 ① 분산성(dispersion), ② 권한위임(empowerment), ③ 끊임없는 변화의 수용(restlessness), ④ 상호의존성(interdependence)이라고 볼 수 있다.

지금까지 논의한 정보사회의 조직 모형은 장·단점의 차이는 다소 있겠지만, 대부분 미래의 새로운 환경에서 요구되는 조직의 특성, 예컨대, 반응성과 신축성, 분권화된 수평적 관계, 간소하고 유연한 조직, 고객 중심적·가치 지향적·다기능적 성격을 갖고 있다는 공통점이 있다. 또한 이러한 조직 모형들은 정보사회에서 요구되는 조직구성원과 관리자의 특성 변화, 즉 창의성, 다양성, 자율성, 미래 지향성, 그리고 정보 공유 등의 특성에도 잘 부응할 수 있다.

요컨대, 미래 정보사회의 조직은 민간 부문이든 공공 부문이든 간에 궁극적으로 환경 변화에 민감하게 대처할 수 있는 적응적 유기체(adaptable organism)가 되어야 할 것이다. 따라서 정보사회에서는 급변하는 환경에 신속하게 대응할 수 있는 다양한 조직 모형이 재설계되고 재창조되어 여러 상황에 맞도록 적절히 도입·적용되어야 한다.

보완학습

기타 유형의 조직

1. 모래시계형 조직

모래시계형 조직(hourglass organization)은 모래시계와 같이 중간조직이 홀쭉한 모양의 조직이다. 정보화의 영향으로 중간관리층이 대폭 줄어들고 소수의 최고관리층과 다수의 일선 조직구성원으로 구성되는 형태이다.

2. 클러스터형 조직

클러스터형 조직(cluster organization)은 팀 단위로 조직이 구성되어 최고관리층의 팀과 중간관리층의 팀이 서로 중복되어 교차 기능팀(cross—functional team)으로 활성화되는 형태이다. 다양한 기능을 갖춘 구성원들은 여러 프로젝트를 오가며 업무를 보게 된다.

3. 무봉형 조직

무봉형(無縫型) 조직(seamless organization)은 할거적 관료제와는 달리 유연하고 투명하며 고객의 시간과 노력을 낭비하지 않는 서비스를 제공할 수 있는 미래의 조직 형태이다. 이 형태의 조직은 흩어져 있던 조직 하위 단위를 묶어 전체적으로 조직화하여 업무를 수행하고 서비스를 제공하는 조직이다.

4. 삼엽형 조직

삼엽형(三葉型) 조직(shamrock organization)은 세 부류의 구성원들로 구성되어 있는데, 핵심적인 소규모의 전문직·계약직·시간제 고용직이 바로 그것이다. 이러한 삼엽형 조직은 그 구조와 고용 체계에서 직접적인 구성원의 수를 소규모로 유지하면서, 산출물의 극대화를 가능하게 한다. 이러한 구조는 규모가 크지 않으면서 계층 수가 적은 저층형 조직을 가능하게 한다.

제 3 장

조직관리의 의의와 과정

제 1 절 조직관리의 개념과 과정

1. 조직관리의 개념

행정학 및 경영학에서 사용하는 관리(management)란 목표를 설정하고 그것을 달성하기 위하여 인력·물자 및 시간을 합리적으로 체계화하는 조직내부의 행동과정을 의미한다.

이와 같은 일반적 관리의 개념을 이용해서 조직관리의 개념을 규정해 보면 다음과 같다. 조직의 관리란 "행정목표를 효율적으로 달성하기 위한 조직내부의 통일적·촉진적 작용"을 말하며 그것은 구체적으로 행정의 인적·물적·금전적 자원과 정보자원 등의 합리적·체계적 조직화과정을 통해서 발휘된다.

조직의 관리는 공공의 목적달성을 위한 공공사무의 처리라는 기능적인 측면과 사무처리의 합리화과정이라는 기술적인 측면을 갖고 있다. 조직관리는 이 두 가지 측면을 통합적 관점에서 파악해야 한다. 경영와 행정에서의 관리가 기술과정 면에서는 같다고 하더라도 각 과정 속에서 이루어지는 가치판단은 서로 다르다. 전자의 경우 가치판단의 일차적 기준은 이윤추구이지만 후자의 경우는 공익실현인 것이다. 따라서 행정관리는 기술적 요인과 아울러 정치적·권력적 요인을 내포하고 있는 복합적 사회현상으로 파악되어야 한다. 행정조직이 행정활동을 위한 기본적 틀이라면 조직의 관리는 행정의 기능과 운영이며 양자의 관계는 동전의 양면으로 비유될 수 있다.

2. 조직관리의 과정

여기에서는 이러한 행정관리의 과정을 기본과정과 통합·조정과정으로 구분하여 설명하고자 한다. 먼저 기본과정에는 기획, 집행, 통제가 포함된다. 집행은 조직화가 포함되는 개념이다(여기에서 조직화란 인적·물적·금전적 자원의 조달과 적재적소를 원칙으로 하는 팀워크 형성과 지휘체계의 정립을 말한다). 한편 통합·조정과정은 의사결정과 의사소통 및 조정으로 구성된다. 즉 의사결정과 의사소통은 자원 및 정보배분에서 필수적인 요소이며 행정관리의 기본과정을 통합·연결하는 기능을 수행하는 것이다. 또 조정은 개인 간·조직단위 간·부문 간 및 조직관계의 대립과 갈등을 해결하고 활동의 조화와 통합을 이룩하는 데 필수적인 요소가 된다.

그런데 관리의 개념 중에서 중요한 것은 그것이 단순히 현상을 그대로 유지하기 위한 행동에 그치는 것이 아니라 환경변화에 대응하여 현상의 개선과 향상을 추구한다는 것이다. 이러한 점에서 오늘날의 행정 조직관리자는 일반적인 관리능력 이외에 자유의 정신, 타성에 도전하는 용기, 미래의 통찰력, 진취적 행동력 등도 아울러 구비할 것이 요망된다.

제 2 절 조직의 관리계층

1. 최고관리층(top management)

최고관리층은 행정관리조직의 최상위에 위치하며 그 직무는 행정의 기본방향을 결정하는 것이다. 대통령, 국무총리, 장관, 도지사, 기획관리실장 등이 여기에 해당한다. 최고관리층의 기능은 주로 조직활동의 목표설정과 정책결정인데 구체적으로 보면 ① 행정의 기본정책 및 방침의 결정, ② 행정의 통합과 통제, ③ 환경에의 적응성 확보, ④ 정치적 기능 등을 수행한다. 최고관리층은 전문가로서의 능력보다 고도의 통찰력, 판단력, 창의력과 정치적 리더십 등의 능력이 요구된다.

2. 중간관리층(middle management)

중간관리층은 최고관리층의 바로 아래 위치하며, 전문적 지식과 기술을 통하여 부문행정을 수행한다. 중간관리층은 전문가로서 관료제의 중추세력을 이룬다. 중간관리층은 최고관리층의 기본정책 및 방침을 하위관리층의 업무에 연결하여 주며 조직의 안정을 유지하고 문제해결을 위한 결정을 하는 업무를 수행한다. 중간관리층의 기능으로는 ① 최고관리층의 정책결정을 보좌하고, ② 행정조직의 종적·횡적인 조정을 하고, ③ 리더십(leadership)을 발휘하고, ④ 하위관리층을 감독·통제하는 것 등을 들 수 있다. 중간관리층의 자질로서는 ① 전문적 지식·기술, ② 관리능력, ③ 쇄신적 능력이 요구된다.

3. 하위관리층(lower management)

하위관리층은 중간관리층의 지시·통제하에 행정의 모든 실무적인 일을 담당하면서 일선작업계층의 작업을 직접 지도하고 감독한다. 하위관리층의 기능을 보면 ① 법규와 조례의 실시, ② 대민업무, ③ 통계자료의 수집 분석 등의 작업방법과 개선에 관한 업무를 수행한다. 하위관리층에 요구되는 자질로서는 ① 작업의 절차, 법규, 방법에 관한 지식과 기술, ② 인간관계적 기술을 필요로 한다.

제 3 절 관리의 새로운 동향

1. 품질관리(TQM)

1) TQM의 의의

TQM(total quality management: 총체적 품질관리)은 조직의 과정, 산출물, 서비스의 계속적 개선을 위한 수량적 방법 이용과 구성원의 참여를 통하여 고객의 요구와 기대를 만족시키는 총체적이며 종합적인 조직의 접근방법이다. 여기에서 총체적(total)이라는 말은 고객의 확인에서 고객의 만족도 평가까지 조직에서 수행하는 업무의 모든 측면에 적용한다는 것을 말하며, 품질(quality)은 고객의 기대를 만족시키고 나아가 이를 능가하는 것을 뜻한다. 또 관리(management)는 지속적으로 품질을 개선할 수 있는 능력의 개발과 유지를 의미한다.

2) TQM과 전통적 관리의 차이

TQM은 전통적 관리(traditional management)와는 몇 가지 측면에서 차이점을 가지고 있다. 첫째, 전통적 관리는 주로 단기적 목표달성에 초점을 두는 반면, TQM은 조직이 장기적으로 원하는 비젼을 창출하고 이를 조직의 목표로서 운영되게 해 준다. 둘째, 전통적 관리는 품질향상과 고객서비스에 대한 사회감정적(socioemotinal) 몰입을 이끌어 내는 데 불충분하다고 비판하며 TQM은 이를 가능하게 해 준다고 한다. 셋째, TQM은 행정조직 내의 수평적 조직구조, 계속적 개선, 조직구성원의 자발적 협력, 참여, 고객서비스, 성과의 탁월성 등을 가져오는 조직의 '문화혁신'(cultural revolution)을 요구한다. 반면 전통적 관리는 현상유지를 최우선시한다. 넷째, 전통적 관리가 주로 기술구조적 측면을 중시한 반면 TQM은 인적 측면과 기술구조적 측면, 양자 모두의 변화를 요구한다. 다섯째, 전통적 관리는 사후적 통제를 강조하는 반면 TQM은 사전예방을 중시한다.

3) TQM의 행정조직에의 적용방안

TQM은 행정조직의 특성에 맞게 수정되어야 유용한 역할을 할 수 있다. 기업조직에 적용되는 TQM의 개념을 수정 없이 그대로 행정조직에 적용할 경우 여러 가지 문제점에 봉착하게 된다. TQM의 실행전략은 크게 변형적 전략, 교류적 전략, 대표적 리더십 전략으로 나눌 수 있다.

첫째, 변형적 전략(transformational strategies)은 새로운 비전, 목표와 세부목표, 과정의 도입을 통한 변화노력을 의미한다. 여기에는 고객요구의 확인, 고객만족도의 평가, 벤치마킹 등이 포함된다. 둘째, 교류적 전략(transactional strategies)은 TQM의 방법, 접근법, 원칙들이 조직구성원들에게 수용될 수 있게 하는 전략이다. 여기에는 구성원참여와 권한위임, 성과의 평가와 인정, 새로운 보상제도의 수립, 경력개발프로그램, 직무만족도의 평가 등이 포함된다. 셋째,

지원획득 전략(representational leadership strategies)은 TQM이 정치인이나 지역인사와 같은 외부의 제3자의 수용과 지지를 획득할 수 있도록 하는 전략을 말한다. 만일 광범한 지지가 없다면 TQM과 같은 혁신은 오래가지 못하게 될 가능성이 크기 때문이다.

그런데 이러한 세 가지 전략은 상호 배타성을 띠고 있는 것이 아니라 상호 보완성을 갖고 있는 전략이다. 즉 어느 한 가지의 전략을 단독적으로 적용하는 것보다는 세 가지 전략을 동시에 통합적으로 적용해야 보다 효과적인 TQM의 성공을 기대할 수 있는 것이다.

2. 전략관리

1) 전략관리의 의의

전략관리(strategic management)는 조직의 장기적인 성과를 결정하는 일련의 결정과 행동을 말한다. 따라서 전략관리는 환경의 탐색, 전략형성, 전략집행, 평가 및 통제를 포함한다. 즉 전략관리는 조직의 강점과 약점에 비추어 환경의 기회와 제약을 감시하고 평가하는 것을 말한다. 전략관리는 급격하게 증가하는 환경의 역동적인 변화에 대응하기 위해 조직이론 및 관리 분야에서 빠른 속도로 발전하고 있는 한 분야이다. 전략관리의 가장 두드러진 특징은 전략적 의사결정(strategic decision making)을 강조한다는 점이다. 따라서 전략관리는 특히 최고관리자가 직면하는 문제와 기회를 분석하는 데 초점을 둔다.

전략관리의 특징을 요약하면 다음과 같다. 첫째, 전략관리는 조직의 목표와 조직경계를 포함한 조직활동의 모든 영역에 걸쳐 있다. 둘째, 조직의 활동을 환경에 부합시키는 데 관심을 둔다. 셋째, 조직의 내부구조, 관행, 절차 등이 조직의 목표를 달성할 수 있게 만드는 데 초점을 둔다. 넷째, 조직의 활동을 자원능력에 부합시키고, 기회의 이점을 제공하며, 환경의 위협을 회피할 수 있는 충분한 자원의 동원 여부를 평가한다. 다섯째, 자원의 획득, 박탈, 재배분에 관심을 둔다. 여섯째, 명료하고 구조화된 미래목표로 전환시키는 데 초점을 둔다.

2) 전략관리의 과정

전략관리를 수행하는 과정은 다양하고 복잡한 절차를 거친다. 일반적으로 전략관리과정에 포함되는 내용들을 보면 일반적으로 다음과 같은 단계를 거친다.

(1) 전략적 프로그램 수립

계획을 수립하는 것만으로는 올바른 관리전략을 수립했다고 할 수 없다. 계획을 수립하고 이를 정교화하고 나아가 이를 변환할 수 있어야 하는 것이다.

(2) 임무의 서술

조직의 임무의 간결하면서도 총괄적인 명세서의 작성은 기획과정에서 어려운 단계이다. 구체적인 임무의 명세서는 미래의 결정을 위한 지침과 특정한 행동을 측정하기 위한 기준과 함께 조직의 정체성을 제공한다.

(3) 환경의 분석

현재의 환경과 미래에 그것이 어떻게 변화할 것인가의 측면에서 검토되어야 한다. 조직의 현재 강점과 약점의 평가는 매우 중요하다. 분석은 가능한 한 즉시적 · 포괄적이어야 하며, 재정적 자원, 인적 자원, 기술적 · 조직적 체제의 운영, 작업의 질을 고려해야 한다.

(4) 전략의 개발과 실행

환경분석이 완료되면 다음 단계는 대안적 전략을 형성하는 것이다. 전략의 개발 후 전략을 집행하기 위한 구체적 행동단계로 나아가야 한다.

3) 전략관리의 제약과 적용방안

(1) 전략관리의 제약요인

정부조직과 비영리조직의 전략관리에 영향을 미치는 제약요인은 다음과 같다. 첫째, 공공조직이 수입을 직접적인 고객보다는 후원자 또는 국민의 세금에 의존하는 만큼 전략관리의 표준적인 개념, 기법 및 처방의 유용성이 저하될 가능성이 있다. 둘째, 서비스가 일반적으로 무형적이기 때문에 측정하기 곤란하다. 셋째, 고객 또는 수혜자의 영향력이 취약하다. 넷째, 자금을 제공하고 비용을 부담하는 개인 또는 조직이 정부조직의 내부관리에 간섭한다. 다섯째, 보상과 제재를 행사하는 데 제약을 받는다. 여섯째, 예산과정의 제약이 있다.

(2) 전략관리의 적용방안

전략관리의 적용방안은 다음과 같다. 첫째, 행정조직에 있어서의 전략관리에 필수적으로 포함되어야 하는 요소는 합의이다. 정부에는 기업보다 더 많은 관련자들이 있고 변화를 위해서는 이들 관련자들 대다수가 동의해야 하기 때문이다. 둘째, 조직의 임무를 확실히 하는 것은 필수적이다. 이러한 임무의 설정이 효과적이 되기 위해서는 반드시 조직내부에서 창출되어야 한다. 즉 모든 구성원들이 이에 적극적으로 참여해야 한다. 셋째, 전략관리자는 가용자원과 제약조건 및 상황을 고려하여 조직의 현재 목표달성능력을 명확히 파악할 수 있어야 한다.

3. 지식관리

1) 지식관리의 의의와 지식의 유형

지식관리(knowledge management)는 조직의 종합정보처리 과정을 기반으로 하여 유용한 지식을 적시에 획득·축적·창출·유통시키는 조직적 활동이라고 정의할 수 있다. 그런데 행정조직의 경우 조직 내의 지식을 체계화하기란 여간 어려운 게 아니다. 일단 문서 및 정보가 체계적으로 관리가 되지 않아 이를 어렵게 하고 있으며, 지식을 체계적으로 관리하고 활용해야 한다는 인식도 아직 부족하기 때문이다.

지식관리에 있어서 중요한 의미를 지니는 지식의 분류에는 여러 가지가 있다. 첫번째 분류는 개인적 지식과 조직적 지식이고, 두 번째 분류는 암묵지와 형식지이다.

개인적 지식과 조직적 지식은 지식을 보유하고 있는 주체에 따른 분류로서, 개인적 지식(personal knowledge)은 개인에게 체화되어 있거나 개인적으로 보유하고 있는 지식이고, 조직적 지식(organizational knowledge)은 개인의 출입과는 관계없이 조직 내에 축적되어 남겨지는 지식을 말한다. 조직적 지식에는 기술·특허·관리기법·노하우·데이터베이스 등 뿐만 아니라 전략·사업영역·문화 등도 포함된다. 지식관리에서 개인적 지식과 조직적 지식의 개념이 갖는 의의는 조직이 개인적 지식을 조직적 지식으로 전환시킬 수 있는 여건을 마련해 주어야 한다는 데 있다.

암묵지와 형식지는 지식의 존재형태에 따른 분류로서, 암묵지(tacit knowledge)는 장인의 비장의 기술처럼 말로는 표현할 수 없지만 알고 있는 지식이고, 형식지(explicit knowledge)는 말이나 글로 표현이 가능한 지식을 말한다. 암묵지에는 우리가 흔히 노하우라고 부르는 것과 조직의 문화 등이 포함되며, 형식지에는 업무메뉴얼, 설계도, 데이터베이스 등과 같이 정형화된 형태로 표현된 것이 포함된다. 지식관리의 요체는 조직 내에서 학습을 통해서 암묵지가 형식지로 변환되는 데 있다. 즉 사회화·외부화·종합화·내면화의 과정을 통해서 조직의 지식은 새롭게 획·창출·유통되는 것이다.

2) 행정조직에서의 지식관리 수립방안

행정조직에서 지식관리가 원활하게 되기 위해서는 조직의 구조와 문화, 조직구성원의 변화, 조직정보체계의 구축 등 조직의 전체적 차원 변화가 필요하다. 성공적인 지식관리체제를 수립하기 위한 방안을 살펴보면 다음과 같다.

첫째, 조직구성원은 항상 문제의식과 위기의식을 가지고 자신 또는 조직 차원에서 필요한 지식이 무엇인지를 파악하는 노력을 해야 한다. 둘째, 외부로부터의 지식획득과 타인에게의 지식전파에 적극적이어야 한다. 셋째, 조직 내의 지식의 발견·창조·전파·활용 등 지식관리를 총괄하는 지식관리담당임원(CKO: Chief Knowledge Officer)을 두어, 구성원들의 지식창조, 공유를 자극하고, 그들을 지식에 대한 공헌도에 따라 평가하게 하여야 한다. 넷째, 정부조직 구성원들을 이른바 지식노동자(knowledge worker)로 변모시켜 이들의 의식변화와 자기개발 노력을 촉구해야 한다. 다섯째, 조직내부에 기존의 계층적 조직구조를 종횡으로 연결하는 네트워크 조직을 활성화시켜 구성원 간의 지식공유 효과를 극대화하여야 한다. 여섯째, 지적자본의 평가기준을 마련하고 측정체계를 수립해야 하며, 지식을 측정할 수 있는 지표와 구성원에 대한 새로운 평가·보상 시스템을 개발해야 한다. 일곱째, 조직의 지식을 모든 구성원이 검색, 활용할 수 있게 정보시스템을 구축해야 한다.

제 4 절 기획

1. 기획의 의의와 유형

1) 기획의 의의

기획(planning)이란 최적의 수단으로 행정이 추구하는 목표를 달성할 수 있도록 장래에 취할 행동을 위한 일련의 결정을 준비하는 계속적 과정이라고 정의할 수 있다. 행정의 수행과정에서 행정목표가 설정되고 이의 효율적인 달성을 위한 정책이 결정되면 정책의 능률적 집행을 위한 사전적 준비활동을 하게 되는데 이것이 바로 기획인 것이다. 따라서 기획은 어떤 목표를 달성하기 위하여 장래를 예측하고 사전에 모든 수단을 준비하는 동태적 과정(dynamic process)으로서 현대 조직관리의 필수요소가 되고 있다.

기획의 개념이 지니고 있는 공통적 특징을 살펴보면 다음과 같은 것을 들 수 있다. 첫째, 기획은 임기응변의 방편적인 대응책과 구별되는 조직화된 예견장치(organized foresight)의 성격을 띠고 있다. 둘째, 기획은 대안의 선택을 내용으로 하는 일련의 의사결정과정이다. 셋째, 기획은 전문화된 기능으로서 목표와 수단에 대한 체계적 분석과 타당성 검토를 할 수 있는 전문화된 지식 및 기술을 요구하는 관리과정의 일부이다. 넷째, 집권성과 포괄성을 띠고 있으며 행정목적의 실현을 위한 중립성을 띤 도구적 성격을 가지고 있다. 다섯째, 기획은 설계를 통해 문제 상황에 대해 목적창출적인 간섭 또는 개입을 하는 것을 의미한다. 여섯째, 기획은 어떤 체제에서 그 체제의 구성원이나 또는 체제 자체가 인지하게 된 문제를 갖고 있어야 한다.

2) 기획의 유형

(1) 기간에 의한 유형

행정계획은 그 적용기간을 기준으로 장기기획(long-range plan), 중기기획(middle-range plan), 단기기획(short-range plan), 연차계획 등으로 분류할 수 있다.

(2) 내용에 의한 유형

행정계획은 그 내용 또는 대상에 따라 물적 기획(physical planning), 경제기획(economic planning), 사회기획(social planning), 방위기획(defense planning) 등으로 분류할 수 있다.

(3) 이용빈도에 의한 유형

목표달성을 위한 수단으로 기획된 수많은 계획들은 그 이용빈도에 의해서 단일사용기획(single-use plan)과 상비기획(standing plan)으로 분류할 수 있다.

(4) 조직계층에 의한 유형

기획의 유형을 조직계층에 따라 정책기획과 운영기획으로 나눌 수도 있다. 정책기획(policy planning)은 행정조직계층의 상위관리계층에서 수립되는 기획으로서 정부활동에 관한 일반적 테두리(general outlines)를 설정하는 기획이다. 정책기획은 정부의 광범하고 기본적인 정치적 · 경제적 · 사회적 목표를 설정하는 가치판단이 관련되며 법률의 형태로 나타난다. 운영기획(program planning)은 행정조직계층의 하위관리계층에서 수립되는 기획으로서 정책기획이 설정한 목표를 실천에 옮기기 위한 기획이다.

2. 기획과정과 효과적 기획의 원칙

1) 기획과정

(1) 목표의 설정

기획에 있어서 첫 번째 단계는 행정활동의 목적 또는 목표를 설정하는 일이다. 목표는 정책의 테두리 안에서 설정되며 정책은 의회나 행정수반의 기본

정책으로 나타난다. 이 때 목표는 가능한 한 추상적이 아니라 구체적이고 양적으로 제시되어야 한다.

(2) 정보의 수집 · 분석

목표가 설정되면 그 목표를 달성하기 위한 정보나 자료를 수집하고 분석하여 현황을 정확히 판단하여야 한다.

(3) 기획전제의 설정

현황이 파악되면 실천목표를 설정하고 기획의 주요 가정이나 미래예측(forecasting)을 하여야 한다. 정보나 자료는 완전할 수 없고 장래 상황은 유동적이고 가변적이므로 기획전제의 설정이 필요하게 되는 것이다.

(4) 대안의 탐색 · 평가

목표달성을 위하여 구체적인 행동노선인 대안을 찾아내고 각 대안 간의 장단점을 비교 · 평가하여야 한다.

(5) 최종안의 선택

대안의 평가가 끝나면 각 대안 중에서 최선의 대안 하나를 선택함으로써 기획이 수립되는 것이다.

(6) 파생계획의 수립

계획안이 일단 채택되면 이의 실효성을 기하기 위해 필요한 여러 가지 부수적 파생계획을 수립하여야 한다.

2) 기획의 원칙

(1) 목적성의 원칙

기획은 목표를 성취하기 위한 노력의 과정이므로 반드시 목적의식이 수반되어야 한다.

(2) 간결성의 원칙

기획과정을 통하여 수립된 계획은 명확할 뿐만 아니라 간결하게 표현되어야 한다. 미사여구의 나열이나 지나친 수식어의 사용은 금물이다.

(3) 탄력성의 원칙

요건의 변동에 따라 계획을 수정하지 않으면 안 된다. 요컨대 계획은 변화하는 상황에 적절히 대응할 수 있고, 아울러 집행기관의 창의성을 충분히 활용할 수 있도록 탄력성을 갖추어야 한다.

(4) 예측정확성의 원칙

기획은 미래에 대한 정확한 예측(forecasting)에 기반을 두어야 한다.

(5) 안정성의 원칙

계획이 소기의 효과를 달성하기 위해서는 안정성을 가져야 한다. 안정성이 높은 계획일수록 더욱 효과적이며 경제적인데, 수집된 정보의 질과 양, 예측의 정확성이 풍부하고 높을수록 계획은 안정적인 것이 된다.

(6) 균형성의 원칙

어느 하나의 계획은 관련된 다른 계획 및 사업과 적절한 균형 및 조화를 이루어야 한다.

(7) 포괄성의 원칙

기획에는 필요한 제반 요소가 빠짐없이 포함되어 있어야 한다.

(8) 경제성의 원칙

경제성의 원칙이란 현재의 사용가능한 것은 최대한으로 활용하여 장차 동원될 것은 최소한도로 그쳐야 한다는 것을 의미한다.

(9) 필요성의 원칙

이는 기획이 정당한 이유에 근거를 둔 필요한 것이라야 한다는 뜻이다.

(10) 계층성의 원칙

계획은 가장 큰 것으로부터 시작하여 구체화과정을 통해서 점차적으로 작은 계획을 파생시킨다. 이처럼 하나의 기본 계획으로부터 여러 가지 계획들이 파생되는 현상을 '계획의 계층화'라고 한다.

3. 기획의 제약

1) 기획과정상의 제약요인

첫째, 기획목표를 설정할 때 기획담당자 간 또는 이해관계가 있는 여러 집단 간의 갈등으로 인하여 목표의 일치를 확보하기 어렵다. 또한 행정의 기획목표는 그 성질에 따라 계량화하거나 단위설정이 곤란한 것이 있다.

둘째, 기획은 미래를 예측하여 사전에 준비하는 과정이다. 그런데 미래는 유동적이고 가변적이므로 그것을 예측하기 어렵다. 더구나 각종 정보나 자료의 부족은 더욱 예측을 어렵게 한다.

셋째, 기획은 행정의 구체적인 행동방침으로서의 성격을 가지므로 경직성을 띠게 된다. 그러므로 오늘날과 같이 급격히 변동하는 사회에 적절히 적응하지 못하는 신축성의 결여가 한계점으로 지적된다.

넷째, 기획은 사업계획(project), 표준운영절차(SOP) 등과 같은 일정한 기준이나 절차에 따라 집행하게 되므로 개인의 판단과 창의성을 발휘할 여지를 축소시킨다. 또 기획이 구체적 · 집권적일수록 개인의 판단과 창의성 발휘를 위한 자유재량의 여지가 좁아진다.

다섯째, 기획에는 많은 비용과 시간을 필요로 한다. 기획을 통하여 얻는 이익이 소요비용보다 많다는 보장이 없을 수도 있다. 그리고 상황에 따라서는 많은 시간을 기획을 위하여 할당할 수 없고, 즉각적인 대책을 강구하지 않으면 안 되는 경우가 있다.

여섯째, 기획의 필요성에 대한 인식부족으로 국민이 행정부의 기획수립을 회의적으로 비판한다든지 또는 행정부 내에서 상층부의 기획수립에 대해 하층부에서는 자기들을 괴롭히는 수단쯤으로 여기는 경우가 있다.

일곱째, 상비계획은 반복적인 상황에만 적합한데 사회현상은 반복되지 않는 경우가 대부분이므로 상비계획의 효용성은 제한을 받게 된다.

여덟째, 기획은 정보 · 자료를 토대로 수립되는 것인데 이러한 정보 · 자료는 기밀에 속하거나 고의로 왜곡되어 있는 것이 많아 기획을 제약한다.

2) 행정상의 제약요인

첫째, 인사관리의 비합리성은 기획을 저해한다. 적정하지 못한 보수로 인하여 많은 우수한 기획요원이 행정부에 들어오지 않거나 불합리한 인사배치로 그 능력을 발휘할 수 없는 자리로 배치되는 경우가 많다.

둘째, 비합리적인 사무처리 절차, 과도한 중앙집권화, 계층수의 과다 등으로 인한 번잡한 행정절차는 기획제도의 운영을 저해한다.

셋째, 회계제도의 미발달과 지나친 재정통제가 기획제도의 운영, 특히 계획집행을 저해한다.

넷째, 무원칙적인 행정기관의 확대와 설치 및 난립은 조정을 어렵게 하고 발전계획을 수립하고 집행하는 데 중복과 마찰 및 할거주의(sectionalism)를 초래한다.

다섯째, 행정기관 간에 기획이 상호 조정되지 않으면 합리적인 사업계획의 집행이 저해된다.

제 5 절 조정

1. 조정의 개념과 기능

조직활동을 기획하고 기획한 의도대로 집행이 이루어지고 필요에 따라 적절한 통제를 한다면 행정의 목표달성은 쉽게 이루어질 것이다. 그러나 오늘날 행정조직은 전문화·확산화되어 있으므로 우리는 기획·집행·통제를 하는 과정에서 사회심리적 과정을 통한 균등과 조화를 위한 통합을 필요로 하게 되었고 아울러 조직의 각 하위체제 간의 관계에 있어서도 균등과 조화를 위한 통합활동이 요구되고 있는데 바로 이와 같은 통합활동이 조정(coordination)인 것이다.

조정이란 조직의 분화된 여러 활동을 특정목적의 달성을 위하여 동시화(synchronization)시키는 행위라고 할 수 있다. 조정은 동일목적을 향하여 행하여지는 모든 부분 활동을 통합·조화시키는 작용이므로 그것은 시간적으로 관리과정의 어느 한 단계를 차지하는 것이 아니라 관리의 모든 국면에 침투되고 있는 전과정적 작용으로 보아야 한다. 이와 같이 조정은 어느 독립된 활동 또는 작용이 아니라 모든 관리작용 속에 내포하고 있는 중요한 요소로서 이것 없이는 효율적 목적 달성이 불가능한 것이다.

이러한 조정의 주요기능을 들면 다음과 같다. 첫째, 조정은 조직의 각 하위체제가 전체체제의 목표에 대해 유기적 관계를 유지하도록 함으로써 조직의 각 체제 간에 조화와 커뮤니케이션을 원활하게 하여 조직활동의 균등과 적시성을 부여하는 기능을 한다. 둘째, 조정은 조직체제 간의 관계를 유기적으로 집합·배열하여 조직의 집단적 노력에 일관성을 부여함으로써 조직활동의 추진력을 강화·증대시키는 기능을 한다. 셋째, 조정은 조직의 목표를 추구함에 있어 균형과 일관성 있는 노력을 기하게 함으로써 협동력(synergy)의 강화 기능을 한다.

2. 조정의 과정

1) 예견단계

여기서 예견이란 전체 상황의 관점에서 서로 관련되는 부분활동을 판단하는 것을 말한다. 조정의 제1단계가 예견으로부터 시작되어야 한다는 주장의 근거는 본래 조정에는 사전조정의 필요성이 내재하기 때문이다. 요컨대 이러한 '사태의 발견'은 일종의 진단으로 볼 수 있다.

다음은 그러한 사태에 대하여 행하지 않으면 안 될 것은 조정의 목적을 정립하는 일이다. 그 다음으로는 사태의 분석을 필요로 한다. 즉 그러한 사태에 영향을 미치는 제 조건, 예컨대 권한관계라든가 소속 집단의 위치 등의 공식적 관계 조건이나 개인적 성향, 자생적 집단의 기초의 유무 또는 집단이 갖는 사회적 실습 등의 비공식적 관계도 명백히 분석할 필요가 있다. 또한 조정 상 예상되는 난점이라든가 또는 발생될지도 모를 위험성 등도 분석해 두어야 한다.

2) 대책단계

예견의 단계를 진단으로 본다면 대책의 단계는 진단을 토대로 하여 처방을 내리는 단계라고 말할 수 있다. 즉 전단계의 분석자료에 따라 이미 설정되어 있는 관계를 부분적으로 수정하든가 또는 새로운 관계를 설정함으로써 부분 상호 간의 관계를 명확히 하여야 한다. 그 다음에는 검사를 행하여야 한다. 즉 새로운 관계설정이 과연 기대되는 조정효과를 올릴 수 있으며, 또한 바람직한 관계로서 행위자의 동의를 얻을 수 있는가를 검사하여야 한다.

이 두 가지 단계에서는 가능한 한 관계자의 참여하에 새로운 관계의 총합을 촉진시키는 것이 바람직하다. 그 다음 결정을 행하게 되는데 조정을 각 부분의 총합이라는 관점에서 볼 때, 그러한 결정은 개인적 결정보다는 집단적 결정이 실시상의 효과를 확인하기가 쉽다.

3) 실시단계

이전단계에서 이루어진 결정을 실천에 옮기는 단계이다. 그러나 여기서 한 가지 특별히 유의하여야 할 것은 조정이 효과적으로 행하여지기 위해서는 관계자의 주체적 입장을 존중하고 그들의 심리적 요인을 중요시하여야 한다는 것이다.

3. 조정의 방법

1) 조직화에 의한 조정

(1) 조정기구의 설치

조정에 의한 조정방법은 분화된 활동을 구조적 장치에 의해 통합하는 행위로서 조정의 주된 수단이다. 조정을 전달하는 기구를 설치하거나 참모기관이나 보조기관을 활용하여 조정을 원활히 할 수 있다.

(2) 회의 및 위원회제의 활용

회의 및 위원회제를 활용하여 이견과 이해관계의 조정을 도모할 수 있다.

(3) 계층제에 의한 방법

조직 내의 계층제적 구조를 통하여 조정이 효율적으로 이루어질 수 있다. 계층제에서 명령계통의 확립, 통솔범위의 적정화, 책임한계의 확립 등을 통해 전체 조직의 공식적 조정을 실현시키는 방법이다.

(4) 연락관의 임명

자기의 소속 부서 또는 기관의 요구와 운영실태를 숙지하는 이러한 연락관은 그와 밀접한 접촉을 유지하는 타부서 또는 기관의 관계관에게 자기부서 또는 기관의 의견을 전달하고 또 반대로 타의 의견을 가지고 오는 역할을 수행하게 된다.

2) 운영계획방침의 통일

(1) 기획 상호 간의 조화

개별적 기획이 상호 상치되지 않고 적절한 조화와 일관성을 유지하고 있는가를 철저하게 검토하여야 한다.

(2) 적절한 시간책정

전체적으로 조정의 제 활동은 상호 일관성을 유지하고 있을 뿐만 아니라 적절한 시기에 수행되지 않으면 안 된다.

3) 의사전달방법의 적정화

(1) 일상 업무서류의 원활한 유통

조정 상 필요한 구체적 정보는 일상 업무서류(working papers)에 의해서 제공된다. 그러므로 확립된 통로에 따라 오가는 일상 업무서류의 원활한 유통이 도모되어야 한다.

(2) 보고문서전달의 신속화

각종 보고서는 원활한 조정을 기하기 위한 한 가지 방편이다. 그러므로 이러한 각종 보고문서의 신속한 전달이 도모되어야 한다. 추가설명이 필요로 할 때 개인적 접촉이 불가능하다면 개인적 서신·메모 또는 특별한 보고서류를 첨부하는 것도 좋은 방법이다.

4) 조직구성원의 자발적 조정의식의 조성

(1) 행정조직의 지배적인 목적고취

조정이 요구되는 활동을 수행하는 조직구성원들이 조직의 지배적인 목적을 속으로 수용하는 경우에는 자발적인 협조의식이 움트게 되며, 그것은 상호조정을 용이하게 한다.

(2) 일반적으로 수용된 관습과 용어의 조장

업무수행상 원활한 인간관계가 조성된 경우에는 자발적 조정이 수월하게 이루어진다. 이러한 분위기는 어느 정도 조직구성원들에 의하여 널리 수용되고 있는 업무상의 관습 및 용어를 조장함으로써 이루어질 수 있다.

(3) 개인적·비공식적 접촉의 조장

본래 조직구성원의 자발적·비공식적 접촉은 공식적 커뮤니케이션을 보완하는 역할을 한다. 이러한 인간적 접촉을 통해서 구성원 상호 간의 우정이 싹트게 되며 업무상 필요한 조정을 수월하게 한다.

5) 관리계층에 의한 조정

앞에서 살펴본 여러 가지 조정수단이 원활하게 활용되는 경우에도 각급 관리계층에는 어느 정도의 조정상의 문제가 항상 남게 된다. 물론 상술한 조정수단이 훌륭한 성과를 얻으면 그만큼 각급 관리부서의 조정노력은 경감될 것이지만, 각급 관리자는 자기소관하에 이루어지는 모든 활동의 조화 있는 진행을 돌보아야 할 책임으로부터 완전히 자신을 해방시킬 수는 없는 것이다. 즉 관리자는 전체적인 통일과 균형을 유지하기 위하여 어느 곳은 독려하고 어느 곳에 대하여는 억제조치를 취하며, 또 어느 곳은 보충적 조력을 하며, 어느 경우에는 긴급사태에 대처하기 위하여 작업예정표를 수정하며, 또한 때로는 부하직원들의 진지한 견해의 차이를 중재하는 역할을 수행하지 않으면 안 된다.

6) 리더십에 의한 조정(coordination by leadership)

리더십에 의한 조정방법은 행정책임자의 훌륭한 리더십을 통해 조직구성원이 조직의 목적에 대한 공통적 인식과 일에 대한 의욕을 갖게 함으로써 조정하는 방법이며, 조정에 있어서 보완적 성격을 갖는다.

(1) 동기부여(motivation)를 통한 방법

리더는 제재라는 소극적인 방법에서 탈피하여 교육훈련, 동기부여를 통한 능동적 · 자발적인 충성심과 도덕적 책임감을 진작케 함으로써 조정을 도모하는 데 기여할 수 있다.

(2) 아이디어(idea)에 의한 조정

귤릭(Gulick)이 제시한 이 방법은 이념 · 정책과 계획에 의한 조정방법이다. 계획이 실시단계에서 조정을 곤란하게 하지 않도록 이념과 정책의 확립이 필요한 것이다.

(3) 일체성(consensus)을 통한 조정

조직구성원에 대한 일체감의 주입은 조정에 큰 도움이 된다. 따라서 내부집단의식의 앙양을 통한 협조정신과 귀속감을 불러일으키는 것은 중요한 의미를 갖는다. 하부집단의 협조정신과 호응도는 조정의 필수요건이기 때문이다.

제 4 장

동기부여와 집단역학

제 1 절 동기부여

개인이 조직 내에서 일을 하도록 만드는 의욕과 일을 하는 동기에 관한 문제는 조직 목표달성, 개인의 욕구 및 추구하는 가치의 실현과 관련하여 매우 중요한 의미를 지닌다. 동기부여는 조직구성원의 행동의 에너지, 방향 및 지속성을 설명해주는 중요한 개념이다. 여기에서는 동기부여를 인간의 행동을 유발시키고 그 행동을 유지시키며, 나아가 그 행동을 목표지향적인 방향으로 유도해 나가는 과정이라고 정의하기로 한다. 이러한 동기부여의 이론은 내용이론과 과정이론으로 대별된다.

1. 동기부여의 내용이론

1) 마슬로우의 욕구 5단계이론

마슬로우(A. H. Maslow)는 욕구는 다섯 단계의 욕구체계(needs hierachy)를 형성하는데, 개인의 어떤 시점에서의 행동은 그의 강한 욕구 또는 가장 중요한 욕구에 의하여 결정된다는 것이다. 그는 인간의 욕구를 ① 생리적 욕구(psychological needs), ② 안전욕구(safety needs), ③ 사회적 욕구(social needs), ④ 존경의 욕구(esteem needs), ⑤ 자아실현의 욕구(self－actualization needs)로 구분하였다.

2) 앨더퍼의 ERG이론

앨더퍼(Alderfer)는 마슬로우의 욕구 5단계이론을 수정하여 개인의 기본욕구를 존재욕구(existence needs), 관계욕구(relatedness needs), 성장욕구(growth needs)의 3단계의 욕구로 구분하여 설명하고 있다.

존재욕구(E: existence needs)는 허기, 갈증, 거처 등과 같은 모든 형태의 생리적·물질적 욕구들이다. 관계 욕구(R: relatedness needs)는 타인과의 대인관계와 관련된 모든 욕구, 즉 개인 간의 사교, 소속감, 자존심 등을 포함한다. 성장욕구(G: growth needs)는 창조적·개인적 성장을 위한 개인적 노력과 관련된 욕구를 의미한다.

앨더퍼의 ERG이론은 개인 욕구의 계층적 구조와 욕구단계 간의 만족–진행의 단계 등 마슬로우의 이론과 유사한 면이 존재한다. 그러나 마슬로우의 욕구체계이론은 한 하위욕구의 충족시 다음의 상위욕구로 진행된다는 만족–진행접근법에 근거를 두는 반면, ERG이론은 이러한 접근법에 더하여 상위욕구가 충족되지 않거나 좌절될 때 그보다 낮은 하위욕구의 중요성이 커진다는 좌절–퇴행접근법에 기초하고 있다. 또한 ERG이론은 욕구분류를 존재, 관계, 성장, 세 가지로 함으로써 마슬로우의 경우보다 복합적이며 종합적인 욕구개념을 수립하여 개인의 행동을 설명하고 있다는 점에서 차이를 발견할 수 있다.

3) 허즈버그의 이요인이론

허즈버그(F. Herzberg)는 인간에게는 상호 독립된 두 가지의 상이한 욕구가 있으며 이에 따라 인간행동에 미치는 영향이 다르다고 전제하면서, 그 두 가지를 각각 위생요인(hygiene factor)과 동기요인(motivators)으로 구분하고 있다. 허즈버그는 사람들이 불만을 느끼는 것과 관련된 욕구를 직무불만족을 예방하는 기능을 갖고 있다고 하여 이를 위생요인이라 호칭하고 있다. 또 직무만족과 관련이 있는 욕구를 사람들이 그들의 업무에 몰입하도록 하는 동기를 부여하고 있다고 하여 동기요인이라고 부른다.

4) 맥클리랜드의 성취동기이론

맥클리랜드는 한 개인의 퍼스낼리티(personality)는 사람의 행위를 동기부여시킬 수 있는 잠재력을 가진 제 요소들, 즉 성취욕구, 권력욕구, 자율욕구 등으로 구성되어 있다고 보았다. 그는 특히 성취욕구(need for achievement: n-Ach)의 중요성을 주시하여 이를 통하여 인간의 행동을 설명하려고 하였다.

성취욕구는 무엇인가를 이루려하는 욕구인데, 맥클리랜드에 따르면 사람에 따라서 이러한 성취욕구가 강한 사람과 약한 사람으로 분류할 수 있는데 성취욕구가 강한 사람은 소수에 속한다는 것이다.

2. 동기부여의 과정이론

1) 브룸의 기대이론

브룸(V. H. Vroom)의 기대이론은 동기부여를 설명함에 있어서 개인의 선택행태(choice behavior)를 주요 설명변수로 삼고 있다. 다시 말해서 개인은 행동을 함에 있어서 다수의 선택 가능한 대안을 평가하여, 자신에게 가장 득이 될 것으로 평가되는 행동전략을 선택한다고 설명한다. 즉 개인의 동기부여는 그들이 선호하고 가치를 부여하는 결과인 유인가와 자신들이 어떤 행동을 하면 어떤 결과가 수반될 것이라는 주관적 확률인 기대감을 곱한 합이라는 것이다. 이와 함께 결과에 대한 기대감을 포함, 개인의 유의성, 수단성 등의 요인들 역시 개인의 동기형성에 크게 작용한다고 지적하고 있다.

2) 포터와 로울러의 기대이론

포터와 로울러(Porter & Lawler)는 노력, 보상, 성과, 만족 등의 변수들 간의 상호 작용을 전제로 하여 그들의 이론을 전개시켜 나가고 있다. 이들은 만족이 성과를 직접적으로 가져오는 것이 아니라 성과의 수준이 업무만족의 원인이 된다고 보고 있다. 또한 성과와 여기에 결부된 보상에 개인이 부여하는 가치와 노력이 보상을 수반하게 될 것이라는 기대감이 업무수행능력을 좌우할 것이라고 주장하고 있다.

3) 아담스의 공정성 이론

동기부여에 대한 또 다른 과정이론으로서 아담스(J. S. Adams)의 공정성 이론(equity theory)이 있다. 아담스에 의하면 개인의 행위는 타인과의 관계에서 공정성을 유지하는 방향으로 동기부여가 된다는 것이다. 공정성이란 개인의 투입과 산출과의 비율이 타인의 투입과 산출의 비율과의 비교와 관계된 개념이다. 즉 개인이 인지하는 자신의 투입–산출의 비율이 타인의 투입–산출의 비율과 비교하여 두 비율 간의 대등함이 인지되면 공정성을 느끼고, 그 반대의 경우일 때 불공정성을 느끼게 된다는 것이다. 이 때 불공정성이 인지되면 개인은 이를 감소시키려는 노력을 하게 되고 그 노력의 강도는 불공정성의 인지의 정도에 따라 결정된다고 한다. 이러한 상황에서는 불공정성은 높은 결근율과 이직률로 직결된다. 따라서 관리자들은 부하직원들의 행태와 성과에 따라서 보상과 처벌을 명확히 할 것이 요구된다.

4) 로크의 목표설정이론

로크(E. A. Locke)가 제시한 목표설정이론(Goal Setting Theory)은 개인의 성과가 의식적인 목표와 성취의도에 의해 결정된다는 이론으로, 기본모형으로 목표의 난이도(goal difficulty)와 목표의 구체성(goal specificity)에 의해 개인의 성과가 결정된다는 것이다. 목표의 난이도는 목표가 도전적이고 노력을 요구하는 정도를 말하는데, 목표의 난이도가 성과에 긍정적인 영향을 미친다는 것이다. 그러나 목표의 난이도가 지나치게 높아 불가능한 정도가 된다면 성과는 떨어지게 된다. 목표의 구체성은 목표의 명확화와 정확성을 의미하는데 목표의 계량화와 관계가 있다. 즉 막연히 성과를 올리라는 지시보다는 구체적인 수치를 제시하여 목표를 구체화 하였을 때 개인의 성과 향상을 기대할 수 있다는 것이다.

로크는 기본모형을 바탕으로 이후 확장된 이론을 제시하는데, 난이도와 구체성 외에 목표수용성(goal acceptance)과 목표몰입(goal commitment)이 개인의 목표지향적 노력에 영향을 미친다고 주장한다(Moorhead & Griffin, 2014: 153). 목표수용성은 개인이 목표를 자신의 것으로 받아들이는 정도를 의미하며, 목표몰입은 개인이 목표 달성에 관심을 가지는 정도를 말한다. 목표수용과 몰입을 강화할 수 있는 구체적 방안으로는 목표설정 과정에 대한 참여, 도전적이며 현실적인 목표 설정, 보상에 대한 믿음 등을 들 수 있다.

그림 3-4-1 목표설정이론체계

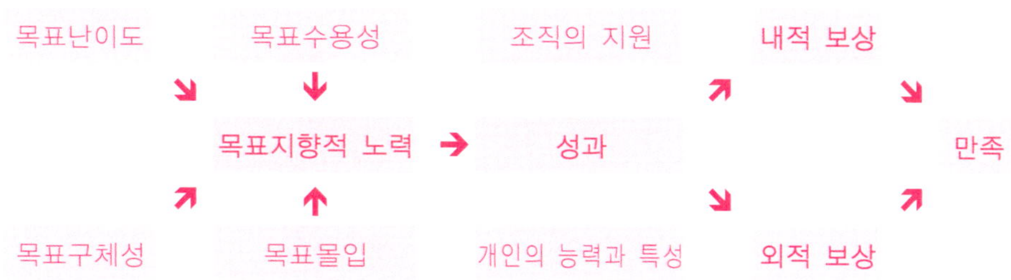

자료: Moorhead & Griffin(2014: 153).

조직의 지원(organizational support)은 필요한 자원의 제공과 같은 긍정적 측면뿐만 아니라 예산 감축, 인력 축소와 같은 부정적 측면도 포함하는 개념이다. 개인의 능력(abilities)과 특성(traits)은 업무수행에 필요한 기술을 포함한 개인적 특성들이다. 목표지향적 노력, 조직의 지원, 개인의 능력과 특성이 상호작용하여 실제 성과를 결정하며, 이에 따른 보상을 받고 해당 구성원은 만족을 하게 된다는 것이 본 이론의 요지이다.

3. 직무재설계(job redesign)와 동기부여

1) 직무설계의 인간화

직무설계(job design)란 직무를 어떻게 분할 내지 통합시키느냐, 즉 직무를 어떻게 엮느냐 하는 문제를 다루는 것이다. 데이비스(L. E. Davis)는 기술·조직면의 요청과 업무를 수행하는 인간의 조건을 조화시킬 수 있도록 직무내용이나 업무방법을 규정화하는 것을 직무설계라고 규정한다. 다시 말하면 직무설계란 몇 개의 과업을 묶어서 1인의 직무를 구성하기 위한 설계를 의미한다.

근대적 직무설계와 관련하여 직무 자체의 변화를 통하여 조직의 효율성을 제고하는 기법을 제시하면 다음과 같다.

(1) 직무순환(job rotation)

이것은 세분화된 업무를 일정한 시간적 간격을 두고서 두루 역임케 함으로써 업무의 단조성이나 무의미성 및 이에 따르는 일방적인 업무부담의 증대 문제를 극복하고자 하는 것이다.

(2) 직무확대(job enlargement)

직무확대는 직무분담에서 일어나는 과도한 전문적 분담을 재편성하여 보다 광범하고 고도의 완결성을 갖는 직무분담으로 확장, 설정하는 것을 의미한다. 또한 이것은 업무의 주기를 연장하는 동시에 한 업무주기 내에 수행하는 상이한 종류의 업무의 수를 증대시킴으로써 직무의 내용을 보다 다양화하는 것이다.

(3) 직무충실(job enrichment)

직무충실은 근로자나 일선에서 근무하는 자가 수행하는 업무 중에서 집행노동으로서의 업무에 추가하여 어느 정도의 관리적 요소를 부여함으로써 업무의 자율성을 회복하는 것이다. 그리하여 직무를 뜻 있고 흥미 있는 도전할 가치가 있는 것으로 만든다.

(4) 목표설정(goal setting)

직무구조에 목표와 환경 및 유인을 도입하는 접근방법을 의미한다.

2) 직무재설계의 방법

직무재설계(job redesign)는 직무의 전문화를 추구하기 위한 전통적 직무설계와 달리 종업원의 생산성과 작업경험의 질 모두를 동시에 증진시킬 목적으로 직무에 변화를 주는 활동을 의미한다. 이러한 직무재설계는 인간에 대한 내재적 보상을 근거로 하는 동기부여의 기법으로서 직무를 수행하는 사람에게 작업의욕을 제공한다. 오늘날에 있어서 직무재설계의 방법으로 대표적인 것이 직무충실(job enrichment)과 직무특성 접근법(job characteristic approach)이다.

(1) 직무충실

직무확대는 직무분담에 있어서 지나친 전문화 현상을 재검토하여 보다 광범하게 고도의 완결성을 가지는 직무분담에로 확장 설정하는 것으로서 소위 수평적 변혁을 의미한다. 그런데 이러한 직무확대는 조직구성원의 작업상의 단조로움을 감소시키며 만족감을 향상시킨다는 효과가 있으나, 보다 적극적으로 동기부여를 해 주어 이를 높은 수준의 성과와 연결 짓는 데는 미흡하다는 한계를 지니고 있었다.

따라서 허즈버그(F. Herzberg)는 단순한 직무의 수평적 확대는 동기부여의 방법으로서 불충분하며, 오히려 '직무를 충실히 하는 것'을 제창했다. 그에 의하면 직무충실(job enrichment)은 직무확대가 직무의 수평적 확장인 것에 대하여 직무의 수직적 강화를 의미한다. 즉 계층제 조직에 있어서 계층분화가 고정화되고, 관리과정이 수직적으로 분단된 사태에 대처하여 가급적 직무권한을 제일선의 조직으로 향한 분산적인 위양을 도모하는 것을 뜻한다. 직무충실의 내용을 구성하는 핵심요소는 기술수준, 기술다양성, 자율성, 정보환류의 네 가지를 들 수 있다.

(2) 직무특성 접근법

전술한 직무충실의 문제점을 보완하기 위해 등장한 것이 직무특성 접근법(job characteristic approach)에 기초한 직무재설계이다. 이는 조직구성원의 동기부여와 직무만족에 관련되는 직무특성이 무엇인가에 관심을 두는 접근방법이다. 직무특성 접근법도 직무충실에 기반을 두고 있기는 하나 현재의 직무를 진단하고 이에 따라 변화를 시도한다는 것이 새로운 점이라고 볼 수 있다. 직무특성 접근법 중 가장 많이 언급되고 있는 것이 해크먼(J. R. Hackman)과 올드햄(G. R. Oldham)의 직무특성 모형(job characteristics enrichment model)이다.

직무특성모형에 따르면 모든 직무들은 내적 동기부여에 영향을 주는 다섯 가지의 핵심특성을 가지고 있는데, 각 특성에 해당하는 점수가 높을수록 높은 내적 동기수준을 가진다고 한다. 이들 핵심 직무특성은 다음과 같다(George & Jones, 2008: 216).

기술다양성(skill variety)

개인이 일련의 직무를 수행하는 데 있어 요구되는 다양한 기술과 능력의 정도를 말한다.

직무정체성(task identity)

전체업무 중 특정 개인이 수행하는 업무의 비중을 의미하는데, 예컨대 한 개인이 업무의 모든 과정을 수행하면 정체성이 높은 것이다.

직무중요성(task significance)

직무가 다른 개인의 작업이나 행동에 영향을 미치는 정도를 의미한다.

자율성(autonomy)

직무를 수행하는데 필요한 주요 결정에 대한 개인의 독립성과 자유, 재량권을 갖는 정도이다.

피드백(feedback)

구성원에게 직무 수행의 결과를 명확하게 알려주는 정도를 말한다.

해크맨과 올드햄은 핵심직무특성에 대한 구성원들의 인식을 측정하기 위하여 잠재적 동기지수(motivating potential score: MPS)를 개발하였는데, 이는 내적 동기부여를 향상시키기 위하여 직무의 전반적인 잠재성을 측정하는 도구이다.

표 3-4-1 잠재적 동기지수

$$\text{잠재적 동기지수} = \frac{\text{기술다양성} + \text{직무정체성} + \text{직무중요성}}{3} \times \text{자율성} \times \text{환류}$$

그림 3-4-2 직무특성이론의 전체 체계

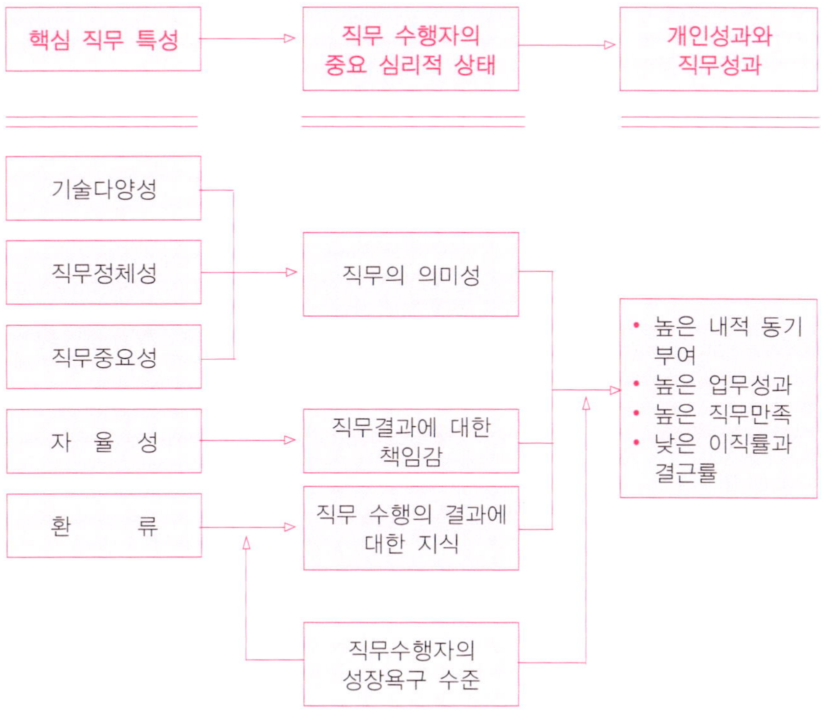

자료: Moorhead & Griffin(2014: 130).

이들 핵심 직무특성들은 다음과 같은 구성원들의 심리적 상태에 영향을 준다.

직무의 의미성

구성원들이 자신의 직무를 중요하고 가치가 있으며 의미가 있다고 느끼는 정도이다.

직무결과에 대한 책임감

구성원들이 자신의 업무결과에 대해 책임감을 느끼는 정도를 의미한다.

직무수행 결과에 대한 지식

구성원들이 수행한 직무에 대한 효과성을 아는 정도를 말한다.

제 2 절 집단과 집단역학

1. 집단의 의의와 유형

1) 집단의 의의

일반적으로 집단이란 행태를 규제하는 일련의 가치 또는 규범을 가지고 빈번한 상호 작용을 하면서 공동의 이익과 목표를 공유하는 개인들로 구성된 소규모의 사회적 집합체를 말한다. 소집단의 개념은 집단의 개념에 규모에 대한 제한이 함축되는 개념으로 일반적으로 구성원의 숫자가 2~20명 정도를 지닌 집단을 의미한다. 소집단은 문제해결, 의사결정, 생산성에 직접적으로 영향을 미치고 있으므로 이들 소집단에 대한 이해는 필수적이다.

2) 집단의 유형

(1) 공식적 집단

공식적 집단(조직)이란 조직의 공식적인 임무와 관련된 특수한 목적과 과업을 달성하기 위하여 조직이 의식적으로 만든 집단이다. 따라서 분업의 원칙에 기반을 두고 있고 기능적인 상호 작용이 대표적인 활동이 되며, 공식적인 조직도표에 나타나는 집단이다.

(2) 비공식적(자생적) 집단

비공식적 집단(조직)은 공식적 조직에 의하여 정해진 사람들이 배치나 상호 관계를 계기로 자연적으로 발생하는 소집단을 말한다. 따라서 조직의 공식적 구조·기능의 영향을 많이 받으며 인간의 욕구와 조직의 공식적 요인이 상호 작용하면서 이루어지는 집단이라고 할 수 있다.

(3) 공식적 조직과 비공식적 조직의 특징과 관계

공식적 조직과 비공식적 조직의 특징을 비교해 보면 다음과 같다. 첫째, 공식적 조직은 인위적으로 구성된 조직인 데 대하여 비공식적 조직은 자연발생적이다. 둘째, 공식적 조직은 외연적·내연적으로 구성된 조직인 데 대해서 비공식적 조직은 내면적·외재적 조직이다. 셋째, 공식적 조직은 성문화된 제도적·가시적 조직인 데 비하여 비공식적 조직은 성문화되지 않은 비제도적·비가시적 조직이다. 넷째, 공식적 조직은 일반적으로 능률의 논리에 따라 구성되는 데 반하여 자생적 조직은 감정의 논리에 따라 형성된다. 다섯째, 공식적 조직을 전체적 질서라고 한다면 비공식적 조직은 부분적인 질서라고 할 수 있다. 여섯째, 공식적 조직은 방대한 규모로 확대되는 경향이 있는가 하면 비공식적 조직은 현실적인 친밀한 인간관계를 필수조건으로 하는 소집단 상태를 특징으로 한다. 일곱째, 공식적 조직은 권위의 하향성을 특징으로 하여 권위인정의 강제성과 규제성을 내용으로 하는 데 반하여 비공식적 조직은 권위의 하향성을 특징으로 하며 구성원 간의 사회심리학적 영향력을 주로 하여 권위인정의 자발성을 내용으로 한다.

공식적 조직과 비공식적 조직 간의 위와 같은 상이한 특징이 존재함에도 불구하고, 조직은 공식적 측면과 비공식적 측면을 아울러 가지고 있으므로 공식적 조직과 비공식적 조직을 각각 독립된 별개의 존재로 인식해서는 안 된다. 이들 두 유형의 조직은 병립하고 있으며 서로 분리할 수 없는 존재인 것이다. 이 두 가지 유형의 조직은 동일한 상황을 별개의 관점에서 본 것에 불과하므로 상호 배타적인 것이 아니라 상호 보완적인 관계로 파악하여야 할 것이다.

(4) 비공식적 조직의 순기능과 역기능

비공식적 조직의 순기능을 다음과 같이 여섯 가지로 요약할 수 있다. 첫째, 구성원으로 하여금 귀속감, 안정감, 일체감 등 심리적 욕구를 충족시킴으로써 작업집단을 안정화시킨다. 둘째, 구성원 간의 협조에 의해 능률적으로 업무를 수행할 수 있다. 셋째, 구성원 사이에 정보나 경험 등이 교환되어 유효한 의사소통의 통로가 된다. 넷째, 구성원들의 좌절감, 욕구불만 기타 정서적 불안 문제에 대한 안전반의 역할을 한다. 다섯째, 구성원의 창의력을 발휘하고 자기혁신을 기하게 하며, 책임자의 명령이나 능력에 결함이 있는 경우 이를 보완하는 역할을 한다. 여섯째, 조직생리를 파악하는 유효한 수단이 될 수 있다.

비공식적 조직은 순기능뿐만 아니라 마치 동전의 양면처럼 역기능적 측면도 아울러 갖고 있다. 첫째, 비공식적 조직은 어느 개인의 불안과 불만을 작업집단 전원의 것인 양 유포시킬 우려가 있다. 둘째, 공식적인 의사전달이 와전됨으로써 조직의 활동을 잘못된 방향으로 이끌어 나갈 수 있다. 셋째, 조직 전체의 이익보다는 소수집단의 이익을 앞세움으로써 파벌이 조성될 경우 조직의 평형을 파괴할 수도 있다. 넷째, 개인적 이익을 도모하기 쉬우며 정실주의를 조장할 우려가 있다. 다섯째, 변동에 대한 저항을 일으킬 우려가 있다. 여섯째, 정확하지 않은 풍문(rumors)을 유포할 가능성이 크다. 일곱째, 이러한 제반 역기능과 관련하여 비공식적 조직의 응집성을 공고히 하여 외부에 적대적인 태도를 취할 경우 공식적 기능을 마비시킬 수도 있다.

(5) 비공식적 조직의 통제방법과 한계

조직의 관리자는 비공식적 조직을 적절히 통제하기 위해서 우선 비공식적 조직을 발견할 것이 요망된다. 비공식적 조직을 통제하기 위한 방안을 나열해 보면 다음과 같다. 첫째, 비공식적 조직의 불가피성을 인정하고 비공식적 조직의 목표 및 규범을 공식적 조직의 목표 및 규범에 일치시키도록 한다. 둘째, 비공식적 집단 간의 대립과 알력 및 지나친 경쟁을 방지하고 상호 간의 의사소통을 증진시킨다. 셋째, 직무에 대한 만족감과 공식적 조직에 대한 자부심을 갖도록 관리자는 민주적 리더십과 인간관계적 관리기술을 발휘한다. 넷째, 비공식적 조직의 지도자를 발견하여 공식적 목적을 이해시키고 이에 협조하도록 유도한다. 다섯째, 비공식적 조직의 목표, 기능 및 규범이 공식적 조직의 목표달성에 유해한 경우 강제적 방법을 동원하기 전에 참여, 의사소통 등으로 이를 변동시키도록 유도한다. 여섯째, 이러한 긍정적 통제방법이 불가능할 경우 전술한 바와 같이 직무의 절차나 내용을 변경시켜 비공식적 집단의 관계를 약화시키거나 구성원의 전출, 격리 등 강제적 방법을 통하여 통제할 수도 있다.

그러나 이러한 비공식적 조직의 통제에는 다음과 같은 한계가 있다. 첫째, 그것은 조직의 전체적 관점에서 보면 어디까지나 부차적이라는 점이다. 둘째, 비공식적 조직에 대한 통제는 불완전성을 갖는다는 점이다. 왜냐하면 비공식적 조직은 내재적·비가시적 조직이기 때문에 그 발견과 통제에 제약성이 따르기 때문이다.

2. 집단역학

집단의 동태를 지배하는 법칙을 탐구하는 집단역학(group dynamics)은 모레노(Jacob L. Moreno)의 소시오메트리(sociometry)기법에서 시사를 얻어 심리학자인 레윈(Kurt Lewin)에 의해서 발달된 사회심리학적 이론이다. 집단역학은 집단의 기능 및 그 구성원의 행동에 영향을 미치는 제 조건을 집단이라는 장(field)에 작용하는 힘이라는 면에서 해명하여 집단행동을 변화시킬 수 있는 방법을 찾아내려고 하는 것이라고 볼 수 있다.

소집단연구의 한 기법으로서 대표적인 방법 중의 하나가 1930년대에 모레노에 의해 창안된 소시오메트리이다. 이는 조직성원 간의 선호, 즉 서로 상대방에 대해서 가지는 심리적 선호(선택 · 견인, attraction) 또는 비선호(거부 · 배척, repulsion)의 감정을 포착하여 분석함으로써 조직구성원 간의 인간관계, 다시 말해서 비공식적 관계 또는 비공식적 집단의 구조를 추정하려는 수단으로서 고안된 것이다. 소시오메트리 연구에서 얻은 자료는 소시오그램(sociogram)과 소시오매트릭스(sociomatrix)로 분석한다.

제 5 장

리더십과 의사결정 및 의사전달

제 1 절 리더십

1. 리더십의 개념

리더십이란 일반적으로 조직의 목표를 달성하기 위하여 개인 및 집단을 고취시키고 활동하게 하는 기술이라고 정의할 수 있다. 리더십을 이와 같이 광의로 정의할 때에는 헤드십(headship, 직권력)을 포함하는 광범위한 개념이다. 또한 협의로는 조직목표의 달성을 위하여 구성원이 자발적으로 능동적 행동을 하도록 동기를 부여하고 조정하는 창의적인 기술 및 영향력이라고 정의할 수 있다. 협의의 리더십은 헤드십과 구분되는 것으로서 추종자들의 자발적인 헌신(commitment)을 얻어 내는 영향력을 의미하므로 민주적인 성격을 가진다.

리더십은 조직의 동태적 활동에 중요한 역할을 수행하며, 전통적 조직설계의 결함을 보충하고, 환경변화에 대한 조직의 융통성과 대응성을 확보할 수 있게 한다. 아울러 조직 내 다원적인 집단의 노력을 조정하고, 조직구성원의 일체감과 욕구충족에 기여한다. 효과적인 조직과 비효과적인 조직을 구분하는 기준이 바로 그 조직에서 이러한 리더십의 역할이 충실히 발휘되고 있느냐에 달려 있는 것이다.

2. 리더십 이론의 변천

리더십에 관한 이론적 변천은 특성이론 · 행태이론 · 상황이론으로 전개되어 왔다. 초창기의 리더십 연구는 개인이 선천적으로 특별한 자질·특성을 가지고 있으면 리더십을 발휘한다고 보는 특성론에 입각한 것이었다. 그 후 1950년대와 1960년대에 와서 학자들은 리더십을 리더의 개인적 자질·특성에서 리더가 행하는 행태에 관한 관심으로 옮겨졌다. 그러나 1970년대 이후에 들어오면서 특성론이나 행태론은 리더십의 이해에 만족스러운 해답을 제공해 주지 못하여 리더십에 영향을 미치는 상황에 초점을 둔 상황론이 등장하게 된 것이다.

1) 리더십의 특성이론(trait theory)

리더십에 대한 초창기 연구에서는 효과적인 지도자에게는 남다른 특성이 있다고 생각하고, 이러한 개인적 특성을 추출하려고 노력하였다. 이를 리더십의 특성이론이라고 한다. 다시 말해서 특성이론은 특정인이 특정 자질을 갖고 있기 때문에 지도자가 될 수 있다고 생각하는 사고방식이다.

2) 리더십의 행동이론(behavioral theory)

지도자의 특성 추구에 실패하게 된 리더십연구는 이번에는 외부로 나타나는 지도자의 행동을 관찰하는 방향으로 진행되었다. 즉 성과와 이러한 성과를 내는 지도자의 행동양식 간의 관계를 구명하고자 하였다. 따라서 여기에서는 지도자의 행동에 착안하여 리더십의 유형(leadership style)을 연구의 대상으로 삼게 되었는데, 이러한 연구방향을 리더십의 행동이론이라고 부른다.

3) 리더십의 상황이론(situational theory)

근래에 들어와 리더십의 연구는 효과성이라는 관점에서 리더가 처한 상황적 변수가 다르면 효과적인 리더십유형도 달라진다는 주장이 각광을 받고 있는데, 이를 리더십의 상황이론이라고 부른다. 즉 효과적인 리더십유형은 구체적 상황에 따라 결정되어야 한다고 보게 된 것이다.

3. 리더십의 차원분류

1) 리더십의 1차원 유형

1차원 유형론의 대표적인 이론은 화이트(White)와 리피트(Lippitt)가 제시한 권위형, 자유방임형, 민주형의 세 가지 유형이론인데 이들의 특징을 요약하면 다음과 같다.

(1) 권위형(authoritarian)

리더 자신의 판단이 최고라고 보기 때문에 구성원의 의견이나 충고를 받아들이지 않고 항상 자신의 욕망과 신념에 의하여 구성원들의 복종만을 강요하는 형이다.

(2) 자유방임형(laissez-faire type)

리더 자신은 의사결정 등에 전적으로 관여하지 않고 수동적이며 국외자로 행동하고, 구성원들의 자의적 활동을 만연하게 만드는 유형이다.

(3) 민주형(democratic type)

의사결정 내지 업무활동에 있어서 집단참여 및 집단중심적이며, 리더는 이에 적극적인 토의나 적절한 조언의 역할을 하는 형이다.

2) 리더십의 2차원 유형

1950년대부터는 구성원들을 추종하게 하는데 리더가 어떤 행동을 하였는가에 관한 연구가 시작되었다. 이러한 연구 중에서 두 개의 연구가 주목할 만하다. 하나는 블레이크(Blake)와 무톤(Mouton)의 관리망이론이고, 또 하나는 스톡딜(Stogdill, Fleishman, Hemphill) 등의 지도하에 오하이오 주립대학에서 행해진 연구이다.

(1) 오하이오(Ohio) 대학의 리더십 연구(구조주도와 배려)

또 다른 리더십의 2차원 유형은 오하이오 주립대학의 리더십 연구에서 나타나는데, 여기에서는 배려(consideration)와 구조주도(initiating structure)라는 두 개의 기본적 리더십 유형이 제시되었다.

표 3-5-1 오하이오대학의 리더십 유형

유 형	행동특징
배려	구성원에게 호의를 베풀고, 우호적인 분위기를 조성하는 리더의 행동
구조주도	구성원으로 하여금 조직의 규칙이나 절차를 따르게 하고, 리더와 부하직원의 역할을 명확히 하는 것과 같은 리더의 행동

오하이오 대학의 연구에서는 배려와 구조주도 양자가 조직의 성과에 필요하다고 결론짓는다. 이 연구는 배려와 구조주도의 여러 배합을 보여 주기 위해 '리더십 4분면'을 개발하였고, 관리망이론에도 영향을 주었다.

(2) 관리망이론

블레이크와 무톤은 리더가 갖는 두 개의 관심, 즉 생산과 인간에 대한 관심을 각각 X축, Y축으로 하고 그 정도를 1에서부터 9까지로 한 관리망(managerial grid)을 개발하여 다섯 가지의 리더십 유형을 제시하였는데, 이들의 특징은 다음과 같다.

표 3-5-2 블레이크와 무톤의 다섯 가지 리더십 유형

유형	행동 특징
1+1 (무기력형)	작업의 진행이나 구성원의 사기를 유지하는 데 최소한의 노력과 최저의 관심만을 보이는 무책임한 방임적 리더십 유형
1+9 (컨트리클럽형)	인간의 욕구에 사려 깊은 주의만 기울이고 있으면 온화하고 친근한 조직의 분위기가 조성되고 일이 잘 될 것이라고 생각하는, 말하자면 작업장을 골프장으로 착각할 정도의 인간중심적 리더십 유형
9+1 (과업형)	일의 능률을 올리기 위해서는 인간적 요소에 의해 지나친 간섭이 되지 않도록 작업조건을 정해 놓아야 하다고 보는 과업중심적 리더십 유형
5+5 (중도형)	작업의 조건과 원만한 사기유지의 적절한 조정, 말하자면 타협과 균형을 특징으로 하는 리더십 유형
9+9 (팀형)	일의 달성이란 일을 하고자 하는 사람들의 의욕과 공동이익을 낳을 수 있는 작업에 의해 가능하므로 상호 신뢰와 존경의 인간관계의 조성 및 작업조건에 대한 지대한 관심을 기울이는 적극적·이상적 리더십 유형

4. 리더십의 상황이론

1) 피들러의 상황이론(contingency theory of leadership)

피들러(Fiedler)의 모형에서는 리더십 유형과 상황에 부여하는 통제정도 간의 상호 작용에 따라 집단의 성과 혹은 유효성이 달라진다고 한다. 피들러의 모형에서는 리더가 수행하는 상황을 다음의 세 가지 요인에 의해 구분할 수 있다고 보고 있다.

① 리더－성원관계(leader－member relations)

② 과업구조(task structure)

③ 리더의 직위권력(position power)

이 세 가지 요인의 결합관계에 따라 모두 여덟 개의 리더십 상황(octants)을 도출할 수 있다.

피들러모형의 두 번째 변수는 리더십 유형으로서, 기본적인 두 개의 리더 지향성이 존재한다고 주장한다. 즉 하나는 보다 관대하고 인간지향적 유형인 관계지향적(relationship－oriented) 리더이고, 또 하나는 과업달성을 최우선 과제로 인식하는 과업지향적(task－oriented) 리더이다. 이 지향성은 '가장 싫어하는 동료'(the Least Preferred Co－worker: LPC) 척도에 의해 측정된다. 여기에서 높은 LPC점수를 받은 사람은 관계지향적 리더이고, 낮은 LPC점수를 받은 사람은 과업지향적 리더이다.

이러한 피들러 이론의 요점은 다음과 같다. 상황이 매우 호의적이거나 비호의적인 경우에는 낮은 LPC점수를 받은 리더(과업지향적 리더)가 효과적이고, 상황이 중간 정도일 경우에는 높은 LPC점수를 받은 리더(관계지향적 리더)가 효과적이라는 것이다.

리더의 행동과 효과성에 대한 피들러의 연구는 상황의 호의성에 따른 리더의 LPC점수와 집단성과 간의 상관관계를 보여 줌으로써, 조직 내 리더십과정을 이해하는 데 도움을 준다. 하지만, 이 모형은 다음의 몇 가지 점에서 비판을 받고 있다. 첫째, 리더의 지향성을 측정하는 데 있어서 LPC척도의 타당성에 관한 의문이 제기되고 있다. 또한 상황에 대한 피들러의 분류가 지나치게 단순화되어 있으며, 상황의 호의성을 결정하기 위해서는 보다 포괄적인 요인이 포함되어야 한다는 것을 지적받고 있다.

2) 경로-목표이론

하우스(Robert House)에 의해 발전된 경로－목표이론(path－goal theory)은 오하이오 대학의 리더십 이론모형인 구조주도(initiating structure)와 배려(con－sideration) 및 동기부여의 기대이론에 기초를 두고 개발된 이론이다. 경로－목표이론에 따르면 효과적으로 리더십을 발휘하기 위해서는 특정상황(구성원의 개인적 특성과 환경적 요인)에 가장 적절한 유형을 선택하여야 한다는 것이다. 즉 리더는 구성원들이 직무에서 얻는 만족감을 향상시키며, 실적 수준을 높일 수 있도록 노력하여야 한다.

이 이론은 리더의 행동이 구성원들의 동기부여, 만족감과 과업실적에 미치는 영향을 설명하려고 시도한 이론이라고 할 수 있다. 경로－목표이론에 의하면 리더가 취할 수 있는 행동, 즉 리더십 스타일에는 지시적(directive) 리더십, 후원적(supportive) 리더십, 참여적(participative) 리더십, 성취지향적(achivement－oriented) 리더십의 네 가지가 있다.

3) 리더십의 규범이론

리더가 상황에 따라 구성원들을 의사결정과정에 참여시키는 것이 필요하다는 것을 인식하고 이를 적절히 활용할 때 리더십의 효과성은 높아진다. 이러한 흐름을 대표해 주는 리더십의 상황이론이 브룸(V. H. Vroom)과 예튼(P. W. Yetton)이 제시한 리더십의 규범이론(normative theory)이다. 이는 리더가 의사결정을 함에 있어서 구성원들을 어느 정도까지 참여시켜야 할 것인가를 구명한 이론이다. 이 모형은 먼저 의사결정과정에서 구성원들이 참여 정도를 다섯 가지로 나누고, 각 상황에서 의사결정에 가장 적절한 기준을 파악한 다음에 구성원의 참여수준을 결정할 수 있는 문제의 성격을 규명하는 절차로 구성되어 있다. 이들의 이론은 리더의 실제적인 의사결정과정에 대한 이해력을 높여 주고 높은 질의 의사결정을 위한 방향을 제시했다는 점에서 의의가 있다고 할 수 있다.

4) 허시와 블랜차드의 상황이론

허시(P. Hersey)와 블랜차드(K. Blanchard)의 상황이론은 관리망이론을 발전시킨 것으로, 이를 생애주기이론(life-cycle approach)이라고도 한다. 그들은 관리망이론과 오하이오 대학의 리더십 연구를 토대로 하여 지시적 리더십, 설득적 리더십, 참여적 리더십, 위임적 리더십으로 유형을 파악하였다. 그리고 여기에 부하의 준비성(readiness)을 상황변수로 추가하였는데, 그 수준은 네 가지 단계로 구분하였다. 이에 따라 이들의 모형은 지도자의 과업행동, 관계행동 및 구성원 성숙도의 3차원으로 구성된다. 이 모형에서 리더십 효과성의 핵심은 바로 네 가지 유형의 리더십 유형을 준비성이라는 상황에 조화시키는 것이다.

5. 리더십 이론의 새로운 경향

1) 카리스마적 리더십 이론

새로운 조직환경 변화의 추세에 따라 리더십 연구에 있어서 다시금 카리스마 이론이 관심을 받게 되었다. 베버(Weber)가 처음으로 사용한 카리스마(charisma)의 개념은 원래 '신이 부여한 은총의 선물'이라는 신학적 개념이었다. 그는 카리스마적 리더란 위기 시에 사람들을 구원할 수 있는 해결책을 지니고 출현하는 신비스럽고, 자아도취적이며, 사람들을 끌어들이는 흡인력을 지닌 사람이라고 보았다.

이러한 카리스마적 리더의 행동 특성을 요약한다면 ① 뛰어난 비전, ② 개인적 위험의 감수, ③ 관습에 얽매이지 않는 전략의 구사, ④ 상황에 대한 정확한 평가, ⑤ 부하들에 대한 계몽, ⑥ 자신감의 전달, ⑦ 개인적 권력의 활용 등이 있다.

2) 변혁적 리더십 이론

변혁적 리더(transformational leader)는 인본주의 · 평등 · 평화 · 정의 · 자유와 같은 포괄적이고도 높은 수준의 도덕적인 가치와 이상에 호소하여 부하들의 의식을 더 높은 단계로 끌어올리려 한다. 배스와 아볼리오(Bass & Avolio,

1990)에 의하면, 변혁적 리더십은 <표 3-5-3>에서 보는 바와 같이 크게 네 가지 요인으로 구성되어 있다.

표 3-5-3 변혁적 리더십의 네 가지 구성 요인

요인	내용
카리스마적 리더십 (charismatic leadership)	리더가 난관을 극복하고 현재 상태(status quo)에 대한 각성(disenchantment)을 확고하게 표명함으로써 부하들에게 자긍심과 신념을 부여
영감적 리더십 (inspirational leadership)	리더가 부하로 하여금 도전적 목표와 임무, 미래에 대한 비전을 열정적으로 받아들이고 계속 추구하도록 격려
개별적 배려 (individualized consideration)	리더가 부하에게 특별한 관심을 보이고 각 부하의 특정한 요구를 이해해 줌으로써 부하에 대해 개인적으로 존중한다는 것을 전달
지적 자극 (intellectual stimulation)	리더가 부하로 하여금 형식적 관례(conventional practice)와 사고(thinking)를 다시 한 번 생각하게 함으로써 새로운 관념을 촉발

카리스마적 리더십과 변혁적 리더십 간의 구분은 아직 불분명하다. 카리스마적인 리더는 극단적으로 존경을 받고 부하들로 하여금 무조건적으로 복종하고 신뢰하게 하는 리더인 반면에 변혁적 리더는 부하로 하여금 더욱 자율적·자기지시적·자아실현적이고 이타적이 되도록 하는 리더라고 할 수 있으며 이러한 차이로 인하여 두 가지 형태의 리더는 요구되는 상황이 각기 달라진다. 예컨대 비정상적인 육체적·감정적 노력을 요구하는 상황이나 위기가 항상 존재하는 전투 상황 같은 경우에는 카리스마적 리더가 적합한 반면, 급변하고 불확실한 환경에 대한 적응력과 업무에 대한 창의력이 요구되거나 부하들의 자발성과 책임성이 요구되는 상황에서는 변혁적 리더가 더 적합할 수 있을 것이다.

3) 리더-구성원교환(LMX) 이론

기존의 리더십 이론은 감독자와 부하 간의 대인 관계적 차이의 가능성에는 거의 관심을 두지 않고 있다. 즉, 리더와 특정한 부하들과의 관계에서 나타나는 각기 다른 상황의 가능성은 고려하지 않고 있다. 바로 이런 측면에 착안한 이론이 그랜(Graen, 1975) 등에 의해 개발된 수직쌍 연결(vertical dyad linkage: VDL)모형이다.

수직쌍 연결모형의 가장 큰 특징은 리더나 감독자가 부하 직원들을 모든 동일한 방식대로 다루지는 않는다고 가정하고 있다는 점이다. 리더는 두 부류의 부하 직원 집단을 발전시키는데, 한 부류는 리더가 어떤 특정 부하 직원과 더 밀접한 대인 관계를 유지하는 것으로 이를 내집단(in-group)이라 부른다. 또 다른 집단은 리더가 부하 직원과 어느 정도의 거리를 두고 있는 경우로서 이를 외집단(out-group)이라 부른다. 따라서 이 모형에서는 리더와 부하 직원 간의 쌍관계 혹은 이원적 관계에 초점을 둔다. 여기서 수직적이라는 용어를 사용하는 이유는 리더와 부하 직원 간의 관계가 계층제의 상하 관계에 기초를 두고 있기 때문이다.

수직쌍 연결모형의 관점은 리더와 구성원 각자의 관계의 질에 대해 더 관심을 가지는 리더-구성원 교환(leader member exchange: LMX)모형으로 발전하게 된다. 즉, 리더가 단지 몇 사람 부하보다는 모든 부하와 양질의 교환 관계를 구축해야 한다는 것을 강조한다. 그래서 모든 구성원이 자신들을 내집단의 구성원으로 느끼도록 해야 한다는 것이다. 이렇게 함으로써 공정성으로 인한 문제를 피할 수 있고 구성원들이 외집단에 있는 데서 오는 부정적 관계를 없앨 수 있다고 주장한다.

결국 LMX의 수준이 높을수록 직무와 관련하여 리더와 구성원 간에 상대를 존중하는 정도가 높고, 교환 관계에 대한 신뢰도가 높으며, 구성원 헌신에 대한 리더의 보상과 지원이 확고하다고 할 수 있다.

4) 셀프리더십 이론

맨즈와 심스(Manz & Sims)는 자율적 경영팀 체계에서 강화요인을 통제하던 상사의 행동이 부하에 의한 자율통제로 대체된다는 셀프－매니지먼트(self management) 이론을 제시하였다. 즉, 셀프－매니지먼트 이론은 리더십을 조직의 통제수단으로 보는 리더십 대체이론적 관점에 기초하여 리더십을 부하의 행동을 관리하는 강화요인의 외적 통제 메커니즘으로 정의하고 있다. 따라서 그러한 리더십 행동은 다른 것에 의해 대체될 수 있는데, 그것이 바로 부하에 의한 자율통제라는 것이다. 여기서 자율통제란 단순히 직무수행이나 내용과 관련된 책임을 담당하는 것만이 아니라 자신의 직무에 관한 관리적 측면에 대해서도 책임을 지는 것을 의미한다. 특히 자율통제의 핵심적인 사항은 보상에 대한 자기관리(self－administration of rewards)이다.

셀프리더십이 작용하는 상황에서 상사는 부하의 셀프리더십을 촉진시키는 역할을 수행하여야 한다. 즉 상사는 자아목표설정과 생산적인 사고패턴의 촉진, 셀프리더십의 강화, 건설적인 질책, 셀프리더십을 육성하는 문화의 촉진, 사회 기술적 시스템 및 팀의 설계를 통해 부하가 셀프리더가 되도록 장려하여야 하는데 이를 슈퍼리더십(super leadership)이라 한다.

5) 서번트 리더십

서번트 리더십(servant leadership)은 리더의 주요한 역할을 부하가 원하는 바를 해결해 주며, 부하를 지배하기보다는 섬기는 리더십이다. 보이어(G. B. Boyer)는 서번트 리더십을 섬세하고 경청하는 리더, 부하와 동료의 발전을 장려하고 권한 부여를 중시하는 리더로 정의하고 있다. 이 개념을 최초로 제시한 그린리프(Greenleaf, 1970)에 따르면 서번트 리더십은 리더가 "타인을 위한 봉사에 초점을 두고 구성원, 고객, 지역사회를 우선으로 여기고 그들의 욕구를 만족시키기 위해 헌신하는 역할"을 해야 한다. 따라서 섬기는 리더가 되기 위한 덕목으로 봉사, 약자에 대한 관심, 불평등과 불공정의 해소, 통제력 행사의 최소화, 구성원의 참여 유도 등이 중요하다.

이러한 서번트 관점을 리더십에 포함하는 것은 부하를 지휘하고 통솔하는 것을 기본으로 보아왔던 기존의 리더십 패러다임을 반박하고 부하 중심으로 리더와 부하의 관계 형성이 이루어질 때 진정한 리더십이 작동될 수 있다고 보기 때문이다. 즉, 리더는 부하들에 대한 배려, 봉사와 희생을 통해 부하로부터 신뢰를 얻음으로써 부하들을 목표 지향적 행위로 유도할 수 있다고 본다.

제 2 절 의사결정

1. 의사결정의 의의와 과정

의사결정(decision making)은 바람직한 목표를 달성하기 위하여 이용 가능한 여러 대안(alternatives) 중에서 최선의 대안을 선택하는 과정이다. 일반적으로 합리적인 의사결정의 과정은 다음과 같은 다섯 단계를 거치게 된다.

1) 문제의 정의와 분석

문제란 바람직한 상태와 현실의 상태 사이의 차이를 의미한다. 즉 의사결정을 하려면 우선 결정자가 문제의 성질을 명백히 인식하고 목표를 설정하여야 한다. 그리고 인지된 문제를 해결하기 위해서는 그 문제에 대한 분석이 있어야 한다.

2) 목표의 설정

목표란 달성하고자 하는 미래의 바람직한 상태를 의미한다. 다시 말해서 현재의 문제를 해결하여 조식구성원들의 심리적 긴장상태를 없애고 만족스러운 상태를 이끌어 낼 수 있는 구체화된 미래의 상태를 말하는 것이다.

3) 대안의 탐색 및 평가

목표의 달성을 위하여 모든 대체적인 방안을 탐색하고 평가한다. 의사결정자는 가장 불리한 상황에서도 모든 가능한 대안을 개발하기 위하여 전력을 기울여야 한다. 대안이 탐색된 후에는 이들의 장단점과 대안들이 초래할 결과를 평가하여야 한다.

4) 대안의 선택과 실행

대안의 선택은 여러 대안들 중에서 최선의 대안을 선택하는 과정이다. 최선의 대안을 선택한다는 것은 최대의 이익과 최소의 불이익을 가져올 것을 목표에 비추어 선택한다는 것을 의미한다. 대안이 선택되고 나면 이는 실행에 옮겨져야 한다.

5) 해결책의 재평가와 수정

뜻하지 않게 직면할 수 있는 어려움이 대비해 항상 새로운 정보를 고려하고 새로운 요구를 만족시킬 수 있는 계획을 재조정할 준비가 되어 있어야 한다.

2. 의사결정의 유형

1) 가치결정과 사실결정

사이먼(Simon)은 의사결정의 대상을 가치(values)와 사실(facts)로 구분한다. 사실상 인간이 행하는 판단에는 가치중심적인 것과 사실중심적인 것이 있다. 가치중심적인 판단은 주로 당위(Sollen)에 관한 것이고, 사실중심적인 판단은 주로 존재(Sein)에 관한 것이다.

가치결정(value decision)이란, 즉 어떤 목표를 얼마나 중요시할 것인가에 관한 판단이라고 할 수 있다. 이러한 판단은 목표에 대한 욕구나 요구 또는 중요성과 필요성에 따라서 이루어지는데 이것을 가치전제(value premises)라 한다. 한편 선택된 목표가 어느 정도 달성될 것인가의 예측은 사실결정(facts decision)의 문제로서, 여기에서는 자료 · 정보 · 지식 등을 토대로 한 사실중심적인 결정을 하게 되는데 이것을 사실전제(factual premises)라 한다. 사실전제는 가치전제와 함께 결정전제(decision premises)를 이룬다.

2) 개인적 의사결정과 집단적 의사결정

개인적 의사결정(individual decision making)은 조직을 관리하는 개인의 판단에 의하여 선택행위를 행하는 것을 말한다. 집단적 의사결정(group decision making)은 의사결정에 관련된 사람들이나 전문가들의 의견을 종합해서 대안의 선택행위를 행하는 것으로, 조직이 당면한 문제해결을 협동하여 결정하는 데 의의가 있다. 조직구성원에게 의사결정에 참여할 수 있는 기회를 부여하여 그들의 사기를 앙양하고 각자의 창의성 향상과 능력발전에 기여하게 된다. 참여의식을 고취시킬 필요가 있는 문제, 결정능력의 향상을 도모할 필요성이 있는 문제, 고도의 전문성과 기술성이 요구되는 문제의 결정에 적합한 방법이다.

3) 정형적 의사결정과 비정형적 의사결정

사이먼(Simon)은 의사결정의 유형을 정형적인 것과 비정형적인 것으로 나누어 설명한다. 정형적 의사결정(programmed decision)이란 이미 확립된 선례, 계획, 절차에 따라 결정을 하는 것을 말하며, 비정형적 의사결정(non-programmed decision)이란 확립된 선례나 계획 및 절차가 없는 전혀 새로운 결정을 의미한다. 대체로 확실성(certainty)을 다루는 경우 정형적 의사결정과 관계가 있으며, 불확실성(uncertainty)을 다루는 경우에는 비정형적 결정과 관계가 있다. 그리고 일상적(routine)인 일과 관계되는 결정은 정형적 결정과 관련되며, 비일상적 일과 관계되는 결정은 비정형적 결정과 관련되는 것이다. 뿐만 아니라 구조적인 업무와 비구조적인 업무도 위와 같은 관계를 갖는다.

3. 의사결정 이론모형

의사결정의 이론모형이란 의사결정을 하는 데 있어서 길잡이가 되는 개념적 틀을 의미하는데, 이를 다음과 같이 나눌 수 있다.

첫째, 규범적·이상적 접근방법(normative-idealistic approach)이 있다. 이 접근방법은 모든 인간의 행동이 합리적이라고 전제하고 목표의 극대화를 위하여 의사결정자가 하여야 할 일은 "마땅히 이러해야 한다"는 식의 당위(Sollen)를 분석·추구하는 방법이다. 고전적 의사결정이론은 이러한 규범적·이상적 접근방법이었으며, 여기에 속하는 이론모형으로는 합리모형이 대표적이다.

둘째, 현실적·실증적 접근방법(realistic-empirical approach)이 있다. 이 접근방법은 최근에 들어서면서 현실에서 일어나고 있는 의사결정은 "이러이러한 것이다"라고 하는 존재(Sein)에 기초하여 연구하는 방법이다. 이 접근방법에 속하는 모형은 인간의 합리성 추구능력에는 한계가 있다는 전제하에서 이론을 전개하는 만족모형, 점증모형 등이 있다(의사결정모형은 제2부 제3장을 참조).

4. 집단의사결정의 기법

1) 명목집단기법(nominal group technique)

명목집단기법은 문자 그대로 구성원 상호 간의 대화에 의한 의사소통이 이루어지지 않는다는 특징에서 비롯된 것이다. 이 기법은 다음과 같은 절차를 거쳐 이루어진다. 첫째, 집단의 각 개인은 개발하고자 하는 정책대안에 대한 자신의 아이디어를 서면으로 제출한다. 둘째, 각자가 제시한 아이디어를 칠판이나 플립차트(flip chart)에 나열해서 적는다. 이 때 모든 아이디어가 기록될 때까지 토의를 벌이지 않는다. 셋째, 모든 아이디어가 기록되고 난 후에 각각의 아이디어의 장단점에 대한 토의를 진행한다. 넷째, 토의가 종료된 후, 투표를 실시하여 가장 점수가 많이 나온 것을 집단의 결정대안으로 한다.

2) 브레인스토밍(brainstorming)

브레인스토밍은 다수의 구성원이 한 가지 주제를 놓고 아이디어를 무작위로 개진하여 그 중 가장 좋은 해결안을 모색하는 기법이다. 일반적으로 브레인스토밍을 실시할 때 지켜야 할 사항으로는 다음과 같은 것들이 있다. 첫째, 될 수 있는 한 많은 아이디어를 얻을 수 있도록 분위기를 조성해야 한다. 둘째, 브레인스토밍이 진행되는 동안 비판이나 평가를 해서는 안 된다. 많은 아이디어가 나온 다음에 가장 좋은 것을 선택해야 한다. 셋째, 앞에서 제시된 아이디어의 수정이나 개선안도 쾌히 받아들여야 한다.

3) 델파이기법(Delphi Method)

델파이기법은 불확실한 미래를 예측하고 이에 따른 의사결정을 효과적으로 하기 위해 고안된 집단의사결정기법이다. 이러한 델파이기법의 특징과 절차를 요약하면 다음과 같다. 첫째, 델파이집단은 전문가집단으로 구성되어 있다. 어떤 문제나 쟁점에 관해 전문적인 지식이나 경험을 소유하고 있는 일단의 전문가들의 도움을 받아서 미래를 예측하고 대응해 나가자는 것이 이 기법의 요지이다. 둘째, 이 집단은 익명의 명목상 집단이다. 셋째, 집단구성원에게 전달되는 커뮤니케이션의 내용은 설문화(questionnaire)되어 있고, 설문의 전달이나 횟수는 반복적으로 통제된 상태에서 이루어진다. 넷째, 이 방법은 집단성원 간의 의견일치(consensus)를 추구한다.

제 3 절 의사전달

1. 의사전달의 개념과 과정

1) 의사전달의 의의

본래 의사전달을 의미하는 communication이란 말은 공동 또는 공통성을 뜻하는 라틴어 communis를 어원으로 하고 있으므로, 그 본래의 의미를 따져 본다면 일방적인 의사전달이 아니라 둘 이상의 사람들 사이에 서로 공통성을 만들어 내는 과정으로 볼 수 있다. 다시 말해서 의사전달은 "둘 이상의 사람들 사이에 의견, 정보, 감정 등의 교환을 통하여 공통적 이해를 이룩하고 수신자 측의 의식, 태도, 행동 등에 변화를 일으키게 하는 일련의 행동"이라 할 수 있다.

사람들 간의 정보와 지식을 서로 교환하기 위해 필수적인 의사전달을 정확히 파악하기 위해서는 의사전달이 의사의 일방적 전달만을 의미하는 것이 아니라 소통을 통하여 비로소 소기의 성과를 올리는 것임을 인식하여야 한다. 즉 의사전달은 상호 간의 공통적 이해가 중심이 되는 것이므로 수용자 또는 상대방이 의사전달을 행한 사람의 메시지를 이해했을 때에 비로소 의사전달이 이루어졌다고 말할 수 있는 것이다.

2) 의사전달의 과정

의사전달이 성립하기 위해서는 어떤 의미나 의도를 전달하는 발신자와 그것을 받아들이는 수신자, 그리고 그들 사이의 소통을 매개하는 기호(symbol)의 존재를 기본적 요소로 한다. 이러한 의사전달의 구성요소와 관련하여 그 과정을 간단하게 말하면 "전달자(sender)가 메시지(message)를 특정의 경로(channel)를 통하여 수신자(receiver)에게 전달하는 것"이라고 할 수 있다. 이러한 과정모형을 구성요소별로 구분하여 자세히 살펴보면 다음과 같다.

(1) 전달자

의사전달은 전달자, 즉 사상이나 아이디어를 가지고 있는 전달자에 의하여 비롯되며, 그의 메시지는 수용자가 이해할 수 있도록 해독되어지게 된다. 전달자의 의도는 송신을 위해 적당한 메시지로 전환하는 기호화(encoding)과정을 거치게 되는데, 메시지란 전달자가 수신자에게 송신하는 자극으로서 어떤 의미를 가지고 있는 상징으로 구성되어 있다. 기호화의 방법으로는 주로 언어적 상징(구두 및 문서를 포함)을 이용하지만, 비언어적 상징(예컨대 교통신호, 사이렌, 컴퓨터 언어 등)과 같은 물리적 언어와 각종 신체적 언어(body language)도 이용한다.

(2) 메시지의 전달

정보는 전달자와 수용자 간의 대면적 대화, 서신이나 메모, 컴퓨터, 전화 또는 TV 등을 통하여 전달될 수 있으며, 그 매체는 둘 이상일 수도 있다. 어느 매체를 이용하든지 메시지 자체를 전달할 수는 있지만, 특정한 경우에 보다 유효한 매체가 있게 마련이므로 매체수단을 적절히 선택한다는 것은 매우 중요하다.

(3) 수용자

수용자는 먼저 메시지를 수용할 수 있도록 사전에 준비 자세를 갖추고 있어야 한다. 메시지의 수용준비를 갖춘 다음 단계는 해독화(decoding)과정을 거쳐서 자기사상으로 전환되는 단계이다.

(4) 의사전달의 효과로서의 변화

의사전달 효과란 메시지 송신의 결과로서 수신자의 지식, 태도 및 행동에 있어서의 변화를 말한다. 변화라는 변수는 사실상 기본적인 의사전달 과정 속에 포함된 것은 아니나, 넓은 의미에서 조직에 있어서 의사전달의 목적은 변화를 가져오는 데 있다. 물론 이러한 변화는 메시지의 이해를 통해서만 이루어지는 것은 아니며 그것은 동기부여나 리더십 등과도 밀접한 관련이 있다.

(5) 피드백

피드백은 의사전달의 효과성을 평가하는 데 필수적 요소가 된다. 피드백에 의해서만이 메시지가 효과적으로 기호화, 전달, 독해, 이해되었는가 또는 의사전달의 결과 어떤 변화를 가져왔는가를 확인할 수 있다.

(6) 잡음

잡음(noise)이란 의사전달 과정에서 메시지의 의도를 왜곡시키는 모든 요인을 의미한다. 잡음은 의사전달의 전 과정에 걸쳐서 발생할 수 있으며 의사전달의 정확도를 감소시키는 방해요소로 작용한다.

2. 조직에서의 의사전달의 유형과 방법

1) 공식적 의사전달

(1) 하향적 의사전달

조직의 계층구조를 따라 상급자로부터 하급자에게로 명령이나 지시·방침·성과표준 등이 전달되는 의사전달을 말하며, 이러한 상의하달은 업무활동상의 관계로 볼 때 직접적인 것과 간접적인 것으로 나누어진다. 전자에는 명령이 있고 후자에는 일반적 통보가 있는데, 일반적 통보의 종류로는 편람(manual), 핸드북, 게시판, 구내방송, 기관지 등이 있다.

(2) 상향적 의사전달

조직의 하층에서 상층으로 올라가는 상향적 의사전달은 성과보고로부터 내부결재 인간관계의 유지향상을 위하여 행해지는 여러 가지 정보전달, 즉 각종 면담, 직장여론조사, 직장회의, 제안제도, 인사상담에 이르기까지 매우 광범하다. 또한 그 내용은 개인적 고민에서 조직의 발전을 위한 제안까지 매우 다양하다. 상향적 의사전달은 조직에서 상하급자 간에 쌍방적 의사전달을 가능케 하고 상의하달의 오류를 시정하는 장점이 있는 반면 여과효과(filtering effect)에 의해 그 정확성이 훼손될 가능성이 있다.

(3) 수평적 의사전달

수평적 의사전달이란 조직에서 위계수준이 같은 구성원이나 부서 간의 의사전달을 의미하는 것으로 상호 작용적 의사전달이라고도 한다. 하향적인 메시지의 흐름이 대개 권위적인 데 비해 수평흐름에 의한 메시지의 내용은 주로 협력적인 성격을 띠며 그 왜곡의 정도도 덜하다. 즉 대부분의 사람들은 자신의 상사보다는 동료들과 의사전달을 할 때보다 개방적이고 자유롭게 의사를 전달하는 경향이 있으므로 수평적 의사전달은 구성원과 부서 간의 기능을 조정하는 역할을 한다. 구체적인 방법으로는 사전협의제도, 사후통지제도, 회의 또는 위원회제도 등이 포함된다.

2) 비공식적 의사전달

의사전달은 인간욕구의 발로라는 측면이 있고 동시에 자연스러운 물흐름과 같은 속성이 있어, 조직도표와 같은 정해진 통로로만 흐르게 할 수는 없다. 조직성원들은 직종과 계급을 넘어서 인간적 유대, 예컨대 감정적인 친지관계·학연·지연·입사동기 등의 유대를 기반으로 비공식적 의사전달을 유지하게 되는데 이러한 비공식적 의사전달 체계 혹은 경로를 흔히 '그레이프바인'(grapevine)이라고 부른다. 그레이프바인은 이를 통해 흐르는 정보의 내용이 루머(rumer)의 형태인데다가 의사전달 과정에서 왜곡의 소지가 많아 관리자들에게는 경원시되어 왔다. 즉 악성루머와 같이 비공식 의사전달의 부정적 측면이 강조되어 이를 조직에서 완전히 제거해야 된다고 주장하는 학자들까지 있다.

그러나 그레이프바인은 조직에서 필연적이고 자연적인 현상임을 인정해야 할 것이다. 루머는 우리에게 중요한 관계가 있는 현상에 대한 반응으로서 모호성이 있는 경우에 불안을 일으키는 상태에서 나타나는 현상이다. 피프너

(Pffner)는 조직 내에 있어서 풍문의 주요 발생요인으로 ① 진상에 대한 정보의 결여, ② 억압적 분위기를 들고 있다. 비공식적 의사전달은 ① 일선 구성원의 동태파악, ② 정서적 긴장의 해소, ③ 딱딱한 명령이나 지시를 인간적이고 부드러운 것으로 변화시킴, ④ 공식적 의사전달망의 보완 등의 장점을 갖고 있다. 따라서 최고관리자는 비공식적 의사전달의 역기능을 최대로 줄이면서 이것이 정확할 수 있고 신속하며 공식적 의사전달을 보완해 주는 역할을 할 수 있도록 효율적인 관리방안을 마련해야 할 것이다.

3) 의사전달의 장애요인

의사전달은 고도로 구조화된 상황에서 발생하므로 장애요인은 결국 의사전달과정의 구성요소라고 볼 수 있는 전달자, 수신자, 기호화 및 전달경로(channel) 등에 대한 장애요인이라고 할 수 있다. 효과적인 의사전달을 방해하는 장애요인은 대체로 다음과 같이 설명할 수 있다.

(1) 어의상의 문제

어의상의 문제는 전달자가 애매한 말을 사용하거나 수신자에게 생소한 전문적 용어를 사용할 경우 언어의 부적절한 사용으로 인한 해석의 오류를 낳는 것을 말한다.

(2) 의사전달의 분위기

말이 나타내는 의미는 송신자의 태도, 어조, 표징과 말하는 때와 장소에 따라 달라진다. 이러한 의미의 가감성은 전달하고자 하는 메시지를 때로는 보강하기도 하고 때로는 오해를 야기하기도 한다.

(3) 가치관의 상이

송신자는 동일한 내용을 전달했다 하더라도 수신자의 심적 태도나 가치관에 따라 그것이 상이한 내용으로 전달된다. 즉 준거체제의 차이가 의사전달의 장애요인이 되는 것이다.

(4) 선입관에 의한 왜곡

사람들은 흔히 송신자나 어느 사건에 대한 선입관 때문에 정보의 진실한 내용을 왜곡하는 경향이 많다. 예컨대 어느 직장에서 감원이 있을 것이라는 풍문이 떠도는 중에 '업무간소화계획'이 발표된다면 그것이 곧 감원을 위한 전주곡으로 해석되는 것이다.

(5) 정보의 간소화 경향

사람들은 일반적으로 복잡한 것을 간소화하고 균형이 잡히지 않은 불규칙적인 자극은 균형이 잡힌 것으로 보고자 하는 심리적 경향이 있다. 이러한 현상을 간소화의 법칙이라고 한다. 즉 전달된 내용의 의미가 전체 혹은 일부가 불명료하여 듣는 사람이 완전히 이해하지 못하는 경우 말의 내용이 임의로 재구성되어 버린다. 또한 의사전달의 내용이 너무 복잡한 경우에는 그것이 그대로 상대방에게 전달되지 않고 간소화되어 버린다.

(6) 정보의 독점 및 누락

먼저 개인은 널리 보급시켜도 좋은 정보를 혼자 간직함으로써 타인에 대한 통제력을 행사하고자 할 수도 있다. 누락은 전달자가 의도한 메시지의 일부만이 수신자에게 전달됨을 뜻한다. 누락은 전달자가 고의로 의사전달의 내용을 여과(filtering)할 때라든가 전달자가 전 메시지를 파악하지 못함으로써 불충분한 정보를 수신자에게 전달할 때 발생한다. 또 고의가 없더라도 조직이 고층구조를 지녀 의사전달단계가 길어지게 되면 불가피하게 누락은 발생한다.

(7) 정보의 과부하와 의식적 제한

과부하란 메시지의 흐름이 그 체제의 처리용량을 초과하여 유입되는 상황을 나타내는 평가적 용어이다. 정보의 홍수에 쌓이다 보면 적절한 조치를 강구해야 할 중요문제를 가려내지 못하거나 합리적인 의사결정을 못할 때가 많다. 한편 정보의 의식적 제한은 각종 보안제도를 말한다. 너무 지나친 비밀주의는 의사전달의 장애를 가져올 수 있다.

(8) 평가적 경향

이는 수신자가 발신자로부터 메시지를 전부받기 이전에 그 메시지의 전반적인 가치를 평가해 버리는 경향을 의미한다. 이러한 경향은 발신자에 대한 평소의 태도나 과거 경험 등에 근거하는 것이다.

제 6 장

권력과 갈등관리

제 1 절 권력과 권위

1. 권력의 의의

조직의 관리에 대한 논의를 함에 있어서 조직 내의 권력이란 무엇인가를 파악하는 것은 매우 중요하다. 이러한 권력의 개념은 리더십의 개념과 밀접하게 관련된 개념이다. 지금까지 많은 학자들이 권력(power)에 대한 개념을 정의해 왔다. 이러한 권력에 대한 다양한 정의들을 종합해 보면 권력이란 행동주체간의 관계를 설정해 주는 요인이 되며, 상대방의 행태에 영향을 미치는 행동지향적이며 동태적 개념이라고 파악할 수 있다. 여기에서는 권력을 '상대방에 대해서 영향력을 미치는 능력'이라고 규정하기로 한다.

권력과 권위(authority)와의 관계를 살펴보면, 일반적으로 권력은 권위보다 광범위한 개념으로, 권위은 권력의 한 부분으로 인식되고 있다. 즉 권위이란 조직구성원들에 의해 그 정당성이 인정된 권력이라고 할 수 있다. 이와 같이 권위는 권력과는 다르지만 권력과 전혀 무관한 개념이 아닌 것이다. 권위에는 권력이 전제되어 있는 것이다. 권위는 조직 내에서 그 정당성을 인정받은 권력이기 때문에 이 양자의 관계는 서로 분리해서 생각할 수는 없다는 것이 오늘날 대부분 학자들의 견해이다.

2. 권력의 유형

1) 보상적 권력

보상적 권력은 보상을 주거나 중개할 수 있는 능력으로부터 나오는 권력이다. 보상적 권력의 강도는 권력행사자가 중개할 수 있는 보상의 크기가 크게 인식될수록, 보상중개 가능성에 대한 권력수용자의 인지 정도가 클수록, 긍정적 유인을 제공하고, 부정적 유인을 억제할 수 있는 능력이 클수록 강해진다.

2) 강압적 권력

강압적 권력은 권력행사자의 위협적 능력으로부터 나오는 권력이다. 이때 권력의 강도는 처벌의 부정적 유인이 클수록, 복종 시 처벌의 회피가능성이 클수록 커진다. 강압적 권력은 한 마디로 말해서 권력수용자의 두려움에 기반을 둔 권력이라고 말할 수 있다.

3) 합법적 권력

권력수용자의 내면적 가치에 비추어 권력행사자가 권력을 행사할 수 있는 권리를 갖고 있다고 인정되는 경우를 말하는데, 이것은 베버의 권위와 대단히 유사한 것이다. 합법적 권력은 정당한 권력이라고도 하는데, 이를 권한이라고도 부른다.

4) 준거적 권력

준거적 권력은 권력수용자의 권력행사자에 대한 동일시에 기반을 두는 권력이다. 권력수용자는 권력행사자에 대해 매력과 호감을 갖기 때문에 그를 닮으려고 노력한다. 이 경우 권력행사자는 자기가 권력행사자라는 것을 의식하지 못할 수도 있다.

5) 전문적 권력

전문적 권력은 어떤 분야 내에서 권력행사자가 지닌 지식이나 전문성의 정도에 기반을 두고 있는 권력이다. 전문적 권력의 범위는 다른 권력에 비해 상당히 제한적이다. 그러나 현대조직이 점차 복잡하고 특수화되어 가기 때문에 그 중요성이 증대되고 있다.

3. 권위의 개념과 기능 및 유형

1) 권위의 개념

권위(authority)란 행정주체가 의도한 대로 행정이 순조롭게 진행되도록 하는 행정주체의 능력 중의 하나이다. 베버(Max Weber)는 권위란 명령에 일정한 사람들이 복종하게 할 가능성이라고 정의하면서 권위를 정당성 있는 권력으로 파악하고 있다. 한편 바나드는 권위의 수용설(acceptance theory of authority)을 주장하며 권위란 상급자의 명령이 하급자에 의하여 수용될 때 비로소 실효성이 있으며, 그렇지 않은 경우에는 권위를 인정할 수 없다고 밝혔다. 또한 사이먼은 바나드의 권위의 수용설을 계승하여 권위란 사람의 행위를 인도하는 결정을 내릴 수 있는 능력이라고 정의하고 이것은 두 사람 또는 그 이상의 관계라고 지적하고 있다.

2) 권위의 주요 기능

(1) 책임의 강제

권위는 집단 혹은 권위 행사자가 정해 놓은 규범에 집단구성원 개개인이 따르도록 강제하는 기능을 수행한다. 개인의 책임을 강제하기 위하여 권위가 행사될 때에는 제재(sanctions)가 중요한 역할을 한다.

(2) 의사결정의 전문화

권위는 의사결정에 있어서 전문성을 촉진하고 확보하는 기능을 수행한다.

(3) 조정의 촉진

권위는 조직의 모든 구성원들이 공통의 목적을 달성하기 위하여 일관된 의사결정을 행하도록 조정을 하는 기능을 수행한다.

3) 권위의 유형

베버는 지배의 유형에 따라 권위를 전통적 권위 · 카리스마적 권위 · 합법적 권위의 세 가지로 구분하고 있다.

(1) 전통적 권위(traditional authority)

전통적 권위란 그 정당성의 근거가 옛날부터 내려오는 전통이나 관습에 의해 인정되는 권위를 말한다.

(2) 카리스마적 권위(charismatic authority)

카리스마적 권위란 어떤 인물의 초인적 힘이나 자질, 영웅적 행위에 대한 절대적 신뢰를 바탕으로 형성되는 권위를 말한다. 카리스마(charisma)란 신의 은총을 가리키는 말로서 전통적 권위로 발전될 수 있다.

(3) 합법적 권위(legal authority)

법규화된 질서의 합법성과 그 질서에 의하여 부여된 지배자의 명령이 합법적이라는 신념에 근거를 둔 권위를 말한다. 이를 전형적으로 표현하는 것이 관료제이다.

4. 권위의 수용

1) 무차별권(zone of indifference)

권위의 무차별권이란 상급자의 명령이 아무 이의 없이 수용되는 범위를 말한다. 바나드는 상급자의 명령을 그 수용의 정도에 따라 분류하면 첫째, 분명히 수용될 수 없는 것, 둘째 중립적인 것, 셋째 이의 없이 수용될 수 있는 것의 세 가지가 있는데, 이 중 셋째가 무차별권이라 하고, 명령이 무차별권에 들어왔을 때 효력이 있다는 것이다.

2) 수용권(zone of acceptance)

사이먼은 바나드의 권위의 수용설을 계승하여 무차별권에 상당하는 수용권이라는 개념을 제시하였다. 사이먼은 인간이 타인의 의사결정에 따르는 조건에는 첫째, 그 의사결정의 장단점을 검토해 보고 장점에 대하여 확신을 가진 경우 둘째, 그 의사결정의 장단점에 대하여 충분히 검토하지 않고 따르는 경우 셋째, 그 의사결정이 잘못되었다고 확신하더라도 따르는 경우의 세 가지가 있다고 한다. 그런데 이 중 둘째와 셋째의 경우를 권위의 수용권이라고 한다.

제 2 절 갈등관리와 협상

1. 갈등의 의의

갈등관리(conflict management)는 조직의 존립과 발전에 있어서 필요한 핵심적 과정이라고 할 수 있다. 조직이론은 꾸준히 발전해 왔지만 어떤 학자도 조직 내에 갈등현상이 존재한다는 사실 자체를 부인하지는 않았다. 조직학에서의 갈등연구는 조직 내의 개인이나 집단들 간에 벌어지는 갈등현상에 그 초점이 두어졌으며, 따라서 사회학에서 일반적으로 다루는 계급 간의 갈등은 제외된다. 일반적으로 조직상에 있어 갈등이란 "희소자원이나 업무의 불균등한 배분 또는 목표·가치·인지 등에 있어서의 차이와 같은 원인과 조건으로 인해 개인·집단·조직의 심리, 행동 또는 그 양면에 일어나는 대립적인 교호작용"이라고 하겠다.

이러한 갈등의 개념정의는 조직 내의 특정 수준이 아닌 모든 수준에서 발생하는 제 갈등들을 포함한 것으로 그 구체적 세부개념으로 살펴보면 다음과 같은 특징들을 찾아볼 수 있다. 첫째, 갈등은 둘 이상의 갈등주체 사이에 발생하는 현상이다. 이때의 갈등주체는 개인이나 집단 및 조직일 수도 있다. 둘째, 갈등은 주체의 심리나 행동 또는 그 양면에 나타난다. 대립적 행동이 노출되지 않더라도 주체가 불안·긴장·적대심 등을 느끼게 되면 이미 갈등이 있는 것이다. 대립적 행동으로 싸움·파괴·이견표출 등 적극적 행동(행위)뿐 아니라 응당해야 할 말이나 행동을 하지 않는 등 소극적 행위(부작위)도 포함된다. 셋째, 갈등관계는 서로 연관된 일련의 진행단계들로 이루어진 동태적 과정(dynamic process)이다. 사실상 조직의 모든 구성요소는 갈등발생의 잠재성을 가지고 있다고 할 수 있다.

2. 갈등의 기능과 유형

1) 갈등의 기능

(1) 갈등관의 변천

첫째는 전통적 관점(traditional view)로서, 갈등은 해로운 것이고 조직 내에서 역기능(dysfunction)을 나타내기 때문에 조직효과성에 언제나 부정적인 영향을 끼친다고 가정한 것이다. 따라서 관리자들의 책임은 조직에서 갈등을 제거하는 일이었다. 이러한 전통적인 주장은 19세기의 조직 및 관리문헌의 지배적인 내용이었고 이는 1940년대 중반까지 지속되었다.

둘째는 행태적 관점(behavioral view)로서, 갈등이란 조직 내에서 자연적으로 일어나고 있는 현상으로서 당연한 것으로 본다. 갈등은 조직의 성질상 불가피한 것이기 때문에 행태론자들은 갈등의 수용(acceptance of conflict)을 주장한다. 그러나 그들은 능동적으로 갈등을 추구하거나 갈등을 낳게 할 상황적 요인을 만들어 낼 수 있는 아이디어를 제시하지 않고 있다. 즉 갈등을 불가피한 것으로 받아들이긴 하지만 갈등의 관리 문제를 언급할 때 그들이 의미하는 것은 모두 갈등의 해소(resolution of conflict)를 말하고 있다. 이 행태적 견해는 1940년대 후반부터 1970년대 중반까지 관리 및 조직이론을 지배해 왔다.

셋째로, 가장 최근의 갈등관은 상호 작용론적 관점(interactionist view)이다. 행태적 관점은 갈등을 수용하는 데 그쳤지만 상호 작용론적 입장은 한 걸음 더 나아가 갈등을 고무(encourage conflict)한다는 입장이다. 즉 조화롭고 평온하며 전적으로 협동적인 조직은 정태적이고 무감동적이며 변화와 개혁에 대한 반응이 무디다는 것이다. 따라서 갈등은 새로운 아이디어를 촉진하며 집단 내의 응집성을 향상시키고, 다양한 의견의 투입을 통하여 보다 우수한 의사결정을 초래하고 욕구불만의 탈출구를 제공하는 등 조직에 유익한 기능(순기능)도 수행한다는 주장이다. 상호 작용론적 견해는 갈등이란 전적으로 옳은 것도 전적으로 나쁜 것도 아니라고 생각하기 때문에, 관리자는 모든 갈등을 억제하거나 제거해서는 안 되고 그 해로운 점을 최소한으로 줄이고 이로운 점을 최대한 신장시켜야 한다는 주장이다.

(2) 갈등의 역기능과 순기능

로빈스(S. P. Robbins)는 갈등이 의사소통을 지체시키고, 집단의 응집성을 감소시키고, 나아가 집단목표들을 집단구성원들 간의 투쟁에 종속시킬 때 그 갈등은 역기능적이라고 보았다. 이와 유사한 관점에서 몬디(R. W. Mondy) 등은 ① 갈등이 개인들에게 불안감을 발생시킬 때, ② 조직체계와 그 조직의 하위체계들에 긴장을 증대시킬 때, ③ 조직구성원들의 만족감을 저하시키고 생산성을 감소시킬 때, ④ 구성원이 패배감을 느끼고 품위가 손상되었다는 감정을 느낄 때, ⑤ 구성원 간의 사회적 거리감이 증가할 때, ⑥ 구성원 간에 불신과 의심의 분위기가 조성될 때, ⑦ 조직단위들이 조직 전체의 목표보다는 그들 자신의 편협한 목표에 관심을 집중할 때, ⑧ 이직・마약중독・알콜중독・태업 등 일탈행위들을 유발시킬 때 갈등은 역기능적이라고 보았다.

그러나 조직 내에 있어 갈등은 많은 부정적인 결과들을 유발시키지만 또한 많은 긍정적인 기능들을 수행한다. 즉 정체된 조직에 있어서의 적정수준의 갈등은 조직성원들로 하여금 창의력을 고무시키고, 성원들을 더 열성적으로 만들고, 더 양질의 의사결정을 하게 하는 상황을 조성하며, 문제에 대한 새로운 해결방법들에 대한 탐색을 유도하고, 장기간 끌어오던 문제들을 명확하게 해결하며, 더욱 증진된 이해와 넓은 시야로 유도하는 등의 순기능적 역할들을 한다.

갈등의 역기능적 측면과 순기능적 측면을 분리하여 살펴보았으나 갈등 그 자체는 역기능적이지도 순기능적이지도 않다는 사실을 고려할 때 하나의 통합된 인식체계를 가질 필요가 있다. 즉 갈등의 해소와 갈등의 관리를 개념적으로 구별할 필요가 있는 것이다. 갈등의 해소는 갈등의 발생을 막거나 일단 발생한 갈등을 제거하거나 감소시키는 것을 말하는데 비하여, 갈등의 관리란 적극적인 의미에서 조직 전체에 유익한 갈등을 유발하고 발생한 갈등을 조직 전체를 위해 순기능적으로 작용하도록 유도하는 것이다.

2) 갈등의 유형

(1) 좌절갈등(frustration conflict)

개인갈등은 긴장(stress)과 밀접하게 관련되는 것으로 좌절갈등, 목표갈등, 역할갈등으로 구분될 수 있는데, 먼저 좌절갈등을 설명하면 다음과 같다. 좌절은 어떤 기능화된 충동(motivated drive)이 원하는 목표에 달하기 전에 장애물에 의해서 저지당할 때 일어난다. 이러한 장애는 외형상으로 나타날 수도 있고 잠재적인 것일 수도 있다. 개인이 좌절감을 느끼게 되면 그는 곧 방어기제(defense mechanism)로서 여러 가지 반응행동을 취하게 된다. 예를 들면 갈증을 느끼고 있는 사람이 물을 마시기 위해 나가려고 하는데, 문이 잠겨있다고 한다면 그는 욕구좌절을 느끼게 될 것이다. 이 경우 좌절감을 느낀 그는 방어기제로서 ① 공격(aggression), ② 철회(withdrawal), ③ 집착(fixation), ④ 타협(compromise)의 네 가지 반응을 통하여 좌절된 욕구를 해소코자 할 것이다.

(2) 목표갈등(goal conflict)

좌절갈등은 단일욕구가 목표에 도달하기 전에 장애물에 직면한 경우인 데 비해서, 목표갈등은 둘 이상의 욕구들이 서로 간에 장애가 되는 경우를 말한다. 이 목표갈등은 목표의 성격과 경쟁 여부에 따라 ① 접근－접근갈등(approach－approach conflict), ② 접근－회피갈등(approach－avoidance conflict), ③ 회피－회피갈등(avoidance－avoidance conflict)으로 구분된다.

(3) 역할갈등(role conflict)

조직 내의 구성원들은 다양한 기능을 수행함으로써 각각 상이한 역할을 맡을 수도 있고, 여러 사람이 같은 종류의 역할을 담당할 수도 있으며, 또한 한 사람이 동시에 여러 가지 역할을 수행할 수도 있다. 이 경우 역할(role)이란 "집단이나 조직 내에서 특정 직위(position)를 가진 자들이 해야 할 것으로 기대되는 지위"로서 직무수행에 커다란 영향을 미친다. 그런데 이 같은 역할이 어느 개인에게 동시적으로 부여될 때, 그 개인은 역할갈등을 느끼게 된다. 요컨대 역할갈등이란 역할담당자에게 양립할 수 없는 행위를 기대하거나, 개인의 욕구와 역할의 요구가 서로 상충될 때 나타나는 심리적 긴장감이라 할 수 있다.

(4) 사이먼(Simon)과 마아치(March)의 의사결정 갈등유형

사이먼과 마아치는 의사결정이란 측면에서 갈등을 다루고 있다. 의사결정 과정 중에서, 결정자가 갈등에 빠지게 되고 용이하게 자기의 결정을 내릴 수 없는 경우 이를 가리켜 대안선택의 곤란으로 인한 갈등이라고 한다. 그들은 개인갈등은 비수락성(unacceptability), 비비교성(incomparability), 불확실성(uncertainty)의 세 가지 원인 중 하나의 원인이 있을 때에 발생한다고 한다. 비수락성이란 결정자가 각 대안의 결과는 물론 더 나은 대안도 쉽게 알 수 있으나, 이 대안이 자기가 만족할 만한 정도가 되지 못하여 고민하는 것을 말한다. 비비교성의 갈등은 결정자가 각 대안의 결과를 알고 있지만, 어떤 대안이 더 우수한 것인지를 알지 못할 때에 발생한다. 불확실성의 갈등은 결정자가 각 대안이 초래할 결과를 모르는 때에 발생한다.

갈등의 유형은 개인적 갈등 외에도 개인 간 갈등, 집단·조직적 차원에서의 갈등이 있다. 집단·조직적 차원의 갈등은 계층적 갈등, 기능적 갈등, 계선과 참모 간의 갈등, 공식적 집단과 비공식적 집단 간의 갈등 등으로 세분할 수 있다.

3. 갈등상황과 갈등유발요인

갈등상황(conflict situation)이란 갈등이 야기될 수 있는 조직 내의 상황 또는 조건으로서, 갈등의 매개변수라 할 수 있고 갈등의 원인이라고도 할 수 있다. 그러나 이러한 원인이나 상황은 행동주체들에 의해 지각되지 않을 수도 있고 구체적인 갈등관계가 형성되기 전에 소멸될 수도 있기 때문에 갈등의 필요조건일 뿐이지 필요충분조건은 못된다. 갈등상황은 갈등을 유발하거나 그 출처가 될 수 있는 조직상의 제 요인과 갈등 사이를 연결해 주는 조건이기 때문에 이를 파악하는 것은 중요하다고 할 수 있다. 여기에서는 이러한 갈등유발요인을 개인적 특성, 조직직구조상의 요인 그리고 의사소통의 측면으로 구분하여 고찰하고자 한다.

1) 개인적 특성상의 갈등요인

(1) 가치관(values)의 차이

가치관이란 어떤 구체적인 행동양식이나 존재양식이 그 반대의 행동양식이나 존재방식보다 개인적으로 혹은 사회적으로 더 우월하다는 생각을 나타내는 용어이다. 이러한 가치관은 개인마다 조금씩 다를 수밖에 없다. 옳고 그름에 대한 해석기준인 이 가치관이 크게 차이가 나는 경우 갈등유발의 여지는 존재하는 것이다.

(2) 태도(attitudes)의 차이

가치관이 보다 포괄적이고 광범위한 개념이라면 태도는 보다 구체적이고 상세한 개념이다. 동일한 지각대상에 대해 태도를 달리하는 사람들 간에는 갈등이 발생할 수 있다.

(3) 성격(personality)의 차이

성격이란 그 개인에게 있어 독특한 습관들과 선천적 경향으로 구성되며 어느 정도 안정성을 지닌 그 개인만의 특질을 말한다. 개인의 성격상의 차이는 외부 사건들에 대한 지각의 차이를 유발시키고 사건에 대한 각기 다른 해석으로 이끌어 구성원을 갈등으로 유도할 수 있다.

(4) 지각(perception)의 차이

개인의 내부적 차이인 가치관·태도·성격 등의 내적 요인들이 외부의 사건을 지각하고 해석하는 데 있어 개인마다의 차이를 가져오고 이러한 지각의 차이는 개인 간에 갈등을 유발시킬 수 있다.

2) 조직구조상의 갈등요인

조직구조 역시 많은 갈등의 잠재요인을 가지고 있는데 그 대표적인 것으로는 업무의 상호 의존성, 업무의 수평적인 분화, 제로게임(zero-sum) 상황, 관할영역의 모호성, 평가기준과 보상체계에 있어서의 상이성, 집단적 의사결정체제, 지위불일치 등을 들 수 있다.

3) 의사소통상의 갈등요인

조직에 있어 의사소통의 역할은 중요하다. 의사소통을 통해 조직단위들은 공통의 목표를 인식하고 그들의 노력과 시간·자원을 공통의 목표로 투입시킬 수 있는 것이다. 이러한 의사소통상의 어려움은 의사소통자들 간의 갈등으로 이끌 수 있으며, 그 결과로 조직목표 달성의 어려움을 가져오게 될 것이다.

의사소통의 문제점으로 우선 의사소통의 왜곡을 들 수 있다. 정보가 계층을 따라 위아래로 통과하는 과정에서 그 정보는 모호해지거나 왜곡되기 쉽다. 의미상의 난해성도 의사소통을 방해하는 요소로서, 이는 부서의 구성원들의 상이한 훈련과정, 상이한 배경, 상이한 사회화과정 등에 기인한다. 나아가 중요한 정보가 의도적으로 보류되거나 비밀에 붙여진 결과, 갈등이 발생될 수도 있다.

4. 갈등의 관리방안

1) 갈등의 예방방안

아직 발생하지는 않았지만 발생할 가능성이 충분히 있는 역기능적 갈등을 미연에 방지하기 위해서는 다음과 같은 몇 가지 구체적인 방법을 고려할 수 있다.

첫째, 현실적이고 구체적 목표를 조직과 조직 내의 집단에 부여한다. 둘째, 조직구성원 각자가 해야 할 현실적이고 구체적 작업목표·방법이 규정된 종합적인 업무명세표를 작성한다. 셋째, 조직의 모든 수준에서 의사결정이 이루어지고 이해되도록 지침을 명시한다. 넷째, 조직 내에 건강하고 순화된 분위기를 조성한다. 다섯째, 정책·절차·규칙 등을 정형화하고 정책과 집행과정이 충분한 정보와 동의하에 이루어지도록 한다. 여섯째, 갈등발생에는 사전에 갈등을 알리는 경고신호가 있기 마련이므로 이러한 경고신호를 사전에 포착·규명해야 한다. 일곱째, 최고관리자는 평소에 모든 작업집단의 요구에 균형적 자세를 견지하여 전문적 조정자로서의 역할을 수행해야 한다.

2) 갈등의 해소방안

조직 내 개인들 간에 있어 갈등이 존재한다고 느껴지면 이러한 갈등의 관리가 중요한 문제로 대두된다. 어느 정도의 갈등은 불가피하며, 상황에 따라서는 요구되어지기도 하지만 갈등이 지나치게 격화되거나 지속적이 될 때 이는 조직과 개인에게 악영향을 가져올 것임은 자명하다. 갈등해결 방안은 개인적 특성의 변화 유도, 조직구조와 절차상의 개선, 의사소통의 효율화 등의 관점에서 제시할 수 있다.

(1) 개인적 특성의 변화 유도

개인의 특성의 변화를 통하여 갈등을 해결하는 방안으로서는 정신분석이론을 이용한 교류분석(transactional analysis)과 조하리 창을 통한 감수성훈련(sensitivity training) 및 상황의 재해석을 통하여 현실에 대한 인식을 변화시키는 인지재구조화방안, 상담기법 등을 들 수 있다. 이러한 인간관계개선 전략들에 입각한 방식들이 개인 간 갈등의 예방과 해결에 상당히 유용할 것으로 판단된다.

(2) 조직구조와 절차상의 개선

조직구조 및 업무절차의 변화를 이용해 이미 발생한 갈등을 해결하는 방안으로는 완충물의 활용, 청원제도의 활용, 평가기준과 보상체계의 개선, 순환보직제의 활용, 업무배분의 변경, 상호 의존성의 감소 등을 들 수 있다.

(3) 의사소통상의 효율화

의사소통상의 효율성 확보를 위해서는 적절한 환류의 사용, 언어의 단순화, 적극적인 청취, 상호 신뢰적 분위기의 조성, 비언어적 의사소통상의 주의 등과 같은 것을 고려할 수 있다.

3) 갈등조장방안

(1) 정보 및 권력의 재분배

표면화된 공식적 및 비공식적 정보전달통로를 의식적으로 변경시킴으로써 갈등을 조장할 수 있다. 의사전달통로의 변경은 정보의 재분배와 그에 따르는 권력의 재분배를 초래하기 때문에 갈등을 야기할 수 있다.

(2) 정보조절

정보량의 조절, 즉 상황에 따라 정보전달을 억제하거나 지나치게 과다한 정보를 전달함으로써 갈등을 조성할 수 있다.

(3) 제도적 갈등조장방안

여기에 속하는 효과적인 갈등창출방법으로는 조직 내의 수평적 분화를 통한 조직구조의 변경을 들 수 있다. 이 밖에도 조직의 계층 수, 직위간의 관계, 기능적 조직단위의 수를 재설정하거나, 계선·참모 간 갈등의 적절한 활용과 리더십 유형의 적절한 교체 등을 통하여 제도적으로 갈등을 조장하여 효과적인 경쟁관계를 창출할 수 있다.

(4) 충격요법적 방법

외부집단의 도전이나 위협을 느끼도록 유도하는 충격요법적 방법도 적절히 사용하면 갈등을 조장할 수 있다.

(5) 인사정책적 방법

기존부서에 그 구성원들과는 전적으로 다른 배경·경험·가치관 등을 가진 구성원을 충원시키는 방법이다. 이 방법은 고정관념과 경직된 사고방식, 편협된 가치관, 침체된 지향성과 행태를 불식하는 데 많은 도움을 줄 것이다.

(6) 경쟁상황의 창출

단위부서들 간에 경쟁상황을 조성함으로써 갈등을 촉진할 수가 있다.

4) 상황적합적 갈등관리

순기능적 갈등은 조직의 침체를 방지하여 조직의 발전과 쇄신 및 활력을 창도하며, 나아가 조직성과에 도움을 줄 수 있다. 문제는 갈등의 존재 자체가 문제가 아니라 그 갈등이 어떻게 다루어지느냐가 곧 조직성과와 직결되기 때문에 관리자는 적절한 갈등관리수단을 보유하고 있어야만 한다는 것이다. 그러나 문제는 갈등현상의 동태성에 있다. 그러므로 갈등의 관리에는 상황적합적(contingent)인 관리전략이 더욱 필요하다고 할 수 있다.

5. 협상

1) 협상의 의의와 유형

협상(negotiation)은 서로 상반된 이해관계가 얽혀 있는 당사자들이 서로의 이익을 최대화 할 수 있는 해결방법을 합의하기 위해서 노력하는 과정을 의미한다. 이러한 협상전략에 대한 유형으로는 배분적 협상(distributive bargaining)과 통합적 협상(integrative bargaining) 두 가지가 있다.

배분적 협상은 파이를 나누는 zero-sum(Win-Loss) 협상이며, 통합적 협상은 파이의 크기를 늘리는 plus-sum(Win-Win) 협상이라 할 수 있다. 물건을 사고 팔 때 판매자는 구매자가 지불하려는 금액보다 높은 금액을 요구한다. 이때 판매자와 구매자는 가격을 협상하게 되는데 이 상황을 배분적 협상이라 한다. 내가 이익을 보면 상대자는 손해를 보게 되는 것이다. 고정된 양의 자원을 나누어 가지려고 하는 협상이다. 일정한 파이를 두고 각자 더 많이 차지하려고 하기 때문에 단기적인 인간관계에서 행해진다.

통합적 협상은 배분적 협상과는 다르게 서로 이익이 되는 해결책을 얻고자 하는 것을 목표로 한다. 프로선수들의 출전수당, 승리수당 등의 연봉 체결과 판매자의 실적 달성에 따른 인센티브제도 등이 통합적 협상의 좋은 예이다. 통합적 협상은 당사자들이 좋은 유대감과 서로 승리했다는 느낌이 들게 되는 장기적인 인간관계에서 행해진다. 모든 협상자는 통합적 합의를 목표로 하게 되지만 대부분은 성공에 이르지 못한다. 그 이유는 보이지 않는 갈등과 파이의 고정인식이 있기 때문이다. 서로가 이득이 되는 협상을 이끌어 내기 위해서는 상대방에 대한 신뢰, 목표의 공통성, 상대에 대한 인정과 원활한 의사소통, 문제해결 능력, 정보의 공유 등과 파이를 늘리려는 노력이 있어야 한다.

2) 협상의 단계

협상은 다음과 같은 다섯 단계를 거치며 진행되는 것이 일반적이다.

첫째 단계는, 협상의 준비와 계획 과정으로 내용과 목적, 상대방의 목적 등을 파악하여 계획을 세운다. 전략적으로 합의에 이르지 못할 때 최선의 대안(BATNA: Best Alternative to a Negotiated Agreement)을 설정하는 것이 매우 중요하다. 상대방의 'BATNA'를 알면 협상을 유리하게 진행할 수 있다.

둘째 단계는 기본 규칙을 정하는 것인데 방법, 절차, 내용의 범위, 기간, 장소 등에 대해 서로 약속을 하는 것이다.

셋째 단계는 최초로 서로의 요구사항을 제시, 정당성을 설명하고 상대방이 잘 이해하고 있는지에 대해 명확하게 하고, 필요한 증빙서류도 교환한다.

넷째 단계는 협상과 문제해결인데 상호 접점을 찾는 단계이다. 서로 윈-윈(win win)하기 위한 양 당사자의 양보가 필요하고, 양해각서를 교환한다.

다섯째 단계는 종료와 실천 단계로 합의안을 공식화하고 실행과 감독 그리고 사후관리시스템을 만들어야 한다.

보완학습

공공갈등

공적 분야가 아닌 사적 분야에서 사인(私人)들 사이에 발생하는 갈등을 사적 갈등이라 한다면, 사적 갈등과 대비 되는 개념으로서 공공갈등은 정부의 정책이나 사업의 수립 및 집행과정에서 공중의 이해관계의 쟁점들을 둘러싸고 민(民)과 관(官) 사이에 발생하는 갈등이라 할 수 있다(천대윤, 2011). 공공갈등을 일반적으로 공공정책과 같이 공중에게 광범위하게 영향을 미치는 쟁점을 둘러싼 갈등이라 정의하기도 한다(강영진, 2000). 갈등 당사자를 중심으로 정의해보면 공공갈등을 "국가와 지방자치단체, 정부투자기관 등이 당사자인 갈등으로서 국민의 권리와 의무에 영향을 미치는 정책, 법령, 사업의 추진과정에서 공공기관과 국민 또는 공공기관 상호간의 이해관계의 충돌로 발생하는 갈등과 분쟁"으로 정의하기도 한다(신창현, 2005). 한편에서는 보다 구체적으로 양적인 측면에서 공공갈등의 정의를 다루고 있다. 단국대학교분쟁해결연구센터에서는 ① 자유로운 공공장소에서 100명 이상이 모여 집회 및 시위를 한 경우, ② 연인원 500명 이상이 집회 및 시위를 한 경우, ③ 시위 및 집회가 일주일 이상 지속된 경우 이상 세 가지가 모두 충족되면 공공갈등으로 다루고 있다.

이처럼 공공갈등을 학자들마다 다양하게 정의하고 있지만, 공공갈등의 요소들 중 어떠한 요소들을 중심으로 바라보느냐에 따라 공공갈등정의에 차이가 있을 뿐 대부분 정의하는 맥락은 유사하게 나타나고 있다. 종합적으로 살펴보면 대부분의 공통적인 측면은 공중이라는 대상과 정부 또는 정책이라는 범위가 포함된다고 볼 수 있다.

최근에는 공공갈등의 정의가 보다 광범위하고 모호해지고 있다. 정보의 공유가 쉬워지고 빠르게 확산되면서 개인갈등이나 조직갈등의 성격을 가진 사건 사고가 이슈화되거나, 개인의 다양한 삶이 공유되고 직접 경험하지 않은 제3자로 인식되는 대상들이 간접적인 경험을 통해 공감하면서 공공갈등의 범위가 확대되고 있는 실정이다.

제 7 장

조직문화와 조직변화

제 1 절 조직문화

1. 조직문화의 개념과 기능

조직문화란 기본적으로 조직구성원들이 집단적으로 공유하고 있고, 조직구성원의 행동과 조직전체의 행동의 기본전제로서 작용하는 조직체 고유의 지배적인 가치관 · 신념 · 규범 · 관습 · 행동양식 모두를 포함하는 거시적이고 복합적인 개념이라고 할 수 있다.

이러한 조직문화의 순기능은 다음과 같다. 첫째, 조직문화는 조직의 경계를 설정해 주는 역할을 수행한다. 둘째, 조직문화는 조직구성원들에게 정체성(identity)을 제공해 준다. 셋째, 조직문화는 구성원들이 자기의 개인적 이익보다 고차원적인 이익을 위하여 헌신하는 것을 가능하게 해 준다. 넷째, 조직문화는 사회시스템의 안정성을 높여 준다. 다섯째, 조직문화는 구성원들의 태도와 행동을 지도하고 조성하며 의미형성 및 통제메커니즘으로서의 기능을 발휘한다.

반면 조직문화의 역기능은 다음과 같다. 첫째, 조직문화는 그 공유가치가 조직유효성을 촉진시키는 가치들과 조화를 이루지 못할 때는 일종의 부담(a liability)이 된다. 둘째, 혁신에 대한 제약조건이 될 수 있다. 셋째, 공유신념과 가치가 관리전략, 조직 및 그 구성원들의 필요와 욕구에 부합하지 않을 때에는 조직문화에 의한 의사결정의 능률성은 오히려 역기능적인 결과를 가져올 수도 있다는 점 등을 들 수 있다.

2. 조직문화의 개발과 관리

바람직한 조직문화의 정착을 위해서는 다음과 같은 것이 요구된다. 첫째, 조직문화가 성공적이기 위한 중요한 전제조건인 조직구성원 전체의 공유적·생활적 가치체계를 개발하고, 둘째 이를 효과적으로 정착시키기 위한 관리수단이 지속적으로 동원되어야 한다. 특히 유지를 위해서 조직구성원의 새로운 행동이나 가치관의 주입은 교육훈련을 통해서 어느 정도 달성할 수 있지만 그보다 더 중요한 것은 실제 업무수행을 통해서 바람직한 행동이 유지될 수 있도록 보장해 주는 방법이라고 할 수 있다. 이러한 방법 중에는 자주적 팀관리에 의한 방법, 행동변화를 위한 코칭, 적절한 보상시스템의 수립 등이 있으며, 강화, 사회적 상호 작용, 선발과 훈련 등도 고려해 볼 만한 방법이다.

제 2 절 조직변화

1. 조직변화의 개념

조직변화는 그 자체로서는 중립적인 개념이다. 그러나 여기에서 다루는 변화란 계획적·의도적 변화로서 조직을 현재보다 개선된 상태로 바꾸기 위한 노력이라고 할 수 있다. 이러한 변화의 대상으로는 조직구성원, 기술, 조직구조, 조직업무 등 다양하다. 조직변화와 유사한 용어로는 조직혁신, 조직개혁, 조직동태화, 조직발전 등을 들 수 있다.

조직혁신과 조직개혁은 같은 개념이라고 볼 수 있는데 계획적이고 의도적인 조직변화, 즉 현재의 환경 속에서 그 조직의 생존과 발전을 꾀하는 과정을 의미한다. 한편 조직동태화는 경직화된 조직을 환경변화에 신축성 있게 적응하여 문제를 해결하고 쇄신과 창의성을 도입·활용해 나가는 과정을 의미하며, 조직발전(OD)은 조직개혁의 한 가지 방법으로서 주로 구성원의 인간적 측면의 개선을 지향하는 방법이라고 볼 수 있다.

2. 조직변화(혁신)의 단계와 담당자

조직변화의 단계에 대해서는 많은 학자들이 다양하게 제시하고 있는데, 레윈(K. Lewin)은 조직변화의 과정을 해빙(unfreezing), 변화(changing), 재결빙(refreezing)의 세 단계로 나누어 설명하고 있다.

첫째, 해빙단계는 변화의 필요성을 인식하는 단계로서 변화를 수용할 마음의 준비단계이다. 둘째, 변화단계는 새로운 패턴으로의 변화를 시도하는 단계로서 순종, 동일화, 내면화가 나타난다. 셋째, 재결빙단계는 타인으로부터 새로이 획득한 태도나 지식, 행동이 개인에 고정되는 단계이다.

이를 조직혁신을 위한 실제적·구체적 단계로 세분화하면 대체로 다음과 같은 네 단계로 나눌 수 있다.

1) 조직변화의 단계

(1) 인지단계

인지단계는 현실수준(실적)이 기대수준(기준)에 미달하는 차질을 발견하고 혁신의 필요성을 확인하는 단계이다.

(2) 입안단계

입안단계는 혁신의 필요성이 확인된 다음 기준과 실적 사이의 차질을 해소시킬 수 있는 대안을 탐색하여 채택하는 단계이다.

(3) 시행단계

시행단계는 입안된 혁신사업을 실행에 옮기고 혁신을 정착시키는 단계를 말한다.

(4) 평가단계

평가단계는 조직혁신의 성과와 혁신의 과정적 요인들을 분석·평가하여 그 결과를 환류시키는 활동을 의미한다.

2) 계획적·의도적 변화의 담당자

계획적·의도적 조직변화, 즉 조직혁신의 담당자는 혁신자(innovators)라고 할 수 있는데 이러한 혁신담당자의 자격으로서 요청되는 것은 현상에 만족하지 않고 언제나 비판적인 입장에서 분석을 정확히 하는 발전지향성을 지녀야 한다는 점이다.

(1) 착상자(initiator)

혁신에 관한 새로운 아이디어, 새로운 개념, 새로운 방법, 새로운 행동양식을 지닌 사람을 창조적 소수인(creative minority)이라고 한다. 이들은 혁신의 원천이 되는 사람들로서 사회의 보통 사람이나 보통의 조직구성원과는 다른 통찰력 · 창의력 · 집념을 가져야 한다.

(2) 창도자(advocator)

착상된 새로운 아이디어나 개념을 조직에 도입할 것을 주장하고 나서는 선견지명적이고 진취적인 사람을 말한다. 창도자로서의 역할은 주로 중간관리층이 담당해야 할 것이다.

(3) 채택자(adaptor)

착상되고 창도된 새로운 아이디어를 남보다 먼저 조직에 채택하는 실천적인 사람을 말한다. 채택자는 권위 있는 의사결정의 힘과 설득력 및 집행력이 있어야 한다.

3. 조직변화의 저항과 극복

조직변화(혁신)는 언제나 다소간의 저항(resistance)이 일어나게 된다. 일반적인 저항원인으로는 ① 기득권에 대한 침해, ② 혁신안 내용의 불명확성, ③ 혁신에 대비할 능력부족, ④ 인정감 · 자존심의 손상, ⑤ 혁신성과에 대한 회의 등을 들 수 있다. 변화의 대응전략으로는 다음과 같은 것들을 들 수 있다.

1) 강제적 전략(coercive strategy)

혁신주체가 일방적으로 권력을 통해 제재를 가함으로써 저항을 극복하려는 전략이다. 강제적 전략은 저항을 근본적으로 극복하지 못하고 단지 단기적 · 피상적으로 저항을 억압하는 데 그칠 뿐이므로 장래에 더 큰 저항을 초래할 위험이 있다.

2) 규범적 · 사회적 전략(normative · social strategy)

적절한 상징조직과 사회적 · 심리적 지원을 통하여 자발적인 협력과 혁신의 수용을 유도하려는 전략이다. 즉 참여기회의 확대, 사명감의 고취와 심리적 불안의 해소, 개혁분위기의 조성 등에 의한 방법이다.

3) 공리적 · 기술적 전략(utilitarian · technological strategy)

이 전략은 혁신으로 인한 손실을 보상하거나 또는 혁신시기를 고려한 추진이나 실정에 부합되는 인사배치를 함으로써 저항을 극복하려는 전략이다.

구체적인 저항의 극복방안으로는 ① 교육과 의사소통 확대, ② 참여와 관여 유도, ③ 촉진과 지원, ④ 협상과 동의 유도, ⑤ 조작과 협력, ⑥ 명백하고 암묵적인 강압 등 다양한 방안이 존재한다.

표 3-7-1 상황에 따른 저항의 극복 방안과 장 · 단점

방안	적용 상황	장점	단점
교육과 의사소통	정보가 부족하거나 정확치 않은 정보와 정보분석이 존재하는 경우	구성원들이 일단 설득되면 변화의 집행을 돕는다.	구성원들이 많은 경우 시간이 많이 소요된다.
참여와 개입	변화담당자들이 변화를 기획하기에 필요한 모든 정보를 가지고 있지 못한 경우, 그리고 변화 주체 세력 이외의 구성원이 힘을 가진 저항 세력인 경우	참여자들은 변화를 지지하고 필요한 정보를 제공할 것이다.	참가자들이 부적절한 계획을 할 경우 많은 시간이 소요된다.
촉진과 지원	조정 문제로 인해 저항이 있는 경우	조정 문제에 대해서는 촉진과 지원보다 더 좋은 방법은 없다.	많은 시간과 비용이 소요되고, 실패할 가능성이 높다.
협상과 동의	어떤 개인이나 집단이 변화로 인해 상당한 손실이 명백한 경우나 상당한 저항 세력을 형성한 경우	주요 저항을 피하기 위한 비교적 손쉬운 방법이다.	협상이 진척이 안 될 경우 많은 비용이 소요될 수 있다.

조작과 협력	다른 전략들이 효과를 발휘하지 못하거나 비용이 너무 비싼 경우	저항에 대한 비교적 신속하고 저렴한 해결책이다.	구성원들이 조작되었다고 느끼면 장래에 어려움이 많다.
명백하고 암묵적인 강압	빠른 해결이 요구되고 변화 주체 세력이 상당한 힘을 가지고 있는 경우	신속하고 어떠한 종류의 저항도 극복할 수 있다.	무모한 강압으로 인한 위험에 빠질 수 있다.

자료: Kotter & Schlesinger(1979: 111).

제 4 부

인사행정: 정부인적자원의 관리

INTRODUCTION TO THE PUBLIC ADMINISTRATION

제 1 장

인사행정의 의의와 정부인사제도

제 1 절 인사행정의 의의

인사행정이란 정부의 본래 목적을 달성하는 데 공헌될 수 있는 방향으로 인적 자원(인력)을 동원하고, 그들의 가치(능력과 가치관 및 태도)를 향상하고 유지하며 활용하는 지원목적활동을 말한다. 인사행정의 개념을 보다 분명히 하기 위해서는 공·사 부문 사이에 존재하는 차이점들을 이해할 필요가 있다.

첫째, 인사행정은 많은 영역에 걸쳐 법령의 규제를 받으며, 중요한 인사정책의 변동을 꾀하려는 경우에는 여러 가지 절차를 밟는다든가 또는 국회의 승인과정을 거쳐야 한다. 이러한 법정주의, 절차주의 및 권력분립에 의한 견제작용은 인사행정의 재량성을 축소하고, 나아가 그것은 인사관리의 융통성과 적시성을 저해한다.

둘째, 인사행정에서는 본래 그 활동의 효율성을 객관적으로 측정하기가 어렵다. 게다가 인사활동은 다른 관리행정활동에 비해서 보다 광범하게 환경의 영향을 받고 있어 인사관리에 불확정요소들이 개입할 여지가 많다. 인사활동의 비시장성과 환경에 대한 통제력이 미약한 경우에는 그 효율성의 객관적 측정이 더욱 어렵게 되어 인원책정면 같은 데서 비효율성을 초래하기 쉽다.

셋째, 정부행정이 추구하는 공익의 실현 또는 국민복지의 향상 및 이러한 목적활동의 계속성에 대한 요청 등은 인사행정에 직접적인 영향을 미친다.

제 2 절 인사행정제도의 발달

1. 정실주의와 엽관주의

1) 의의

정실주의(patronage)란 실적 이외의 요인을 고려하여 관직임용을 행하는 방식을 말하다. 여기서 실적 이외의 요인에는 정치적 요인뿐만 아니라, 혈연, 지연, 개인적 친분, 기타의 온정관계가 포함된다.

한편 엽관주의(spoils system)란 관직에의 임명은 정당에 대한 공헌도와 충성도에 따라 행하여야 한다는 견해이다. 이는 "전리품은 승리자에게 속한다"(to the victor belong the spoils)라는 말에서 표현되는 바와 같이 선거에서 승리한 정당이 관직을 일방적·임의적으로 처분할 수 있는 전리품으로 간주한 데에서 나온 말이다. 따라서 엽관주의적 인사행정에 있어서는 정권이 교체되면, 기존의 재직자들은 자리를 내놓아야 한다는 이른바 관직교체 임용주의(doctrine of rotation)의 관념이 지배하고 있다.

2) 영국의 정실주의

절대군주시대에 있어서의 영국은 국왕에 의한 은혜적 정실주의가 존재해 왔다. 국왕은 총애하는 신하와 반항적인 의회를 조정하기 위하여 개인적 감정에 따라 자기의 편이 되는 의원에게 높은 관직과 연금을 은혜적으로 부여하였다. 국왕에 의한 은혜적 정실주의는 1688년 명예혁명에 의하여 의회의 군주에 대한 우위성을 원칙으로 하는 의회민주주의가 확립되면서부터 의회의 도전을 받기 시작하였다.

1714년 조지 1세의 하노버(Hanover)왕조의 개시를 계기로 영국에서는 내각책임제적 정부형태가 점차 발달하게 되었다. 정치적 정실주의는 이러한 과정에서 등장하게 되었다.

3) 미국의 엽관주의

1801년 3대 대통령에 취임한 민주공화당의 제퍼슨(Thomas Jefferson)은 대통령임명관직 중 25%를 민주공화당원으로 충원시켰다. 이리하여 미국에서는 정당에 대한 공헌도의 크고 작음이 관직임면의 기준이 되는 이른바 엽관주의가 널리 보급되기 시작하였다. 1820년 5대 대통령에 취임한 먼로(James Monroe)시대에는 임기 4년법이 제정됨으로써 많은 연방관료의 임기가 대통령의 그것과 같이 4년으로 되었다. 이로써 정당의 교체에 따른 대량적인 관료경질의 원칙이 법적으로 제도화되기에 이르렀다.

엽관주의에 의한 인사행정은 1829년 7대 대통령에 취임한 잭슨(A. Jackson)에 의해서 본격화되기에 이르렀는데 그것은 잭슨이 엽관주의를 민주주의의 실천적인 정치원리로 간주함으로써 비롯되었던 것이다. 잭슨은 모든 관직은 널리 국민에게 개방할 것과 관직의 장기적인 보유를 방지할 것을 강조하였다. 미국에서 엽관주의가 가장 철저하게 발달한 시기는 1845년 11대 대통령에 취임한 폴크(James Knox Polk: 1845~1849)시대부터 남북전쟁(1861~1865)이 끝난 1865년까지에 이르는 20년간이었다. 미국의 엽관주의는 1865년을 정점으로 점차 쇠퇴하게 되었고, 실적주의의 수립을 위한 개혁운동이 활발히 전개되기 시작하였다.

2. 실적주의

1) 의의

실적주의란 인사행정에 있어서 실적제도의 확립을 추구하는 인사제도를 말한다. 인사행정의 발달과정상 초기에 있어서의 실적주의는 단순히 엽관주의자들의 횡포를 막아내기 위하여 공직채용에 있어서 객관성의 실현, 공직에 대한 기회균등, 공무원의 정치적 중립과 신분보장만을 강조하였다.

그러나 변화와 발전을 거듭하여 온 오늘날에 있어서 실적주의의 주요 구성요소가 되는 명제들은 다음과 같다.

① 모든 국민에게 공직취임의 기회를 균등하게 보장하고, 임용은 실적기준에 따라 공정한 공개경쟁의 과정을 거쳐 행하여야 한다.

② 인사행정의 모든 국면에 걸쳐 공무원들이 공평한 처우를 받도록 하여야 하며, 공무원들의 권익은 최대한 보장되어야 한다.

③ 일(근무실적)에 맞는 보수가 지급되어야 하며, 탁월한 직무성취를 촉진하기 위한 적절한 유인이 부여되어야 한다.

④ 인사행정은 정부 인력의 효율적 활용을 촉진하여야 한다.

⑤ 퇴직관리의 기준은 공무원의 실적에 바탕을 두어야 하며, 교육훈련을 통해 재직자들의 직무수행능력을 향상시켜야 한다.

⑥ 인사행정은 공무원들의 공익추구를 조장하여야 하며, 공무원들의 높은 윤리수준을 기하여야 한다.

⑦ 자의적이거나 정실로 인한 인사조치, 정당한 직무수행에 대한 정치적 보복 또는 정치적 압력 등으로부터 공무원은 보호되어야 한다.

⑧ 인사행정은 환경적 요청(사회적 형평성 실현) 등에 능동적으로 대응하여야 한다.

2) 실적주의의 대두동기

(1) 정당의 변질

19세기 말 선거권의 확대는 정당규모의 팽창을 가져왔다. 이러한 정당의 대규모화는 엄격한 당규의 확립을 필요로 하였고, 이러한 요청은 소수 간부에 의한 정당의 과두제화를 불가피하게 하였다. 정당의 과두제화는 소수 간부와 금권을 갖고 있는 특수이익과의 교환이라는 부패현상을 가져왔으며, 이러한 부패현상은 결국 관료기구를 정당의 사병으로 전락시켰다. 관료기구를 금권과 정당으로부터 해방시키고, 관료의 신분과 지위를 부당한 정치세력으로부터 보호하기 위한 개혁운동(관료제의 정화를 위한 개혁운동)은 이와 같은 상황 속에서 나타났던 것이다.

(2) 국가기능의 확대 · 강화

19세기 말엽부터 확대 · 강화되기 시작한 국가기능은 능률적이고 전문적인 능력을 구비한 관료제도의 설치가 불가피한 과제임을 인식케 하였다. 이러한 관료제도의 형성은 인사행정의 기준으로서 실적과 능력의 채택에 의해서 가능한 것이었으므로, 엽관주의는 현실적으로 그 타당성을 상실하게 되었다.

(3) 엽관주의의 폐해

엽관주의는 행정에 다음과 같은 폐해를 낳음으로써 실적주의에 대한 요청을 더욱 촉진시켰다. 첫째, 행정능률의 저하를 초래하였다. 둘째, 불필요한 공직이 남설되었으며, 이것은 정부재정의 막대한 낭비를 가져왔다. 셋째, 기강의 문란을 초래하였다. 넷째, 행정의 무책임성을 조장하였다.

3) 영국에서의 실적주의의 성립과 공무원제도의 발전

1853년 발표된 노스코트(Northcote)와 트레벨리안(Trevelyan) 보고서는 관료제도의 결함을 낱낱이 폭로하고 그 개선에 관한 일반적 원칙을 제시하였다. 이 보고서는 당시의 제도에 비하여 그야말로 혁명적인 정책을 요구하였다. 따라서 이 보고서는 각 방면에서 맹렬한 비판을 받았다. 노스코트·트레벨리안 보고서의 개혁내용이 부분적이기는 하지만 처음으로 약간의 수확을 거둔 것은 1855년 5월 팔머스톤(Henry Palmerstone)의 자유당내각이 규정·발표한 추밀원령이다. 추밀원령의 주요 내용은 공개경쟁시험, 계급의 분류, 대장성의 인사·통제권 강화 등이었다. 1853년의 노스코트·트레벨리안보고서 이래 영국의 공무원제도를 가장 근본적으로 조사·분석한 또 하나의 위대한 업적으로서는 1968년에 발행된 풀턴보고서가 있다. 풀턴위원회는 영국의 인사 및 행정관리체제에 내재하는 거의 모든 문제점을 밝혀냄으로써 일대 개혁의 선풍을 일으키는 계기를 마련하였다.

4) 미국에서의 실적주의의 성립과 공무원제도의 발전

(1) 펜들턴법(Pendleton Act)과 실적주의의 수립

1883년 1월 의회는 펜들턴법을 통과시켰고, 이로써 미국의 공무원제도는 엽관주의적 요소를 청산하고 실적주의에 입각하여 발전하기 시작하였다. 1880년 12월에 처음 제출된 바 있었던 펜들턴법안이 의회의 무관심 속에 파묻혀 있다가 1883년 1월에 압도적인 다수로 통과되게 된 데에는 1881년 한 엽관주의운동의 실패자에 의하여 가필드(James A. Garfield) 대통령이 암살당하였다는 것과, 1882년 하원선거에서 민주당이 승리함으로써 링컨 이래 20여 년에 걸쳐 정권을 장악하여 오던 공화당이 1884년에 있을 대통령선거에 승리할 자신을 상실하게 되었다는 정치적 사실이 큰 영향을 미쳤다. 펜들턴법의 주요 내용은 다음과 같다.

① 공무원의 임면에 관한 정치적 자의를 방지하기 위하여 독립적이고 초당적인 인사위원회를 설치한다.

② 채용은 실제적인 내용으로 실시하는 공개경쟁시험에 의한다.

③ 채용과정의 일부로서 시보기간(probation period)을 둔다.

④ 능력을 상실한 제대군인은 이미 부여받고 있던 특혜를 계속 향유한다.

⑤ 공무원은 정치헌금을 제공할 의무를 지지 않으며, 정치활동에 참여해서도 안 된다.

⑥ 인사위원회는 인사행정개선을 위한 조사를 자발적으로 실시할 수 있는 권한을 가지며, 이에 대한 연례보고서를 대통령을 거쳐 의회에 제출하여야 한다.

⑦ 이 법은 워싱턴에 있는 각성과 50명 이상의 직원을 가진 그 밖의 지역에 소재하는 세관·우체국에 적용된다.

(2) 적극적 인사행정의 대두

펜들턴법 이후 미국의 실적주의는 계속적인 법제도적인 보완을 거치며 발전되었다. 1920년의 퇴직법, 1923년의 분류법, 1938년의 해치법(Hatch Act) 등이 그것이다.

그러나 이러한 초기의 실적주의에 대한 비판과 엽관주의의 적절한 가미의 요청이 생기게 되었고, 이는 이른바 적극적 인사행정이라는 관점에서 이해되고 있는데, 이를 실현하기 위한 제도적 방안으로서 다음과 같은 것들을 들 수 있다.

① 유능한 인재를 적극적으로 공직에 유치한다(적극적 모집).

② 고위정책결정직위에는 행정수반과 정치적 이념을 같이 하는 사람을 정

치적으로 임명한다(정치적 임명).

③ 재직자의 능력을 발전시키기 위하여 교육훈련·근무성적평정·인사이동제도를 적극적으로 활용한다(능력발전).

④ 인사권 및 인사기능을 각 부처에 분산시킨다(분권화).

⑤ 직위분류제의 지나친 합리성과 능률성을 완화시킨다(과도한 합리주의·능률주의의 지양).

⑥ 사기, 제안제도, 고충처리제도, 공무원단체, 커뮤니케이션체제, 민주적 리더십 등에 보다 많은 관심을 기울인다.

(3) 1978년의 공무원제도개혁법(Civil Service Reform Act of 1978)

위에서와 같은 적극적 인사행정에 대한 요청이 그 결실을 보게 된 것이 이른바 1978년 공무원제도개혁법이라고 할 수 있다. 1978년 10월 13일 카터 대통령에 의하여 서명되고, 1979년 1월을 기하여 대부분 그 효력을 보게 된 공무원제도개혁법의 주요 내용은 실적주의의 재천명, 실적제도보호위원회 설치, 인사관리처(OPM)의 설치, 고급공무원단(SES)의 신설, 실적보수제도의 실시, 연방노사관계청에 관한 법률의 제정 등이다.

3. 대표관료제

1) 대표관료제의 정의

대표관료제(Representative Bureaucracy)란 인종, 성별, 직업, 신분, 계층, 지역 등 여러 기준에 의하여 분류되는 모든 사회집단들이 한 나라의 인구 전체 안에서 차지하는 비율에 맞게 관료조직의 직위들을 차지해야 한다는 원리가 적용되는 관료제이다. 대표관료제는 한 나라의 사회경제적 인구구성의 특징을 그대로 관료제의 구성에 반영한다는 의미의 소극적 대표관료제(the standing for definition of representation)와 사회경제적 인구구성을 반영할 뿐 아니라 관료들이 자신들의 출신집단이나 계층을 대변하고 정책을 결정하며 책임을 지는 행위까지 한다는 의미의 적극적 대표관료제(the acting for definition of representation)로 나눌 수 있다.

2) 대표관료제의 기능

(1) 정부관료제의 대표성 강화

대표관료제의 발전은 정부관료제를 정치적 대표과정에 끌어들여 그 대표성을 늘이기 위해 필요하다. 대표관료제는 민주적 가치인 대표성을 고양시키기 위한 수단이다.

(2) 내부통제의 강화

오늘날 외부통제만으로는 증대하는 관료제를 효과적으로 통제하지 못하고, 바람직한 행정책임이 충분히 확보되지 못하는 실정이다. 그러므로 외부통제방법 외에 강력한 내부통제요소를 도입하는 것이 요구되는데, 그 효과적인 방법이 대표적 관료제의 도입이다. 즉 공무원들은 사회화의 과정을 통해 자기 출신집단의 가치와 이익에 대한 심리적 책임을 지려 하기 때문에, 서로 견제하여 내부통제를 강화한다.

(3) 기회균등의 적극적 보장

대표관료제는 모든 사회집단의 실질적인 기회균등을 적극적으로 보장하는 데 기여한다.

(4) 실적주의의 폐단 시정

전통적 실적주의는 형식적인 공직취임의 기회균등을 추구함으로써, 실질적으로는 비혜택집단에 대해 여러 가지 차별을 낳게 되었다. 이에 반해 대표관료제는 사회집단들의 필요에 역점을 두고 이들을 통합할 수 있게 한다.

3) 대표성 확보방안

(1) 고용평등조치(equal employment opportunity)

고용평등조치는 인종, 피부색, 성별, 종교, 연령, 과거의 국적 또는 합법적인 임용기준으로 될 수 없는 요인을 기초로 어떤 개인을 불리하게 취급하거나 임용기회를 박탈하는 것을 방지하기 위한 일련의 인사정책, 절차, 운영방법을 지칭한다.

(2) 시정조치(affirmative action)

시정조치는 인종, 성별 등에 의한 차별을 제거하려는 목적하에 비혜택집단의 구성원들을 적극적으로 채용·승진시키도록 하는 구체적 노력이라 할 수 있다.

(3) 임용할당제

임용할당제는 정부관료제 내의 모든 계층과 직업분야에 대한 임용의 비례적 대표성을 강제하는 방식이다.

4) 대표관료제의 비판

① 대표적 관료제는 한 나라의 인구구성의 특징을 관료제구성에 그대로 반영하려고 한다. 따라서 그것은 공직에 응모하는 자의 자격과 능력을 객관적으로 측정하여 선발을 결정하는 실적주의원리를 손상시킬 수 있다.

② 대표관료제는 개인의 능력과 자질을 2차적인 기준으로 삼기 때문에 행정의 전문성과 생산성을 저해할 우려가 있다.

③ 대표관료제는 역차별(reverse discrimination)을 초래하고 사회분열을 조장한다.

④ 대표적 관료제의 채택에 따라 행정의 책임성이 확보된다는 보장이 경험적으로 입증되지 않았다.

⑤ 공무원 수의 구성에 있어서 인구비례에 정태적 균형을 유지하는 것은 기술적으로 매우 어렵다.

제 3 절 중앙인사기관

1. 중앙인사기관의 설치이유(동기)

중앙인사기관은 정부의 인사기능을 전문적으로 연구하고 인사정책을 수립하며, 그 집행을 총괄하는 인사관리기관이다. 중앙인사기관을 설치했던 당초의 이유나 동기는 대체로 ① 엽관주의나 정실주의를 배제하고, 인사관리의 정치적 중립성과 공정성을 보장하기 위한 보호주의적 입장에서, ② 인사관리를 각 정부기관별로 행함으로써 나타난 할거주의적 현상을 막기 위한 통합주의적 입장에서였다고 지적할 수 있다.

그러나 행정기능의 확대 · 강화에 따라 공무원수가 증가되고 인사관리의 질적 변화가 크게 요청되자, 중앙인사기관에 대한 역할기대가 달라지게 되었다. 정치적 중립성의 보장이나 단순한 기능의 통합보다는 적극적인 관리도구로서의 역할을 더 중요시하게 되었다. 이것을 몇 가지로 나누어 본다면 ① 인사관리상 요구되는 전문성과 기술의 도입, 보급 및 활용과 인사관리의 과학화, ② 정부의 인적 자원의 관리에 대해 최종적인 책임을 지고 있는 행정수반에 대한 인력관리수단의 제공, ③ 전정부적인 인사정책에 대한 관련 이익집단들의 합법적인 이익의 통합과 반영 및 그들의 지지동원 등을 들 수 있다.

2. 중앙인사기관의 성격

1) 독립성과 비독립성

이것은 정부 내에서 상대적으로 다음과 같은 관점에서 분석되어야 한다. ① 중앙인사기관이 일반행정계서로부터 분리되어 있는가, ② 행정수반 또는 특정부성의 직접적 지휘 · 감독을 받지 않는가의 여부에 따라서 구별되어야 한다. 보다 구체적으로 ③ 기관의 편당성(偏黨性)을 통제할 수 있는 조치가 마련되어 있는가, ④ 기관의 최고관리층 또는 위원의 임명이 행정부에 일임되어 있지 않고 의회의 동의를 얻게 되어 있으며, 그들의 임기는 행정수반의 그것보다 장기적이고 또한 교체적인가, ⑤ 그들의 신분보장이 법적으로 강력히 보장되어 있는가 등의 여부에 따라서 구별되어야 한다.

독립성이 보장되는 경우 얻을 수 있는 장점으로는 ① 엽관주의적 압력으로부터 해방될 수 있고, ② 행정의 부패를 방지하는 데 공헌할 수 있으며, ③ 정치권력을 장악한 사람의 횡포를 막고 약자를 보호할 수 있다는 점을 들 수 있다.

반면에 비독립성의 성격을 주장하는 견해는 ① 원래 인사기능이란 막료기능이므로 이를 담당하는 기관을 계선으로부터 독립시키는 것은 부당하며, ② 독립성이 강조되는 경우 책임성이 희박해질 우려가 있으며, ③ 독립성·양당성이란 사실상 형식적인 법제만으로 보장되는 것이 아니라, 어떤 사람이 임명되고 또한 어떻게 운영되느냐에 달려 있다는 것이다.

2) 합의성과 단독성

위원회형의 기관은 대체로 합의제적 성격을 갖는 것이 보통이지만 반드시 그런 것은 아니다.

합의성을 갖는 경우의 장점으로는 ① 양당적 인원구성의 조치로 독립성의 보장에 공헌할 수 있으며, ② 인사기관 중 특히 준입법적·준사법적 직무수행에 있어서 신중성과 공평성을 기할 수 있으며, ③ 임기의 시차적 구성으로 인사행정의 계속성을 유지할 수 있으며, ④ 여러 이해관계인의 의사를 고루 반영시킬 수 있다는 점을 들 수 있다. 이에 반하여 단독성을 주장하는 입장의 견해는 ① 합의제는 책임이 분산되고 관련자들이 서로 책임을 전가하는 경향이 있기 때문에 책임의 소재가 불명확하며, ② 인사행정의 신속성을 확보하기가 어렵고, ③ 행정수반의 인사관리행정에 대한 통제가 곤란하다는 것이다.

3. 중앙인사기관의 기능

1) 기능의 성격유형

중앙인사기관이 수행하는 기능을 그 성격을 중심으로 집행기능, 준입법기능, 준사법기능, 감사기능, 보고 및 권고적 기능 등으로 분류할 수 있다.

(1) 집행기능

여러 가지 인사업무활동을 인사법령에 따라 집행하는 것을 말한다.

(2) 준입법기능

의회에서 제정한 법률의 범위 내에서 인사행정의 전반에 걸친 규칙을 제정하는 것을 말한다.

(3) 준사법기능

위법 또는 부당한 처분을 받은 공무원이 제기하는 소청을 재결하는 기능을 말한다.

(4) 감사기능

각 부처의 인사행정을 통제·지도하기 위하여 각 부처인사기관의 인사업무를 조사·평가하고, 업무의 위법성 또는 부당성을 시정조치하고, 관계공무원을 징계처리하는 것을 말한다.

(5) 보고 및 권고적 기능

행정에 대한 최고책임자인 행정수반이 행정의 전반적 관리를 효율적으로 수행할 수 있도록 그를 보좌하는 기능을 말한다.

2) 기능의 집권화와 분권화

인사기능의 집권화와 분권화의 문제는 중앙인사기관과 정부의 각 행정기관의 관계에서 논의되어진다. 어느 나라의 경우나 중앙인사기관을 최초로 설립하였을 때는 대개 인사기능의 집권화를 꾀하였다. 인사관리의 통일성을 확보하고 공평성을 높이고 실적주의를 확립하는 데에는 집권화가 효과적이다. 반면에 행정규모가 비대하고, 정부의 실적제도가 안정된 곳에서는 분권화에 대한 요청이 크다.

분권화의 주장이 크게 대두되는 근거는 다음과 같다. 첫째, 집권화는 인사행정의 획일성과 형식성을 초래한다. 둘째, 인사행정의 목적을 효율적으로 달성하기 위해서는 적극적 인사관리의 원칙을 적용하지 않을 수 없는데, 그 원칙을 실현하기 위한 제도적 방안의 하나로서 인사권의 분권화는 중요한 요소가 된다. 셋째, 본래 참모적 성격을 지닌 인사기능을 계선기능의 장과 동떨어진 곳에 둔다는 것은 모순이다.

4. 한국의 중앙인사기관

우리나라의 중앙인사기관은 총무처, 총무처와 내무부가 통합된 행정자치부와 중앙인사위원회의 이원화체제 이후 중앙인사위원회, 안전행정부 등을 거쳐 인사혁신처가 인사행정을 총괄하고 있다. 인사혁신처에서 인사 업무를 담당하는 주요부서는 인사혁신국(인사정책과, 인사심사과, 역량인재정책과), 인력개발국(인력기획과, 교육훈련과, 채용관리과, 시험출제과), 성과복지국(성과급여과, 연금복지과, 공직다양성정책과), 윤리복무국(복무제도과, 윤리정책과, 취업심사과) 등이다.

이들 부서의 주요 업무로는 인사행정에 관한 기본정책의 수립 및 인사개혁 총괄, 공직분류체계개편 및 공무원 인사관계법령 운영, 고위공무원단제도 수립 및 운영, 공무원 충원과 인력개발, 공무원교육훈련 실시 및 제도 운용, 공무원 시험계획 및 관리, 공무원 평가제도 운영, 공무원의 노사업무, 공직윤리종합정보시스템(PETI) 운영, 공무원 처우개선 및 후생복지 등을 들 수 있다.

인사혁신처의 인사행정 관련 주요 소속기관으로는 중앙공무원교육원과 소청심사위원회가 있다. 중앙공무원교육원은 국가공무원 교육훈련 실시, 각급 공무원 교육훈련기관 지원·협력 등을 주요 업무로 한다. 소청심사위원회는 공무원 권익구제를 담당하는 합의제 기관으로서, 위법·부당한 인사상의 불이익처분에 대한 소청을 심의하는 기능을 담당하는 기능을 수행한다.

보완학습

외국의 중앙인사기관

1. 미국의 중앙인사기관

(1) 인사관리처

인사관리처(OPM: Office of Personnel Management)는 대통령의 지휘·감독을 받으면서 범정부적인 인사정책의 수립과 집행에 대한 책임을 지는 비독립 단독형의 기관이다.

(2) 실적제도보호위원회

실적제도보호위원회(MSPB: Merit System Protection Board)는 대통령이 상원의 인준을 받아 임명하는 3명의 위원으로 구성된 7년 임기의 양당적 합의체 기관이다. 실적제도를 보호하고 위법·부당한 인사조치로부터 공무원을 보호하는 기능을 한다.

(3) 특별검사실

특별검사실은 대통령이 상원의 동의를 받아 임명하는 임기5년인 3명의 특별검사로 구성되는 독립적인 조사와 소추기능을 갖는 기관이다(강성철 외, 2014).

(4) 연방노사관계청

연방노사관계청(FLRA: Federal Labor Relations Authority)은 연방정부의 노사관계에 대한 업무를 다루며 독립합의형의 조직형태를 가진다. 대통령이 상원의 인준을 받아 임명하는 3명의 초당파적 위원으로 구성되어 있으며 이들의 임기는 5년이다.

2. 영국의 중앙인사기관

영국의 중앙인사기관은 복수의 기관을 설치하여 운영하고 있지만, 실질적인 중앙정부의 인사행정은 총리가 공무원장관을 겸직하고 내각청장관이 총리의 업무를 보좌하며 인사위원회가 채용, 소청 및 재결 기능을 수행하고 있다. 결국 총리가 관리하는 비독립단독형을 기반으로 비독립합의형의 기관을 절충하고 있다고 볼 수 있다(강성철 외, 2014).

3. 일본의 중앙인사기관

일본의 중앙인사기관은 인사원과 내각총리대신 소속의 총무성 내 인사·은급국이 있다. 인사원은 3명의 인사관으로 구성된 합의제기관으로서, 이들 중 한 사람은 총재로 임명된다. 인사원은 급여 및 근무조건 및 인사행정의 개선에 관한 권고, 공직분류, 시험 및 임면, 급여, 징계, 고충처리 및 기타 직원에 관한 인사행정의 공정성 확보 및 직원의 이익보호에 관한 사무를 담당한다. 총무성 인사·은급국은 인사관리에 관한 종합 조정, 국가공무원의 급여·복무·계발·인사교류·노무관리, 은급사무 등의 업무를 담당한다.

제 4 절 공직분류와 공무원제도

1. 분류의 의의

인사행정에 있어서 분류(classification)란 공무원 또는 직위를 일정한 기준에 따라 구분하여 정부조직 내의 직업구조를 형성하는 과정을 의미한다. 분류는 정부관료제의 성격을 결정하고, 인사행정의 기준과 방향을 제시하는 지침이 된다.

2. 공직의 유형

1) 경력직공무원과 특수경력직공무원

(1) 경력직공무원

경력직공무원이란 실적과 자격에 의하여 임용되고 그 신분이 보장되며, 평생토록 공무원으로 근무할 것이 예정되는 공무원을 말한다. 그 종류는 일반직공무원, 특정직공무원이 있다.

(2) 특수경력직공무원

특수경력직공무원이란 경력직공무원 이외의 공무원을 말한다. 그 종류는 정무직공무원, 별정직공무원이 있다.

2) 국가공무원과 지방공무원

이의 구별은 국가마다 상이하지만, 선임주체와 소속에 따라 중앙정부에 소속하는 공무원은 국가공무원, 지방정부 또는 지방행정기관에 소속하는 공무원은 지방공무원으로 구분하는 것이 일반적인 분류방법이다.

3) 일반행정직과 과학·기술직

공무원 또는 직위를 직업적 전문성에 따라 일반행정직과 과학 · 기술직으

표 4-1-1 우리나라 공무원 종류

구 분		내 용
경력직	일반직	기술 · 연구 또는 행정일반에 대한 업무를 담당하며 직군 · 직렬별로 분류되는 공무원 예시) 행정, 기술, 연구 · 지도직공무원
	특정직	법관 · 검사 · 외무공무원 · 경찰 · 소방 · 교육공무원 · 군인 · 군무원 · 국가정보원 직원 등 담당업무가 특수하여 자격 · 신분보장 · 복무 등에 있어서 특별법이 우선 적용되는 공무원
특수경력직	정무직	선거, 국회 동의에 의하여 임용되는 공무원, 고도의 정책결정업무를 담당하거나 보조하는 공무원 예시) 국무총리, 장 · 차관, 감사원장 등
	별정직	비서관 · 비서 등 보좌업무 등을 수행하거나 특정한 업무 수행을 위하여 법령에서 별정직으로 지정하는 공무원 예시) 국회수석전문위원, 감사원사무차장, 비서관, 비서, 비상계획업무담당관, 노동위원회상임위원 등

로 구분하는 것 또한 각 국가에서 사용하는 일반적인 분류방법이다.

3. 계급제와 직위분류제

1) 의의

계급제는 일하는 사람의 특성, 즉 그의 지위, 신분 등을 기준으로 하는 분류제도이고, 직위분류제는 본질적으로 직무 중심의 분류제도로서 그 초점을 조직의 직위에 둔다. 계급제는 공무원의 계급(rank or status)에 기초를 두고, 그의 상대적 지위에 따라 공직을 분류하기 때문에 조직의 행정구조와는 별도로 존재하는 계급의 계층구조를 형성한다.

직위분류의 핵심은 어떤 직위를 담당하는 사람과는 관계 없는 별도의 관념인 직위의 내용 그 자체에 있다. 여기서 직위(position)란 한 사람의 직원이 수행하는 일단의 의무와 책임을 말한다.

계급제는 전통적인 계급사회에 근원을 두고 있기 때문에 그 역사가 직위분류제보다 깊다(영국, 프랑스, 독일 등). 직위분류제의 효시는 1909년 미국 시카

고시의 공무원제도에서 찾아볼 수 있고, 제도의 발달도 주로 미국에서 이루어졌다. 미국에서 직위분류제는 인사개혁운동의 일환으로 발달·적용되었다. 실제로 직위분류제는 개혁운동의 초기에 있어서 인사관리에 많은 공헌을 하였을 뿐만 아니라, 공무원에게는 동일직무에 대한 동일보수의 실현에 대한 확신을 안겨 주었다.

2) 계급제와 직위분류제의 장·단점

(1) 조직계획면

계급제는 조직계획이 정한 당장의 조직구조와 긴밀하게 부합되지는 못하지만, 조직의 장기적인 발전에는 유리하다. 그것은 공무원의 적응성을 높여주고 인사관리상 융통성을 부여함으로써 조직으로 하여금 행정환경의 변동에 잘 적응할 수 있게 한다. 이에 반하여 직위분류제는 현재의 직무에 가장 잘 부합되는 제도라고 볼 수 있다. 그러나 이러한 단기적 합리성은 인사운영의 경직성을 낳게 되므로 장기적인 조직발전에 불편을 주게 된다.

(2) 채용면

계급제에서는 공무원을 신규채용할 때 직무에 알맞는 사람을 채용할 수는 없지만, 일반적인 소양을 갖춘 그리고 장차 장기적인 공직생활에서 성공할 가능성이 있는 사람을 찾을 수 있다. 반면에 직위분류제에서는 신규채용시 직무에 알맞는 전문지식과 기술을 갖춘 사람은 구할 수는 있지만, 일반소양과 장래의 발전가능성은 경시될 우려가 있다.

(3) 보직면

계급제에서는 비록 보직의 즉시적인 정확성과 합리성을 기대하기가 어렵지만, 융통성 있는 보직이 가능하기 때문에 순환보직제도에 의한 공무원의 장기적인 발전을 기할 수 있다. 직위분류제 하에선 각 직위의 의무와 책임, 직무수행의 곤란성 및 직무수행에 필요한 지식과 기술 등을 상세하게 규정하고 있으므로 보직의 합리화를 기할 수 있다.

(4) 인사이동면

계급제에서는 횡적인 이동이나 상승계통의 폭이 넓어 인사운영의 융통성을 기할 수 있다. 직위분류제는 어느 한 직위에서 다른 직위로 이동하기가 어렵고, 따라서 상승계통도 그 폭이 현저하게 좁다.

(5) 보수책정면

직무수행에 대한 반대급부라는 측면에서 고려할 때 직위분류제에서는 보수책정이 합리적이고 공평하지만, 계급제에서는 비합리적이고 불공평하다. 계급제에서는 공무원의 자격에 비추어 그가 어느 정도의 직무를 수행할 수 있을 것이라는 기대(expectation)를 토대로 보수를 책정한다. 이에 반하여 직위분류제에서는 동일직무에 대한 동일보수의 원칙을 실현할 수 있다.

(6) 교육훈련면

계급제에서는 교육훈련의 내용이 공통적인 것에만 국한되어 교육훈련의 즉시적인 효과를 기대할 수 없다. 그렇지만 계급제에서의 교육훈련은 공무원의 일반적인 행정능력의 배양에 중점을 두고 있기 때문에 공무원으로서의 폭넓은 능력을 발전시키는 데는 유리하다. 직위분류제에서는 각 직위의 공무원에게 요구되는 전문적 지식·기술이 명백하게 밝혀져 있기 때문에 교육훈련의 수요를 판단할 수 있고, 또한 각별한 교육훈련을 실시할 수 있으나 일반행정가의 양성에는 적합치 못하다.

(7) 행정상의 조정면

계급제에서는 공무원 간의 의사소통이나 협조를 요하는 조정이 보다 원활하게 이루어질 수 있다. 직위분류제에서는 전문화가 강조되므로 서로 상이한 업무담당자들 사이에 의사소통과 협조가 잘 이루어지지 않는다. 조정활동이 어렵고 또한 교육훈련과 관련하여 조정능력을 가진 관리층의 육성도 곤란하다.

3) 직위분류제의 기본용어

(1) 직군

직무의 종류가 광범위하게 유사한 직렬의 군을 말한다. 직군은 비슷한 성격을 가진 직렬들을 모아 놓은 직위분류의 대단위이다.

(2) 직렬

직무의 종류는 유사하고, 그 책임과 곤란성의 정도가 상이한 직급의 군을 말한다.

(3) 직류

같은 직렬 내에서 담당분야가 동일한 직무의 군을 말한다.

(4) 직급

직무의 종류·곤란성·책임도가 상당히 유사한 직위의 군을 말한다. 동일한 직급에 속하는 직위에 대하여는 임용자격, 시험, 보수 등 인사관리 상에 있어서 동일한 취급을 한다.

(5) 직위

한 사람의 직원이 수행하는 일단의 직무와 책임을 말한다. 직위란 개념은 '일'을 기준으로 한 것이지, 그 일을 담당할 '사람'과 무관하다.

(6) 직무등급

직무의 곤란성과 책임도가 상당히 유사한 직위의 군을 말한다. 어느 한 등급 내에서는 직무의 종류는 다르지만, 그 곤란성, 책임도 및 자격요건이 유사하여 동일한 보수를 지급할 수 있는 모든 직위들이 포함되어 있다.

4) 직위분류제의 수립절차 및 관리

(1) 준비작업

첫째, 직위분류담당기관을 결정하는 일이다. 둘째, 분류대상직위의 결정에 관한 일이다. 분류대상 직위의 범위를 결정하는 문제는 직위분류제를 처음 도입하려는 경우 특히 중요하지만, 이를 점차 확대·적용하려는 경우에도 중요하다. 셋째, 직위분류제에 대한 홍보활동이다. 직위분류제의 채택과 실시에는 대내외적으로 지지와 협조가 있어야 한다.

(2) 직무조사

직무조사란 분류대상 직위에 관한 직무의 내용, 책임 정도, 곤란성, 복잡성, 자격요건 등을 조사하는 것을 말한다. 물론 부차적으로 직위가 소속하는 기관의 업무관계, 즉 직속조직단위의 기능을 비롯하여 조직 전체의 기능과 조직 내의 권한관계 및 업무의 계통(work-flow) 등에 관한 조사도 여기에 포함된다. 직무조사방법에는 질문지법, 면접법, 관찰법 등이 있다.

(3) 직무분석과 직무평가

분석(analysis)과 평가(evaluation)는 분류과정 전체에 걸쳐서 계속적으로 행하여지는 가장 핵심적인 단계들이다. 직위의 직무내용 및 직무의 구성요소를 수립된 분류기준(분류요소)에 따라 검토해서 직위의 구조화를 형성하는 분류에는 두 가지 측면이 있다. 하나는 직무를 동일성 또는 유사성이 인정되는 구성요소들의 종류별 집합체로 분류하는 것이고, 다른 하나는 그 같은 구성요소들을 수준별(비중별) 집합체로 분류하는 것이다. 직무분석은 전자를 가리키며, 직무평가는 후자를 가리킨다. 즉 분석은 직무의 직렬과 직군을 형성하는 분류작업이고, 평가는 직급과 등급을 결정하는 분류작업이다.

직무분석의 절차·방법은 구체적인 경우에 따라 다양하겠지만 다음과 같이 요약할 수 있다.

① 중요한 직무와 경미한 직무의 분별

② 분류요소(classification factors: 예컨대 직무의 자격요건의 종류, 곤란성, 책임성, 대인관계, 육체적 노동 및 작업환경 등)의 확인

③ 기준직위의 선정과 분석

이러한 직무평가의 주요 방법으로는 서열법, 분류법 또는 등급법, 점수법, 요소비교법 등의 네 가지가 있다.

(4) 직급명세서 작성

직급명세서(class specification)란 직급별로 직급명칭(class title), 직무개요, 직무수행의 예시(typical tasks), 최저자격 등을 명시한 문서를 말한다. 직급명세서는 본래 직급을 명확히 구별·규정함으로써 직위들을 직급에 배치하는 데 있어서 그 지표를 제시하기 위한 것이다.

(5) 정급

정급(allocation)이란 직위를 직급 또는 직무등급에 배정하는 것을 말한다. 조직체는 계속적으로 변화하기 마련이며, 이러한 변화는 또한 직위의 변동을

수반하기 마련이다. 이러한 조직의 변동에 대응하기 위한 분류구조의 관리에 있어서 고려해야 할 사항은 직위변동의 파악, 직위변동에 대응한 수정, 분류기술의 훈련과 보급 및 협조의 촉진, 직위분류 담당자의 독립성 확보 등이다.

5) 계급제와 직위분류제의 조화와 관리

계급제와 직위분류제의 원리는 서로 양립할 수 없는 상호 배타적인 성격의 것이 아니라, 서로의 부족한 점을 보충할 수 있는 상호 보완적인 성격의 것들이다. 오늘날 각 국가의 예를 보더라도 순수한 형태의 계급제 또는 직위분류제를 채택하기보다는 양 제도를 적절히 절충하려는 것이 일반적인 경향이다.

우리나라는 1962년 이래 오늘에 이르기까지 직위분류제적 요소의 도입을 위한 노력을 계속하고 있다. 특히 1981년 4월 국가공무원법의 개정에서는 직군에 대한 정의를 신설하고 또한 직류를 신설한 것 등은 행정의 전문화추세에 대응한 공무원의 채용과 임용 후의 보직관리를 합리화하고, 앞으로 점진적으로 도입될 직위분류제의 기반을 조성하려는 데 그 의의가 있다. 2015년 현재 우리나라에서는 일반직공무원의 경우 직군 4개, 직렬 54개, 직류 135개가 설치되어 있다. 우리나라의 일반직공무원의 분류에서 직군·직렬·직류의 구분은 직위분류제의 원칙에 의한 것이나, 직급은 계급제의 전통을 그대로 답습한 것이다.

4. 직업공무원제

1) 의의

직업공무원제(career civil service system)란 사회에 첫발을 내딛는 젊은이들이 공직을 명예로운 직업으로 선택하고, 공직에 근무하는 것을 생애의 보람 있는 일(a worth-while life work)로 생각하면서 일생을 여기에 기꺼이 바쳐 봉사할 수 있도록 인사제도를 조직하고 운영하는 공무원제도를 말한다.

2) 실적제도와의 차이

직업공무원제와 실적제도를 동일한 것으로 생각하기 쉬우나, 양자는 전혀 별개의 제도이다. 실적주의가 직업공무원제의 확립에 공헌할 수 있는 것은 사실이나, 실적주의의 채택이 곧 직업공무원제의 채택을 의미하는 것은 아니다.

첫째, 실적주의에서는 기회균등, 능력중심의 임용, 공무원의 정치적 중립 및 신분보장 등을 필수적 요건으로 하는데, 직업공무원제에서는 이 같은 변수들을 절대적인 것으로 하지는 않는다. 둘째, 실적주의는 그 본질상 공무원들이 일생을 공직에서 근무케 할 가능성을 뒷받침해 준다. 공무원의 임용이 실적 및 능력에 의해서 이루어지고, 그 신분이 확실히 보장되기 때문이다. 그러나 그것이 곧 공무원들로 하여금 공직을 보람 있는 생애의 직업으로 생각하게 한다는 것을 의미하는 것은 아니다. 셋째, 일반적으로 계급제, 폐쇄제 및 일반행정가주의에 기초를 두고 있는 서구제국의 공무원제도에서는 직업공무원제의 역사적 전통이 유구하다. 전문가주의를 특색으로 하는 미국의 공무원제도에서는 일찍이 실적주의를 수립하였지만, 직업공무원제의 필요성을 논의하기 시작한 것은 1930년대의 일이다.

3) 직업공무원제의 특징과 문제점

(1) 특징

① 공무원집단의 일체감과 공직에 대한 봉사정신이 강화된다.

② 공무원들은 개인적인 불이익을 무릅쓰고라도 공직의 요청에 부응하는 행동을 할 것이 기대되며, 엄격한 근무규율이 쉽게 용납되고 인정된다.

③ 공무원들의 신분 또는 지위가 중요시된다.

④ 공직이 하나의 전문직업분야로서 인식되고, 이러한 인식에 입각한 직업의식은 공무원들의 단결심과 충성심을 강화하고 사기를 높이는 요소가 된다.

⑤ 공무원은 정부에서만 필요한 인력으로 육성되기 때문에 정부와 공무원 사이에 의존적 관계 또는 온정적 관계가 강화된다.

(2) 문제점

① 공무원집단이 특권화 내지는 관료주의화할 우려가 있다. 이는 관료제에 대한 민주적 통제를 곤란하게 하며, 따라서 민주주의적 이념에 반하는 현상이다.

② 사회변동, 발전 및 환경에의 적응능력이 약화되기 쉽다. 따라서 전통을 존중하여 변동 및 발전에 무관심하거나 또는 저항하게 된다.

③ 일반행정인의 양성과 그들의 승진에만 치중하고 과학자, 전문가 및 기술자에 관하여는 소홀해지므로, 정부활동의 분야별 전문화와 행정기술의 발전에 지장을 준다.

4) 직업공무원제의 수립요건

오늘날 직업공무원제도를 수립함에 있어서는 우선적으로 실적주의의 원칙 공개경쟁에 의한 임용, 공무원의 정치적 중립성, 신분보장이 이루어져야 하는 것 이외에도 다음과 같은 조건을 갖추어야 한다.

① 공직에 대한 사회적 평가가 높아야 한다.

② 우수한 젊은이들을 채용할 수 있는 절차가 마련되어야 한다(모집에 있어서 연령의 제한, 장래 발전할 수 있는 자질을 갖춘 유능·성실한 사람의 선발).

③ 실적에 의한 승진의 기회를 충분히 보장해야 하며, 동시에 승진 및 전직의 융통성이 있어야 한다.

④ 재직자의 발전을 위한 교육훈련을 강화하여야 한다.

⑤ 보수가 적정하여야 한다(적정한 보수란 공무원이 건전한 생활 내지 그의 지위에 상응하는 생활을 하는 데 소요되는 경비를 충당할 수 있는 보수를 말한다).

⑥ 적정한 퇴직연금제도가 확립되어 있어야 한다.

⑦ 장기적인 인력계획이 수립되어야 한다.

5. 폐쇄형 공무원제와 개방형 공무원제

1) 의의

하나의 직업으로서의 공무원제도를 경력관리면, 특히 신규채용 내지는 승진면에서 볼 때의 두 가지 대조적인 제도는 폐쇄제와 개방제이다. 폐쇄형 공무원제(closed career system)하에서는 공무원의 신규채용이 공직의 계층구조상 각 계층의 최하단계급에서만 이루어지고, 그 상위계급에서는 금지된다. 따라서 이 제도에서는 상위계급에 대한 충원은 내부승진에 의해서 행하여진다. 이에 반하여 개방형 공무원제(open career system)하에서는 공무원의 신규채용이 각 계층의 어느 직위에서나 행할 수 있도록 허용되고 있다.

전통적으로 서구제국에서는 폐쇄형 공무원제를 채택하여 왔고, 미국에서는 개방형 공무원제를 채택하여 왔다. 그러나 오늘날 순수한 형태의 폐쇄형을 고수하고 있는 공무원제는 거의 찾아볼 수 없다. 어느 유형에 더 비중을 두고 있느냐의 차이가 있을 뿐 대체로 양 제도가 절충되어 있다. 우리나라의 경우도 1999년 개방형 직위제도를 도입하였는데 당시 129개 직위에서 시행된 개방형 직위가 2013년 현재 421개 직위로 확대 운영되고 있다. 개방형 직위와 함께 공직 개방정책의 일환으로 도입된 것으로 공모 직위가 있다. 이는 효율적인 정책 수립 또는 관리를 위하여 해당 기관 내부 또는 외부의 공무원 중에서 적격자를 임용할 필요가 있는 직위에 대하여는 공모 직위로 지정하여 운영하는 제도이다.

2) 양 제도의 이점

(1) 폐쇄형 공무원제의 이점

① 승진의 기회가 확대되어 있으므로 공무원의 사기가 높아진다.

② 공무원의 신분이 강력하게 보장되므로 행정의 일관성과 안정성을 유지할 수 있다.

③ 공무원들이 그들의 직무수행능력을 스스로 점검하고 또한 정부입장에서는 그들의 경험을 충분히 이용할 수 있으므로 행정의 효율성이 향상된다.

④ 젊은 사람이 공직을 평생의 직업으로 삼고 발전해 갈 수 있도록 하는

데 유리하다. 즉 직업공무원제도를 확립하는 데 유리하다.

(2) 개방형 공무원제의 이점

① 외부로부터 신규채용이 허용되므로 보다 우수한 인재를 확보할 수 있다.

② 공직의 신진대사가 활발하게 이루어지므로 자칫하면 침체하기 쉬운 관료제 내에 참신한 기풍을 진작시킬 수 있다.

③ 임용에 있어서 직무수행능력이 강조됨으로써 행정의 질적 수준을 향상시킬 수 있다.

④ 인사관리에 있어서 기관장이 적절한 영향력과 리더십을 발휘할 수 있다.

6. 고위공무원단제도

고위공무원단제도는 상위직 공무원을 중하위직 공무원과 구분하여 통합관리하는 제도이다. 고위공무원단제도는 1978년 미국에서 탄생한 SES(Senior Executive Service)가 최초이며, 이후 영국, 호주, 캐나다 등의 국가에서 도입·시행 중이다. 우리나라도 2006년 7월부터 중앙행정기관 실·국장급 1,500여명을 대상으로 하는 고위공무원단제를 출범시켰다.

고위공무원단제의 도입 취지는 정부의 주요 정책 결정 및 관리에 있어서 핵심적 역할을 담당하는 실·국장급 공무원을 범정부적 차원에서 적재적소에 활용하고, 개방과 경쟁을 확대하여 성과책임을 강화함으로써 정부 역량을 제고하기 위함이다. 고위공무원단제도의 주요 내용을 구체적으로 살펴보면 다음과 같다.

첫째, 행정부 국장급 이상 공무원으로 구성하는데, 일반직·별정직·특정직 공무원의 군(群)으로 구성이 된다. 둘째, 고위공무원은 1~2급의 계급을 폐지하고 담당 직위의 공란성과 책임도에 따라 부여되는 가~나급의 직무등급에 따라 인사관리를 한다. 또 직무의 중요도·난이도 및 성과에 따라 보수를 지급한다. 셋째, 현행 민간과 경쟁하는 개방형제도와 함께 타 부처 공무원과 경쟁하는 직위공모제가 도입된다. 또한 각 부처 장관은 소속에 관계없이 전체 고위공무원단 중에서 적임자를 선정한다. 넷째, 소속기관장과 1년 단위로 성과계약을 체결하고 목표달성도(5개 등급)를 매년 평가하는 직무성과계약제를 시행한다. 다섯째, 고위공무원 인사의 실적주의원칙과 정치적 중립성을 보장하고 정년 및 신분보장제도도 존치되나, 성과와 능력이 현저하게 미달되는 자에 한하여 고위공무원 임용심사위원회의 적격심사를 통하여 부적격 결정이 나면 직권면직 등의 인사조치를 행한다.

제 2 장

정부인적자원의 확보와 관리

제 1 절 모집

1. 모집의 의의와 적극적 모집

모집이란 조직의 목적달성에 적합한 인력을 확보하기 위하여 우수한 사람들을 유치하는 활동 내지는 절차를 의미한다. 정부에 있어서 모집활동은 많은 유능한 사람들이 공직수행에 상당한 관심과 의욕을 갖고 지원할 수 있도록 하여야 한다.

모집활동의 효과성을 높이기 위해서는 다음과 같은 조건이 필요하다.

① 공직에 대한 사회적 평가를 제고시켜야 한다. 이것은 공직이 현대산업사회에서 민주주의적 질서에 기초를 둔 공공봉사라는 관점에서 높은 신망을 얻는 것을 말한다.

② 인력계획을 수립·실천한다. 인력계획은 목표설정 → 인력수요예측 → 인력공급예측 → 실제인력수요결정 → 인력확보방안결정 → 실행 → 통제정보생산 → 평가의 과정을 거쳐 이루어지는 인력수급의 양적·질적 조정을 의미한다. 모집은 인력계획을 실천하기 위한 운용적·구체적인 영역, 즉 실제활동계획 분야의 한 부분이다. 인력계획의 수립·실천은 조직의 목적활동을 수행하는 데 필요한 실질적인 자격자를 적정인원수만큼 확보하는 데 중요한 역할을 한다.

③ 채용절차를 합리화한다(채용절차의 신속화, 지원절차의 간편화, 시험의 정기화).

④ 모집공고방법을 개선한다(공고내용의 구체화, 매스미디어의 광범한 활용, 모집대상과의 직접적 접촉).

⑤ 노동시장을 개척하고 조정한다(인력양성기관과의 지속적·유기적 관계 유지).

2. 지원자격요건

지원자격요건으로는 첫째, 발전행정인으로서의 기본적 자격요건을 갖추고 있어야 한다. 이는 발전지향적 가치관과 태도, 발전행정에 관한 지식 · 기술을 의미한다. 둘째, 모집대상으로서의 객관적 자격요건에는 ① 국적, ② 교육(학력과 종류), ③ 연령, ④ 거주지 등이 포함된다. 국적은 가장 기본적 요소가 되며, 원칙적으로 외국인은 모집대상에서 제외된다. 학력과 연령은 제한을 강조하는 입장과 철폐를 주장하는 입장이 있다. 또 오늘날 대부분의 국가가 특수한 경우를 제외하고는 거주지의 제한요건을 완화하고 있다.

제 2 절 시험

1. 시험의 의의와 종류

1) 시험의 의의

시험이란 지원자들 가운데에서 적격자를 선발하기 위한 수단 내지 도구를 의미한다. 시험은 실적제도를 확립하는 데 있어서 기초가 됨은 물론 직업공무원제도의 확립에도 기여한다. 시험이 이러한 역할을 제대로 수행하기 위해서는 ① 동일자격의 모든 응시자에게 동등한 기회를 부여하여야 하며, ② 지원자들의 우열의 순위를 판별할 수 있어야 하며, ③ 장래 근무능력의 발전성을 예측할 수 있어야 한다.

2) 시험의 종류

시험의 종류는 첫째, 형식에 의한 분류가 있다. 여기에는 필기시험, 실기

시험, 면접시험 등이 포함된다. 둘째, 측정대상(목적)에 의한 분류도 있는데, 여기에는 일반지능검사, 적성검사, 업적검사, 성격검사, 신체검사 등이 포함된다.

2. 시험의 효용성 제고

시험의 효용성을 높이기 위한 네 가지 기본적인 요건의 내용은 다음과 같다.

(1) 타당성(validity)

타당성이란 시험이 측정하려고 하는 대상을 정확하게 측정하는 정도를 말한다. 다시 말하면, 당해 직무수행능력을 얼마나 정확하게 측정할 수 있느냐 하는 것이다. 따라서 타당성이 높은 시험은 특정직무를 수행하는 데 적합한 사람과 부적합한 사람을 구별해 준다.

(2) 신뢰성(reliability)

신뢰성이란 시험이 측정수단으로서 갖는 일관성을 의미한다. 동일한 시험을 시간을 달리하여 치룬 경우, 그들 각 개인의 성적이 유사하면 그 시험의 신뢰성은 높다고 할 수 있다.

(3) 난이도(difficulty)

난이도란 시험의 어려운 정도를 말한다. 시험을 실시하는 목적 중의 하나는 응시자들의 우열을 식별하는 데 있다. 따라서 시험이 너무 어렵거나 또는 너무 쉬우면 응시자들의 득점이 한 곳으로 집중하게 되므로 우열을 분별하기가 곤란하다. 이러한 문제점을 극복하기 위해서는 난이도의 정도를 달리하여 문제를 구성하는 것이 바람직하다.

(4) 객관성(objectivity)

객관성이란 시험의 채점이 채점자의 주관적 판단에 따라 좌우되지 않으며, 시험외적 요인에 의하여 영향을 받지 않는 것을 말한다.

제 3 절 임명

1. 임용후보자명부

시험실시기관은 시험의 결과에 따라 합격자를 결정한 후, 이들의 등록을 받아 임용후보자명부(eligible list)를 작성한다. 이 경우에는 임용후보자명부는 직급별로 시험성적순에 의하여 작성하는 것이 원칙이다. 이 경우에는 보훈대상자의 우대 등 성적순위를 수정하는 요인이 고려된다. 임용후보자명부에는 훈련성적, 전공분야, 기타 필요한 사항을 기재할 수 있도록 되어 있다.

2. 추천

임용후보자의 추천은 원래 각 기관에서 결원을 보충하기 위하여 임명권자 또는 임용제청권자가 시험실시기관에 추천을 요구하는 경우 시험실시기관에서 후보자를 추천하는 것을 의미한다.

3. 시보임용

임용권자는 추천받은 임용후보자 중에서 필요한 사람을 선발하여 일정한 기간을 시보로 임용하고, 그 기간 중의 근무성적이 좋은 경우에 정규공무원으로 임용한다. 시보임용은 선발과정상의 미비점을 보완하기 위한 시험의 연장이라고 볼 수 있다. 즉 시보임용의 목적은 ① 선발된 후보자가 공무원으로서의 적격성을 보유하고 있는가의 여부를 확인함과 동시에, ② 실무를 습득하게 하는 데 있다.

시보공무원은 신분보장에 관한 규정적용의 대상에서 제외된다. 따라서 그에게는 임명권자가 일방적으로 해임하더라도 소청 등 구제수단이 없다. 감독자는 보통 시보공무원에 대한 평가를 엄격히 하지 않는 경향이 있는데, 이는 시보임용의 취지에 어긋난다. 충분하고도 공정한 심사를 통하여 채용 또는 해임을 결정하여야 한다. 부적격자로 판정되어 해임되는 경우에는 다시 한번 시보임용의 기회를 주는 방법을 고려할 수 있다.

제 4 절 교육훈련

1. 교육훈련의 의의와 목적 · 효용

교육훈련이란 공무원의 일반적 소양과 능력을 개발하고 직무수행에 필요한 지식과 기술을 향상시키며, 가치관과 태도를 바람직한 방향으로 변화시키기 위한 활동을 말한다.

정부에서 공무원에 대한 교육훈련계획을 수립하여 실행하는 목적 또는 그러한 활동으로부터 얻을 수 있는 효용은 여러 가지가 있겠으나, 대체적으로 ① 산출의 양적 · 질적 향상 및 생산성의 증가, ② 인적 자원계획의 원활한 활용, ③ 통제와 감독의 필요성 감소, ④ 경력발전, ⑤ 사기의 제고, ⑥ 행정발전 등을 기대할 수 있다.

2. 교육훈련의 내용에 따른 종류

1) 기초훈련(적응훈련)

신규채용자로서 갖추어야 할 소양교육 및 직무수행에 필요한 기초적 지식을 습득시키고, 공직에의 적응능력을 배양시키는 교육훈련이다.

2) 보수교육훈련

재직공무원의 직무수행능력을 향상시키기 위한 교육훈련을 말한다. 보수교육훈련은 재직훈련의 주축을 이루는 것으로서, 이러한 교육훈련은 계속적으로 되풀이되어야 한다.

3) 가치관 · 태도변화 교육훈련

공무원으로써 갖추어야 할 가치관과 태도의 변화를 목적으로 하는 교육훈련이다.

4) 관리능력배양훈련

감독, 지도, 정책개발, 조정 등의 능력을 향상시키기 위한 교육훈련을 말한다. 초급관리자훈련, 중급관리자훈련, 고급관리자훈련을 포함한다.

3. 교육훈련방법

1) 현장교육훈련(on-the-job training)

현장교육훈련이란 실제 직무를 수행하면서 감독자 또는 선임자로부터 직무수행에 관한 지식과 기술을 배우는 것을 의미한다. 현장교육훈련에는 다음과 같은 것들이 있다.

(1) 실무수습(internship)

취업예비자들로 하여금 정식적으로 직무를 담당하기 전에 이론적 또는 학문적으로 수습한 지식·기술을 실무에 적용시켜서, 양자 간의 관계를 긴밀히 연계시키는 능력을 함양하도록 하는 교육훈련방법이다.

(2) 임시대역(under study)

다른 사람의 직무를 수행하거나 또는 다른 사람의 직위를 인계받기 위하여 사전에 업무를 익히는 것을 말한다.

(3) 순환보직(직무순환: job rotation)

사전의 장기적이고 체계적인 계획을 기초로 피교육훈련자를 직무 간에 또는 조직단위 간에 순환시키는 교육훈련방법이다.

2) 현장외교육훈련(off-the-job training)

현장외교육훈련(off－the－job training)이란 실제 직무수행의 현장을 떠나서 직무수행에 관한 지식과 기술을 배우는 것을 말한다. 현장외교육훈련에는 다음과 같은 것들이 있다.

(1) 강의(lecture)

특정한 주제에 관하여 조직화된 말(talks)을 가지고 가르치는 방법이다. 이 방법의 장점은 체계적 · 조직적이고 정밀한 유형의 정보전달이 가능하며 많은 집단을 대상으로 활용될 수 있고, 따라서 피교육훈련자 1인당 비용이 저렴하다는 데 있다. 그러나 강의에서는 피교육훈련자들이 수동적이며, 오직 하나의 커뮤니케이션방법이 사용될 뿐이며, 청중들로부터의 피드백(feedback)이 이루어지지 않으며, 실행에 의한 학습방법이 무시되고 있다는 등의 단점이 있다.

(2) 토의 · 검토

여기에는 회의(conference or seminar), 패널(panel), 심포지엄(symposium), 포럼(forum), 신디케이트(syndicate) 등이 포함된다.

(3) 사례연구(case study)

피교육훈련자들 스스로가 특정사례에 기술된 상황을 분석 · 연구하고, 이에 대한 질문, 비판 및 제안을 받으면서 그 사례 속에 제기된 제 문제에 대한 최선의 해결책들을 모색해 나가는 방법이다.

(4) 역할연기(role playing)

역할연기란 기대되는 행태유형을 실제로 행동화하는 것을 말한다. 2명 또는 그 이상의 피교육훈련자들이 나머지 피교육훈련집단 앞에서 주어진 상황에 대한 역할을 스스로의 판단에 따라 자유롭게 연기한다.

(5) 감수성 교육훈련

집단 내에서 발생하는 상황에 대하여 감수성을 높이고, 집단과의 관계에 있어서 자기이해를 깊게 하려는 훈련방법이다.

(6) 바스켓게임(in-basket game)

피교육훈련자들에게 일상적으로 수행하는 직무내용과 동일하거나 또는 유사한 여러 가지 미해결문제와 관계자료를 부여하고, 이들을 제한된 시간 내에 처리하도록 하는 방법으로서 일종의 의사결정게임이다.

4. 교육훈련에 대한 저항과 대책

1) 저항의 발생원

저항의 발생원은 크게 ① 의회, ② 관리자·감독자, ③ 피교육훈련자로 구분할 수 있다. 교육훈련은 의회로부터 소극적이거나 또는 비호의적인 반응을 받는 경우가 많다. 즉 공무원을 채용할 때에는 직무에 대한 교육을 받았거나 또는 직무수행의 자격이 있는 사람을 선발함으로써 교육훈련의 비용을 줄여야 한다는 것이다. 교육훈련의 효과를 계량적으로 명백하게 제시하기가 어렵다는 것도 의회로부터 반대에 직면하는 주요 원인이 된다.

교육훈련에 대한 저항은 관리자와 감독자들로부터도 발생한다. 그들은 부하직원들이 ① 교육훈련에 참가하기 위하여 직장을 떠나게 되는 경우 작업수행에 지장을 가져오며, ② 교육훈련을 받아 능력이 향상되면 다른 직장으로 떠날 가능성이 많으며, ③ 교육훈련으로 지식을 축적하면 비판적인 태도를 갖게 된다고 생각한다.

교육훈련에 대한 저항으로서 가장 심각한 것은 피교육훈련자들 자신의 저항이다. 그들은 ① 교육훈련의 요청과 제안을 자기능력의 불신으로 생각하며, ② 교육훈련의 결과가 인사관리에 별로 반영되지 않는다고 생각하며, ③ 자신의 사고방식과 행동양식에 대한 변화를 선호하지 않는다.

2) 저항의 해결방안

교육훈련에 대한 저항을 극복하기 위해서는 다음과 같은 방안을 고려할 수 있다.

① 피교육훈련자, 행정책임자, 의회, 시민 등에 대한 홍보활동의 적극화
② 참여에 의한 교육훈련계획의 수립
③ 인사관리에 있어서 교육훈련의 결과 반영
④ 피교육훈련자·감독자 및 관리자들의 교육훈련관 확립
⑤ 교육훈련방법의 개발과 다양화

제 5 절 공무원평정

1. 근무성적평정

1) 의의와 방법

근무성적평정이란 공직에 대한 공무원의 근무실적, 능력, 성격 및 적성을 체계적 · 정기적으로 평가하는 것을 의미한다. 근무성적평정의 목적은 ① 공무원의 능력발전과 능률성 향상 및 윤리관 확립, ② 인사관리기술의 타당성에 대한 평가기준 확보, ③ 공정한 인사관리의 기준 확보 등을 들 수 있다.

근무성적평정은 평가항목에 따른 평가(성과계약 등 평가)와 근무실적 및 능력에 대한 평가(근무성적평가)로 구분한다. 기본적으로 성과계약 등 평가는 고위공무원단을 포함한 4급 이상의 공무원을 대상으로 하고, 근무성적평가는 5급 이하 공무원을 대상으로 한다.

근무성적평정방법으로는 첫째, 사실기록법이 있는데, 여기에는 산출기록법, 정기적 시험법, 가점점수법이 포함된다. 둘째, 상호 비교법이 있다. 여기에는 성적순위법, 대인비교법, 2인조비교법이 속한다. 이외에도 분포제한법, 평정척도법(도표식), 집무기준법, 체크리스트평정법 등이 있다.

2) 평정상의 문제점

(1) 헤일로(halo)효과

피평정자의 어떤 하나의 평정요소에 대해서 탁월하다거나 또는 미흡하다는 특수한 인상 혹은 피평정자의 막연한 전체적인 인상 때문에 모든 분석적인 평정요소가 영향을 받게 되는 경향을 말한다.

(2) 논리적 착오(logical error)

두 가지의 평정요소 간에 논리적인 상관관계가 있는 경우, 어느 한 요소가 우수하면 다른 요소도 우수하다고 쉽게 판단해 버리는 경향을 말한다.

(3) 관대화 또는 엄격화

평정자들 간에 실적기준이 다양하거나, 또는 피평정자의 실적과 행태를 관찰한 결과에 대한 해석·판단이 서로 상이한 경우에는 평정자들이 지나치게 관대한 또는 엄격한 평정을 하는 경향이 있다.

(4) 집중화경향(central tendency)

평정자가 모든 피평정자들에게 대부분 중간범위의 점수 또는 가치를 주는 경향을 말한다. 평정자들은 아주 높은 평정 또는 아주 낮은 평정을 피하려는 경향이 있다.

(5) 선입견(personal bias)

헤일로효과가 평정요소와 관련된 인상에 의한 것이라면, 선입견은 평정외적 요인에 의한 인상을 말한다.

2. 경력평정

경력이란 직업상의 경험과 그 근무연한을 말한다. 경력평정제도를 두고 있는 이유는 경력과 직무수행능력은 상관관계가 있다는 데 있다. 직업상 경험의 종류와 그 근무연한을 알면 직무수행의 능력을 예측할 수 있다는 것이다. 이러한 이 점 때문에 대부분의 승진제도에 있어서 승진기준의 하나로서 경력을 활용하고 있다.

3. 가점평정

가점평정이란 공무원평정에 있어서 포상, 자격증 소지, 특수지 근무경력 등을 점수로 계산하여 가점하는 것을 말한다.

제 6 절 인사이동

1. 상이한 계급 또는 직급 간의 인사이동: 승진과 강임

1) 승진

(1) 승진의 의의

승진(promotion)이란 상위 직위에 결원이 발생한 경우, 행정계층상 그보다 한 단계 낮은 계층의 재직자 중에서 선발하여 결원이 생긴 상위 직위를 충원시키는 것을 말한다. 승진의 기준으로는 경력, 학력, 시험성적, 교육훈련성적, 승진예정직에서의 시험적 근무성적, 상벌의 기술 등을 들 수 있다. 또 승진을 결정할 때는 단일기준보다는 복수의 기준을 활용하는 것이 일반적이다.

승진의 중요성은 다음과 같이 요약할 수 있다.

① 보다 높은 직위와 많은 수입의 욕구를 충족시켜 줌으로써, 사기를 앙양시키는 데 중요한 역할을 한다.

② 개인의 능력발전 및 잠재능력발휘의 기회를 부여한다.

③ 유능한 인재를 공직에 유치하는 수단이 된다.

④ 직업공무원제도를 확립하는 데 있어서 하나의 필수적인 요건이 된다.

(2) 승진의 범위

승진의 상한선

승진의 상한선이 높은 경우에는 공무원의 사기를 앙양시킬 수 있고 행정의 기술성을 향상시킬 수 있다. 그러나 이 경우에는 관료의 권력을 강하게 한다거나 민주통제를 어렵게 한다. 공무원의 직업화의 정도가 낮은 경우 이러한 현상은 더욱 크게 나타난다.

신규채용과의 관계

상위직의 결원에 대한 충원을 재직자의 승진에 의하여 할 것인가(폐쇄제), 신규채용에 의할 것인가(개방제)하는 문제는 현직공무원의 사기, 공무원의 질, 공직의 참신성 등에 관한 문제를 고려하여 양자를 적절히 조화시켜야 한다.

승진경쟁의 기관적 한계

이것은 승진대상자의 범위를 승진예정직위가 속해 있는 기관의 재직자로 한정할 것인가, 이러한 한계를 두지 않고 전 기관의 재직자에게 널리 개방할 것인가의 문제이다. 이러한 문제 역시 재직자의 사기나 승진기회, 팀워크(team work) 내지 협동심, 적응, 조정 등의 문제를 고려하여 결정하여야 한다.

2) 강임

강임(demotion)이란 하위계급 및 직급의 직위로 이동하는 것을 말한다. 동일한 직열 내에서 이동하는 경우도 있고 그렇지 않은 경우도 있다. 흔한 인사이동은 아니지만 직제 또는 정원의 변경이나 예산의 감축 등으로 인하여 직위가 폐지되거나 강등되어 과원이 된 때, 또는 본인이 동의한 경우에는 강임이 필요하기 때문에 이를 제도적으로 인정하는 것이 보통이다. 우리나라에서는 이러한 여러 사유로 인하여 강임된 공무원은 상위직급에서 결원이 생긴 경우 승진의 일반적 원칙에 관계 없이 우선적으로 승진임용하도록 되어 있다.

2. 동일한 계급 또는 직급 간의 인사이동: 전직과 전보

1) 전직과 전보의 의의

전직이란 직무의 종류와 성격을 서로 달리하는 직급의 직위에로의 수평적 이동을 의미하며, 전보란 동일한 직급에 속하는 어느 한 직위에서 다른 직위에로의 수평적 이동을 의미한다. 일반적으로 전직임용의 경우에는 시험을 그 요건으로 한다.

2) 전직·전보의 용도

전직과 전보는 ① 적재적소 배치의 실현, ② 행정구조 및 기능상의 변동에 대한 적응, ③ 교육훈련의 수단, ④ 승진기회 제공의 수단, ⑤ 공직의 침체성 방지의 수단, ⑥ 개인적 희망에 부응한 인사관리의 수단 등의 목적으로 활용될 수 있다.

3) 전직·전보관리상의 문제점과 유의점

전직·전보가 정당하지 못한 목적으로 또는 소극적인 용도로 이용되는 몇 가지 사례로는 ① 징계의 수단, ② 부패방지의 수단, ③ 개인적 혜택의 제공 등을 들 수 있다.

그러므로 전직·전보를 유용하게 활용하기 위해서 고려해야 할 사항은 ① 전직·전보에 대한 저항, 예컨대 폐쇄적 태도의 극복, ② 적정한 빈도의 유지, ③ 중앙행정기관과 지방행정기관에 대한 차별의식의 개선, ④ 전직·전보의 원칙과 기준의 설정 및 인사이동계획의 수립 등을 제시할 수 있다.

3. 승급

승급이란 동일한 등급(계급) 내에서 호봉이 상승하는 것을 말한다. 따라서 등급이 올라가는 승진과는 별개의 개념이다.

승급제도의 중요성과 범위는 보수제도의 기초적 특성에 따라 다르다. 능력급이나 직능급을 기초로 하는 제도에서 승급제도는 중요한 의미를 갖는다. 그러나 순수한 직무급을 기초로 하는 제도에서는 그 의의가 별로 크지 못하다.

보완학습

공무원임용과 결원보충

공무원임용령(제2조)을 보면 "임용"이란 신규채용, 승진임용, 전직, 전보, 겸임, 파견, 강임, 휴직, 직위해제, 정직, 강등, 복직, 면직, 해임 및 파면을 말한다고 규정하고 있다. 한편 국가공무원법(제27조)은 국가기관의 결원은 신규채용·승진임용·강임·전직 또는 전보의 방법으로 보충한다고 규정하고 있다. 결원보충의 방법 중 우선적으로 떠오르는 것이 신규채용일 것이다. 우리나라의 신규채용은 공개경쟁 채용시험과 경력경쟁채용시험으로 구분할 수 있다(국가공무원법 28조).

* 본 교재에서는 인사과정의 흐름에 따라 신규채용과 인사이동에서 채용·승진·전직과 전보 등을 다루었고 신분보장에서 휴직·면직·직위해제·강임을, 징계에서 강등·정직·해임·파면 등을 다루었다. 겸임, 파견 등 나머지에 관해서는 국가공무원법, 공무원임용령을 참조하기 바란다.

제 3 장

보상과 사기관리

제 1 절 보수

1. 보수의 의의와 보수체계

보수란 정부에서 공무원의 근무에 대한 대가로 제공하는 금전적인 보상을 의미한다. 그것은 공무원의 경우 생활유지의 수단으로서, 정부의 경우 우수한 인재유치의 한 수단으로서 공무원의 근무의욕과 행정의 질에 영향을 미치는 경제적인 유인인 것이다.

보수체계란 보수종류의 구성을 말하는 것으로서 보수체계의 적정화는 보수행정의 기본적 과제라 할 수 있다. 보수체계의 기본적 형태는 대체로 기본급을 중심으로 하여 부가적인 수당으로 구성된다. 기본급이란 기본근무시간에 대하여 지급되는 고정급 또는 항상적 보수를 말한다. 부가급(수당)이란 직무내용, 근무환경 및 생활조건 등의 특수성이 고려되어 지급되는 보수의 일부를 말한다.

2. 우리나라 공무원의 보수체계

우리나라 공무원의 보수체계는 크게 호봉제와 연봉제로 구분된다. 호봉제는 호봉에 따라 봉급(기본급)이 지급되는 제도로서, 공무원의 경우 매년 정기승급을 통하여 호봉이 올라가도록 되어 있는 연공급적 성격의 보수체계로 되어 있다. 호봉체계에 따른 봉급표는 직종별로 다르게 설정되어 있으며, 봉급 외에 각종 수당 및 직급보조비·교통보조비 등 각종 복리후생비가 지급된다. 특히, 공직사회의 경쟁력을 높이고 일하는 분위기를 조성하여 열심히 일하는 자를 우대하기 위한 취지에서 근무성적 기타 업무실적 등에 따라 차등 지급되는 성과급(실적급)인 성과상여금을 지급하고 있다.

연봉제는 1999년부터 도입되었는데, 고정급적 연봉제와 성과급적 연봉제, 직무성과급적 연봉제로 나뉜다. 직위별로 연봉이 고정되는 고정급적 연봉제는 차관급 이상 정무직공무원 등을 대상으로 한다. 정무직공무원은 일반직공무원과 달리 성과측정이 극히 어렵기 때문에 개별직위마다 고정된 연봉을 책정하고 있다. 성과급적 연봉제는 호봉제를 폐지하는 대신 계급별 기본연봉과 업무실적에 따른 평가결과에 따라 차등 지급되는 성과연봉으로 구성된다. 한편, 고위공무원단에 속하는 공무원(고위공무원)은 직무성과급적 연봉제를 적용한다.

부가급인 수당제도는 국가공무원법과 보수지급에 관한 통칙적 규정이라는 지위를 갖는 공무원보수규정에 근거하고 있다. 수당의 종류로서는 공통수당(상여수당, 가계보전수당 등), 특수수당(특수지근무수당, 특수근무수당 등), 초과근무수당, 기타수당, 실비변상 등으로 구성되어 있다.

제 2 절 공무원연금

1. 공무원연금제도의 의의

우리나라의 공무원연금제도는 1960년부터 도입되었고, 퇴직연금을 중심으로 운영되어 왔다. 공무원연금제도(Government Employees Pension System)는 사회보험의 일종이며 국가권력과 법률에 의하여 강제적으로 시행되는 공적연금제도이다. 또 공무원연금제도는 공무원이라는 특수직역을 대상으로 노후소득보장, 근로보상, 재해보상, 부조 및 후생복지 등을 포괄적으로 실시하는 종합적 사회보장제도의 성격을 띤다.

공무원연금제도의 효용성은 다음과 같다. 첫째, 공무원의 미래에 대한 불안감을 해소시켜 줌으로써 사기 및 근무의욕을 제고할 수 있다. 둘째, 노후하고 무력해진 공무원이 안심하고 퇴직할 수 있게 함으로써 조직의 신진대사를 원활하게 한다. 셋째, 퇴직 또는 사망하더라도 국가가 적절한 급부를 제공함으로써 본인 또는 유족의 경제적 생활안정과 복지향상에 기여한다.

우리나라의 공무원연금급여는 크게 단기급여와 장기급여로 구분된다. 단기급여는 공무상요양비, 공무상요양일시금, 재해부조금, 사망조위금으로 나뉘고, 장기급여는 퇴직급여(4종), 퇴직수당, 장해급여(3종), 유족급여(5종)로 구분된다.

2. 공무원연금의 재정 운용

1) 공무원연금의 비용부담

공무원연금의 비용부담은 기여제 방식을 채택하여 연금수혜자인 공무원과 사용자인 국가 또는 지방자치단체가 공동으로 비용을 부담하고 있으며, 공무원이 매월 과세기준 소득월액의 8.5%를 기여금으로 납부하고 국가나 지방자치단체가 보수예산액의 8.5%를 부담금으로 납부하고 있다.

2) 공무원연금제도의 회계

공무원연금제도의 회계는 연금회계와 기금회계로 구분되어 있다. 연금회계는 공무원이 부담하는 기여금과 국가나 지방자치단체가 부담하는 부담금 등을 수입으로 하고, 연금급여 등 제 급여를 지출로 하는 회계를 말한다. 그리고 기금회계는 연금회계로부터 적립된 기금을 관리 운용하는 회계를 의미한다.

3) 비용의 부담방식

연금제도운영에 필요한 비용의 부담방식에는 기여제(갹출제, contributory system)와 비기여제(비갹출제, non-contributory system)가 있다. 기여제는 급여에 소요되는 비용을 사용자와 연금수혜자에게 공동으로 부담시키는 비용부담방식을 말하고, 비기여제는 연금수혜자에게는 비용부담을 시키지 않고 사용자가 소요비용 전액을 부담하는 비용부담방식을 말한다.

4) 연금재정운용방식

대표적인 연금재정운용방식에는 적립방식(funded System)과 부과방식(pay-as-you-go system)이 있다. 적립방식은 장래에 소요될 급여비용의 부담액을 제도가입기간 동안의 평준화된 보험료로 적립시키도록 계획된 재정방식을 말한다. 부과방식은 일정기간 동안의 급여비용을 동일기간 내에 조달하도록 계획된 재정방식으로서, 급부를 지불할 때마다 그 비용을 기여금으로 가입원에게서 갹출하는 방식이다. 적립금을 보유하지 않으며 보유하더라도 급여의 일시적 과다지출에 대비한 위험준비금 정도를 보유하게 된다.

제 3 절 사기와 인간관계관리

1. 사기관리

1) 사기의 의의와 요인

(1) 사기의 개념

사기란 조직구성원이 조직의 목적달성을 위한 활동에 지적·도덕적 만족감을 가지고 스스로 전력을 기울이고자 하는 근무의욕·정신자세·태도를 말한다. 사기란 개념 속에는 ① 자발성, 주체성, ② 조직목표 지향성, ③ 사회적 가치지향성과 같은 세 가지 성격이 내포되어 있다.

(2) 사기의 요인과 앙양방법

사기에 영향을 미치는 요인, 즉 사기요인을 간단히 열거하기란 곤란하다. 사기란 조직의 모든 국면과 관련된 것이기 때문이다. 더욱이 그것에 영향을 주는 요인이 동질의 것이라 하더라도 그 정도는 구체적인 상황에 따라 또는 개인의 특성에 따라 다를 것이기 때문이다.

우리가 논의할 수 있는 것은 일반적인 관점에서 사기의 심리적 기초(욕구충족)에는 어떤 것들이 있는가 하는 문제이다. 대체적으로 ① 경제적 안정(economic security), ② 개인적 인정(personal recognition), ③ 참여(participation), ④ 자기표현(self－expression), ⑤ 자기발전(self－development), ⑥ 자기존중(self－respect)과 같은 것들을 사기의 심리적 기초로 들 수 있다.

위와 같은 사기의 요인에 따라 사기를 높일 수 있는 일반적인 방법으로는 ① 보수의 적정화, ② 배치, 인사이동, 근무성적평정 등의 합리화 · 공정화, ③ 교육훈련의 적정화, ④ 커뮤니케이션의 원활화, ⑤ 참여의 확대, ⑥ 지도(leading)의 민주화 · 인간화, ⑦ 공무원 집단활동의 활성화, ⑧ 공직에 대한 사회적 평가의 향상 등을 들 수 있다.

2) 사기의 조사

사기의 조사는 태도조사와 근무관계기록조사가 있다. 태도조사는 봉급, 노동시간, 작업환경, 고용의 안정성, 승진의 기회, 동료 및 상사 간의 화합, 조직과의 일체감, 감독방법 등 직장사기에 관계되는 모든 요소에 대한 직원들의 의견을 구하고, 불평 · 불만 등을 종합 분석함으로써 근무의욕의 저해요인을 발견하고 그것을 해소할 수 있는 방법을 강구하기 위한 것이다. 근무관계기록조사는 조직생활 중에 나타난 조직구성원들의 행동 또는 그 결과에 대한 여러 가지 기록(생산성, 이직, 근태, 사고, 고충처리, 근무성적평정, 훈련, 징계 등에 관한 기록)을 분석하는 것을 말한다.

2. 인사상담

인사상담(personnel or employee counseling)이란 욕구불만, 갈등, 정서적 혼란 등 부적응문제를 가진 직원들로 하여금 스스로 문제를 해결하도록 협조하기 위한 일종의 개인적 면담방법을 말한다. 인사상담의 방법에는 지시적 인사상담, 비지시적 인사상담, 절충적 인사상담 등이 있다.

3. 고충처리

고충처리란 공무원의 근무조건 · 직장생활관계에 관한 불만, 기타 신상문제에 대한 고충을 심사하고, 그에 대한 판단과 시정조치를 하는 일련의 과정을 말한다. 공무원의 고충은 직장의 사기에 미치는 영향이 크므로 이에 대한 적절한 해결조치가 신속하게 취해질 것이 요청된다.

고충처리의 방법은 비공식적 고충처리와 공식적 고충처리로 구분할 수 있다. 공무원의 고충이 각 감독계층에서 감지되고 해결되는 것을 비공식적 고충처리라고 한다. 고충이 일선감독자에 의하여 해결되지 못하더라도 그 상급감독자를 포함한 계선조직 내에서 해결되는 경우를 말한다. 공무원의 고충처리를 전담할 기구를 설치하고, 이 기구를 통해서 고충을 처리하는 것을 말한다. 공무원의 고충처리는 감독자에 의해서 원만히 해결되는 것이 가장 바람직하다. 그러나 감독자의 자질과 능력에는 한계가 있고, 상황에 따라서는 감독자에 의한 해결이 부적절한 경우도 있는 것이므로 별도의 기구와 절차가 필요하다.

4. 제안제도

제안제도(suggestion system)는 그것을 보는 관점에 따라 여러 가지 설명이 있을 수 있겠으나 우선 그것을 제도의 정신면에서 본다면, 행정에 있어서 일반공무원에게 직업상 유익한 착상이나 개선안의 제출을 장려함으로써 업무의 개선과 업무수행의 민주화에 기여하는 제도라고 말할 수 있다.

제안제도의 기본적 효용성은 업무개선과 사기제고에 있다. 제안제도의 효율적 운영은 행정의 민주화·능률화·경제화의 종합적 효과를 확보할 수 있게 해 준다. 반면 지나친 경쟁심의 발동으로 인한 부작용, 심사의 어려움 등이 존재하고 기술적 측면에만 치중한다는 비판이 있다.

제 4 장

공무원의 행동규범과 통제

제 1 절 공직윤리와 행동규범

1. 공직윤리

1) 의의

공직윤리란 공무원들이 반드시 지켜야 할 도리이며, 정부조직의 구성원으로서 준수해야 할 직업윤리를 말한다. 복지국가의 대두와 더불어 오늘날의 행정은 국민의 경제·사회생활에 관여하는 범위가 넓어짐에 따라 공직자의 윤리수준은 더욱 높아져야 한다. 공직자윤리통제의 수단으로서는 법규적 통제와 자율적 통제수단으로 나눌 수 있다.

우리나라는 공직자의 부정을 방지하고 공무집행의 공정성을 확보하며, 공직자의 신뢰를 제고시키고 정의·복지사회의 건설에 선도적 역할을 하게 하며, 직무에의 전념 등을 실현하기 위하여 1981년 12월 공직자윤리법을 제정하였으며 재산공개에 관한 실효성을 높이기 위하여 이를 계속 개정·보완하고 있다. 공직자윤리법의 주요 내용으로는 ① 공직자재산등록, ② 선물신고, ③ 퇴직공직자의 유관사기업체 취업제한, ④ 공직자윤리위원회 설치 ⑤ 주식의 매각 또는 신탁 등이 있다.

2) 공직자윤리법 운영상의 유의점

부정부패의 요인들을 제거하고 올바른 공직의 윤리를 정립하기 위해서는 제도적 장치의 설치·운영에 앞서 공무원의 확고하고도 투철한 공직관이 정립되어야 하며, 이를 위해서는 몇 가지 선행되어야 할 사항들이 있다. 행정인의 가치관 정립, 행정에 있어서 시민과 이익집단의 참여확대, 불필요한 행정기능 확대의 방지, 보수의 적정화와 현실화, 신상필벌로 공무원 기강 확립, 행정의 외재적 통제기능의 강화, 건전한 사회풍토의 조성 등이 그것이다.

2. 행동규범·의무

공무원의 행동규범 내지 의무란 국민 전체에 대한 봉사자로서 공익을 실현하고, 직무내외의 모든 행동에 대한 책임을 다하기 위한 가치 및 태도기준을 말한다. 흔히 공무원이 지향해야 할 행동규범·의무는 대개 민간부문의 조직구성원이 준수해야 할 그것보다는 직업윤리적 관점에서 볼 때 한층 높고 엄격한 것이 보통이다.

우리나라에서 법적 책임을 두고 있는 공무원의 행동규범과 의무에는 성실의무, 복종의 의무, 직장이탈 금지, 친절공정의 의무, 비밀엄수의 의무, 청렴의 의무, 외국정부의 영예 등의 수령통제, 품위유지의 의무, 영리업무 및 겸직금지, 정치운동의 금지, 집단행위의 금지가 있다.

3. 공무원의 충성

공무원이 공직생활을 통하여 준수하여야 할 행동규범 또는 의무로서의 충성(loyalty)이란 헌법의 기본질서와 국가적 이념에 대한 헌신을 말한다. 즉 어느 특정한 개인이나 일부 국민의 특수이익을 위한 헌신이 아니라, 그것은 국민 전체의 보편적 이익을 위한 헌신이다.

국가의 안정과 발전을 위해서는 우선 국가의 존속이 필요하며, 이를 위해서는 외적 환경으로부터의 위협과 공격에 대해 이를 극복할 수 있어야 하고, 또한 내적 환경의 현재적·잠재적 불안과 위협을 배제할 수 있어야 한다. 공무원에 대한 충성의 요구와 충성심사(신원조회)는 바로 이러한 국가의 존속을 위협하는 요소를 극복 또는 제거해야 한다는 국가적 요청에 그 근거를 두고 있는 것이다.

제 2 절 공무원의 정치적 중립

1. 정치적 중립의 개념과 필요성

공무원의 정치적 중립이란 공무원이 특정 정당의 목적에 이용되지 않고 공무원의 본분을 유지하고 공무원집단을 정치로부터의 중립적인 세력권으로 하여 민주체제의 균형과 정권교체에 동요되지 않고 행정의 전문성과 공평성과 계속성을 유지하는 것을 말한다.

민주국가에서 공무원의 정치적 중립이 요구되는 이유로는 공익의 증진, 행정의 안정성·계속성의 유지, 행정의 능률성·전문성의 확보, 공직부패의 방지와 관료제에 대한 국민의 신임확보 등을 들 수 있다.

우리나라의 경우에는 공무원의 정치활동에 대하여 대단히 엄격한 금지조항을 두고 있으며, 공무원이 정치단체의 활동이나 선거에 관여하는 것을 광범하게 금지하고 있다.

2. 정치적 중립의 확보

공무원이 정치적 중립을 지킨다는 것은 공무원이 시민으로서 향유하여야 할 개인적 기본권에 대한 제한을 의미하는 것이다. 따라서 공무원의 정치적 중립성의 확보와 기본권보장을 어떻게 조화시키느냐 하는 것이 중요한 문제가 된다.

공무원의 정치적 중립을 확보하기 위한 방안으로서는 ① 정치적 중립성이 공무원의 직업윤리로 확립되어야 하며, ② 실적주의의 인사제도가 확립되어 직업공무원의 충원에 있어서 정치적 요소가 배제되어야 하며, ③ 공무원의 정치적 중립을 가능케 하는 정치적·사회적 환경이 조성되고 국민의 정치의식이 높아져서 공무원의 정치적 중립을 적극적으로 뒷받침해 주어야 한다.

제 3 절 공무원의 단체활동: 공무원노조

1. 의의

공무원단체란 넓은 의미에서 보면 공무원들의 근무조건의 유지·개선을 위하여 조직하는 모든 단체를 의미하지만, 좁은 의미에서는 공무원노동조합을 지칭한다. 공무원단체는 공무원의 복지증진, 사기제고 및 행정발전과 관련하여 현대인사행정에서 매우 중요시되고 있다.

공무원단체의 존재 여부에 대하여는 찬반의 양론이 있다. 찬성론의 주장은 공무원단체는 공무원의 이익표시, 참여의식, 귀속감의 충족을 통한 사기앙양과 실적주의 강화 및 하의상달을 통한 행정개선, 공무원의 질적 향상, 부패방지에 공헌한다는 것이고, 반대론의 주장은 공무원의 무책임한 행동을 초래할 우려가 있고, 공무원이 국민의 공복이라는 취지에 반하여 무모한 이익과 신분보장을 요구할 우려가 있다는 것이다.

우리나라의 경우 공무원노조의 설립에 앞서 1999년부터 공무원직장협의회를 허용한 바 있는데, 이는 공무원의 고충처리 등을 처리하기 위하여 공무원직장협의회의 설립, 운영에 관한 법률에 근거하여 탄생한 단체이다. 또한 2006년 1월부터 공무원노조법이 시행되어 공무원직장협의회와는 별도로 합법적 공무원노조를 설립할 수 있는 길이 열렸다.

공무원단체의 일반적인 효용은 다음과 같다. 첫째, 공무원단체는 공무원들의 집합적인 의견을 정부의 정책결정구조나 입법기관 등 외적 세력중추에 표시할 수 있다. 둘째, 공무원단체는 말단공무원들과 관리층 간의 쌍방적 의사통로를 마련해 준다. 셋째, 공무원단체는 사기제고에 기여할 수 있다. 넷째, 공무원단체는 행정발전과 공무원들의 직업관 확립에 기여할 수 있다.

2. 공무원단체의 활동

1) 단체구성권

오늘날 대부분의 나라에서는 공무원단체의 결성을 인정하고 있다. 공무원단체의 결성이 허용되고 있는 경우에도 이들 단체에 관한 법규는 일반근로법규와는 따로 정하고, 또 단체를 구성할 수 있는 공무원의 범위를 한정하는 수가 많다.

2) 단체교섭권

공무원에게 영향을 주게 될 중요한 인사행정상의 문제, 즉 보수 및 근무조건 등의 개선에 관하여 관리층과 공무원조합이 단체적으로 협의하고, 양자의 협정에 따라 그 문제를 해결하는 것을 말한다. 보통 단결권을 인정하는 나라에서는 최소한의 단체교섭권이 인정되고 있다.

3) 단체행동권

단체교섭이 여의치 않을 때 공무원단체가 실력행사, 즉 태업 또는 파업으로 돌입하는 것을 말한다. 이러한 단체행동은 공익에 대한 침해가 너무 클 우려가 있기 때문에 일반적으로 이를 금지 또는 제한하고 있다.

제 4 절 신분보장과 징계 및 소청

1. 신분보장

신분보장이란 공무원이 그의 의사에 반하는 신분상의 불이익처분을 당하지 않는 것을 말한다. 공무원의 신분보장이 강조되는 이유는 다음과 같다. 첫째, 큰 잘못이 없는 한 일생을 공직에 헌신할 수 있다는 심리적 안정감을 준다. 둘째, 신분보장은 공무원의 사기와 밀접한 관계를 갖는다. 셋째, 행정의 일관성과 전문성 및 능률성을 유지·향상시키는 조건이 된다. 넷째, 공무원의 책임성을 가능케 하며, 나아가 그것을 촉진 · 조장한다. 다섯째, 행정의 안정성을 기하는 데 도움을 준다.

공무원 신분보장에 제한을 가하는 제도로는 당연퇴직, 직권면직, 적격심사, 휴직, 직위해제, 강임 등이 있다.

2. 징계

징계(discipline)란 공무원의 그릇된 행태를 교정하기 위한 인사절차를 말한다. 징계는 공무원으로 하여금 직무를 보다 성실히 수행하도록 하고 행동규범을 준수하도록 하기 위한 통제활동인 동시에, 그것은 궁극적으로 공무원의 협력 및 능률을 증진시키기 위한 관리활동이다. 징계사유는 사정에 따라 다양하다. 우리나라의 경우는 다음과 같은 요인이 징계의결의 요구조건이 되고 있다.

① 국가공무원법 및 이 법에 의한 명령에 위반하였을 때

② 직무상의 의무에 위반하거나 직무를 태만한 때

③ 직무의 내외를 불문하고 그 체면 또는 위신을 손상하는 행위를 할 때

징계의 종류에는 파면 · 해임 · 강등 · 정직 · 감봉 · 견책의 여섯 가지가 있으며, 징계절차는 ① 징계의결의 요구, ② 징계위원회의 의견 및 심사요구, ③ 징계의 집행으로 나누어진다.

3. 소청

소청이란 공무원이 징계처분, 강임, 휴직, 직위해제 및 면직처분 등을 받은 경우, 이러한 것들이 자기 의사에 반하는 불리한 처분이라고 생각하였을 때 이에 대한 심사를 청구하여 구제를 받기 위한 절차를 말한다. 우리나라의 소청절차는 ① 소청심사청구, ② 심사 및 결정단계로 구분된다.

제 5 부

재무행정: 예산과 재정의 관리

제 1 장

재무행정과 예산 이해의 기초

제 1 절 재무행정의 의의와 법적 기초

1. 재무행정의 영역

재무행정이란 국가나 지방자치단체 및 기타 공공기관이 공공의 욕구를 충족시키기 위하여 필요한 물적 자원(주로 화폐적 자원)을 합리적으로 조달·관리·배분하는 일체의 활동을 의미한다. 즉, 재무행정의 영역은 국민으로부터의 세금 징수, 확보된 화폐적 자원의 효율적 관리, 국방이나 교육 및 사회복지 분야 등 국가적으로 중요한 분야에의 자원배분 활동 등을 포함한다. 특히 신자유주의적 사상과 시장경제체제에 대한 신뢰기반이 흔들리는 상황에서는 재무행정의 중요성이 두드러지게 나타난다. 그것은 경제위기적 상황의 해결 또는 국가발전이라는 장기적 과제는 국가정책적인 측면과 밀접한 관련이 있기 때문이다.

2. 재무행정의 연구대상

1) 전통적 관점

행정을 국가목적의 달성을 위한 사람과 물자의 기술적 관리로 인식하였던 화이트(L. D. White)는 재무행정의 연구 분야를 ① 예산의 편성과 심의, ② 예산의 집행, ③ 회계기록, ④ 회계검사 등 네 가지로 분류하고, 재무행정의 중심은 이 네 가지 분야에 대한 상관관계의 유지와 그 유지를 조직과 절차에 관한 연구에 있다고 보았다.

2) 현대적 관점

행정을 정책결정과 기술적 관리의 혼합으로 파악했던 디목(M. E. Dimock)은 재무행정의 연구대상으로서 예산, 회계, 감사, 구매 등 네 가지 영역을 들었는데, 이들은 모두 정책문제와 밀접한 관련성이 있다고 주장하였다. 그는 재무행정의 분야에서는 경제정책, 공채정책, 수입정책, 지출정책, 운영정책, 회계정책의 여섯 가지 영역에 걸친 정책문제를 고려해야 한다고 역설하였다.

오늘날 현대행정의 기능은 능동적으로 변동에 대처하고, 또한 적극적으로 변동을 유도하면서 국가발전을 주도하는 것으로 이해되고 있다. 따라서 재무행정의 연구대상에 정책적 분야가 포함되어야 한다는 주장은 당연한 것이라 하겠다.

3. 한국의 재무행정 담당조직

민주주의 국가에서는 재정권을 행정부와 입법부에 분산시킴으로써 재정민주주의를 실현하고 있다. 우리나라의 경우 예산의 편성 및 집행은 행정부에, 예산과 결산의 심의는 입법부에, 회계검사는 감사원에 그 권한을 부여하고 있다.

행정부 내에서도 재정운영의 효율성과 신축성을 확보하기 위해 재정운영의 책임을 분산시켜 놓고 있다. 재무행정의 일반적인 조직체계는 중앙예산기관, 수입지출 총괄기관, 중앙은행으로 구성되어 있다.

중앙예산기관은 예산편성과 집행을 총괄하는 기관이며, 수입지출 총괄기관은 정부의 수입과 지출을 총괄하는 기관이다. 우리나라는 기획재정부가 중앙예산기관과 수입지출 총괄기관을 겸하고 있다. 기획재정부 예산실이 중앙예산기관의 중추적 역할을 수행하고, 세제실과 국고국이 수입지출 총괄업무를 담당하고 있다. 조세징수를 위해서 기획재정부 산하 외청으로 국세청과 관세청을 두고 있다.

중앙은행은 본래 금융정책을 수행하는 정부의 기관이다. 그러나 정부의 재정과 관련하여서는 정부의 재정 대행기관이다. 즉, 중앙은행은 정부의 모든 국고금 출납 업무를 대행한다. 우리나라의 중앙은행은 한국은행이다. 한국은행은 정부 각 부처의 예금계정을 취급할 뿐만 아니라 국채의 인수와 상환 및 이자 지급 등의 업무도 대행하고 있다.

이외의 재무행정조직으로는 조달기관, 세무행정기관, 국유재산관리기관, 지방재정총괄기관 등이 있다.

4. 재무행정의 법적 기초

재무행정 관련 법규는 정부활동에 필요한 물적 자원 확충 관련 법률인 세입 관련 법규, 행정부에 대한 입법부의 재정적 권한 규정 관련 법규, 행정부의 예산운용방법이나 절차 관련 법규, 예산운용 과정 및 결과에 대한 감사 관련 법규, 지방자치단체의 재무행정활동 관련 법규 등으로 체계화된다.

그러나 여기에서는 행정부 예산운영 관련 주요 법률인 '국가재정법', '국가회계법', '정부기업예산법', '공공기관의 운영에 관한 법률'만을 소개하기로 한다.

1) 국가재정법

국가재정법은 정부예산 및 기금 등 국가재정 운용을 위한 기본법으로 2006년 10월에 제정되어 2007년 1월 1일부터 실시되었다. 동 법은 재정의 성과지향성, 투명성, 건전성 증진 등의 혁신지향적 특성을 지닌다.[1)]

동 법이 담고 있는 재정혁신을 위한 주요 제도의 구체적 내용은 중기연동계획인 국가재정운용계획의 작성, 예산 총액배분 · 자율편성(top-down 예산편성) 제도의 도입, 성과관리제도의 실시, 재정정보의 공표 확대, 추가경정예산 편성요건의 강화, 성인지 예산서 및 결산서 작성 등이다.

2) 국가회계법

국가회계법은 국가회계를 투명하게 처리하고, 재정에 관한 유용하고 적정

1) '국가재정법'은 1961년부터 2006년까지 시행된 '예산회계법'과 1991년에 제정되어 2006년까지 운영된 '기금관리기본법'을 전면개편 · 통합하여 만들어졌다.

한 정보를 생산 제공하는 것을 목적으로 하는 법률로 2009년 1월 1일부터 시행되었다. 동 법은 국가재정법의 적용대상이 되는 정부예산과 기금의 회계관리 규정을 담고 있다.

주요 내용은 국가회계제도 심의위원회의 설치, 발생주의 원칙에 따른 복식부기 방식의 회계처리에 필요한 기준 설정, 예산과 기금을 통합한 결산보고서 작성, 결산보고서의 작성시 세입세출결산서 이외에 재무제표 및 성과보고서의 작성 등이다.

3) 정부기업예산법

정부는 그 재원이 대부분 조세에 의해 충당되는 일반 행정활동 이외에, 특정 행정활동에 대한 직접적 반대급부의 원칙이 적용되는 이른바 '정부기업' 형태로 사업을 수행하기도 한다. 우리나라의 정부기업 형태로 운영되는 사업은 우편사업, 우체국예금사업, 양곡관리사업 및 조달사업이 있다. 이러한 사업 운영을 위해 각 사업별로 특별회계를 설치하고 그 세입으로써 그 세출에 충당하도록 하고 있다.

이러한 정부기업의 경영을 합리화하고 운영의 투명성을 제고하기 위해 2009년 1월 1일부터 '정부기업예산법'이 시행되었다. 동 법은 기존의 '기업예산회계법'을 전면 개정하여 정부기업별 특별회계 설치 및 예산 등의 운용에 관한 사항을 규정하고 있다.

4) 공공기관의 운영에 관한 법률

국가는 공무원들에 의해 운영되는 정부기관과는 다른 기준이나 법률 및 규정에 의해 설립되고 운영되는 공공기관들이 존재한다. 이들 조직은 정도의 차이는 있지만 대체로 공익적 사업을 담당하고 있다. 우리나라의 경우 공기업, 준정부기관, 기타 공공기관으로 분류되고 있다. 이러한 조직의 설립 및 운영과 관련된 법률로는 '공공기관의 운영에 관한 법률'이 있다.

이 법은 공공기관의 운영에 관한 기본적인 사항과 자율경영 및 책임경영체제의 확립에 관하여 필요한 사항을 정하고 있다. 이는 경영을 합리화하고 운영의 투명성을 제고함으로써 공공기관의 대국민 서비스 증진에 기여하기 위해서이다.

주요 내용으로는 공공기관의 책임경영체제를 확립하기 위한 공공기관의 자율적 운영의 보장, 공공기관운영위원회의 설치, 경영목표와 예산 및 운영계획, 재무제표와 그 부속서류를 포함하는 결산서 등에 관한 경영공시, 고객만족도조사, 공기업 및 준정부기관의 운영과 관련된 공기업 임원의 임면, 기금운용심의회, 이사회, 예산회계, 경영평가와 감독 등에 관하여 규정하고 있다.

제 2 절 정부예산의 의의

1. 정부예산의 개념

정부예산의 가장 상식적인 의미는 정부활동을 위한 자금이다. 그러나 학술적으로는 그 개념이 다소 포괄적이다. 즉, 예산의 수지적(收支的) 관점에서 출발하여 정부의 각종 사업과 활동의 효율적 관리 및 이를 위한 기획 기능까지 포함하게 되었다. 정부예산의 개념을 소개하면 다음과 같다.

① 예산은 정부활동에 관한 정보이다.

② 예산은 정부활동의 수입과 지출에 관한 예정적 계산이다.

③ 예산은 실행가능한 계획이다.

④ 예산은 정부정책이며 정책 간의 우선순위를 나타낸다.

⑤ 정부예산은 행정부 내 각 부처의 관리자들이 그들의 사업계획을 수립하고 집행하는 과정에서 산하기관의 업무를 조정하며 통제하고 관리하는 기준이며 지침이다.

⑥ 예산은 입법부가 행정부의 재정적 활동을 허용하는 형식이다.

2. 정부예산의 특성

정부예산은 사조직의 예산과는 달리 원칙적으로 공공재(public goods)의 생산 및 공급을 위하여 운용된다. 일반적으로 공공재란 시장에서 제공될 수 없거나 제공되지 않기 때문에 정부에 의해 공급되는 재화를 말하는데 비배제성

(非排除性)과 비경합성(非競合性)을 포함하는 개념이다.

비배제성이란 재화를 소비하는데 있어서 특정한 사람을 제외시킬 수 없는 것을 말한다. 즉 재화의 사용에 대한 대가를 지불하지 않더라도 재화의 속성상 특정 소비자를 제외시킬 수 없다. 비경합성이란 한 사람이 어떤 재화의 사용으로부터 혜택을 받음으로 인하여 같은 재화를 원하는 다른 사람에게 돌아갈 혜택이 감소되지 않는 것을 의미한다. 즉 합동적 소비의 성격을 띠고 있어서 많은 소비자가 동시에 재화를 소비하면서도 서로 동등한 이익을 얻게 된다. 순수한 공공재의 대표적인 예가 국방이다. 국토의 어느 부분도 외국의 침입에 대한 보호의 대상에서 제외시킬 수 없으며, 일단 제공되는 국방에 대한 서비스는 국민들이 합동적으로 이용하며 같은 수준의 혜택을 받게 된다. 이러한 공공재의 특성으로 인하여 그 재원은 강제적 징수에 의한 조세로 충당되며, 공급량과 수준은 정부가 예산과정을 통해 결정하게 된다.

3. 예산의 기능

예산의 기능은 예산의 목적, 역할, 활동, 효과 등을 의미한다. 이러한 예산의 기능은 예산의 성격 규정 여하에 따라 달라지겠지만 여기서는 일반적으로 많이 거론되고 있는 예산의 정치적 · 법적 · 경제적 · 행정적 기능을 살펴보기로 한다.

1) 정치적 기능

정부활동에 필요한 비용부담, 그리고 그 활동결과에 따르는 혜택은 국민 모두에게 공평하게 배분되어야 한다. 그러나 공평하다는 것이 절대적 평등을 의미하는 것은 아니다. 그것은 현실적으로 가능하지도, 바람직하지도 않다. 따라서 사회의 각종 세력과 집단들은 예산과정에서 자신들의 비용부담의 최소화와 이익의 극대화를 위하여 노력하게 된다. 이러한 노력은 행정부에서 예산안을 편성할 때 그리고 의회에서 예산을 심의할 때 두드러지게 나타나게 된다. 즉, 예산편성과정 및 심의과정에서 다양한 사회집단들의 상충하는 이익들이 조정된다. 이러한 의미에서 예산은 정치적인 것(political thing)이라고 할 수 있다.

이와 더불어 예산의 정치적 기능에는 제도적 관점에서 국민의 대표기관인 의회가 예산심의권을 통해 행정부를 감시하고 통제하는 기능도 포함시켜야 할 것이다. 의회제도의 뿌리가 재정의 민주적 통제에 있는 만큼 이 기능은 결코 경시되어서는 안 될 중요한 것이다. 이 기능은 별도로 재정 통제적 기능으로 구분되기도 한다.

2) 법적 기능

모든 예산활동은 반드시 법적 근거에 따라 전개된다. 세입예산은 법령이 정하는 바에 의해 징수 또는 수납하게 되지만 세출예산은 법률의 형식을 갖출 수도 있고 그렇지 않을 수도 있다. 미국이나 영국에서는 예산이 법률로 성립된다. 그러나 우리나라의 경우 예산은 법률과는 별도로 성립되지만 입법부가 심의, 확정을 통해 행정부에게 재정권을 부여하는 형식이다. 따라서 행정부는 입법부에서 정해준 기간, 액수, 용도의 범위 내에서 예산을 집행하게 된다. 이러한 의미에서 예산의 집행은 성격상 법의 제정 및 집행과정과 유사하다.

3) 경제적 기능

현대국가에 있어서 예산은 강력한 재정정책의 수단으로 사회 자원의 배분, 소득의 재분배, 경제안정 및 성장촉진 기능을 수행하게 된다. 자원배분 기능이란 정부가 국민들의 공공 욕구를 충족시키기 위해 사회로부터 어느 정도의 자원을 동원하며 또한 어떠한 용도로 그 자원을 사용하느냐에 관련된 것이다. 즉 예산은 공공부문과 민간부문 사이에 그리고 공공부문 내의 여러 분야들 간에 자원배분을 결정한다는 것이다.

소득 재분배 기능은 예산이 사회계층간의 소득 불균형을 시정하는 역할을 수행한다는 것으로 세입예산의 경우 누진소득세, 상속세 등이 그리고 세출예산의 경우 생활보호비, 의무교육비 등에 대한 지출이 이에 해당한다. 경제안정화 기능은 예산의 규모나 구성이 경제에 미치는 영향이 지대함에 따라 이를 통해 경기변동을 방지하고 건실한 경제를 지속적으로 유지시킨다는 것이다. 여기서 파생된 경제성장촉진 기능은 정부주도로 경제개발을 추진하는 발전도상국의 경우 예산이 자본형성에 직접적으로 기여한다는 것이며, 선진국의 경우 예산이 장기적인 경제성장정책을 추진하는 도구로서 활용된다는 것이다.

4) 행정적 기능

정부는 예산을 통해 국가의 목표를 실현하려고 노력하면서 이에 필요한 인적・물적 자원을 동원하고 관리한다. 이 과정에서 예산제도는 정부의 행정관리 성격 및 방법에 지대한 영향을 미치게 되는데 이를 예산의 행정적 기능이라 한다. 쉬크(Allen Schick)는 예산의 행정적 기능으로 통제, 관리, 계획기능을 제시하고 있다.

첫째, 예산은 행정조직 내에서 상급기관이 하급행정기관을 또는 상사가 부하직원의 행정활동을 통제하는 역할을 수행한다. 즉, 예산을 지출대상에 따라 세분화하여 운영하게 함으로써 하급행정기관 또는 부하직원의 재량성을 최소화함과 동시에 책임성을 강조하고 있다. 둘째, 정부의 예산편성과정 및 집행과정에서 능률성을 추구하게 되는데, 이는 정부의 사업계획과 활동을 추진함에 있어서 효과적 관리기능을 발휘하여 그 성과를 명확히 함으로써 달성하게 되는 것이다. 셋째, 국가는 장기적인 국가목표를 설정하고 그에 적합한 정부사업의 선정과 그 파급효과를 검토함으로써 효율적인 자원배분과 아울러 효과적인 목표달성이 가능하다. 즉, 예산은 국가의 중장기적인 목표와 연결될 때 바람직한 결과를 얻을 수 있으며, 그러한 의미에서 계획기능을 수행한다고 할 수 있다.

제 3 절 정부예산의 종류

1. 정부의 총지출 구성 재원

1) 일반회계예산

일반회계예산은 순수한 의미의 정부예산으로 재원은 주로 조세수입에 의존하고 있으며 순공공재의 생산을 위한 예산이다. 즉 국방, 외교, 교육, 사회개발, 일반행정 등의 활동을 위한 예산으로, 일반적으로 국민의 기본욕구 충족을 목적으로 하기 때문에 성격상 공공성이 매우 크다고 볼 수 있다. 이러한 일반회계는 어느 국가이든지 하나의 예산으로 구성되며 예산규모의 증감을 나타내는 대표적인 지표로 활용된다.

2) 특별회계예산

특별회계예산은 특수한 목적을 수행하기 위해 일반회계와 분리하여 별도로 설치, 운용하는 예산이다. 세입은 주로 자체수입, 일반회계 및 특별회계로부터의 전입금 등에 의존하고 있다. 이 예산은 예산단일의 원칙과 예산통일의 원칙에 위배되지만 행정기관에게 사업수행의 자유재량을 부여함으로써 행정능률의 향상을 기할 수 있다는 장점이 있다. 그러나 특별회계의 수가 너무 많을 경우 행정통제가 약화될 가능성이 크다.

우리나라 국가재정법 제4조 제3항은 특별회계의 설치요건을 ① 국가에서 특정한 사업을 운영하고자 할 때, ② 특정한 자금을 보유하여 운영하고자 할 때, ③ 기타 특정한 세입으로 특정한 세출에 충당함으로써 일반의 세입세출과 구분하여 경리할 필요가 있을 때에 법률로써 설치하도록 규정하고 있다.

3) 기금

정부 활동을 위한 일반적 재정 지원 시스템은 일반회계와 특별회계이다. 그러나 사업이나 활동의 성격상 탄력적 운영이 필요하다고 인정되는 경우에는 기금을 설치 운용하도록 하고 있다. 즉, 예산은 일반 재정활동을 수행하기 위한 재원임에 비하여 기금은 특정목적을 위한 재원이다. 기금과 예산을 간략히 비교해 보면 다음과 같다.

첫째, 기금은 사회보험료 등 자체수입, 융자원리금 회수 등을 재원으로 하고, 예산은 주로 조세를 재원으로 사용한다.

둘째, 기금은 자금을 조성, 적립하여 운용가능하나, 예산은 당해연도 세입을 당해연도에 지출하는 것이 원칙이다.

셋째, 기금과 예산은 성립절차와 결산과정이 거의 유사하나, 계획변경과 집행의 자율성 측면에서 서로 구분된다. 즉, 계획변경이 필요한 경우 기금은 주요항목지출금액의 20% 이상(금융성 기금은 30% 이상)을 변경하는 경우에만 국회의 심의 · 의결이 필요하다. 그러나 예산은 일반적인 예산편성절차와 동일하게 국회의 심의 · 의결을 거쳐 추가경정예산을 편성한다. 항(項) 내에서 변경이 필요한 경우도 기금은 세항신설의 경우를 제외하고는 기금관리주체가 자율적으로 변경이 가능하지만, 예산은 이용 · 전용의 범위를 엄격하게 제한하고 있다.

2. 본예산 · 수정예산 · 추가경정예산

1) 본예산

본예산은 행정부가 최초 편성한 예산으로 당초예산이라고도 하며, 이는 예산의 변경을 전제로 하는 개념이다. 즉, 입법부에 제출된 예산안은 추후 불가피한 사정으로 변경되기도 하는데 변경되기 전의 예산을 의미한다. 우리나라에서는 헌법의 규정에 따라 정부는 다음 회계연도의 모든 세입 · 세출에 관한 예산안을 편성하여 회계연도 개시 90일 전까지 국회에 제출하고 국회에서는 이를 회계연도 개시 30일 전까지 의결함으로써 비로소 예산이 성립된다. 그런데 국회에서 예산이 심의 · 의결 전, 또는 후에 예산의 내용이 변경되기도 한다. 본예산이란 이러한 예산의 내용변경을 전제로 하여, 정부가 국회에 처음 제출한 예산을 의미한다.

2) 수정예산

수정예산은 의회에서 본예산이 의결 · 확정되기 전에 여러 가지 상황변화에 따라 본예산의 내용을 변경하고자 할 때 사용하는 예산이다. 우리나라에서는 정부가 부득이한 사유로 국회에 제출한 예산안의 일부를 변경하고자 할 때 국무회의 심의를 거쳐 대통령의 승인을 얻어 수정예산안을 국회에 제출하도록 하고 있다.

3) 추가경정예산

추가경정예산은 이미 의회에서 의결 · 확정된 예산의 내용을 변경하고자 할 때 편성되는 예산이다. 추가경정예산은 이미 성립된 예산과는 별도로 편성·의결되지만 집행과정에서는 기존의 예산에 통합된다. 이 제도는 각국에서 널리 활용되고 있으며, 미국에서는 추가예산(deficiency budget)이라 불리고 있다. 우리나라 헌법에는 이미 성립된 예산에 변경을 가할 필요가 있을 때 추가경정예산안을 편성할 수 있다고 단순히 규정하고 있지만 2007년 1월 1일부터 시행된 국가재정법에는 재정의 건전한 운영을 위해 엄격히 제한하고 있다.[2)]

이는 과거 예산회계법에 '예산성립 후에 생긴 사유'라는 제한이 있음에도 예산안 편성이나 심의시에 삭감된 경비를 되살리기 위해서 이 제도를 사용하는 경우가 많았기 때문이다. 그러한 이유로 이 제도는 예산집행의 탄력성을 높이기 위한 제도이지만 재정팽창을 부추기며 국회의 예산통제를 약화시킬 우려가 있었다. 한 회계연도의 예산 총액은 본예산에 추가경정예산을 합산하여야 한다.

3. 잠정예산·가예산·준예산

1) 잠정예산

잠정예산은 회계연도 개시 전까지 예산이 부득이한 사유로 의회를 통과하지 못하는 경우 일정 금액의 한도 내에서 예산의 국고지출을 허용하는 제도이다. 그러나 이러한 예산의 임시 집행을 위해서는 반드시 의회의 의결을 필요로 하고 있다. 그리고 전년도의 예산수준을 초과할 수 없게 하여 사용액수에 있어서도 제한이 가해진다. 따라서 새로운 사업이나 과목에의 지출은 허용되지 않는다. 이 제도를 도입하고 있는 대부분의 국가에서는 사용기간에 대한 제한이 없지만 미국의 경우 의회가 양원 공동결의에 의해 잠정예산안을 확정하는 과정에서 사용기간을 정하기도 한다.

2) 국가재정법 제89조 제1항은 다음 각 호의 어느 하나에 해당하게 되는 경우에만 추경예산을 편성할 수 있도록 규정하고 있다. ① 전쟁이나 대규모 자연재해가 발생한 경우 ② 경기침체·대량실업 등 대내·외 여건에 중대한 변화가 발생하였거나 발생할 우려가 있는 경우 ③ 법령에 따라 국가가 지급하여야 하는 지출이 발생하거나 증가하는 경우

2) 가예산

가예산은 잠정예산과 유사한 제도로서 과거 우리나라에서 채택, 사용했던 제도이다. 1948년부터 1960년까지 우리나라 헌법에는 "부득이한 사유로 예산이 의결되지 못한 때에는 국회는 1개월 이내의 가예산을 의결하고 그 기간 내에 예산을 의결하여야 한다"고 규정하고 있었으며 이에 근거하여 1955년까지 거의 매년 가예산을 편성하여 운용하였다. 가예산에 의한 예산집행은 최장 1개월을 초과할 수 없기 때문에 의회는 1개월 이내에 예산안(또는 예산법안)을 반드시 의결해야 하는 부담을 안고 있다.

3) 준예산

현행 헌법 제54조 제3항은 예산이 회계연도 개시일까지 의결되지 못할 경우 ① 헌법이나 법률에 의하여 설치된 기관 또는 시설의 유지·운영, ② 법률상 지출의무의 이행, ③ 이미 예산으로 승인된 사업의 계속을 위한 경비를 국회에서 예산안이 의결될 때까지 전년도에 준하여 지출할 수 있도록 규정되어 있다. 사용기간의 제한이 없다는 점에서 잠정예산과 유사하나 의회의 의결을 필요로 하지 않는다는 점에서 잠정예산이나 가예산과는 다르다. 준예산은 예산이 성립되면 성립된 예산에 의해 집행된 것으로 간주한다. 우리나라에서는 1960년 이후 이 제도를 채택하고 있으나, 아직까지 한 번도 사용한 적은 없다.

4. 총계예산·순계예산

예산을 계상하는 방법에 따라 총계예산(總計豫算)과 순계예산(純計豫算)으로 구별할 수 있다. 총계예산이란 세입·세출의 총액을 계상한 예산을 말하며, 순계예산이란 경비(징세비, 경영비 등)를 공제한 순세입 또는 순세출만을 계상한 예산을 말한다.

국가재정의 전체규모를 밝혀 예산에 대한 국민의 이해를 촉진시키고 국회의 예산심의를 용이하게 하기 위해서 우리나라를 비롯한 대부분의 국가에서 총계예산제도를 채택하고 있다.

5. 균형예산·긴축예산

예산을 편성하는 방침에 의해 균형예산과 긴축예산으로 구별될 수 있다. 균형예산이란 엄격한 의미에서 세입 세출을 균형되게 하여, 적자를 내지 않는 예산을 말한다. 긴축예산이란 경비를 절약하기 위해서 행정기구를 정비하고, 공무원을 감원하거나, 공공사업을 줄여서 예산규모를 가능한 한 축소시킨 예산을 말한다.

6. 흑자예산·적자예산

흑자예산이란 조세수입의 잉여(剩餘)를 꾀하여 세입이 세출을 초과하도록 편성하는 예산을 말하며, 이를 초균형예산(超均衡豫算)이라고도 한다. 흑자예산은 인플레이션을 수습하거나 공채발행에 의해 불황기에 뿌린 적자재정의 요인을 제거 또는 상환하기 위한 수단으로 이용된다.

적자예산이란 부득이한 사정에 의하여, 처음부터 세출이 세입을 초과하도록 예산을 편성하는 것을 말한다. 적자예산은 불황의 타개나 의욕적인 발전을 위한 정책적인 배려에서 여러 국가에서 취한 바 있고, 우리나라에서도 경제발전을 위해 취한 바 있다.

제 4 절 세입세출의 분류

1. 의의

예산분류(budget classification)란 정부의 세입과 세출을 보다 정확하게 파악하고, 또한 보다 용이하게 비교할 수 있도록 하기 위하여 일정한 기준에 따라 체계적으로 구조화하는 것을 말한다. 따라서 예산은 여러 가지 다양한 기준에 의하여 복합적으로 분류되는 것이 일반적이다.

2. 세입세출 분류의 유형

1) 품목별 분류

(1) 의의

품목별 분류는 예산의 내용을 지출대상 즉, 구입하고자 하는 재화와 서비스의 종류에 따라 예산내용을 분류하는 방법이다. 우리나라의 예산과목 중 '목'에 해당하는 것으로써 여비, 복리후생비, 감가상각비, 시설비 등으로 분류하는 방식이다. 품목별 분류는 각국에서 가장 널리 이용되고 있는 방법으로 세출예산의 집행에 대한 엄격한 통제를 그 목적으로 하고 있다.

(2) 장점

① 정부지출을 통제하고 공무원의 재량권 남용을 방지하는 데 효과적이다.

② 예산집행에 있어서 유용이나 부정을 방지하며 회계책임을 명확히 할 수 있다.

③ '인건비' 항목을 통하여 제공되는 정원 및 현원에 대한 정보는 인사행정에 유용하다.

(3) 단점

① 지출대상의 세부적 용도에 관심을 둠으로써 정부사업의 전모를 알기 어렵다.

② 지출목적 및 사업의 우선순위를 파악하기 어렵다.

③ 재량권을 지나치게 억제함으로 인하여 예산집행의 신축성을 저해할 우려가 있다.

2) 기능별 분류

(1) 의의

이는 국가의 주요 기능에 따라 예산을 분류한 것을 의미한다. 기능별 분류는 행정부가 정책·기획을 수립하고, 이를 바탕으로 예산을 배분하는 형식의 분류방법이라 하겠다.

(2) 장점

① 행정부의 사업계획수립을 용이하게 한다.

② 입법부의 예산심의를 용이하게 한다.

③ 행정부의 예산집행에 신축성이 있으며, 따라서 예산지출의 효율성을 높일 수 있다.

④ 시민들이 국가에서 하고자 하는 사업에 대해서 이해하기가 쉽다. 이러한 의미에서 예산의 기능별 분류는 시민을 위한 분류(citizen's classification)라고도 불린다.

⑤ 국가가 수행하는 사업의 우선순위가 명백하여 국가의 중점시책을 쉽게 파악할 수 있다.

(3) 단점

① 정부예산의 유통과정을 쉽게 파악하기가 어렵다.

② 회계책임이 명백하지 못하다.

③ 예산에 대한 입법부의 효율적인 통제가 어렵다.

④ 기능별 분류의 대항목은 기관 또는 부처를 포괄적으로 망라하고 있으며, 따라서 부서의 책임소재가 불명확하다.

⑤ 공공사업을 별개의 범주로 삼지 않으며, 따라서 공공사업 자체는 정부기획과 관련시켜야만 의의를 지닌다.

⑥ 일반행정비의 비중이 클 경우 분류가 무의미해진다.

⑦ 정부의 활동이나 사업은 두 개 이상의 기능에 중복되는 경우가 있다.

3) 조직별 분류

(1) 의의

이는 예산을 편성하고 집행하는 주체에 따라서 분류하는 것을 의미한다. 예산이 부처별·기관별·소관별로 분류될 뿐만 아니라, 예산의 편성, 사정, 심의, 집행 및 회계검사 등도 조직단계별로 이루어진다.

(2) 장점

① 예산의 유통과정을 쉽게 파악할 수 있다.
② 행정부에 대한 입법부의 통제를 용이하게 한다.
③ 회계책임을 명확히 한다.

(3) 단점

① 국가사업의 우선순위가 명백하지 못하다.
② 국가경제동향을 파악하기 어렵다.
③ 경비의 내용과 목적을 밝히기 어렵다.

4) 경제성질별 분류

(1) 의의

이는 예산의 지출이 국민경제에 어떠한 영향력을 미치는가를 기준으로 한 분류방법이다.

(2) 장점

① 국민경제활동을 쉽게 파악할 수 있다.
② 경제안정을 기할 수 있고 경제성장을 촉진시킬 수 있다.
③ 경제분석을 가능하게 한다.
④ 국민경제구조를 이해하기가 용이하다.

(3) 단점

① 예산의 유통과정을 쉽게 파악할 수 없다.
② 예산지출에 대한 통제가 어렵고 회계책임이 명확하지 못하다.

보완학습

기타 세입세출 분류 유형

1. 사업계획별 분류

사업계획별 분류(program classification)란 각 부처의 업무를 몇 개의 사업계획(program)으로 나누고, 그에 따라 예산을 배분하는 분류방법을 말한다. 사업계획과 이를 수행하는 데 필요한 재정을 분석하고 사업진도를 분석하는 데 도움을 주기도 한다.

2. 활동별 분류

예산의 활동별 분류(activity classification)란 사업계획별 분류를 다시 세분류한 것을 말한다. 이는 예산안의 편성, 심의, 집행상황의 보고 및 회계실무에 대한 보고를 용이하게 하여 준다.

3. 성과별 분류

예산의 성과별 분류(performance classification)란 기능과 활동을 기초로 예산지출에 의한 사업성과에 중점을 둔 분류방법을 말한다. 이는 기능별·사업계획별·활동별 분류를 통합하여 사업의 성과를 기준으로 한 분류방법으로서 성과주의 예산의 형태를 지니게 된다.

4. 통합적 분류(통합예산)

통합적 분류란 현행 법정예산제도를 유지하면서 이와 병행하여 재정활동을 중점으로 파악하고, 재정과 국민소득계정, 통화 및 국제수지와의 연결을 통한 재정의 국민경제적 효과분석 및 정책수립의 능률화를 기하고, 나아가 재정지표의 국제비교를 용이하게 할 수 있는 분류방법을 말한다.

5. 경상수지와 자본수지에 의한 분류(복식예산)

복식예산(double budget)제도란 정부예산에서 경상수지를 관리하는 경상예산(current budget)과 자본수지를 관리하는 자본예산(capital budget)으로 구분하여, 경상지출은 경상수입으로 충당하여 균형을 이루는 반면에 자본지출은 그 상당한 부분을 공채발행을 통하여 그 수입을 충당함으로써 불균형예산, 즉 적자예산을 편성하는 예산제도를 말한다(제4장 예산제도개혁 참조).

제 2 장

예산과정

제 1 절 예산과정의 의의와 특징

예산과정은 일반적으로 예산의 편성 · 심의 · 집행 · 결산 및 회계검사로 구분된다. 이러한 예산과정은 하나의 순기(循期)를 형성하여 지속적 · 반복적으로 진행된다. 이 가운데 예산의 편성과 집행은 행정부가 그리고 예산의 심의는 입법부가 맡으며 결산 및 회계검사 결과는 입법부에서 승인 절차를 거치게 된다.

예산과정은 다음과 같은 몇 가지 특징을 지니고 있다.

첫째, 회계연도 전후에 전개되는 예산과정의 각 단계는 제한된 기간 내에 완료되어야 한다. 회계연도란 예산의 집행기간을 의미하는데 수입과 지출을 명확히 하기 위해 설정된 기간이다. 일반적으로 1년을 단위로 하지만 미국의 일부 주정부의 경우 2년을 단위로 하기도 한다. 예산과정에서 각 단계는 어느 정도 독립적이고 독자적인 활동영역을 가지게 되는데 순차적으로 한 단계가 마무리된 다음 그것을 기초로 하여 다음 단계가 진행된다.

둘째, 처음 단계인 예산편성부터 시작하여 마지막 단계인 결산 및 회계검사까지를 예산의 순기라고 한다. 우리나라에서는 예산편성과 심의에 1년, 예산집행에 1년, 그리고 결산 및 회계검사에 1년을 소요하여 총 3년의 예산순기를 형성하고 있다. 이러한 예산순기는 지속적이며 반복적으로 진행되어 일년 중 어느 특정 시점에서 보면 여러 단계가 동시에 진행되고 있다. 예컨대 올해 4월의 경우 금년도 예산이 집행되며, 내년도 예산이 편성되며, 동시에 작년도 예산에 대한 결산서가 작성되고 있다.

셋째, 예산과정에는 수많은 참여자가 공식적으로 혹은 비공식적으로 참여한다. 예산에 대한 이해관계가 서로 다르기 때문에 참여자들은 한정된 자원을 배분하는 예산결정에 나름대로 영향을 미치려고 노력한다. 이러한 현상은 특히 예산편성과 심의단계에서 확연히 나타난다. 다음은 각 단계별로 우리나라 예산과정의 절차 및 특징을 살펴보기로 한다.

제 2 절 예산편성

1. 의의

예산의 편성이란 행정부가 차기 회계연도 동안에 수행할 사업을 계획, 분석, 조정하면서 세입세출규모를 확정하는 것을 말한다. 즉 정부가 사업계획을 수립한 다음 선정된 사업계획에 자금을 배정하는 일련의 과정이라 할 수 있다. 예산편성과정에서 사업선정과 관련하여 각종 관리과학적 기법 및 경제학적 기법이 강조되는 한편, 다양하고 상충되는 사회이익들이 조정되는 타협안이 마련되기도 한다.

2. 예산편성 과정

예산편성은 대체로 다음과 같은 단계를 거쳐 진행된다.[3)]

1) 국가재정운용계획 작성지침 통보 및 중기사업계획서의 제출

우리나라 정부예산은 예산의 효율성을 증대시키기 위해 5개년 연동계획(rolling plan)으로 수립되는 '국가재정운용계획'에 근거하여 작성된다. 기획재정부는 전년도 12월말까지 각 중앙관서에 '국가재정운용계획 작성지침'을 통보한다.[4)]

---

3) 우리나라는 2003년 이전까지 Bottom-up(예산요구-삭감배분) 방식에 의해 예산을 편성했으나, 2004년 예산부터는 Top-down(총액배분-자율편성) 방식을 도입하여 실시하고 있다.

4) 국가재정운용계획 작성지침은 각 중앙관서 및 기획재정부 내의 의견수렴을 거쳐 작성된다.

주요 내용은 당해연도의 재정운용 여건 및 방향, 수입·지출계획 작성 지침, 국가재정운용계획수립 일정 등이다

각 중앙관서의 장은 매년 1월 31일까지 당해 회계연도부터 5 회계연도 이상의 기간 동안의 신규사업 및 기획재정부 장관이 정하는 주요 계속사업에 대한 중기사업계획서를 기획재정부 장관에게 제출하여야 한다(국가재정법 제28조).[5] 중기사업계획서는 일반회계뿐만 아니라 특별회계와 기금(금융성 및 외국환평형기금은 제외)도 포함한다.

2) 국가재정운용계획 수립 및 예산편성지침 통보

국가재정운용계획은 재정규모와 구조를 정확하게 파악할 수 있고 재원배분과 재정수지 관리 등 전략적인 재정운용이 가능하도록 일반회계, 특별회계, 기금을 포괄하는 통합재정기준으로 작성된다. 국가재정운용계획에 수록되는 내용은 정부수립 이후 재정운용의 시대별 기조 및 재정지표 추이를 반영한 그 동안의 재정운용 실적과 경제·사회 여건과 세입여건을 포함한 향후 재정운용 여건, 세출·세입 정책 및 재정시스템 혁신 등에 대한 재정운용 기본방향 및 분야별 정책방향과 재정투자 계획 등이 수록된다.

예산안편성지침에 포함되어 있는 내용은 ① 재정운용여건(경제성장률, 세입과 세출 전망 등), ② 예산안 편성 방향, ③ 예산안 작성지침(일반지침, 요구지침, 요구방식 및 첨부서류 등)이다.

국가재정운용계획안과 예산안편성지침은 국무회의 심의를 거쳐 대통령의 승인을 얻어 확정되며, 4월 30일까지 각 중앙관서의 장에게 통보된다. 이때, 국가재정운용계획에 근거한 중앙관서별 지출한도를 포함하여 통보할 수 있다. 또한 기금운용계획안 작성지침 역시 4월 30일까지 기금관리주체에게 통보된다.

3) 예산요구서의 작성 및 제출

각 중앙관서의 장은 예산안편성지침과 부문별 지출한도에 따라 부처의 우선순위와 전문성 등을 반영하여 예산 요구서를 작성하여 6월말까지 기획재정

---

5) 중앙관서의 장이라 함은 국회의장, 대법원장, 헌법재판소장, 중앙선거관리위원회 위원장, 헌법 또는 정부조직법, 기타 법률에 의하여 설치된 중앙행정기관의 장을 말한다.

부 장관에게 제출하여야 한다.[6)]

예산요구서의 내용은 다음 연도의 세입세출예산, 계속비, 명시이월비 및 국고채무부담행위 등을 포함한다. 이때, 예산의 편성, 예산관리 기법의 적용에 필요한 서류를 첨부하여야 한다. 각 중앙관서의 장이 예산요구서를 제출할 때에 다음 연도 예산의 성과계획서 및 전년도 예산의 성과보고서를 함께 제출하여야 한다(국가재정법 제8조 제2항).

4) 요구내용의 점검·협의·보완 및 정부안 확정

기획재정부는 7월부터 9월까지 지출한도와 편성기준을 감안하여 각 부처 요구내용을 점검하고 보완한다. 이때, 국가재정운영계획의 정책방향과 우선순위, 부처별·부문별 지출한도, 부처 간 형평성, 중복투자 방지 등을 위한 공통기준 이행여부 등을 검토하게 된다. 즉, 각 부처와 기획재정부가 부처의 예산요구안에 대한 협의와 보완을 거친 후, 9월 중에 제2차 국무회의 토론을 거쳐

표 5-2-1 예산편성과정

월별	top-down(총액배분 자율편성) 방식
전년도 12월	○ 기획재정부장관이 각 중앙관서 장에게 국가재정운용계획 작성지침 통보
1월	○ 각 중앙관서 장관이 기획재정부장관에게 중기사업계획서의 제출
2, 3, 4월	○ 기획재정부의 국가재정운영계획안 작성 ○ 국무위원 1차 토론(4월중) ; 재원배분회의 ○ 예산편성지침의 작성 및 통보(4월 말) ○ 분야별, 각 중앙관서별 지출한도 통보(4월 말)
5, 6월	○ 각 중앙관서의 예산 요구 – 지출한도와 편성기준에 따라 자율적 자원배분
7, 8, 9월	○ 각 중앙관서와 기획재정부의 협의 및 보완 – 한도와 기준을 감안하여 점검·보완 – 국무위원 1차 토론 이후의 여건 변화 반영 ○ 국무위원 2차 토론 및 대통령 재가 – 정부예산안 확정

6) 예산요구서가 예산안편성지침에 부합하지 아니할 때, 기획재정부장관은 기한을 정하여 이를 수정 또는 보완하도록 요구할 수 있다.

정부안이 확정된다. 이때 5년의 국가재정운용계획도 함께 확정된다. 확정된 예산안과 재정운용계획은 회계연도 개시 90일 전까지 국회에 제출된다. 예산편성과정을 표로 정리해보면 <표 5－2－1>과 같다.

제 3 절 예산심의

1. 의의

예산안이 의회에 제출되면 이에 대한 심의를 하게 되는데, 예산의 심의는 국민의 대표기관으로 간주되고 있는 의회에 의하여 행하여진다는 의미에서 민주주의를 그 이념으로 하는 국가에 있어서는 가장 중요한 예산과정으로 이해되고 있다.

영 · 미에서는 행정부가 예산안을 의회에 제출하면, 의회는 이를 심의하여 세출법안(appropriation bill)으로서 통과시킨다. 이 법안은 대통령의 서명 또는 여왕의 재가를 얻어 공포됨으로써 효력을 발생한다. 한편 우리나라나 일본에서는 예산안 그 자체의 형식으로 성립시킨다. 법률이 아니기 때문에 법률과 같은 형식요건을 갖출 필요는 없다. 그러나 의회에서 의결된 예산은 법률의 형식이 아니라고 하더라고 법률에 준하는 구속력을 갖는 것으로 보아야 할 것이다.

한편 의회의 예산안에 대한 수정권의 범위에도 국가마다 차이가 있다. 미국이나 일본에서는 의회가 행정부의 동의 없이 증액을 하거나 새 비용을 설치할 수 있는 적극적인 수정권을 갖는다. 그러나 영국이나 우리나라에서는 예산안에 대한 삭감권만 지니고 있다. 행정부의 동의 없이는 증액을 하거나 새 비용을 설치할 수 없다.

2. 예산심의 과정

우리나라의 예산심의 절차는 여러 차례 변화를 겪어 왔다. 국정감사가 1972년까지 실시되어오다가 1973년부터 1987년까지는 중단되었고, 1988년부터 다시

부활되었다. 예산심의기간도 1972년까지는 90일간이었으나, 1973년부터는 60일간으로 줄었다. 또한 제2공화국시절인 1960년과 1961에는 양원제를 채택했었고, 제5공화국 초기에는 상임위원회의 예비심사제도가 폐지되기도 했다. 여기에서는 우리나라 예산심의 과정을 국정감사 및 시정연설, 예비심사, 종합심사, 본회의의 의결로 구분하여 살펴보기로 한다.

1) 국정감사 및 시정연설

국정감사는 국정운영을 감사하고 그 결과를 신년도 예산심의에 반영하기 위한 목적으로 실시된다. 예산심의에 앞서 실시되는 국정감사는 매년 정기국회 집회기일의 다음날부터 20일 동안 소관 상임위원회별로 진행된다. 국정감사는 기간의 불충분성, 의원들의 비전문성, 의원 개인의 이해관계 등으로 인한 폐해가 지적되기도 한다. 그러나 국회가 행정부의 직권남용과 재정적 낭비를 직접 감사한다는 점에서 나름대로의 존재가치가 충분하다고 여겨진다.

예산안이 국회에 제출되면, 먼저 본회의에 상정되고 곧이어 대통령의 시정연설이 있게 된다. 시정연설은 국정전반에 관한 대통령의 시각과 다음 회계연도 예산안이 편성된 정치적, 경제적 배경과 경제 및 예산정책을 설명하는 것이다. 이것은 구속력을 가지고 있지는 않지만 정부 전체의 사업계획과 정책의 방향 및 예산의 기본내용을 설명하는 것이기 때문에 예산심의에 있어서 중요한 의미를 지닌다고 하겠다.

시정연설의 내용은 매년 중앙예산기관에서 발간하는 「0000년 나라살림」의 첫머리에 수록하고 있다. 시정연설 후에는 정부예산 및 정책에 대한 일반적 질의가 행해진다.[7)]

2) 예비심사

본회의에서 정부의 시정연설이 끝나면 예산안은 각 소관 상임위원회에 회부되어 예비심사가 실시되는데 이때부터 실질적으로 국회의 예산심의가 시작된다.

---

7) 2004년까지는 「예산개요」라는 제목으로, 2005년부터는 「나라살림」이라는 이름으로 발간되고 있다.

예비심사에서는 우선 소관 부처의 장관이 예산안의 개요와 사업계획 등 예산안 제안에 대한 설명을 한다. 그 다음 상임위원회 소속 전문위원이 소관 예산안에 대한 검토결과를 보고한다. 이 보고는 예산안의 개요와 주요 문제점 및 대안 등에 관련된 것으로 의원들이 예산안을 심사하는 데에 유용한 정보를 제공한다. 이어서 소관 부처의 장에게 예산안의 내용과 정부시책 등에 관하여 의원들의 질의가 행하여진다.

다음은 상임위원회에 소위원회가 구성되어 부별심사 및 계수조정 작업에 들어가는데 대부분의 경우 소위원회의 의결내용이 상임위원회 전체 회의에서 그대로 채택된다. 상임위원회 전체 회의에서 채택된 심사보고서는 의장에게 보고되며, 의장은 이 보고서에 정부예산을 첨부하여 예산결산특별위원회에 회부한다. 각 상임위원회에서 이루어지는 이와 같은 예비심사는 소관 부처의 예산에 대한 개별심사로서 국가 전체의 입장을 고려하지 않음으로 해서 종종 예산이 증액되는 경우가 있다.

3) 종합심사

예산결산특별위원회는 상설위원회로 국회 교섭단체 소속 위원수의 비율과 각 상임위원회의 위원수의 비율을 근거로 하여 50인으로 구성된다. 상임위원회의 예비심사 결과 보고서가 첨부된 예산안이 예결위에 회부되면 종합심사가 시작된다.

예결위의 종합심사도 상임위의 예비심사 과정과 유사하게 진행된다. 우선 국무총리가 예결위에 와서 인사를 하고, 기획재정부 장관이 구체적으로 예산안 제안 설명을 하게 된다. 그 내용은 주로 경제 동향과 전망, 다음 연도의 경제여건, 경제정책 방향, 그리고 예산안의 주요 내용 등이다.

다음은 예결위 소속 전문위원이 예산안에 관한 종합검토 보고를 행한다. 이어서 모든 각료가 참석한 가운데 관계 장관을 대상으로 국정전반에 걸친 종합정책질의가 행하여진다.

종합정책질의가 끝나면 분과위원회가 구성되어 1차 심사를 하는데 이러한 분과위원회별 심사(부별심사)는 상임위원회의 예비심사와 중복되는 경향이 있다. 다음 소위원회가 구성되어 2차 심사를 한다. 소위원회의 심사는 부별심사의 결과에 근거하여 계수조정을 하는 것이다. 보통 11~12인으로 구성되는 소위원회에서 계수조정작업이 끝나면 예결위 전체회의를 열어 표결에 들어간다. 대개 소위원회의 결정이 그대로 수용되기 때문에 소위원회의 계수조정 작업이 예산심의에서 가장 중요한 과정이다.

4) 본회의의 의결

예산결산특별위원회에서 종합심사가 끝나면 예산심의는 사실상 종결되지만 형식상·절차상 본회의에서의 확정이 필요하다. 본회의에서 예산안에 관한 정부측의 최종 설명, 예결위 위원장의 종합심사 결과에 대한 보고, 그리고 의원들의 질의 및 토론을 거쳐 표결로 국가 예산이 확정된다. 본회의의 의결은 대개의 경우 상정 당일에 무수정 통과되지만, 간혹 소폭의 수정이 가해지기도 한다. 우리나라에서는 예산이 법률로 성립되지 않기 때문에 대통령의 공포가 필요 없으며 또한 거부권도 인정되지 않는다. 따라서 예산은 오직 국회의 의결에 의해 확정된다. 국회는 회계연도 개시 30일전까지 예산안을 의결하여야 하며, 확정된 예산은 행정부로 이송된다.[8)]

제 4 절 예산집행

1. 의의

예산과정의 세 번째 단계인 예산집행은 국가의 수입 및 지출과 관련된 모든 행위를 의미한다. 예산집행에는 서로 상충되는 두 가지 목표가 있는데 하나는 입법부의 의도를 구현하는 것이고 다른 하나는 집행상의 신축성을 유지하는 것이다.

입법부의 의도를 구현한다는 것은 입법부에서 의결해 준 재정한계를 엄수해야 한다는 뜻으로 입법부에서 결정해 준 예산액, 항목, 기간 등에 따라 예산이 집행되어야 한다는 것이다. 이는 모든 행정활동은 국민의 대표기관인 입법

8) 입법부에서 회계연도 개시일까지 예산이 의결되지 않을 경우 정부는 준예산을 집행하게 된다.

부가 결정한 범위를 벗어날 수 없다는 것으로 예산의 통제적 측면을 강조하는 입장이다. 그러나 현대사회에서 국내외 환경이나 여건이 수시로 변화하고 있기 때문에 예산집행 과정에서 전혀 예측하지 못했던 상황이 나타날 수 있다. 따라서 예산집행에서는 입법부의 의도를 충실히 따르는 것이 무엇보다 중요하지만, 한편으로는 효율적 집행을 위해서 신축성이 있어야 한다는 주장도 타당성을 지닌다.

2. 예산집행 과정

예산집행은 각 중앙관서별로 예산이 배정됨으로써 시작된다. 각 중앙관서에서는 배정받은 예산을 각 하급기관에 재배정하고, 이를 근거로 담당기관에 의해 수입과 지출이 행해진다. 예산배정이란 예산이 성립된 후 중앙예산기관이 각 중앙관서에게 예산을 나누어주는 것으로, 대개의 경우 예산배정은 분기별로 이루어지고 이에 따른 수입과 지출은 월별로 관리된다. 예산배정의 목적은 회계기간 동안 사용되는 자금의 지출을 통제하기 위해서이다. 배정에는 긴급배정, 조기배정, 수시배정, 감액배정 등 여러 종류가 있지만 여기에서는 정기배정을 중심으로 하여 그 절차를 살펴보기로 한다.

1) 예산의 배정

(1) 예산배정요구서 및 월별 자금계획서 제출

예산이 성립되면 중앙관서의 장은 수입·지출의 전망 그 밖에 자금의 출납에 관한 사항을 종합적으로 고려한 월별 자금계획서를 작성하여 기획재정부장관에게 제출하여야 한다.

(2) 자금계획 및 예산배정계획의 수립

기획재정부장관은 각 중앙관서의 월별 자금계획서를 종합하여 국가전체의 월별 자금계획 및 분기별 예산배정계획을 작성한다. 연간 예산 정기배정계획서는 분기별 예산배정액을 명시한 것이다.

(3) 월별 세부자금계획서 작성

중앙관서의 장은 기획재정부장관이 작성한 전체의 월별 자금계획에 따라

각 중앙관서의 월별 세부자금계획서를 작성하여 매월 기획재정부장관에게 제출하여야 한다.

(4) 국가 전체의 월별 세부자금계획 작성 및 통지

기획재정부장관은 제3항의 규정에 따라 중앙관서의 장이 제출한 월별 세부자금계획서를 종합하여 국가 전체의 월별 세부자금계획을 작성하고 이를 중앙관서의 장 및 한국은행에 통지하여야 한다.

(5) 국무회의 심의 및 대통령의 승인

기획재정부 장관이 작성한 월별 자금계획과 분기별 예산배정계획은 국무회의의 심의를 거쳐 대통령의 승인을 받음으로써 확정된다. 그리고 이미 결정된 월별 자금계획과 연간 예산 정기배정서의 내용을 변경하고자 할 때는 다시 국무회의의 심의를 거쳐야 한다.

(6) 자금배정계획 및 지출한도액의 통지 및 자금배정

기획재정부 장관은 연간 자금배정계획과 월별 지출한도액을 각 중앙관서의 장과 감사원장에게 통지한다. 기획재정부 장관은 한국은행에 지출한도액을 통지하여, 각 중앙관서 장의 계정에 월별로 자금이 입금되도록 한다. 각 중앙관서의 장은 연간 예산 정기배정계획에 의거하여 각 분기별 예산액을 파악하고 월별로 공급되는 자금의 범위 내에서 예산을 지출한다.

2) 예산의 재배정

예산의 재배정은 중앙관서의 장이 배정받은 예산을 각 하급기관에게 나누어주는 것을 의미한다. 중앙관서의 장은 소관 부처의 예산재배정계획에 따라 하부기관에 예산을 재배정하면 하부기관의 장은 그 범위 내에서 예산을 지출하게 된다. 예산의 재배정은 조직단위, 활동 또는 지역별로 할 수 있으며 이에 대한 실무는 각 중앙관서의 기획관리실에서 담당한다. 예산의 재배정은 예산의 배정과 마찬가지로 하급기관의 예산집행 상황을 감독하고 통제함으로써 자금지출을 합리적으로 하기 위함이다.

3) 수입과 지출

수입이란 조세, 기타의 세입을 법령에 의하여 징수 또는 수납하는 것을 말하는데 기획재정부 장관은 이에 대한 총괄적인 책임을 지고 각 중앙관서의 장은 소관에 속하는 업무를 담당한다. 이들을 수입관리기관이라 한다. 수입은 ① 세입의 결정, ② 납입고지서, ③ 수납의 절차를 따르는데 납입금액과 기간에 대한 조사결정과 납입고지의 사무는 세입징수관이 담당하며, 수납의 사무는 출납공무원이 담당하는데 이들 공무원은 서로 겸직할 수 없다.

지출에 있어서도 마찬가지로 기획재정부 장관이 지출을 총괄하고 각 중앙관서의 장은 소관 부처의 지출을 관리하는데 이들을 지출관리기관이라 한다. 지출은 지출원인행위, 수표발행, 현금지급으로 구분된다. 지출원인행위는 지출의 원인이 되는 계약 또는 기타 행위를 의미하며 재무관이 담당한다. 지출원인행위에 의한 수표발행은 지출관이 하며 수표에 대한 현금 지급은 원칙적으로 한국은행이 한다. 이때 동일인이 재무관과 지출관을 겸할 수 없다.

3. 예산집행의 신축성

1) 예산의 이용과 전용

예산의 이용(移用)이란 입법과목 간의 상호 융통을 말한다. 이는 원칙적으로 허용되지 않지만 예산집행상 필요에 의하여 미리 예산으로서 국회의 의결을 얻었을 때 기획재정부 장관의 승인하에 상호 융통할 수 있다. 예산의 이용은 국회의 의결을 필요로 하기 때문에 그 활용은 극히 미미하다.

예산의 전용(轉用)이란 행정과목 간의 상호 융통을 의미한다. 원칙적으로는 각 중앙관서의 장은 대통령령이 정하는 바에 의하여 기획재정부 장관의 승인을 얻어 예산을 전용할 수 있다. 그러나 각 중앙관서의 장은 매 회계연도마다 기획재정부 장관이 정하는 범위 내에서 각 세항 또는 목의 금액을 전용할 수 있도록 허용하여 각 중앙관서의 장에게 전용권을 위임하고 있다. 예산집행의 자율성을 확보해주기 위한 이러한 자체 전용권은 그 범위가 계속 확대되는 추세이다.

> 세출예산은 기관(機關), 장(章), 관(款), 항(項), 세항(細項), 목(目)으로 분류되는데 이들을 예산과목이라 한다. 이 가운데 기관(機關), 장(章), 관(款), 항(項)을 입법과목이라 하며, 세항(細項), 목(目)을 행정과목이라 한다

2) 예산의 이체

예산의 이체(移替)란 정부조직 등에 관한 법령의 제정, 개정 또는 폐지로 인하여 그 직무와 권한에 변동이 있을 때, 예산목적의 변경 없이 예산집행에 관한 책임소관을 변경시키는 것을 말한다. 예산의 이체를 하고자 할 때는 이체받을 중앙관서의 장과 이체하여야 할 중앙관서의 장이 협의하여 이체과목과 금액을 명백히 한 서류를 기획재정부 장관에게 제출하여 승인을 얻어야 한다. 예산의 이체에는 예산의 이용이나 전용이 수반되는 경우가 많다. 기획재정부 장관이 예산의 이체를 승인하였을 때에는 해당 중앙관서의 장과 감사원에 이를 통지하여야 한다.

3) 예산의 이월

예산의 이월(移越)이란 당해 회계연도 예산의 일정액을 다음 회계연도에 넘겨서 사용하는 것을 말한다. 예산의 이월에는 명시이월(明示移越)과 사고이월(事故移越)이 있다.

명시이월이란 세출예산 중 당해 회계연도 내에 지출을 완료하지 못할 것이 예측될 때 미리 국회의 승인을 얻어 다음 연도에 이를 사용할 수 있게 하는 것이다. 사고이월은 불가피한 사유로 당해 회계연도 내에 지출원인행위를 하고 지출하지 못한 경비와 지출원인행위를 하지 아니한 부대경비의 금액을 다음 회계연도에 사용할 수 있도록 하는 것을 말한다.[9] 사고이월은 1년에 한하며 한번 사고이월 한 경비는 재차 이월할 수 없다. 명시이월과 사고이월은 사전적(事前的) 국회 승인여부가 그 구분의 기준이 되기 때문에 본예산에서 명

9) 부대경비란 본 사업의 완료에 부수적으로 들어가는 비용으로 준공검사에 필요한 경비 등이 이에 속한다.

시이월비가 아니었더라도 추가경정예산에서 명시이월비가 될 수도 있다.

4) 계속비

계속비란 완성에 수년을 요하는 공사나 제조 및 연구개발사업 등에 있어 그 경비의 총액과 연부액(年賦額)을 정하여 미리 국회의 의결을 얻고 그 범위 내에서 수년도에 걸쳐서 지출할 수 있는 예산을 말한다. 계속비는 당해 회계연도부터 5년 이내로 제한하고 있으나, 필요하다고 인정할 때에는 국회의 의결을 거쳐 다시 그 기한을 연장할 수 있다. 그리고 계속비의 연도별 지출금액 중 당해연도에 지출하지 못한 금액은 사업이 완성되는 연도까지 계속 이월하여 사용할 수 있는데 이를 체차이월(遞次移越)이라 한다.

5) 예비비

예비비란 예측할 수 없는 예산 외의 지출 또는 예산초과지출에 충당하기 위하여 세출예산에 계상되는 예산을 말한다. 예산 외 지출이란 예산에 계상되지 아니한 새로운 경비의 지출을 의미하며, 예산초과지출이란 예산에 계상된 금액보다 초과된 지출을 의미한다. 예비비는 예산편성시에 전혀 예측할 수 없었던 사태에 신속히 대처하기 위해 별도로 마련한 예산이지만 사태 수습을 위해 소요되는 경비의 규모가 클 경우에는 예비비 대신 추가경정예산을 편성해야 한다.

예비비는 지출의 목적 및 사용자가 정해져 있기 않기 때문에 일반 세출예산과는 성격이 다르다. 따라서 국회에서의 예비비 심의는 그 총액이 적당한가에 초점이 모아지게 된다. 현행 국가재정법 제22조에 의하면, "일반회계 예산총액의 100분의 1 이내의 금액을 예비비로 세입세출예산에 계상할 수 있다. 다만, 예산총칙 등에 따라 미리 사용목적을 지정해 놓은 예비비는 위의 규정에도 불구하고 별도로 세입세출예산에 계상할 수 있도록 규정하고 있다.

앞서 살펴본 추가경정예산도 예산집행의 신축성 유지방안의 하나이며, 그 외에도 국고채무부담행위, 수입대체경비, 수입지출의 특례, 회계연도 개시 전 예산배정 등이 있으나 여기서는 생략하기로 한다.

제 5 절 결산 및 회계검사

1. 의의

결산 및 회계검사는 예산과정의 마지막 단계이다. 결산이란 1 회계연도 내에 있어서 세입예산의 모든 수입과 세출예산의 모든 지출을 확정적인 계수로 표시하는 것을 의미한다. 행정부는 회계연도가 끝나면 그동안 집행된 예산에 대한 결산을 한다. 그리고 예산집행에 대한 사후적 평가인 회계검사는 행정부에서 제출한 결산보고를 대상으로 이루어진다.

좁은 의미의 결산은 예산종결 후 행정부가 작성하는 결산서를 뜻하지만, 넓은 의미로는 이에 대한 감사원의 회계검사와 그 결과에 대한 국회의 심의와 의결까지를 포함한다. 결산과정에서 핵심적인 부분을 차지하는 회계검사는 예산집행 과정 및 내용에 대한 비판적인 검토이다. 즉 업무수행의 적법성, 내부통제의 적격성, 불합리한 관리의 존재 여부, 사업의 효과성 등을 확인하는 행위이다. 이러한 회계검사를 통해 예산운영과 관련하여 공무원의 책임을 명확하게 하고, 또한 정부의 정책 및 사업의 운영에서 능률성과 효과성을 확보하기 위한 것이다.

회계검사는 어떠한 외부의 간섭도 받지 않으면서 합리적인 기준에 의해 공정하게 이루어져야 하는 것이 무엇보다 중요하다. 이를 위해 회계검사 기관은 입법부 소속이거나, 최소한 행정부로부터 독립된 기관이어야 한다. 회계검사기준에 있어서도 입법부의 의도나 관계 법령의 준수 여부를 확인하는 합법성뿐만 아니라 사업수행의 경제성, 능률성, 효과성까지도 포함되어야 할 것이다. 이와 같은 기준은 예산제도가 품목중심에서 사업 및 성과중심으로 전환되어가고 있다는 점에서도 큰 의미를 가지고 있다.

2. 결산과정

중앙관서의 장은 회계연도마다 그 소관에 속하는 일반회계 · 특별회계 및 기금을 통합한 결산보고서를 작성하여야 한다. 우리나라의 결산과정을 각 중앙관서 장의 결산서 작성 및 제출, 기획재정부 장관의 결산서 작성 및 제출, 성인지(性認知) 결산서의 작성, 감사원의 결산검사 및 확인, 결산서의 국회제출, 국회의 결산심의 및 의결로 나누어 살펴보기로 한다.

1) 출납사무의 완결

결산을 하려면 회계연도에 속하는 세입세출의 출납사무를 완결하여야 하고, 출납사무를 완결하려면 세입금의 수납과 세출금의 지출 및 지급을 완결해야 한다. 그러나 정부의 세입세출에 관한 출납사무는 장부정리기간을 감안하여 다음 연도 2월 10일까지 완결하도록 하고 있다.

2) 결산서의 작성 및 제출

각 중앙관서의 장은 매 회계연도마다 그 소관의 결산개요, 세입・세출 결산, 재무제표, 성과보고서 등을 작성하여 다음 연도 2월 말일까지 기획재정부 장관에게 제출하여야 한다(국가회계법 제14조). 기획재정부 장관은 각 중앙관서의 장이 제출한 결산보고서에 의거, 국가결산보고서를 작성하여 국무회의의 심의와 대통령의 승인을 얻는다. 이는 다음 연도 4월 10일까지 감사원에 제출된다(국가재정법 제59조 1 항).

3) 감사원의 결산검사

감사원은 기획재정부 장관으로부터 제출받은 국가결산보고서를 검사한다. 주로 세입・세출예산 집행의 적법성과 정확성을 중심으로 이루어지는 결산검사는 회계상의 위법부당한 사실이 발견되면 이에 관련된 공무원들에 대한 처분을 요구할 수 있다. 감사원은 결산검사 및 확인이 끝나면 검사보고서를 작성하여 다음 연도 5월 20일까지 기획재정부 장관에게 송부하여야 한다(국가재정법 제60조).

4) 결산서의 대통령 승인 및 국회제출

기획재정부 장관은 국가전체의 세입・세출결산표와 감사원의 결산에 관한 검사보고서 등을 첨부하여 국무회의에 제출한다. 제출된 결산관련 서류는 국무회의의 심의를 거쳐 대통령의 승인을 얻는다. 정부는 감사원의 검사를 거친 국가결산보고서를 다음 연도 5월 31일까지 국회에 제출한다.

5) 국회의 결산심의 및 의결

국회의 결산심의 및 의결과정은 예산심의와 동일한 절차를 밟는다. 즉, 상임위원회, 예산결산특별위원회, 본회의 순으로 결산에 대한 심의와 의결을 하면서 행정부의 예산집행 결과를 검토하게 된다. 그러나 모든 관심이 신년도 예산에 집중되어 이미 집행된 예산에 대한 결산은 국회의원들은 물론 일반국민들에게도 큰 관심을 끌지 못하게 된다.

3. 회계검사

감사원은 우리나라의 회계검사기관으로 국가의 세입·세출의 결산, 국가 및 법률이 정한 단체의 회계검사와 행정기관 및 공무원의 직무감찰을 위하여 대통령 소속하에 설치되어 있다. 헌법기관인 감사원이 대통령 직속으로 되어 있기 때문에 행정부 소속이라고 볼 수 없다는 견해도 있지만, 일반적으로 우리나라의 감사원은 행정부 소속형으로 분류되고 있다. 행정부 소속형은 입법부 소속형이나 독립형에 비해 재정권의 분립과 견제라는 측면에서 효과적이지 못하다는 점이 지적되고 있다.

전통적 회계검사는 예산집행과정에서 관계법령과 규정의 준수여부를 검토하는 합법성 위주의 통제지향적 성격을 지닌다. 이러한 회계검사는 정부예산의 능률성과 사업의 성과를 판단하는 데는 도움을 주지 못한다는 비판이 제기된다. 이러한 비판이 수용되면서 최근에는 회계검사의 기준으로 종전의 합법성 이외에도, 경제성, 능률성, 효과성이 추가되었으며 특히 이를 성과감사(performance audit)라고 한다. 회계검사의 대상으로는 종전에는 단순한 회계감사(financial audit)에만 국한되었는데 최근에는 업무감사(operational audit)와 정책감사(policy audit)까지를 그 대상으로 하고 있다. 또한 책임의 범위에 있어서도 종전의 회계책임은 물론 관리책임과 사업 및 정책책임까지도 폭넓게 포함시키고 있는 추세이다.

감사원의 회계검사 방법은 주로 서면검사와 실지검사에 의존하고 있다.

서면검사는 각 기관 또는 단체가 제출한 장부나 증빙 서류 등을 통해 감사하는 것이다. 반면 실지검사는 필요에 따라 직원을 현지에 파견하여 감사하는 것을 의미한다. 따라서 실지감사는 서면감사를 보완하는 성격을 지니고 있다.

회계검사를 수행하는 감사원의 기능을 살펴보면 다음과 같다.

1) 세입·세출의 확인

감사원은 회계검사를 통하여 국가의 세입·세출 결산을 확인한다. 이러한 기능은 정부가 입법부의 의도대로 예산을 집행하였는지를 검사하는 것으로써 그 결과를 입법부에 제출하여야 한다.

2) 회계검사

감사원의 회계검사는 정부의 수입과 지출뿐만 아니라 정부재산의 취득, 보관, 관리 등도 포함한다. 감사원의 회계검사 대상은 필요적 사항과 선택적 사항으로 구분되어 있다. 전자는 감사원이 당연히 검사하여야 하는 사항이며, 후자는 감사원이 필요하다고 인정하거나 국무총리의 요구가 있을 때 검사하는 사항이다. 필요적 사항에는 국가 및 지방자치단체의 회계 등이 있으며 선택적 사항에는 국가 및 지방자치단체 이외의 자가 국가 또는 지방자치단체를 위하여 취급하는 국가 및 지방자치단체의 현금·물품 또는 유가증권의 수불(受拂) 등이 있다.

3) 직무감찰

직무감찰은 행정기관의 사무와 그에 속하는 공무원의 직무를 감시하고 감독하는 것으로 행정의 내부통제 수단이다. 행정기관 및 공무원의 비위를 시정하고 방지하기 위한 직무감찰은 그 목적이 행정운영을 개선·향상시키는 데에 있다.

4) 심사청구

심사청구는 행정구제의 일종으로 감사원은 감사대상자의 직무에 관한 처분 및 기타 행위에 관하여 이해 관계인으로부터 심사청구가 있을 때에는 이를 심사한다. 심사결과 시정이 요구될 때에는 감사원은 관계기관에게 통보하여야 하며 관계기관은 그에 의거하여 적절한 조치를 취하여야 한다.

5) 의견진술

국가의 각 기관은 회계관계법령의 제정, 개폐 해석상 의문이 있는 사항에 관하여 감사원의 의견을 구할 수 있으며 감사원은 이에 대하여 답변하여야 한다.

6) 감사결과의 처리

감사원은 감사의 결과 위법 부당한 사항이 있다고 인정할 때에는 관계 기관에게 필요한 조치를 취하도록 요구한다. 감사결과의 처리에는 변상책임에 대한 판정, 징계·시정·개선 등의 요구, 권고, 고발 등이 있다.

제 3 장

예산제도개혁

제 1 절 성과주의예산제도

1. 의의

성과주의예산은 정부가 수행하는 기능 · 활동 · 사업계획을 기초로 하여 편성하는 예산을 말하며 이를 간단히 말하면 예산과목을 사업계획별 · 활동별로 분류한 다음, 이에 따른 각 세부사항을 다음과 같이 단위원가와 업무량으로 표시 · 편성하는 예산을 말한다.

단위원가 × 업무량 = 예산액

여기에서 단위원가(unit cost)란 업무측정(unit of work measurement) 또는 성과단위 하나를 산출하는 데 소요되는 경비를 말하며, 업무량이란 달성하고자 하는 업무를 업무측정단위로 표시한 양을 말한다.

2. 성과주의예산제도의 장 · 단점

1) 성과주의예산의 장점

① 예산편성에 있어서 자금배정을 합리화시키고, 편성작업의 시간을 단축할 수 있다.

② 국회의 예산심의를 효율적으로 할 수 있도록 해 준다.

③ 예산집행에 있어서 신축성을 확보할 수 있다.

④ 정부가 예산을 통해서 구체적으로 무엇을 하려고 하는지에 대한 정보를 국민과 국회가 용이하게 획득할 수 있다.

⑤ 수행하고자 하는 활동의 양과 단위당 비용이 명백히 제시되어 있으므로 예산집행에 따른 회계책임을 명확히 할 수 있다.

⑥ 의사결정 및 기획과정의 향상을 기할 수 있다.

⑦ 객관성 있는 측정지표 및 기준을 마련해 줌으로써 정부의 사업실적의 평가를 용이하게 해 주며, 이를 이용한 행정통제의 효과를 높일 수 있다.

2) 성과주의예산의 단점

① 행정의 분야에서는 명확한 업무측정단위를 설정하기 힘들다.

② 행정업무량 한 단위에 소요되는 제 경비, 즉 단위원가의 산정에 어려움이 많다.

③ 예산의 결정에 있어서 가장 큰 문제인 사업계획, 기능 또는 활동의 비교·측정에 관한 가치판단의 문제를 해결하지 못한다.

④ 현금지출의 주체와 그 회계책임이 불명확하게 될 우려가 있고 품목별 통제가 폐지됨으로써 공금관리의 만전을 기하기 어렵게 된다.

⑤ 정책이나 계획업무에 초점을 두게 되므로 행정부에 대한 입법부의 엄격한 회계적 통제가 곤란하다.

⑥ 업무량의 달성과 그 성과가 반드시 일치하지 않는다.

제 2 절 계획예산제도(PPBS)

1. 의의

계획예산제도(PPBS: Planning－Programming－Budgeting System)란 장기적인 기획(plannig)과 단기적인 예산편성(budgeting)을 실시기획(programming)을 통하여 유기적으로 연결시킴으로써 예산배분에 관한 의사결정을 합리적으로 일관성 있게 행하려는 예산제도를 말한다.

2. PPBS의 기본원칙

1) 합목적성(legitimacy)

PPBS에 있어서의 모든 사업계획과 예산사업은 국가목적에 적합하도록 행해져야 하며, 또한 국가목표의 구체적 실현이라는 입장에서 파악되어야 한다는 것이다.

2) 경제적 합리성(economic rationality)

종래에 있어서 예산상의 의사결정은 정치적 흥정을 통하여 기존 예산의 내용과 규모에 부분적인 조정을 가하는 것이었다. 그러나 PPBS는 경제적 합리성을 바탕으로 하여 비용효과 및 비용편익분석을 강조한다.

3) 효과성(effectiveness)

PPBS에 있어서 목표달성을 위한 각종 대안이 검토되는 과정에서 효과성이 중요한 문제로서 강조된다.

4) 능률성(efficiency)

PPBS는 국민의 세금을 효율적으로 사용하기 위해 절약과 능률을 예산제도의 기본목표로 삼는다.

5) 과학적 객관성(scientific objectivity)

의사결정을 함에 있어서 체제분석, 비용·효과분석 등에 의하여 의사결정자의 주관적 편견을 없애고, 객관적 판단을 강조한다.

3. PPBS의 효용

1) 의사결정의 일원화

PPBS는 의사결정의 절차를 일원화할 수 있다. 즉 사업계획의 목적, 대안, 효과 및 비용이 밀접하게 관련되어 있으면 있을수록 상부의 결정이 용이하게 될 수 있고, 따라서 모든 것이 중앙집권적으로 일원화되어 판단·결정될 수 있다.

2) 장기적 사업계획의 신뢰성

PPBS는 장기적인 사업계획에 대한 신뢰성을 높인다. 종래에는 장기적인 계획이 예산의 뒷받침이 없어 그 실현가능성이 낮았으나 PPBS의 채택으로 이와 같은 장기적인 실현가능성이 높아졌고, 이에 따라 장기적인 계획에 대한 신뢰도가 높아질 수 있다.

3) 조직체의 통합적 운용

계획예산에 의하여 조직체의 통합적 운용이 가능하게 된다. 체제분석의 도입에 의하여 목표달성을 위한 각종의 대안이 여러 각도에서 비용과 효과의 양면에 대한 검토·분석을 할 수 있게 되었다. 대안을 비교·검토하는 과정에는 각 분야의 의견교환이 활발하며, 이러한 과정을 통하여 상호간의 입장이나 특성을 이해할 때, 그 사업성취를 위한 문제점도 이해될 수 있다.

4) 자원배분의 합리화

PPBS는 자원의 배분을 합리화시키고, 이에 따라 경비의 절약도 가능하게 한다. PPBS에 있어서 중요한 기법은 체제분석이다. 즉 비용·효과분석 및 비용・편익분석을 통하여 자원배분의 최적화를 가능하게 하고, 또 몇 개의 체제(system)를 통합함으로써 중복으로 인한 낭비를 막을 수 있고 자원의 절약을 가져오게 한다.

4. PPBS의 한계(문제점)

1) 중앙집권화의 경향 초래

PPBS는 지나친 중앙집권화를 초래하게 된다. 미국의 경우 PPBS도입 이후 대통령에게 지나치게 권한을 집중화시키게 되었다.

2) 정량화의 곤란

PPBS에 있어서는 달성의 결과가 정량화되어야 한다. 그러나 계획요소의 다양성으로 인하여 공통단위를 설정・측정하기가 어렵다.

3) 목표설정의 곤란

체제분석을 통해 예산의 결정이 이루어지는 PPBS는 목표를 명확히 할 것이 요구된다. 그러나 민주국가에 있어서 목표는 다원적이고, 목표설정에 있어서의 정치적 성격, 사업계획의 다목적성, 의견대립 등으로 목표설정에 혼란을 가져오기가 쉽고 경비배분에 난점이 제기된다.

4) 환산작업의 곤란

PPBS에서는 프로그램체계에 의한 예산을 품목별 예산으로 환산하는 작업이 요구된다. 그러나 PPBS의 과목구조와 품목별 예산의 예산과목 간에는 근본적인 차이가 있으며, 따라서 예산편성과 집행에 있어서 복잡하고도 어려운 환산작업을 요한다.

5) 입법부의 반대

PPBS는 고도의 기술과 전문성, 중앙집권화와 조직의 통합적 운영 등을 요하는데, 이는 민주주의의 실현에 어려움을 제기하고 행정부우선론적인 체제가 되기 쉽다. 따라서 입법부의 반대에 부딪치게 된다.

제 3 절 영기준예산제도(ZBB)

1. 의의

ZBB(Zero Base Budgeting)란 예산을 편성·결정함에 있어서 전회계연도의 예산에 구애됨이 없이 조직체의 모든 사업·활동에 대하여 영기준(zero base)을 적용해서 각각의 효율성과 효과성 및 중요성 등을 체계적으로 분석하고, 그에 따라 우선순위가 높은 사업·활동을 선택하여 실행예산을 결정하는 예산제도를 말한다.

여기서 영기준이란 예산을 편성·결정함에 있어서 전년도예산을 기준으로 예산액을 점증적으로 책정하는 것이 일반적인 현상이라는 경험적 판단하에 그와 같은 점증주의적 방법을 극복하기 위하여 영의 수준으로부터 새로 출발한다는 것을 말한다. ZBB에서는 계속사업이라 하더라도 영의 수준으로 되돌아가 신규사업과 같이 새로 분석하고 평가하여 우선순위를 정하고, 그에 따라 예산을 편성·결정하게 된다. ZBB의 절차는 ① 결정단위(decision units)의 설정, ② 결정패키지(decision package)의 개발, ③ 우선순위의 결정(ranking), ④ 실행예산의 편성으로 나눌 수 있다.

2. ZBB의 특징

첫째, 예산편성의 기준에 있어서 점증적 예산은 전년도예산의 수준을 기준으로 하지만, ZBB는 영(zero)의 수준에서 새로 출발한다.

둘째, 비용·편익 내지 비용·효과분석의 대상에 있어서 점증적 예산은 신규사업을 대상으로 하지만, ZBB는 신규사업은 물론 계속사업도 분석의 대상으로 한다.

셋째, 예산결정의 과정에 있어서 점증적 예산은 화폐중심적인 데 반하여, ZBB는 목표와 활동중심적이다.

넷째, 예산운영방법의 개발에 있어서 점증적 예산은 소극적이나, ZBB는 적극적이다.

다섯째, 사업수행방법에 있어서 점증적 예산은 해당사업에 관한 예산은 전부 받아들이거나 전부 기각하지만, ZBB는 사업목표의 수준을 달리하여 예산을 융통성 있게 편성한다.

3. ZBB의 효용과 문제점

1) ZBB의 효용

ZBB의 효용은 다음과 같은 것들을 들 수 있다. 첫째, 조직의 모든 사업과 활동을 전면적·전체적으로 분석·평가하고, 그에 따라 수행해야 할 사업과 활동을 결정하므로 자원의 합리적 배분이 가능하다. 둘째, 사업우선순위의 결정을 토대로 경제상황에 따라 그 가치가 낮은 사업활동을 축소하거나 폐지함으로써, 흔히 나타나기 쉬운 재정의 경직화를 방지하는 데 도움을 준다. 셋째, 결정이 하위계층으로부터 상향적으로 이루어지기 때문에 모든 계층의 관리자에게 참여의 기회를 제공한다. 이것은 모든 관리자에게 관리업무의 개선과 조직활동의 효과성을 추구하도록 자극한다. 넷째, 자원배분에 필요한 정보를 동원·분석하고, 이를 유효적절하게 활용할 수 있다.

2) ZBB의 문제점

ZBB의 문제점은 첫째, 관료들이 자기의 사업·활동에 대한 성과를 분석·평가하는 과정에서 위험을 느끼고, 왜곡된 자료를 제시할 우려가 있다. 둘째, 사업활동의 분석·평가, 대안의 개발 중 고도의 전문적 지식과 기술을 요한다. 따라서 ZBB의 과정에 참여하는 관리자에 대한 교육훈련이 뒤따라야 한다. 셋째, 시간과 노력 및 서류작성에 있어서 그 부담이 과중하여 일선관리자들로부터 저항이 발생하기 쉽다. 넷째, 소규모 조직은 우선순위의 결정과정에서 희생되기가 쉽다. 다섯째, 매년 전면적인 분석·평가를 행한다는 것은 사실상 어렵고 3년 내지 5년에 한 번씩 실시할 수밖에 없다.

제 4 절 일몰예산과 감축관리

1. 일몰예산

1) 의의

일몰예산은 일몰법(sunset legislation)에 기초를 두고 있다. 일몰법이란 입법부에서 정부의 사업계획과 행정기관을 계속 유지시킬 것인가 아니면 사멸시킬 것인가를 결정하기 위해서 장기적으로 정부의 사업계획과 행정기관을 재조사하고 검토하는 일종의 종결제도를 말한다. 즉 일몰법에는 자금이 배정된 사업계획과 행정기관을 다시 승인하거나 아니면 소멸하거나 둘 중의 어느 하나를 결정하도록 규정되어 있다.

1976년 콜로라도주에서 최초로 제정 · 통과된 바 있는 일몰법의 목적은 ZBB의 그것과 유사하다. 즉 행정기관들로 하여금 그들 기관이 왜 존재하지 않으면 안 되는가와 그리고 그들 자신의 기존사업계획 · 신규사업계획을 왜 시행하지 않으면 안 되는가를 명확히 설명할 수 있도록 하려는 데 있다.

2) 특징

일몰법의 일반적인 형태는 일단의 사업계획 · 행정기관 또는 법률을 조사하기 위한 일정표를 작성하도록 하는 형식을 취한다. 이들은 만약 법령에 의해서 재승인을 받지 못하면 그 설정된 일자에 자동적으로 종식된다. 따라서 이 제도는 행정의 평가체제기능을 촉진 · 강화시킨다.

일몰법은 불필요한 지출을 제거하기 위한 효과적인 수단으로서, 그리고 입법부로 하여금 행정기관을 형식적이 아니라 실질적으로 감시할 수 있도록 하는 효과적인 수단으로서 간주된다. 일몰법은 행정기관의 증대 및 영속화경향을 억제하는 역할도 한다. 즉 그것은 현대국가에서 약화된 입법부의 행정에 대한 평가기능을 보조해 줌으로써 행정의 비대화 또는 현상유지경향을 자동적으로 견제할 수 있도록 한다. 그리하여 일몰법의 지지자들은 일몰법을 입법부와 행정부 사이에 존재하는 동반자로서의 역할을 수행하는 제도적 장치로 간주하기도 한다.

3) 문제점

현대에 있어서 행정평가는 입법부 및 행정부가 공동으로 져야 할 책임이고, 이러한 책임을 일몰법이 보조·지원해 주고 있음은 사실이다. 그러나 일몰법은 정부의 활동 및 서비스를 억제하고 저해할 가능성이 있으며, 또한 그것은 민중을 회유하고 교묘하게 조종하는 데 사용될 위험성도 있다는 비판이 있다.

2. 감축관리(cut－back management)

1) 의의

감축관리란 조세 내지 공공요금의 증가를 방지하기 위하여 조직자원 및 조직활동의 수준을 가능한 한 낮추기 위한 방향으로 조직을 변화시키는 일종의 관리전략이다. 감축관리는 세입기조(revenue bases)의 감소, 인구통계학적 패턴(demographic patterns)의 변형 및 공공서비스에 대한 기대의 증가로 인하여 나타난 행정에 있어서 새로운 주요 방향 중의 하나이다. 즉 오늘날의 행정에 있어서는 무조건의 성장과 팽창 및 업적을 추구하여 어떤 새로운 공공문제가 제기될 때마다 기존의 기관과 사업계획을 단순히 확대시킴으로써 예산의 증대를 가져오기보다는 기존의 것을 활용하거나 또는 최소한의 자원과 활동으로 새로운 요구를 충족시킬 수 있는 행정이 요구된다.

2) 감축관리의 절차와 수단 및 유의점

감축관리는 감축필요성의 인식·감축에 대한 사전적 고려 및 조정·감축목표의 설정·감축적용의 단계를 거쳐 실시된다. 감축관리에 사용되는 기술적 도구로서는 고용동결, 생산성기준, 작업표준, ZBB 등을 들 수 있다.

감축관리를 적용함에 있어서는 기관 내 모든 조직단위에 횡단적으로 공평하게 그 감소를 배당하거나 또는 문제점을 야기시키지 않고도 종결 내지 절감이 가능한 단위활동을 선택적·단계적으로 행함으로써 조직 내 사기와 집단 정신을 유지하도록 유의해야 한다.

3) 감축관리의 문제점

감축관리는 위로부터의 통제가 증가되고, 조직구성원들의 창의성과 승진의 기회를 감소시킴으로써 조직구성원의 사기를 위축시킬 가능성이 있다. 또한 감축관리로 인하여 수익자에 대한 서비스가 감소될 가능성도 크다.

제 5 절 자본예산제도

1. 의의

자본예산(capital budget)이란 복식예산의 일종으로서 정부예산을 경상지출과 자본수지로 구분하고, 경상지출은 경상수입으로 충당시켜 수지의 균형을 이루고, 자본지출은 공채의 발행에 의하여 충당하는 예산제도이다.

정부가 공채를 발행하여 적자재정을 편성한다 하더라도 그 수입으로 자산의 취득 등 자본적 지출에 사용하면 국가채무의 증가는 자산의 증가에 의하여 상쇄됨으로써 국가의 순자산상태에는 변동이 없게 된다. 따라서 자본적 지출을 위한 공채의 발행은 건전재정의 원칙에 위배되지 않는다고 본다.

이러한 자본예산제도는 건전재정의 전통이 강하고 균형예산을 신봉하는 국가들에 있어서 경제적 불황에 직면하였을 때에 적자재정, 즉 공채의 발행을 정당화할 수 있고, 이것을 재원으로 하여 유효수요를 창출하고 고용을 증대하여 경기를 회복시킬 수 있었다.

2. 자본예산의 장점

첫째, 자본예산은 경상적 지출과 자본적 지출로 구분되어 있기 때문에 예산의 심사·분석이 용이하며, 이 과정에서 전문가나 납세자의 참여가 가능하다.

둘째, 정부의 순자산상태의 변동과 사회자본의 축적·유지의 추이를 나타내는 데 사용될 수 있다.

셋째, 자본예산은 장기적인 공공사업계획과 연결되므로 자원개발과 보전을 위한 효과적인 수단이 될 수 있다.

넷째, 자본적 지출의 대상은 그 혜택이 장기간에 걸치는 것이므로 수익자부담의 원칙에 일치된다고 볼 수 있다.

3. 자본예산의 문제점

첫째, 자본예산은 정치적 결탁의 가능성이 짙다. 즉 정치적으로 모든 이익집단에게 조금씩이라도 다소 만족을 시키는 나눠먹기식의 예산이 될 가능성이 있다.

둘째, 자본예산은 경상지출의 적자를 은폐하기 위한 수단으로 악용될 염려가 있다.

셋째, 경상예산과 자본예산간의 구분이 명확하지 않으며, 적자재정을 편성하는 데 치중할 염려가 있다.

넷째, 자본예산은 특히 인플레이션상황인 경우 공채발행으로 인플레이션을 더욱 조장시킬 염려가 있다.

제 6 부

지방자치와 정부혁신

INTRODUCTION TO THE PUBLIC ADMINISTRATION

제 1 장

지방자치와 주민참여

제 1 절　지방자치

1. 지방자치의 의의

지방자치란 ① 일정한 지역공동체 주민이, ② 스스로 또는 대표자를 선출하여, ③ 해당지역의 문제를 처리하는 것을 말한다. 즉, 지방자치는 해당지역의 문제해결을 위해 주민의 의견이 결집·조정되어, 의제가 설정되고 해결방향과 목적이 정립되며 집행되는 일련의 과정이다. 근대국가의 지방자치는 지방자치의 본질적 요소인 주민자치 그리고 주민자치 실현을 위한 형식적·법제적 요소인 단체자치로 구성되어 있다.

주민자치는 주로 영미법계 국가에서 강조되어온 것으로 지방자치단체와 주민과의 관계를 강조하는 관점이다. 지역공동체의 자치권이 국가성립 이전부터 존재하고 있었다는 인식에 기초하여, 지방적 사무처리에 있어서 국가와의 관련성을 연계하지 않는다. 따라서 주민자치는 지방적 사무를 주민이 자주적으로 처리한다는 정치적 의미를 내포하고 있다.

단체자치는 주로 대륙법계 국가에서 지배적인 개념으로 지방자치단체와 국가와의 관련성을 강조한다. 지방공공단체는 국가로부터 독립적 지위와 권한을 부여받음으로써 자치권을 갖는다는 인식이다. 따라서 단체자치는 국가로부터 독립된 법인격을 지니는 단체의 활동이라는 법률적 의미를 내포하고 있다.

2. 지방자치권

1) 지방자치권의 의의

지방자치권이란 지방자치단체가 소관사무를 자주적으로 규율하고 처리할 수 있는 포괄적인 권리와 능력을 말한다. 지방자치단체가 법인격을 가진 통치단체로서 그 구역과 주민을 지배하고 그 소관 사무를 자기의 창의와 책임 하에 처리할 수 있는 능력이다.

2) 지방자치권의 사상

(1) 고유권설

지방자치권은 지방자치단체의 고유한 권리라고 보는 이론이다. 이러한 주장은 자연법사상과 역사적 유래관에 근거하고 있다. 자연법사상을 토대로 하는 주장은 인간이 출생과 동시에 천부적 기본권을 가지듯이 지방자치단체도 고유한 지방자치권을 가지며 이는 국가권력으로써 침범할 수 없다는 것이다. 역사적 유래관의 관점에서는 지방자치단체라는 사회적 실체는 국가 성립이전에 형성된 것이고, 지방자치단체의 필요에 의해 국가를 성립시켰다는 주장이다.

(2) 국가권설

지방자치권은 국가 승인의 산물로서 국가의 통치권으로부터 유래한다고 한다. 즉 원래 국가만이 가지는 통치권 중의 일부분을 국가가 지방자치단체의 권능으로 분배함으로써 자치권이 성립한다고 한다. 따라서 이 설의 입장에서 보면 당연히 지방자치단체는 국가에 종속하여 국가의 감독과 통제를 받게 된다. 전래설 또는 수탁설이라고도 한다.

(3) 제도적 보장설

제도적 보장설은 고유권설과 국가권설의 실익 없는 대립을 막고, 현실적이고 규범적인 관점에서 자치권을 인식하려는 관점이다. 제도적 보장설은 자치권이 국가의 통치권에서 유래된 것이라고 보는 점에서 국가권설과 같으나, 법적으로 승인된 지방자치제도는 반드시 보장되도록 해야 한다는 점에서 다르다. 즉, 지방자치를 헌법에 보장함으로써 입법에 의해서도 이를 변경하지 못하도록 한다는 데 큰 의의가 있다. 오늘날 많은 지지를 받고 있는 학설이다.

3) 지방자치권의 내용

지방자치권의 핵심적 내용은 자치입법권, 자치조직권, 자치행정권, 자치재정권, 자치사법권 등이다.

(1) 자치입법권

사무처리에 필요한 법규 및 법규적 성질을 가지는 규범을 자유롭게 제정할 수 있는 권한을 말한다. 우리나라 헌법과 지방자치법은 자치에 관한 규정(조례)을 제정함에 있어서 "법령의 범위 안에서"라는 규정을 두어 국법질서의 유지를 위해 상위의 법률이나 명령의 범위를 위반하지 않도록 제한하고 있다.

(2) 자치조직권

지방자치단체가 사무처리를 위하여 자기의 조직(인사)을 자주적으로 구성할 수 있는 권한을 말한다. 주민의 복리증진을 실현하기 위해서는 지역실정에 적합하고 효율적인 조직구성 및 인사가 이루어져야 한다. 우리나라의 경우 지방자치단체 행정기구의 설치, 표준정원 산정 등에 있어서 대통령령이 정하는 범위 안에서, 그리고 중앙정부의 지침과 기준을 벗어나는 행위에 대해서는 행정안전부의 승인을 얻도록 하여 제한을 두고 있다.

(3) 자치행정권

지방자치단체가 고유사무(자치사무)를 국가나 상급자치단체의 간섭을 받지 않고 자주적으로 처리할 수 있는 권한을 말한다. 우리나라는 1962년 헌법 제5차 개정시에 지방자치단체가 지방의 복리에 대한 사무를 처리함에 있어서 "법령의 범위 안에서"라는 기존의 제약규정이 삭제되었다. 이로써 지방자치단체의 고유사무는 법령의 제약 없이 지방자치단체가 자주적으로 처리할 수 있도록 보장하고 있다.

(4) 자치재정권

사무처리에 필요한 재원을 자율적으로 조달하고 지출할 수 있는 권한을 말한다. 즉, 지방자치단체가 자기 사무의 처리에 필요한 경비를 충당하기 위해 중앙정부의 간섭을 받지 않고 자주적으로 그 재원을 조달, 관리하는 권능을 말하며 지방자치의 실효를 확보하는 수단이 된다. 우리나라의 경우 지방세 탄력세율, 재산과세의 과표 및 수수료 탄력 결정 등은 인정되지만 조례를 통한 독립적인 지방세목은 설치할 수 없다. 조세법률주의에 따라 지방세의 세목과 세율은 국회가 제정하는 법률로써 정해야 한다.

(5) 자치사법권

자치단체 스스로 법규 위반행위에 대하여 형을 정하고 집행할 수 있는 권한이다. 우리나라는 자치사법권이 부여되어 있지 않다.

3. 우리나라 지방자치기관

1) 의결기관: 지방의회

(1) 지방의회의 의의

지방의회는 지역주민이 선출한 대표로 구성된 합의체로서 지방자치단체의 의사결정기관이다. 현대사회에서 모든 주민이 모이는 것은 불가능하므로 일정기간 동안 해당 지역의 모든 문제에 관한 결정권을 행사할 대표를 직접 선출하며, 이들의 공식적·제도적·법적 모임이 지방의회인 것이다.

(2) 지방의회의 위상 및 권한

지방의회의 법적 지위는 헌법기관으로서의 지위, 주민대표기관으로서의 지위, 입법기관으로서의 지위, 정책결정기관으로서의 지위, 집행기관에 대한 통제기관으로서의 지위 등으로 정리될 수 있다. 우리나라 지방자치법에 규정된 지방의회의 핵심적인 권한은 의결권, 청원수리권, 행정감시권, 자율권 등으로 요약될 수 있다.

의결권

지방의회는 지방자치단체의 합의제적 최고 의사결정기관으로 조례의 제정 및 개폐, 예산의 심의·확정 및 결산의 승인, 자치단체 재산의 취득과 그 처분, 지방세의 부과와 면제 및 사용료의 금액 등을 결정할 수 있는 권리를 가진다(지방자치법 제39조). 이러한 의결권은 지방의회의 권한 중에서 가장 기본적이고도 본질적인 권한이라고 할 수 있다.

행정감시권

지방의회는 당해 지방자치단체의 행정사무에 대한 감사나 조사를 할 수 있는 권한을 가진다. 이를 위해 행정사무의 감사 및 조사에 필요한 서류의 제출 요구권과 관계공무원의 출석 요구권도 인정하고 있다(지방자치법 제40조 제1항, 제41조 제4항). 여기에서 행정사무는 지방자치단체의 고유사무와 법령에 의하여 지방자치단체에 위임된 단체위임사무만을 의미한다.

우리나라 지방자치단체가 수행하는 사무는 고유사무와 위임사무로 구분되며, 위임사무는 다시 단체위임사무와 기관위임사무로 구분된다. 단체위임사무는 지방자치단체에 위임된 사무로서 이는 지방의회의 의결을 필요로 하며, 기관위임사무는 집행기관에 위임된 사무로서 지방의회의 의결을 필요로 하지 않는다.

집행기관에 대한 의회의 감시권은 자치단체장의 독주를 방지하고 바람직한 행정활동을 유도하며, 의회의 의결권 행사를 보완할 수 있다는 측면에서 그 의의가 있다.

청원수리권

청원권은 국가기관 또는 지방자치단체기관에 대하여 일정한 사항에 관한 희망을 진술하는 권리를 말하며, 국가기관 또는 지방자치단체기관은 이를 수리하여 성실하게 처리해야 할 의무가 있다(지방자치법 제73조, 제75조). 또한 헌법과 국회법에서도 이를 규정하고 있다.

자율권

지방의회의 자율권이란 국가나 자치단체장 등 타 기관의 간섭을 받지 아니하고 스스로 결정할 수 있는 내부적인 권한을 의미한다. 지방의회의 자율권은 내부조직권, 의사자율권(議事自律權), 의원신분 심사권 등으로 대별될 수 있다. 내부조직권에는 의장단의 구성, 위원회의 설치, 사무조직의 설치 등이 포함되고, 의사자율권에는 회의규칙의 제정, 개회 및 폐회의 자주적 결정, 회의공개의 정지 등이 포함된다. 의원신분 심사권은 의원의 사직허가, 의원의 자격에 관한 심사 및 결의, 의원에 대한 징계 등을 포함한다.

2) 집행기관: 자치단체장

일반 지방자치단체의 집행기관은 시・도지사와 시장, 군수, 구청장 등의 자치단체장과 부시장, 부지사, 부군수, 부구청장 등의 보조기관, 소속행정기관, 하급행정기관 등을 총칭하는 말이다.[1] 이들 중 지방자치단체의 대표적인 집행기관은 지방자치단체장이다. 여기에서는 우리나라 지방자치단체장의 성격 및 권한에 관하여 간략히 살펴보기로 한다.

(1) 지방자치단체장의 성격

우리나라를 포함하여 단체자치에 속하는 나라에 있어서 자치단체장은 이중적 지위와 성격을 갖는다. 즉 우리나라의 자치단체장은 당해 지방자치단체의 집행기관인 동시에 국가로부터 위임받은 기관위임사무를 관리 집행하는 국가기관이기도 하다. 우리나라의 경우 지방자치단체의 장은 서울특별시장을 비롯하여 광역시장, 도지사, 시장, 군수, 구청장 등이 이에 해당한다.

(2) 지방자치단체장의 권한

우리나라 지방자치단체의 장은 전술한 바와 같은 이중적 지위로 인해 대단히 광범위한 권한을 가진다. 그러나 여기에서는 통할대표권(統轄代表權), 사무의 관리・집행권, 하급행정기관의 지휘・감독권, 인사권, 규칙제정권, 소속행정기관의 설치권, 그리고 의회에 대하여 갖는 각종 권한 등에 관하여 정리해 보기로 한다.

통할대표권

지방자치단체장은 전반적인 행정기능을 결합・조정하고 자치단체의 의사를 대외적으로 표시할 수 있다. 자치단체의 의사는 자치단체장에 의하여 대외적으로 표시됨으로써 그 효과가 발생된다(지방자치법 제101조).

규칙제정권

지방자치단체장은 법령 또는 조례가 위임한 범위 내에서 지방자치단체장의 권한에 속하는 고유사무 또는 국가사무에 관하여 규칙을 제정할 수 있다.

---

1) 교육・학예자치단체의 집행기관은 교육감과 그 보조기관인 부교육감, 하급행정기관인 시・군 교육청, 교육장 등이 있으나 여기에서는 생략하기로 한다.

이때 시 · 군 및 자치구의 규칙은 시 · 도의 조례나 규칙에 위반하여 제정할 수 없다.

소속 행정기관의 설치권

지방자치단체장은 소관 사무의 효율적 운영을 위하여 법령과 조례가 정하는 바에 따라 직속기관, 사무소, 출장소 또는 합의제 행정기관을 설치할 수 있다.

하급 행정기관의 지휘·감독권

자치단체장은 관할 하급 행정기관과 자치단체를 지휘 · 감독한다. 우리나라의 경우 국가로부터 위임된 사무에 관하여 시 · 도에 있어서는 주무부 장관의 감독을 받으며, 시 · 군 및 자치구에 있어서는 1차는 시 · 도지사의 감독을 받고 2차는 주무부 장관의 감독을 받는다. 단, 시 · 도가 시 · 군 및 자치구에 위임한 사무는 시 · 도의 지휘 · 감독만을 받는다.

사무의 관리·집행권

자치단체장은 당해 자치단체의 고유사무, 그리고 법령에 의하여 지방자치단체장에게 위임된 사무를 관리하고 집행한다.[2)]

인사권

자치단체장은 소속 직원을 지휘 감독하고 법령과 조례 · 규칙이 정하는 바에 의하여 그 임면, 교육훈련, 복무, 징계 등에 관한 사항을 처리한다(지방자치법 제105조). 소속 직원이란 각급 지방자치단체의 보조기관(부지사, 부시장, 부군수, 부구청장)과 지방공무원법에 규정된 일체의 공무원을 지칭한다. 따라서 독자적 집행권을 가진 교육위원회 등의 보조직원 및 지방의회 사무국 직원은 포함되지 않는다.

의회에 대하여 갖는 각종 권한

자치단체장은 의회에 대하여 임시회의 소집요구권, 재의요구권, 선결처분권, 재의결에 대한 제소권 등을 갖는다. 각종 권한에 대한 상세한 설명은 후술하기로 한다.

---

2) 지방자치법 제103조에는 '지방자치단체장에게 위임된 사무'라고 규정하고 있는데, 이는 기관위임사무뿐만 아니라 단체위임사무도 포함되는 것으로 이해하여야 한다.

3) 지방의회와 자치단체장과의 관계

지방의회와 자치단체장과의 관계정립은 의결권과 집행권의 상호 견제와 균형을 통하여, 어느 일방의 전횡을 방지함과 동시에 분업과 통합을 원활히 함으로써 지방자치의 성과를 극대화하여 주민복지향상에 기여하는 데 그 의의가 있다. 지방의회와 자치단체장의 관계는 기관통합형인 경우에는 논의가 적으나, 의결기능과 집행기능을 각각 별개의 기관이 담당하여 상호 견제토록 하는 기관분립형인 경우에는 논의의 여지가 많다. 그 이유는 두 기관의 대립이 첨예화하면 조정이 어려워지고 끝내는 심각한 국면에 이를 가능성이 있기 때문이다.

기관분립형의 경우 지방의회와 자치단체장의 관계는 협조·견제관계와 대립·갈등관계로 이분(二分)될 수 있다. 혹자는 합의적 관계, 대립적 관계, 협력적 관계로 나누기도 한다. 그런데 실제에 있어서는 이러한 관계유형들이 혼합적으로 나타나는 것이 일반적이다.

(1) 협조 · 견제관계

이는 평상적 관계 또는 일반적 견제관계라고도 하는데, 지방의회가 자치단체장에게 협조·견제하는 관계와 자치단체장이 지방의회에 대하여 협조·견제하는 관계로 구분된다. 전자의 경우는 지방의회가 조례 제정권, 예산의 심의 및 의결권을 비롯한 자치단체의 중요한 정책결정사항에 관하여 의결권을 행사함으로써 협조 및 견제관계를 유지한다. 한편, 자치단체장은 지방의회의 의회소집에 관여하거나, 조례안을 비롯한 지방의회 의안의 발의 및 예산의 편성 및 제출권을 행사한다. 또한 지방의회의 의결을 거친 조례의 공포를 통하여 의결의 효력을 발생시키고, 지방의회의원의 선거일을 공고하는 등 지방의회의 구성에 관여하기도 한다. 이를 정리하면 <표 6-1-1>과 같다.

표 6-1-1 지방의회와 자치단체장 간의 협조 · 견제관계

자치단체장에 대한 지방의회의 권한	지방의회에 대한 자치단체장의 권한
조례의 제정 및 개폐 의결권	조례의 공포권
예산의 심의 · 의결권 및 결산의 승인권	예산안의 편성, 집행 및 예산불성립시 예산집행권
의안 발의권	의안 발의권
해당 사항 없음	총선후 최초의 임시회 소집권
의회사무직원 추천권	의회사무직원 임명권
선결처분의 사후 승인권	선결처분권
청원의 심사처리권	청원의 처리결과 보고권

(2) 대립 · 갈등관계

대립갈등 유발요인

양자의 갈등은 여러 가지의 요인에 의해 발생될 수 있다. 지방의회 의원이나 자치단체장의 자질부족, 기능의 오해, 기관의 비효율적 운영, 대표성 인식부족, 자치단체장의 무리한 업무추진, 지방정치구도 등 무수히 많은 요인들이 갈등을 유발할 수 있다.

지방의회 차원에는 집행부에서 발의한 조례안이나 예산안 또는 중요한 정책결정에 관한 의결의 지연 및 미의결, 월권 · 위법한 조례의 의결, 무리하고 빈번한 감사 · 조사, 무리한 조치 요구 등이 갈등 유발요인이 된다.

자치단체장 차원에서는 불합리한 예산편성 및 재의요구, 예비비의 불법 · 부당 지출, 월권적 선결처분, 보고지연 및 태만, 진술 · 서류제출 · 출석 증언 거부, 조례의 불공포 등이 갈등을 유발하는 요인이 된다.

대립 · 갈등시의 조치

지방의회와 자치단체장의 반목과 갈등 상황이 조성되면 주민의 복지증진 노력은 고사하고, 기본적인 행정서비스조차 정상적으로 제공되지 못하는 상황이 초래될 수 있다. 이러한 경우 중앙정부의 간섭 없이 이를 해결하기 위한 수

단이 필요하다. 특수 수단으로서 지방자치단체의 장은 의회에 대하여 의회해산권, 선결처분권, 재의요구권 등의 권한을 행사하도록 할 수 있으며, 이에 대하여 의회에는 지방자치단체장을 불신임할 수 있는 권한을 부여할 수 있다. 그러나 자치단체장의 의회해산권과 의회의 불신임의결권은 극심한 대립이나 혼란 등 부작용을 초래할 위험이 많기 때문에 일본 등 극히 일부 국가에만 채택하고 있다. 따라서 여기에서는 현재 우리나라에서 취하고 있는 선결처분권과 재의요구권에 대해서만 소개하기로 한다.

첫째, 선결처분권 제도는 단체장이 급박한 상황에서 의회의 의결사항에 대하여 그 의결을 거치지 않고 처분하는 단체장의 비상조치적 권한으로서, 이는 행정집행의 효율성을 증진시키는 데 그 목적이 있다. 주민의 생명과 재산 보호를 위하여 긴급하게 필요한 사항으로서 지방의회를 소집할 시간적 여유가 없거나 지방의회에서 의결이 지체되어 의결되지 아니할 때에, 지방자치단체장은 선결처분을 할 수 있도록 규정하고 있다(지방자치법 제109조). 그러나 동법 시행령 제72조에서는 선결처분권 행사의 구체적 사항을 엄격하게 규정하고 있다. 즉, ① 천재지변이나 대형화재로 인한 피해의 복구 및 구호, ② 중요한 군사안보상의 지원, ③ 급성전염병에 대한 예방조치, ④ 기타 긴급하게 조치하지 않으면 주민의 생명과 재산에 대하여 중대한 피해가 발생될 우려가 있는 사항 등이다.

둘째, 재의요구권(再議要求權)과 관련하여, ① 의회의 의결이 월권 또는 법령에 위반되거나 공익을 현저히 해한다고 인정되는 때, ② 예산의결에 집행할 수 없는 경비가 포함되어 있다고 인정되는 때, ③ 의무적 경비 및 비상재해시 소요경비를 삭감하는 경우, 자치단체장은 의회에 대하여 그에 관한 재의를 요구할 수 있다(지방자치법 제107조, 제108조).

(3) 바람직한 관계의 모색

자치단체의 장과 의회는 상호 조화와 균형을 통하여 지방자치단체의 목적을 효율적으로 달성할 수 있다. 그러나 양자는 갈등관계에 처할 수도 있다. 우리나라의 경우 갈등의 주요 원인은 집행부의 관료적 타성 및 권위주의적 행정문화 그리고 지방의회의 무분별한 낭비적 견제 및 전문적 식견의 부족, 정당

참여에 따른 당파적 이익 등을 들 수 있으나, 무엇보다도 중요한 것은 자치단체장과 지방의회 간의 역할에 대한 분명한 인식이 부족하기 때문이라는 지적이 많다. 따라서 양자 간의 원만한 협조관계를 위해서는 다음과 같은 몇 가지의 노력이 전개되어야 할 것이다.

첫째, 지방의회와 집행기관은 공히 국가의 법령에 의하여 그 권한이 주어진 기관이다. 따라서 어떠한 경우에라도 법령에서 부여받은 권한의 한계를 지키도록 노력하여 권한남용 또는 월권시비가 없어야 한다.

둘째, 상호 역할 및 업무분담의 내용에 대한 명확한 인식이 있어야 한다. 지방의회는 대의기능, 입법기능, 행정감독기능, 조정기능을 수행한다. 대의기능을 수행하는 데 있어서는 지역주민의 대변자로서 자신의 이권이나 이익을 떠나 주민의 의사를 의정에 적극 반영하도록 하여야 한다. 입법기능을 수행함에 있어서는 지방자치단체의 합리적이고 공정한 활동을 위한 규범을 만들어야 하며, 행정감독기능을 수행함에 있어서는 자치단체의 재정수입이 주민전체의 복지를 위하여 사용되는지, 그리고 효율적으로 운영되는지 등에 관하여 중점을 두어야 할 것이다. 조정기능을 수행함에 있어서는 의원자신의 출신지역, 소속계층, 지지정당 등의 이익에 집착하지 말고 지역 간, 계층 간, 정당 간의 공평한 조정을 행하여야 한다. 자치단체장은 사무의 관리자 또는 집행자일 뿐만 아니라 지역의 안전과 질서를 유지하고 공공시설을 마련하며, 주민들에게 일상적 서비스를 제공하는 책임을 지고 있다. 따라서 자치단체장은 주민의 대의기관인 의회에 적극 협력하여야 하며, 재의요구권이나 선결처분권 등을 통하여 의회의 월권 또는 위법한 활동을 견제하는 역할도 수행하여야 한다. 또한 정보의 적극적 공개, 부정방지에 대한 적극적 노력, 행정활동의 수행에 있어서 경영마인드 도입 등을 통하여 투명한 행정과 주민에 대한 봉사에 솔선수범함으로써 지역사회의 발전에 주도적 역할을 견지해야 한다.

셋째, 법적·제도적 측면에서의 보완이 필요하다. 현행 지방자치법에 의하면 의회승인권(결산, 예비비 지출, 선결처분 등의 승인)의 행사를 이행하지 않을 경우 또는 지연시킬 경우 자치단체장은 이를 견제할 수 없다. 양자 간의 갈등이 생겼을 때, 단체장은 재의요구권이나 선결처분권을 가지는 데 비하여, 의회는 아무런 권한을 갖지 못하고 있다. 이로 인하여 행정사무감사 및 조사권이 남발되어 행정활동의 마비를 초래할 위험이 있다. 현행 지방자치법에는 양 기관에게 규정한 여러 과정상의 의무를 태만히 했을 때 이를 견제할 적절한 수단이 구비되어 있지 않다. 양 기관의 바람직한 관계정립을 위해서는 이러한 측면에서의 법적·제도적 측면의 보완이 필요하다.

넷째, 의원과 단체장의 자질 향상 및 건전한 자세의 확립이 필요하다. 의원과 단체장은 주민에 대한 봉사자로서 민주적이고 책임적 자세, 지역사회 발전의 역군으로서 미래지향적이고도 창조적인 자세, 그리고 무엇보다도 겸손한 자세를 갖추도록 해야 한다.

마지막으로 주민 모두는 지방의회와 자치단체장의 활동을 항상 예의 주시하여 다음 선거에 그들의 활동 내용이 반드시 반영되도록 해야 할 것이다.

보완학습

지방자치에서의 주요 논점

첫째, 지방정치가 중앙정치로부터 어느 정도 자유로운가 하는 것이다. 지방선거에서의 정당공천과 관련된 논의가 주요 내용이다.

둘째, 중앙정부(국가)와의 관계에서 확보된 지방자치단체의 자치권의 정도와 범위이다. 중앙집권과 지방분권, 세원의 합리적 분배 등이 주요 내용이다.

셋째, 지역문제해결에 있어서 지역주민이 직접 또는 간접적으로 참여할 수 있는 제도적 장치가 마련되어 있는가? 마련되어 있다면 어느 정도인가? 하는 것이다. 지방선거, 주민투표, 주민소환제 등이 주요 내용이다.

넷째, 지방의회 및 지방자치단체는 지역문제를 해결할 역량을 가지고 있는가 하는 것이다. 주요 내용은 지방의회 의원 및 자치단체장의 전문성, 자치단체의 재정력 등이다.

제 2 절 중앙집권과 지방분권

1. 중앙집권과 지방분권의 의의

중앙집권과 지방분권은 일반적으로 중앙정부의 통제권과 지방정부의 자치권을 기준으로 하여 분류되는 상대적인 개념이지만, 여기서는 이를 보다 포괄적인 것으로 파악하여 의사결정의 권한과 책임이 중앙행정기관에 집중되어 있는가 지방행정기관에 분산되어 있는가에 따라 구분되는 행정적 집권화·분권화의 유형도 이 속에 포함시키고자 한다. 중앙집권과 지방분권 하에서 지방행정활동이 수행되고 있는 방법을 살펴보면 다음과 같다.

1) 중앙집권하의 직접행정

이는 관치행정이라고도 하는 것으로서 중앙정부에서 그 직속기관을 지방에 설치하고, 중앙기관이 이 기관을 통하여 지방행정업무를 수행하는 것을 말한다.

2) 지방분권하의 간접행정

(1) 행정적 분권하의 위임행정

중앙정부가 행정업무를 지방정부에 위임하고 지방정부로 하여금 행정활동을 수행토록 하는 것을 말한다. 이러한 위임행정에 있어서는 중앙정부의 행정적 권한이 광범위하기 때문에 지방정부는 그 지휘와 통제 아래 엄격한 구속을 받는다. 이와 같이 행정적 분권은 그 성격상 중앙집권적 색채가 농후한 지방분권의 한 형태로 볼 수 있다.

(2) 자치적 분권화의 자치행정

원칙적으로 지방자치단체의 자치권이 보장되고 법률의 범위 내에서 자치업무를 자주적으로 수행할 수 있는 것을 말한다. 자치적 분권은 고유한 지방분권으로서 행정적 분권과는 차원을 달리한다.

2. 중앙집권과 지방분권의 장·단점

1) 중앙집권의 장·단점

중앙집권의 장점으로는 ① 행정의 통일성·능률성을 확보할 수 있으며, ② 중앙정부·최고관리층의 정책 및 경제적·사회적 발전을 위한 계획을 강력히 추진할 수 있으며, ③ 행정관리의 전문화를 촉진하고, ④ 자원의 최적배분과 소요경비의 절약을 기할 수 있으며, ⑤ 광역적·거시적인 사업계획을 추진할 수 있다는 점 등을 들 수 있다.

그러나 단점으로 ① 획일주의적인 업무처리로 인하여 지역적인 특수성과 실정에 적합하고 적시적인 행정활동이 곤란하고, ② 민주적 통제가 약화되어 권위주의적·전제주의적인 경향으로 흐르기 쉬우며, ③ 중앙정부의 지휘·통제권의 강화로 행정절차가 복잡해지고, ④ 지방정부단위의 지역적 확대로 인하여 자치의식이 희박해지며, ⑤ 행정의 형식주의화를 조장하여 창의성과 적극성을 감퇴시킨다는 점 등을 지적할 수 있다.

2) 지방분권의 장·단점

지방분권의 장점으로는 ① 행정에 대한 민중통제를 철저히 할 수 있고, ② 광범한 참여기회가 주어지므로 사회적 능률이 향상되고 민중의 여론을 반영할 수 있으며, ③ 지역적 실정에 적합한 행정이 가능하고, ④ 의사결정·업무처리를 신속하게 할 수 있다는 것을 들 수 있다.

그 단점으로는 ① 사회복지제도의 확립을 위한 입법이 곤란하고, ② 행정업무의 중복과 행정적 분산을 초래하며, ③ 행정활동에 전문적 기술을 적용하기 어려우며, ④ 다양한 행정기능에 따른 모든 자원의 확보가 곤란하다는 점을 들 수 있다.

3. 신중앙집권화와 중앙통제

1) 신중앙집권화 및 중앙통제의 의의

신중앙집권화(new centralization)란 중앙정부와 지방정부의 민주적 정치체제의 확립 하에 행정의 민주화와 능률화를 동시에 실현하기 위하여 정치권력을 재조정하고, 지방자치의 재편성을 기하는 현대사회의 중앙집권화 경향을 말한다. 신중앙집권화의 촉진요인은 ① 과학기술과 교통・통신의 발달, ② 행정업무의 양적 증가와 질적 변화, ③ 국민생활권의 확대와 경제적 규제의 필요성, ④ 지방업무와 국가정책의 관련성 증대, ⑤ 국제정세의 급격한 변화에 대한 대처의 필요성 등을 들 수 있다.

한편 중앙통제(central control)란 신중앙집권화의 구체적인 사실로서 지방단체에 대한 중앙정부의 통제강화와 하급단체에 대한 상급단체의 통제강화를 포함하며, 이러한 중앙통제의 강화현상은 세계적인 추세가 되고 있다. 이러한 중앙통제는 입법통제・사법통제・행정통제로 나눌 수 있으며, 이 중에서 중요한 것은 행정통제이다.

신중앙집권화 및 중앙통제는 행정의 능률성에 기여할 수 있으나, 이를 지나치게 강조하는 경우 지방정부의 자치권이 위축되어 행정의 민주화가 저해된다. 오늘날 새로운 중앙집권화의 일반적인 추세 속에서 고려되어야 할 사항은 중앙집권이 내포하고 있는 결함에 비추어 이를 적절한 수준에서 제한하여야 한다는 것이다.

이를 구체적으로 살펴보면 첫째, 조직상의 유의점으로 ① 획일성과 자주성의 균형, ② 구역설정의 신중성을 들 수 있고, 둘째, 인적측면에서의 유의점으로 ① 중앙・지방관료 간의 차별 제거, ② 지방공무원의 창의력 존중, ③ 민중통제와 행정전문화의 조화 등을 들 수 있다.

2) 중앙정부에 의한 행정통제의 방법

현대국가에 있어서 행정통제의 기본적인 목적은 중앙정부와 지방정부가 상호 협력을 통하여 공동의 이익을 추구하는 데 있다. 그러므로 행정통제의 방법도 ① 지식과 기술의 지원을 통하여 지방단체의 행정능력을 향상시키고,

② 재정적 원조를 통하여 재정능력과 행정수요의 균형을 유지하며, ③ 공동기획 · 협의 · 조사를 통하여 상호 협력을 증진시키고, ④ 탄력성과 신축성을 가지고 점차적으로 통제를 완화하는 방향으로 나아가야 한다.

(1) 인사

인사는 행정통제 수단 중에서 가장 영향력이 큰 것으로서 여기에는 임명, 전보, 승진 등이 포함된다.

(2) 보고

중앙기관은 감독상 필요한 경우 자치단체로 하여금 보고하도록 요청할 수 있으며, 자치단체는 예산, 결산, 조례, 규칙 등을 보고하여야 한다.

(3) 명령 · 감사

중앙기관은 일방적으로 자치단체에 대하여 업무를 강제 · 실행시킬 수 있고 자치단체의 서류, 장부 등을 검사할 수 있으며, 감사원은 자치단체의 회계검사 및 직무감찰을 할 수 있다.

(4) 사전승인

지방자치법을 비롯한 각 개별법은 자치단체가 정원 · 기구의 변경, 중요한 조례 · 규정의 제정, 지방채의 발행 등 일정한 행위를 하려는 경우 특정한 국가기관의 승인을 얻도록 규정하고 있다.

(5) 보조금

보조금은 지방단체 간의 재정의 균형, 지방행정수준의 향상, 특정 사업의 장려를 목적으로 중앙에서 교부하는 지출금을 말한다.

4. 광역행정

1) 광역행정의 의의

광역행정은 행정이 능률성 · 경제성 · 효과성을 향상시키기 위해서 기존의 행정구역을 초월해서 보다 넓은 지역을 대상으로 행정업무를 통일적 · 종합적으로 수행하는 행정을 의미한다. 이러한 광역행정을 촉진하는 요인으로는 다음과 같은 것들을 들 수 있다.

(1) 사회권 · 경제권의 확대 및 균등화

사회권 · 경제권의 확대와 균등화에 따라 행정수요의 범위와 크기도 확장되게 되었고, 이에 대응하기 위해서는 기존의 행정구역을 광역화하지 않을 수 없게 되었다.

(2) 개발행정과 계획행정의 필요성

산업사회의 발전은 자원개발, 도시와 농촌 간의 격차, 도시재개발, 산업구조의 재편성, 산업입지의 조정 등 많은 문제들을 수반하게 되었으며, 이와 같은 문제들은 개발행정이나 계획행정을 요청하게 되었다. 산업사회의 발전에 따른 그와 같은 문제들은 해결하기 위한 개발 · 계획행정은 종래의 지역적 수준에서는 소기의 목표를 달성할 수 없게 되었다. 따라서 광역적 또는 전국적 수준에서 정책을 전개하지 않을 수 없게 되었다.

(3) 광역적인 서비스의 요구

오늘날 급진적인 도시화 현상, 특히 거점도시를 중심으로 한 대도시권은 하나의 새로운 광역행정군을 형성하게 되었다. 이러한 현상은 대도시권 내의 주택, 도로, 상하수도, 보건, 위생, 공해, 소방, 경찰 등의 행정문제를 양적으로 확대시켰을 뿐만 아니라 질적인 변화를 초래하였다. 이와 같은 행정기능적인 문제는 각 행정구역별로는 해결할 수 없는 성질의 것들로서, 이는 필연적으로 현존의 구역을 초월하여 광역권 전체를 대상으로 광역행정을 촉진시켰다.

2) 광역행정의 방식

광역행정의 방식은 그 처리주체에 따라 ① 하급자치단체수준에서의 광역적 처리, ② 상급자치단체수준에서의 광역적 처리, ③ 중앙의 일선기관에 의한 광역적 처리로 분류할 수 있다. 또 그 처리수단에 따라 ① 공동처리(협력), ② 연합(federation), ③ 합병(annexation), ④ 특별구역 및 특별행정기관설치, ⑤ 권한흡수 및 지위흡수로 나눌 수 있다.

제 3 절 주민참여(행정참여)

1. 주민참여의 개념

1) 주민참여의 의의

현대사회는 참여사회라고 일컬어질 만큼 참여가 강조되고 있다. 특히 민주사회에서 그것은 하나의 필수적인 요건이 아닐 수 없다. 이른바 참여민주주의(participatory democracy)란 바로 민주주의와 참여는 서로 불가분의 관계를 지니고 있음을 의미한다.

민주사회에서 시민은 누구나 본질적인 자율성과 자주성을 가지고 있을 뿐만 아니라, 자신의 활동에 영향을 미치는 사회적 결정에 대하여 자기입장을 밝힐 권리를 갖는다. 또는 민주사회에서 공공정책은 본질적으로 공동체의 의사를 방영한 것으로서 추구되어야 한다. 시민의 주민참여는 바로 이와 같은 참여민주주의의 기본적 원리에 근거를 둔 것이다.

주민참여란 시민이 개인적 또는 집단적으로 행정의 의사결정과정에 대하여 영향을 미치거나 관여하는 것을 의미하며, 다음과 같은 특성을 갖는다.

첫째, 결정주체로서의 행정주체에 대하여 시민이 주체성을 가지고 의사결정과정에 참여하는 것이다. 둘째, 소극적·타율적으로 추종하거나 포섭하거나 포섭되는 것이 아니라 자율적·적극적으로 참여하는 것이다. 셋째, 참여의 범위가 넓어지고 그 영향력의 정도가 높아질수록 공공결정의 가능성이 많아진다. 넷째, 정부의 정통성을 강화시켜 준다.

2) 주민참여의 대두와 필요성

(1) 주민참여의 대두

주민참여는 대중민주주의의 대두 및 행정국가의 출현과 더불어 행정의 필수적인 요소로서 강조되기 시작하였다. 최소의 행정이 최선의 행정으로 생각되었고, 시민의 자주성·자립성이 강조되었던 근대민주주의와 입법국가가 도시화현상, 각종 사회경제적 문제의 노출, 노사대립 및 과학기술의 발달 등으로 인하여 대중민주주의와 행정국가로 전환됨에 따라 행정기능이 적극화되고 행정이 실질적으로 중요한 정책결정을 좌우하게 되었다. 또한 행정의 적극화와 더불어 행정의 입법통제와 사법통제가 무력화되고 대의정치가 퇴색되기에 이르렀다. 시민의 주민참여가 시민행정의 불가결한 요소로서 강조된 것은 바로 이러한 상황에서 비롯되었던 것이다.

(2) 주민참여의 필요성

현대행정국가에서 주민참여가 필요한 이유를 좀 더 구체적으로 살펴보기로 한다.

첫째, 현대행정의 질적 변화는 입법부에 의한 행정통제를 약화시켰다. 행정의 민주성과 책임을 확보하기 위해서는 시민이 직접 행정에 참여하고 행정통제의 기능을 담당하지 않을 수 없게 되었다.

둘째, 국민의 대표기관인 의회가 이제는 국민에 대한 공약의 실현을 전문가집단인 관료제에 의존하게 되었고, 관료제는 능률성을 앞세워 행정처리를 획일적·기계적으로 행함으로써 고객인 시민의 요구에는 냉담한 반응을 나타내고 있다.

셋째, 종래의 전통적인 선거방식으로는 시민이 정책변동을 유도하기가 어렵게 되었다.

넷째, 시민정신의 강화는 행정기관과 주민 간에 직접적이고 의미 있는 상호 작용의 관계에서 비롯될 수 있다.

다섯째, 시민지향적인 정부의 사업계획을 수립·추진하기 위해서는 지역주민의 정책결정에 대한 영향력이 보장되어야 한다.

(3) 심의민주주의와 주민참여

정부의 패러다임 변화가 참여를 강조하는 방향으로 바뀌면서 이를 뒷받침하는 정치제도의 지향은 과거의 대의민주주의를 보완하는 참여민주주의, 나아가 심의민주주의로 논의가 진행되고 있다. 참여민주주의, 심의민주주의(deliberative democracy)의 이론은 국민 다수의 의견을 제도적으로 수용하는 주민참여와 심의적 제도의 도입을 주장한다.

참여민주주의는 국민투표, 국민제안 등의 직접민주주의 제도의 도입과 주민사회의 여론형성 역할을 대의민주주의의 결함을 보완하는 수단으로 간주하는 반면, 심의민주주의는 국가기관과 국민 사이의 지속적인 대화와 심사숙고를 제안한다. 특히 엘리트보다 일반주민의 일상적인 참여와 토의를 강조하는 것이 최근 심의민주주의 논의의 핵심이다. 그러므로 대의민주주의에 기초하고 있는 행정국가에서의 주민참여와 심의민주주의에 바탕을 두고 있는 주민참여의 내용은 차이가 있을 수 있는 데 이를 표로 정리하면 <표 6-1-2>와 같다.

표 6-1-2 행정국가와 심의민주주의에서의 주민참여의 차이

행정국가에서의 주민참여	심의민주주주의에서의 주민참여
· 유권자, 선거구민, 고객으로서의 주민 · 사적이익 추구자로서의 주민 · 공익을 구분하지 못하는 주민 · 주민참여는 행정 능률성 제고에 부정적 영향을 미침 · 선거, 정치대표, 정치가들에게 책임을 짐 · 헌법에 의한 행정의 정당성 확보	· 유권자, 선거구민, 고객, 파트너로서의 주민 · 주민은 공익을 구분할 수 있는 능력이 있음 · 대화와 공유된 가치를 통한 주민참여 · 규범적이고 도구적인 주민참여 · 양식 있고 자발적인 주민참여 · 협동과 파트너십을 통한 주민참여 · 주민에 대해 책임을 지는 행정가들의 존재 · 민주이론과 경함적 요소에 의한 행정의 정당성 확보

3) 주민참여의 한계

민주행정을 실현함에 있어서 주민참여는 필수적 요건이기는 하지만, 다음과 같은 한계점을 지니기도 한다.

(1) 정책과정의 지연·복잡화

주민참여는 일반적으로 반대나 저항 등 부정적인 성격에서 그치는 경우가 많기 때문에 정책결정과정을 지연시키고 정책집행과정을 복잡하게 할 가능성이 많다. 비록 주민참여를 통해서 적극적인 정책대안이 제시된다고 하더라도 그것이 기존의 정책결정 및 집행구조를 변화시킴으로써 정책과정을 지연시키고 복잡하게 만드는 것은 마찬가지다.

(2) 행정내부의 저항과 혼잡 및 대립

주민참여는 관료제의 수단적·기술적 성격을 과소평가하는 사회풍토를 조성할 가능성이 있기 때문에 행정내부로부터 저항을 일으키게 한다. 지역주민들의 주민참여는 또한 행정기관의 명령·지시계통을 혼란에 빠뜨리게 할 가능성도 있다. 사업계획의 수립·운영문제를 둘러싸고 전문가와 주민 간에 격심한 갈등을 초래할 가능성도 있다. 행정내부에 시민의 여론에 따라야 한다는 시민집단에 대한 동조세력과 그와는 반대의 입장을 취하는 시민집단에 대한 반대세력이 형성됨으로써 행정내부의 대립을 야기할 가능성도 있다.

(3) 참여의 정도 및 능력의 격차

참여에는 그 정도의 차이에 따라 적극적인 참여와 소극적 참여가 있다. 진정한 민의는 이들 양자를 다 같이 고려해서 파악되어야 하는데, 흔히 소극적 내지 잠재적인 참여는 무시되는 경향이 있다. 주민참여는 가능한 한 집단적 성격이 요구된다. 그러나 실제로 참여능력을 가지고 참여하는 사람은 집단의 소수에 한정되어 있다.

2. 주민참여의 유형

1) 제도화 정도에 따른 분류

주민참여는 그 제도화의 정도에 따라서 운동, 교섭, 협찬, 자치 등으로 나눌 수 있다. 이 중 운동과 교섭은 비제도적인 주민참여인 데 반하여, 협찬과 자치는 제도화된 주민참여이다. 여기서 운동과 교섭의 차이는 운동이 조직적으로 행해지는 일방적인 요구의 주장인 데 비하여, 교섭은 쌍방 간의 협상과정을 통하여 자기주장을 최대한으로 관철시키려는 타협과정이라는 것이다. 또 협찬과 자치의 차이는 협찬이 정책결정과정에의 부분적·협조적 참여인 데 비하여, 자치는 시민에 의한 행정적·통제적 참여라는 것이다.

아른스타인(S. R. Arnstein)은 주민참여를 주민의 정책결정에의 참여 정도에 따라 여덟 단계로 나누었다. 이 여덟 단계 중에서 제1단계의 참여의 형식을 흉내 낸 조작과 제2단계의 책임회피를 위한 대역적인 조치로서의 치료는 형식적으로 심의회 등에 주민참여가 인정되는 경우일지라도 실질적으로는 주민을 정책결정에 참여시키지 않는 경우로서 이는 비참여의 단계에 속한다.

제3단계의 정보제공과 제4단계의 상담 및 제5단계의 유화에 있어서는 주민의 정보제공을 받고 상담하고 정책 등을 권고할 수 있는 통로는 열려 있다 하더라도 주민의 참여는 형식적인 것에 불과한 단계이며, 이들 형식적 참여의 단계는 협찬의 범주에 속하는 것이다.

제6단계인 쌍방협동은 문자 그대로 회합식이며, 제7단계의 권한위양은 정책결정에 주민이 우월한 권력을 가지고 참여하는 경우이고, 제8단계인 자주관리는 주민이 위원회 등을 지배하는 단계로서 이들 3개 단계에 있어서는 쌍방이 주민에게 위양되어 있는 경우를 의미하며 이들 주민권력의 단계가 바로 자치에 해당된다.

그림 6-1-1 아른스타인(Arnstein)의 주민참여의 단계

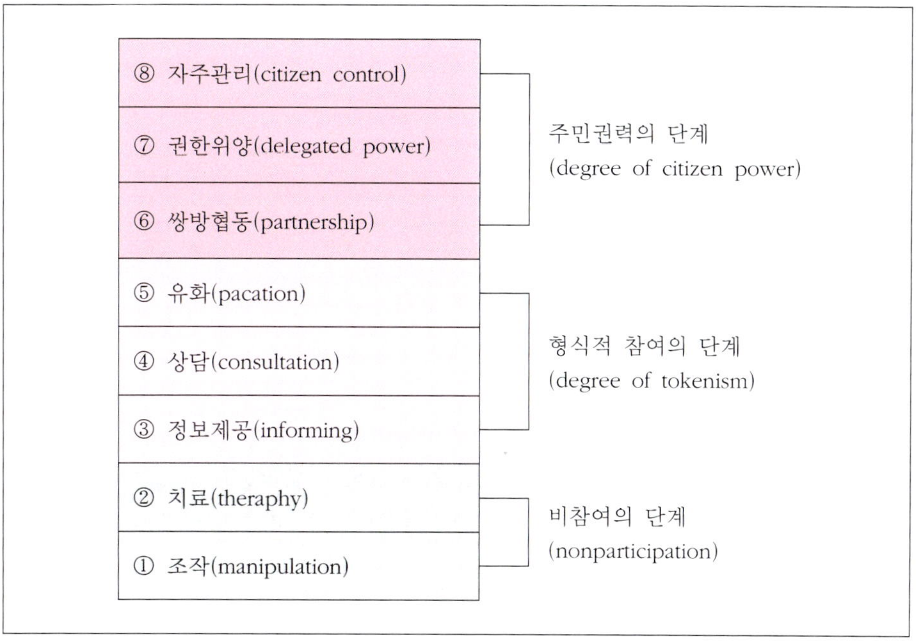

2) 행정과정에 따른 분류

행정에 있어 어느 과정에 참여하는가에 따라 ① 기본정책방향설정에의 참여, ② 기획수립에의 참여, ③ 예산편성에의 참여, ④ 집행방법의 결정에 대한 참여, ⑤ 집행과정에의 참여로 분류할 수 있다.

3) 주도권 소재에 의한 분류

주도권 소재에 의한 분류는 ① 전통적인 유형으로서 의사결정권자가 주도권을 쥐고 시민과의 수직적인 관계에 있는 '행정주도형', ② 시민자유주의시대에 단순한 행정과제를 처리하던 야경국가적 보안국가시대의 대표적인 유형으로서의 주민이 주도권을 쥐고 행정이 피동적인 입장에 서 있는 '주민주도형', ③ 시민민주주의로부터 현대행정국가로 전환하는 과정에 있는 타협형으로 행정

과 시민이 수평적 관계에서 의사교류가 가장 현상적으로 이루어지는 '수평형', ④ 주민과 시민 외에 제3세력이 균형을 이루는 '균형형'으로 분류가 된다.

4) 정치 · 행정과정의 구분에 따른 분류

정치과정에 참여하는가, 행정과정에 참여하는가에 따른 분류이다. 현재의 행정참여는 거의가 행정과정에의 참여이며, 정치과정에의 참여는 간접참여로서 대의제로 대체되고 있다.

3. 한국의 주민참여제도 유형

1) 행정주도형

(1) 정책자문위원회

주민의 행정참여제도로서 가장 보편적인 것이 자치단체수준의 정책자문위원회제도이다. 정책자문위원회는 자치단체장의 자문에 응하여 해당 지역사업의 촉진을 위한 계몽 및 권장을 행하도록 되어 있다. 그러나 이들 자문위원회의 구성원은 대부분이 일방적인 대표성의 규정을 통하여 수동적으로 임명하는 경우가 많고, 따라서 자문위원회는 수동적으로 행정당국의 소집에 의하여 개최되며, 당국으로부터 사업계획이나 시정내용을 보고 받고 이에 대한 협조를 요청받는 경우가 대부분이다. 자문위원회의 개최는 결정된 시책의 홍보를 위해서가 아니라 정책결정과정에서 위원들의 의사를 물어서 시책에 반영하기 위한 방편으로 활용될 수 있도록 하는 방안이 강구되어야 할 것이다.

(2) 공개청문회

공청회는 가장 전통적인 주민참가의 형태로서 정부의 정책이나 계획에 관하여 주민의 의견을 듣고 참고하는 데에 목적을 둔 제도이다. 공청회를 진행하는 방법은 주민 모두에게 공청회 참석을 초청하는 방식과 참석대상자를 일정한 기준에 의하여 초청하는 방식이 있다. 우리나라의 경우 2009년 12월에 개정된 도시개발법 제13조에 의하면 도시재개발사업 시행을 위한 조합설립의 인가를 신청하려면 재개발구역 내의 토지면적분 3분의 2 이상과 토지소유자

총수의 2분의 1 이상에 해당하는 자의 동의를 얻도록 하여 주민참여를 제도화하였다. 이와 같은 행정참여의 제도화는 현대행정의 일반적 경향이며, 앞으로는 정부주도에서 주민주도의 공청회로 전환되어야 한다.

(3) 전시회

전시회를 통하여 주민에게 정보를 제공하고 그들의 반응을 광범하게 청취하는 주민의 행정참여방법이다. 이 방법은 지방자치단체가 도시계획전시회 등을 개최하여 당해 지방자치제의 미래상을 주민에게 제시함으로써 장차 주민들이 당면하게 될 문제에 대비하게 함으로써 그들의 행정에 관한 참여도를 높이게 되는 것이다.

(4) 서베이방법

이 방법은 주민들의 태도, 문제점, 인식도, 선호도 등에 관한 광범한 여론을 수집하는 데에 널리 이용되는 방법이다. 이 방법은 자료를 분류하고 분석하기가 용이하고 다수인의 의견을 넓은 지역에서 수렴할 수 있다는 장점을 지니고 있으나 조사방법의 기술상의 문제와 조사자의 태도가 문제이다. 지방자치단체는 자기에게 불리한 정보를 공개하지 않을 것이며, 오히려 자기의 실적을 선전하는 데 그치고 있는 것이 일반적 경향이다.

(5) 정책공동체

정책공동체란 사회적 합의주의에 기초한 정책결정 방식의 한 유형으로서 특정 정책 분야에 전문성을 갖고 있는 정부 내외의 개인과 조직으로 구성되는데 주로 관료, 조직화된 이익집단, 대학 및 기타 연구기관의 전문가로 구성된다.[3] 이와 같은 정책공동체는 중앙부처의 성격에 따라 다양한 형태로 실시되어 왔다. 현재 정부부처 내에는 각종 위원회, 뉴스레터 및 브리핑 제도 등 온라인(on-line)과 오프라인(off-line) 차원의 정책공동체 모형이 여러 부처에서 활용되고 있다. 그러나 최근까지 정책공동체와 관련해 정책공동체의 운영을 위한 기반은 어느 정도 조성되었으나 그 운영이 극히 형식성을 띠고 있다는

3) 정책공동체는 포괄 영역에 따라 다양한 형태의 유형이 존재한다. 포괄 범위에 따라서는 거시적, 중범위적, 미시적으로, 정부정책 주체에 따라 중앙정부 간, 중앙부처 내, 중앙정부와 지방정부 간으로 나뉘며, 그리고 정책결정공동체의 의사결정 방식에 따라 합의 방식, 정보 청취 방식, 협의 방식 등 세 가지 분류가 있다.

점이 지적되어 왔다.

(6) 전문 옴부즈만 제도

스웨덴에서 1915년 최초로 실시된 옴부즈만(Ombudsman) 제도는 업무 관할 범위에 따라 일반 옴부즈만 제도와 전문 옴부즈만 제도로 나눌 수 있다. 특정 분야의 민원을 전문적으로 다루는 전문 옴부즈만 제도는 각국에서 1970년대에 들어와 기존의 시스템으로 잘 해결되지 않는 새로운 분쟁에 적극 대처하고 새로운 정책을 채택하는 데 따르는 국민의 반발을 완화하기 위해 설치하게 되었다. 최근 민주화와 시민 의식의 성장에 따라 권리구제의 신속성·효율성·실효성에 대한 국민 기대 증가에 대응한 권리구제 시스템에 대한 필요와 함께 행정으로 인한 국민의 불편을 좀 더 실효성 있게 구제하고 국민 권익구제 활동에 시민 참여를 확대할 수 있는 제도적 기반을 마련할 목적으로 전문 옴부즈만 제도가 시행되었다.

2) 주민주도형

(1) 반상회

반상회는 주민 스스로 모여 공동관심사를 찾아 협의하는 제도로서 주민의 중지를 모아 결정하고 결정된 사항을 실천하거나 실천을 위한 노력을 기울이는 것을 말한다. 현재 우리나라에서 실시되고 있는 반상회는 행정당국에 대한 주민의 요구와 건의를 전달하는 통로로서의 기능을 수행하고 있으나, 반상회를 통한 주민의 요망사항은 지역적·공공적 성격보다 시혜호소와 개인생활중심의 고충의 차원에 머물고 있기 때문에 정책적 차원에는 이르지 못하고 있다. 따라서 행정의사의 침투기능이 주 기능으로 되어 있으며 실질적인 주민의견의 수렴이 어려운 실정이다.

(2) 주민운동

정책에 대한 주민의 의사전달을 위한 제도가 마련되어 있지 않을 경우, 또는 현실 상태에 제도적인 대응을 할 수 없는 경우에는 주민운동이 발생한다. 이러한 주민운동은 공해, 기업입지반대, 고속도로건설반대, 댐건설의 수몰지역철거 등 주민환경을 중심으로 한 지역의 방위활동의 성격을 가지는 것에서 많이 발생한다. 그러므로 충동적이고 과격한 주민운동은 공무원이 조정·타협하는 데 어려운 대상이다. 주민활동은 주민들의 지역적 에고이즘에서 발생하는 것도 있으나, 그 기초는 건전한 주민의식 또는 자치의식이라 할 수 있다.

(3) 대중매체

대중매체를 통한 주민과 정부와의 대화는 차츰 더 활발해지고 있으며, 특히 TV의 위력은 더욱 증대되는 경향이 있다. 근래에 이르러 주민들은 직접 이해관계가 있는 국가정책에 대해서는 매우 적극적으로 비판하고 있으며, 공해문제, 고속도로, 도심부재개발, 공원·녹지 등의 문제에 대한 TV 공개토론의 경우는 정부안보다도 더욱 유익한 대안을 제시할 수도 있을 것이다.

(4) 주민평가제도

주민평가제도(Citizen Evaluation)는 행정기관이 제공하는 공공 서비스에 대해 고객인 주민들이 느끼는 '체감만족도'로 질적이며 주관적인 평가를 의미한다. 주민평가제도는 행정기관의 서비스 활동에 대한 시민의 만족도를 조사하는 것을 주요 내용으로 하므로 '주민만족도(Citizen Satisfaction) 조사'의 형태로 이루어지는 경우가 많고, 주민을 고객으로 보는 입장에서는 '고객만족도(Customer Satisfaction) 조사'로 불리기도 한다. 우리나라에서는 1995년 지방자치의 본격적인 실시가 주민 중심의 서비스 공급과 그 수단으로서의 주민시민평가제를 도입하는 데 결정적인 계기로 작용했다. 그러나 지금까지 국내의 주민평가제도는 대부분이 민원 서비스에 대한 '만족도 조사'로 '정책평가'와 관련된 내용은 상대적으로 적었다. 정책결정 과정에서 제도로 활용되기보다는 정책집행 후 사후평가에 중점을 두어 왔으며, 평가 결과를 정책 환류 시스템으로 이용하기보다는 정책홍보의 수단으로만 활용되었다는 비판이 있다. 따라서 주민평가제도의 운용에 대한 비판점을 수용하고 이를 개선할 수 있는 방향으로 제도가 개선되어야 할 것이다.

(5) 주민투표제도

주민투표제(referendum)는 지방자치단체의 중요한 사안에 대해 주민들이 투표로서 직접 결정하는 제도를 의미한다. 주민투표는 선거권을 가진 일반 시민이 주체가 되어 투표로써 정치적 쟁점에 관련된 최종의 집합적 의사를 표현함으로써 결정권을 공유하는 직접참정의 한 절차이다. 20세 이상의 주민으로서 투표일 작성 기준일 현재 주민등록이 되어 있는 자, 20세 이상 외국인 중 일정한 영주 자격을 가진 자로서 조례에 정한 자는 주민투표권이 있다. 주민투표의 대상은 주민에게 과도한 부담을 주거나 중대한 영향을 미치는 지방자치단체의 주요 결정 사항으로서 그 지방자치단체의 조례로 정하는 사항으로 정하고 있다.

(6) 주민감사청구제도

주민감사청구제도는 기존 행정감독기관에 의한 감사와 의회에 의한 행정감사의 미흡, 법원통제의 협소함이라는 문제에 대하여 대안이 되고 있는데, 지방자치단체의 행정사무처리를 주민들이 직접 감시 및 견제할 수 있게 하는 직접민주주의적 통제장치라 할 수 있다. 주민감사청구제는 지방자치단체와 그 장의 권한에 속하는 사무의 처리가 법령에 위반되거나 공익을 현저히 해한다고 인정되는 경우에 시・도는 주무부장관에게, 시・군 및 자치구에 있어서는 시・도지사에게 당해 주민들이 감사를 청구할 수 있도록 하고 있다.

(7) 주민소송제도

주민소송제도란 지방자치단체의 위법한 재무회계 행위에 대하여 지역주민이 자기의 권리・이익에 관계없이 그 시정을 법원에 청구하는 제도로서, 우리나라에서는 2006년부터 주민소송제도가 시행되고 있다. 주민들은 공금 지출, 재산의 취득・처분, 계약 체결 및 이행, 공금의 부과・징수, 재산관리 등 다섯 가지 유형에 대해 위법 소지가 있을 경우 소송을 제기할 수 있다. 이로써, 지역 주민이 자신의 개인적 권리・이익의 침해와 관계없이 위법한 행위의 시정을 법원에 청구할 수 있게 되었으며, 이에 따라 지자체의 방만한 재정 운용 및 사업 추진과 관련된 부정부패 근절에 상당한 효과를 기대할 수 있게 됐다.

(8) 주민발의제도

주민발의(the initiative)는 정책과정에서 의제 상정과 정책 결정에 주민이 직접 관여할 수 있도록 보장하는 제도이다. 유권자들이 하나 또는 그 이상의 제안들을 주민투표에 부치기 위하여 청원하는 과정 또는 일정한 서명을 통하여 확인된 청원에 의하여 유권자들이 법안을 제안하는 것이라고 정의할 수 있다. 즉 주민발의는 '선거권자인 주민들이 직접 주체가 되어 지방자치행정과 관련된 공공문제를 해결하기 위하여 서명을 통하여 집합적 의사를 모아서 조례 등 의안을 청구하고, 캠페인을 거쳐 투표로써 그 효과를 확정짓는 정치적 절차'라고 할 수 있다.

주민발의는 유권자가 직접 법률안을 기초하고, 찬성과 반대 논의를 거쳐 마침내 주민투표로써 법률안을 확정짓는 단계를 설정하고 각 단계에 직접참정의 핵심요소들을 배열하는 것이 그 원형이다. 그러나 우리나라의 주민발의제도는 청구단계만 설정하고 있기 때문에 온전한 주민발의제도라고 보기 어려우며, 지방자치법에도 주민발의라는 용어 대신 "조례제정 및 개폐청구"라는 용어를 사용하고 있다.

(9) 주민참여예산제도

주민참여예산제도는 '예산의 투명성, 주민참여를 통한 예산의 우선순위 결정, 지방자치단체와 지역주민과의 협의를 통한 지역의 예산안 편성, 지방의회 심의 · 의결'을 의미한다. 행정부의 예산집행과정에서 발생하는 예산낭비나 비효율성을 통제하기 위한 사후적 · 자발적 시민참여운동인 예산감시운동과 달리 예산편성과정을 대상으로 한 사전적 · 적극적인 주민참여제도의 성격을 가진다. 주민참여예산제도는 특히 공무원 중심의 예산편성방식의 한계를 극복하고, 지방자치단체 재정의 건전화와 행정의 투명성 확보로 재정자치 실현의 초석을 다지고자 하는 데 그 목적을 두고 있다.

4. 주민참여의 문제점과 개선방안

1) 문제점

(1) 시민의식의 미성숙

우리나라는 역사적 발달과정상 절대국가에서 입법국가로, 입법국가에서 행정국가로 전환되는 순차적 단계가 없었고, 또한 근대자본주의의 담당자로서의 시민계급이 존재하지 않았다. 따라서 우리나라에서는 사회적 책임감을 느끼고 전체 이익을 고려하는 시민의식이 아직도 미흡한 상태에 있다. 주민참여란 시민이 주권자로서의 의식을 가지고 주도적 역할을 담당할 수 있을 때, 그 실질적인 의의를 확보할 수 있는 것이다.

(2) 참여의 저항적 성격

외적 요인에 의해서 민주주의가 성립된 우리나라에서는 관권만능의 역사적 유산이 불식되지 못한 채 민중은 여전히 피지배자로서의 입장에 있었다. 따라서 시민운동이 참여적·적극적인 성격을 지닐 수 있는 사회적 여건이 조성되지 못한 채 시민참여는 부정적·저항적인 성격을 지녔던 것이다.

(3) 주민참여의 의태성

우리나라에서는 주민참여가 시민주도적인 것이라기보다는 행정주도하에 이루어지는 포섭적·회유적인 것이었으며, 시민이 행정기관의 정책결정과정에 참여할 수 있는 제도화된 실질적 기회가 매우 적었고, 단지 사업운영 내지 집행과정에만 동원되어 비자발적으로 참여하거나 또는 외면적으로만 관여하는 경우가 많은데, 이와 같은 현상은 행정운영의 문제점을 호도하거나 정당화시켜 주는 역할을 하게 된다. 이와 같이 외견상으로 정당하게 보이나 실질적으로는 주민참여제도 본래의 구실을 하지 못하고, 오히려 악용되는 주민참여제도의 의태성이 문제인 것이다.

(4) 정보의 비공개와 비밀행정

시민의 의식과 관련된 정보가 널리 공개되고 교류되는 행정풍토가 조성되어 있지 못하고, 또한 시민의 생활에 중대한 영향을 미치는 주요 정책이 비밀리에 입안되고 집행되는 이른바 비밀행정이 자행되어 왔다. 정보의 봉쇄와 비밀행정의 존재는 주민참여의 기반조성을 근본적으로 저해한다.

2) 개선방향

(1) 정보공개의 제도화와 유리창행정

정보공개의 제도화는 오늘날 세계적인 추세이다. 정부는 주권자인 시민에게 정보를 알릴 의무가 있으며, 또한 시민의 경제적·심리적 고충을 해결하기 위하여 상담에 응하고 해결책을 마련해 줄 의무가 있다. 아울러 이를 기반으로 유리창행정의 풍토를 조성하여 시민과 행정 간의 심리적 거리감을 해소하고, 시민들이 필요한 경우에는 정부기관에 언제나 용이하게 접근할 수 있는 행정풍토가 조성되어야 한다.

(2) 정책결정과정에의 참여체제와 확산적 참여체제의 확립

시민이 정책결정과정이나 기획과정에 참여하여 의사를 제시할 수 있는 참여체제를 제도화하여야 한다. 행정기관이 일방적으로 의사결정을 행한 다음 집행과정에 참여한다는 것은 맹종이나 추종에 불과한 것이지 진정한 참여라고 볼 수 없다. 주민참여가 종래와 같이 행정적 포섭이나 회유에 그치지 않고 실질적인 참여가 이루어질 수 있도록 시민이 행정의 결정주체에 대하여 의사표시를 할 수 있는 확산적 참여제도가 확립될 필요가 있다.

(3) 민의의 수용태세의 확립

일반적으로 시민은 행정기관에 비해서 정책에 대한 전문적 지식과 정보수집능력이 부족하며, 이해관계에 관하여 자기통제력이 결여되어 있다는 점에서 문제가 있는 것도 사실이지만, 그들의 일반적인 상식에 입각한 견해나 판단을 수용하고 충분한 의사교환을 통하여 그들의 의견을 조정하여야 한다. 그리고 설득을 통하여 타인이나 사회와의 공존과 연대의식을 갖는 기회를 제공하는 것이 정부의 역할이라는 기본자세를 확립시켜야 한다.

(4) 협동기반의 조성

주민참여는 몸과 마음이 일치된 협동정신에 기초를 두어야 한다. 행정목표는 행정기관에 의해서만 달성될 수 있는 것이 아니다. 그것은 정부와 민간기업, 학계, 시민단체 등의 상호 협동에 의해서 성취될 수 있는 것이다. 이러한 협동정신이 행정 내외에 조성될 때, 진정한 의미의 주민참여가 이루어질 수 있는 것이다.

5. 주민참여와 정보공개제도

1) 정보공개와 국민의 알 권리

(1) 정보공개의 의의

행정에 있어서 정보공개란 행정기관과 행정인은 국민의 요구가 있을 때

행정에 관한 모든 사실을 있는 그대로 널리 알리고 제공하여야 한다는 것을 의미한다. 정부와 국민 간에 진실한 정보의 유통이 있어야 한다는 것은 오늘날 민주행정의 핵심적인 요건이다. 정부와 국민 사이에 정보의 흐름을 막고 방해하는 벽이 가로 놓여 있는 경우, 민주주의가 퇴조하거나 소멸한다는 것을 우리는 역사를 통해서 이미 알고 있다. 또한 선진제국에서는 정부와 국민 간의 정보유통을 보장하기 위한 제도적 장치를 강화함으로써 민주주의를 한층 더 활발하게 전개시키고 있음도 주지의 사실이다. 또 국민의 효과적인 주민참여를 위해서도 이러한 정보공개제도의 활성화는 반드시 필요하다고 하겠다.

(2) 국민의 알 권리

국민의 알 권리는 「국민에 의한 정부」를 실현하는 데 있어서 그 기초가 되는 권리로서 다음과 같은 의미를 포괄하고 있다.

첫째, 광범한 공공사항에 관한 정보를 제공받고 획득할 수 있는 권리로서 이는 올바른 정치적 의사를 형성하고 정확한 선거권을 행사할 수 있게 한다.

둘째, 국가권력의 행사에 관한 감시와 정확한 비판을 할 수 있는 권리로서 이는 민주적 정치과정에의 참여와 국민의 자기통치를 실현할 수 있도록 한다.

셋째, 국가권력의 부작위에 대한 청구라는 고전적 자유권에 머물지 않고, 적극적으로 정보공개 내지 제공을 요구하는 권리이다.

2) 한국의 정보공개제도

(1) 행정기관의 정보공개

우리나라는 헌법 제21조 제1항에 "모든 국민은 언론·출판의 자유를 가진다"하고 하여 표현의 자유를 보장하고 있다. 표현의 자유란 사상 또는 의견을 언어, 문자, 도식 등으로 불특정 다수인에게 발표할 수 있는 자유로서 인간과의 접촉의 자유를 전제로 한다. 따라서 구체성이 없는 고전적 표현의 자유이기는 하지만, 국민의 알 권리와 행정의 정보공개원칙은 인정되어 있다고 볼 수 있다.

한편 법률에 의한 행정의 원리를 반영한 국회의 국정조사권이 헌법 제61조에 의하여 인정되고 있다. 이에 따라 극회는 특정한 국정사안에 관하여 조사할 수 있고 그와 직접적으로 관련된 서류의 제출, 증인의 출석과 증언이나 의견의 진술을 요구할 수 있다. 또한 국회는 국무총리, 국무위원 또는 정부위원을 국회나 그 위원회에 출석할 것을 요구하여 국정처리상황을 보고하게 하거나 의견을 진술케 하고, 질문을 할 수 있다. 이와 같은 헌법상의 규정도 행정의 정보공개원칙을 실현하기 위한 중요한 수단으로서 이들 제도의 성실한 운영이 요구된다. 또한 1999년 「공공기관의 정보공개에 관한 법률」을 제정하여 국민의 알권리를 보장하고 국정에 대한 국민의 참여와 국정운영의 투명성을 제고하기 위한 노력을 하고 있으나, 실효성 있는 정보공개가 이루어지고 있지 않다는 비판을 받고 있다.

(2) 정보공개제도의 발전방향

어떤 제도를 막론하고 거기에는 장·단점이 있고 경계해야 할 점이 있는 것과 같이 정보공개제도에 있어서도 유의해야 할 점이 많다. 정보공개제도를 확립함에 있어서 고려해야 할 사항으로서는 다음과 같은 것을 들 수 있다.

비공개 정보

정보공개라 하더라도 모든 국정의 정보가 다 대상이 되는 것은 아니다. 즉, 국방·외교에 관한 사항은 일정한 한도 내에서 예외취급을 할 수 있다. 그러나 현실적으로 이런 카테고리 내의 정보에 대해서도 국민이 알아야 할 것을 정부가 과도하게 숨기는 경향이 있다.

프라이버시의 보호

현대국가에 있어서 국민의 많은 개인생활상의 정보를 각 기관이 수집·보유하고 있어서 취급자의 부주의로 누설되거나 부당하게 이용되는 위험성이 커졌다. 이런 측면에서 볼 때 우리나라의 경우 「공공기관의 개인정보보호에 관한 법률」이 1994년 1월 7일부로 공포되어 1995년부터 시행하고 있는 것은 바람직한 방향으로의 전개라고 할 수 있다.

국민편의위주의 행정정보관리체계의 확립

정보를 수집하고 이를 분류·보존하며 필요한 경우 공개를 하여야 하는데, 이 경우 그 체제가 행정편의가 아닌 국민편의의 입장에서 설계되고 운영되어야 한다.

사법심사

국가공무원법상의 비밀사항에 관해서는 법원에 심사권이 있다. 미국에서는 이 점이 판례법상 확립되어 있고, 1974년 정보공개법에도 분명히 규정되어 있다. 정보공개법에 비공개의 예외를 분명히 하고, 최소한도로 규정하여야 할 것이다.

국민의 알 권리와 국정공개를 둘러싼 문제는 국가권력과 국민과의 관계뿐만 아니라, 국민과 매스미디어와의 관계에도 있다. 따라서 국가와 매스미디어와 국민의 상호관계에 대한 문제도 고찰하여야 한다. 바라건대 정보공개제도는 국가적 기밀과 합리적인 일정한 범위의 일부만을 제한하고, 모든 국민에게 공개하여 이용할 수 있는 제도이어야 한다.

제 2 장

행정책임과 행정통제

제 1 절 행정책임에 관한 이론적 논쟁

행정이론사상 행정책임에 관한 이론으로서는 1930년대에서 1940년대에 걸쳐서 행하여진 프리드리히(C. J. Friedrich)와 파이너(H. Finer)의 이론적 논쟁이 유명하다.

1. 프리드리히(C. J. Friedrich)의 이론

프리드리히는 현대행정국가에 있어서 행정책임은 이미 단순히 기존정책의 집행에 대한 책임이라고만 생각할 수 없는 포괄적인 것이며, 전통적인 의회나 법원에 의한 통제만으로는 그것을 확보할 수 없다고 주장하였다. 그는 정책형성에 관하여는 행정인의 책임에 관하여 두 가지의 기준을 제시하였다. 하나는 정책을 수립할 때 거기에 내포되어 있는 기술적 문제에 관한 기존의 인간의 지식을 충분히 고려하지 않는다면 그것은 무책임한 정책이라는 것이며, 다른 하나는 어떤 정책이 그 사회에 존재하는 선호, 특히 그 사회의 대다수 시민의 선호에 대한 충분한 배려 없이 채택된 것이라면 그 정책도 무책임한 정책이라는 것이다. 따라서 책임 있는 행정인이란 기술적 지식과 대중의 감정에 대하여 응답할 수 있는 사람이라고 할 수 있다는 것이다. 이와 같이 프리드리히는 전문가집단이나 시민과의 대응관계 속에서 행정인의 도덕성(moral)에 역점을 두고 행정책임의 확보를 고찰하고 있다.

이러한 견해를 지지한 대표적 인물 중의 한 사람인 가우스(J. M. Gaus)는 오늘날 나타나고 있는 행정체제에 있어서의 하나의 중요한 책임행태는 개개의 행정인의 자기의 전문직업의 표준과 이념에 합치하는 것을 책임이라고 인식하는 것이며(내면적 억제), 또한 책임의 감각(sense of responsibility)이 고취되지 않으면 행정책임은 불완전하고 소극적이며 외부적인 것이 되어 버린다고 말하고 있다. 이 입장은 통제의 측면보다는 주체적 행위자로서의 책임의 측면과 현실의 정치과정에 있어서 대응으로서의 행정인에 대한 책임을 강조하고 있다고 하겠다.

2. 파이너(H. Finer)의 이론

프리드리히 이론에 대하여 파이너는 행정인은 어디까지나 대중이 선출한 대표자들에게 책임을 져야 한다는 것이다. 이들 대표자들은 행정인의 행동지침을 기술적으로 가능한 한 상세히 결정하여야 한다고 말하면서 책임의 의미에 대하여 다음과 같이 설명하고 있다. 즉 책임에는 두 가지 종류의 의미가 있는 데 하나는 X가 Y에 관하여 Z에게 책임을 지는 것을 의미하며, 다른 하나는 도덕적 의무에 관한 내면적인 개인의 의식을 의미한다는 것이다.

전자의 정의에서 설명되어야 할 기관 또는 개인은 외부에 존재한다. 그리고 그 기관이 X의 의무에 관한 상태와 그 계속 또는 해제의 기한을 결정하지 않으면 이 책임은 거의 무의미해진다. 후자의 정의에서는 책임주체의 양심에 역점이 있기 때문에 과오를 범해도 자신의 양심에 의하여 인정할 때에만 과실이 되는 것이며, 더욱이 책임주체에 대한 처벌은 스스로의 양심의 가책일 뿐이라고 한다. 전자의 경우에는 공적인 처벌의 관념을 내포하고 있는 데 반하여, 후자의 경우는 자책에 그친다. 그리하여 민주체제는 주로 전자의 의미에서 책임을 구현하는 것이며, 권위적 체제는 주로 후자의 것을 구현하는 것이라고 한다.

파이너는 프리드리히와의 주요한 차이점으로서, 자기는 책임을 정치가와 행정인 누구를 막론하고 파면까지 시킬 수 있는 시정 및 처벌제도라고 인식하고 있으나, 프리드리히는 전문적인 표준에 따르거나 또는 충실해야 한다는 것 이외에는 대체로 처벌받는 일이 없는 책임감으로서의 책임을 강조한다는 데 있다고 주장한다.

3. 양 이론의 종합적 고찰

앞에서 살펴본 양이론에 대하여 우리는 다음과 같이 생각할 수 있다. 입법부나 사법부 등의 외재적 기관에 의한 관료제의 통제는 행정책임을 확보하는 데 있어서 가장 중요한 것들이고, 이러한 것들이 효과적으로 기능을 발휘할 수 있도록 그 가능성을 추구해 나가야 한다는 점에서 본다면 파이너의 주장이 타당하다고 본다. 그러나 책임을 행정인의 파면에까지의 이르는 시정과 처벌이라는 엄격한 통제와 같은 차원에서 고려하는 것은 의문이며, 또한 책임과 통제의 관계에서 엄격한 통제가 없으면 그것은 곧 무책임이라는 생각은 수용하기가 곤란하다.

한편 프리드리히의 입장에 관해서는 책임의 측면에서 책임의 감각과 내면적 억제가 강조되어야 하는 것은 당연하지만 이것을 촉구하는 통제의 측면을 경시하고 그것을 단지 행정인의 자율적 도덕성의 문제로서만 고려되어야 한다고 한다면 그것은 논란의 여지가 있다고 하겠다.

제 2 절 행정책임의 본질

1. 봉사자로서의 책임

행정책임이란 관료제 내지 이것을 구성하는 행정인의 책임으로서 그것은 곧 봉사자로서의 책임을 의미한다. 일찍이 절대왕정하에서는 행정인은 군주에 대한 봉사자(loyal servant)이었으나, 오늘날의 민주정치하에서는 국민 전체에 대한 봉사자(public servant)이다.

그러면 봉사자로서의 책임이란 무엇인가. 봉사자의 책임은 주인의 책임과 대조적인 것으로 주인의 책임이 도덕적 책임(moral responsibility)임에 대하여 봉사자의 책임은 계약상의 책임(contractual responsibility)이다. 그리고 이 책임에는 세 가지 요소가 포함되어 있다. 일반적 의무(a general duty), 재량권(a discretionary power) 및 사후에 해명할 수 있어야 한다는 것(a subsequent account-ability)이 그것이다.

모든 봉사자는 계약상의 의무를 지게 된다. 그러나 모든 봉사자가 의무를 진다고 해서 책임을 지는 것은 아니다. 봉사자가 책임을 지기 위해서는 의무뿐만 아니라 결정권을 갖지 않으면 안 된다. 다시 말하면 부여된 의무를 책임지고 수행하기 위해서는 거기에 최저한도의 재량권이 인정되어야 한다는 것이다. 이 경우 주인은 사전에 또는 그때그때 개입하여 봉사자의 재량권의 범위를 제한하는 일이 있을지도 모른다. 그러나 이러한 것이 책임의 본질적인 것은 아니다. 이러한 개입과 제한이 있는 경우에는 그만큼 책임이 감소되게 될 뿐이다. 이에 반하여 주인이 사후에 봉사자에 해명을 요구하는 것은 책임의 본질적인 요소이다. 봉사자는 자기가 판단을 하면서(재량권의 행사) 의무를 수행하고, 그 행동에 대하여 명백한 해명을 할 수 없으면 책임을 다 했다고 할 수 없다.

2. 책임과 통제

주인과 봉사자의 관계에 있어서 책임을 완수한다는 것은 봉사자측의 주체적 행위이다. 따라서 책임에는 주체적인 책임감과 자기규율이 불가피하다. 특히 우리나라의 관료제에서와 같이 전통적으로 민주적 책임에 대한 감각이 대체로 결여된 것에서는 이러한 점이 크게 강조되어야 한다. 관료제의 민주화를 위하여 외재적 책임, 즉 통제체제를 확립하고 공무원의 내재적 책임을 확립한다는 것은 주요한 과제이며, 특히 국민에 대한 봉사정신의 체득이야말로 불가결한 기본조건이 아닐 수 없다.

이와 같이 책임을 주체적 행위로서 고려한다는 것은 책임의 문제를 행정인측에서 이해한 것으로 이것은 자율적 책임을 의미한다. 그러나 사실상 책임의 문제는 이러한 행정인측의 자율의 문제뿐만 아니라 어떻게 해서 책임을 완수하도록 할 것인가, 어떻게 하면 책임을 확보할 수 있을 것인가 하는 문제도 중요하다. 후자는 주인측으로부터의 통제, 즉 책임주체에 대한 외부로부터의 통제를 의미한다. 특히 민주주의에 입각한 통치에 있어서는 외부로부터의 책임확보가 중요하며, 책임의 문제란 곧 통제의 문제라 하겠다.

제 3 절 행정통제: 행정책임의 확보

1. 행정통제의 의의

행정권의 강화에 비례하여 이에 대한 통세가 증대되지 않을 경우에 민주사회의 구현이 어려워지면 결국에는 관료가 지배하는 사회가 될 염려가 있다. 여기에서 행정책임의 확보수단으로서 행정통제의 문제가 제기되고 있는데, 이는 행정권과 행정기능이 과도하게 집중화되어 있는 개발도상국에서 그 필요성이 더욱 크다고 할 수 있다.

행정통제란 행정목표가 적시에 효과적으로 달성되고 있는가의 여부를 결정하기 위한 행정관리층의 수단이며, 필요한 경우에는 조직의 성과가 계획대로 이루어지도록 시정조치를 취하는 것을 의미한다.

2. 행정통제의 중요성

오늘날 행정통제가 중요시되고 이유는 다음과 같다.

첫째, 조직이나 개인의 활동을 통제할 필요성이 바로 책임성(accountability) 개념의 핵심이 된다는 점이다. 통제과정이 없다면, 행정관료의 책임성이란 불가능한 일이 될 것이다. 또한 행정관리자가 부하직원에 대해 책임을 요구할 능력이 없게 되면, 그들은 부하직원에게 권한을 위임하는 데 있어 심각한 문제에 봉착하게 된다.

둘째, 행정통제의 중요성이 증가하는 이유로는 급격한 환경변화를 들 수 있다. 오늘날 행정조직을 둘러싸고 있는 환경이 빠르게 변화됨으로 인하여 행정관료들의 장래 예측가능성이 심하게 저하될 우려가 있을 뿐 아니라 조직의 전략에 대한 계속적인 평가작업이 필요로 되고 있다. 따라서 행정관리자들이 행정조직의 활동에 심각한 영향을 미칠 환경변화를 예측하기 위해서는 통제체제의 확립이 필요로 되는 것이다.

셋째, 행정의 복잡성(complexity) 증대가 또한 행정통제를 중요하게 한다. 행정이 담당하는 업무가 복잡해지고 다양해짐에 따라 기술적인 전문성을 보유하고 있는 행정관료의 재량권이 확대되고 있으며, 더불어 행정관료들이 장악하고 있는 막대한 예산권으로 인하여 행정통제의 필요성이 그만큼 증가되고 있다. 또한 지방분권화로 인한 행정조직의 지리적 분산의 확대는 행정목표를 통제할 효과적인 방법을 요구하고 있다.

넷째, 행정인의 개인적 속성과 관련된 사항으로서 사람은 누구나 실수를 하는 경향이 있다는 점이 행정통제의 중요성에 대한 또 하나의 이유가 된다. 따라서 잘못된 결정으로 인한 손실을 최소화 할 수 있는 시정조치를 취하기 위해서는 효과적인 통제체제의 설계가 필요로 되는 것이다. 다시 말해서 행정통제체제는 조직목표로부터의 이탈을 탐지할 수 있는 조기경보장치로써 그 중요성이 인정되고 있다.

3. 행정통제의 방법

행정통제는 통제의 주체가 행정부의 외부에 있느냐 또는 내부에 있느냐에 따라서 외부통제(external control)와 내부통제(internal control)로 분류되며, 통제의 주체가 법제상 강제된 통제수단이냐의 여부에 따라서 공식적 통제(formal control)와 비공식적 통제(informal control)로 구분된다. 이외에도 통제대상을 중심으로 타율적 통제(enforced control)와 자율적 통제(voluntary control)로 구분할 수 있고, 통제대상의 단위에 따라 개인통제(individual control)와 조직통제(organization control)로 구별된다. 또 통제의 시점을 기준으로 하여 사전적 통제(예방적 통제), 동시적 통제, 사후적 통제로 나누어 볼 수 있다.

이와 같이 행정통제를 구분하는 기준은 여러 가지가 있겠으나, 여기서는 외부통제와 내부통제 및 기타로 대별하고 외부통제와 내부통제는 다시 각각 공식적 통제와 비공식적 통제로 구분하여 설명하고자 한다.

1) 외부통제

(1) 공식적 통제

의회에 의한 통제

역사적으로 서구에 있어서 의회는 왕권과 대립하는 것이었지만, 오늘날에 있어서는 일반적으로 행정부를 통제하기 위한 기관으로서의 성격을 갖는다.

의회에 의한 통제는 행정에 대한 통제의 제 방법 중에서도 중추적 위치에 있는 것으로서, 그 통제방법으로는 입법권, 예산심의권, 조사·질문권 및 인사권에 의한 통제를 들 수 있다.

▪ 입법권에 의한 통제: 의회는 법률의 제정 및 개정을 통하여 행정조직과 절차는 물론 공공정책의 목표와 대상을 결정함으로써 행정부의 행정범위를 구속한다. 현대사회에서 이러한 행정에 대한 의회의 통제는 일정한 한계를 지니게 되는데, 이는 위임입법에 의해 행정부의 준입법기능이 확대됨에 따라 불가피한 현상으로 받아들여지고 있다.

▪ 예산심의권에 의한 통제: 의회는 국가의 예산을 심의하고 승인하거나, 지출을 금지하거나 제한하는 등의 조치를 통하여 행정부를 통제한다. 의회에 의한 예산배정규모는 행정부의 활동영역을 한정짓게 되며, 지출조건의 제시는 행정사업의 성격을 규정하고 세분화된 예산항목은 행정사업의 실적 내용을 지시하게 된다.

▪ 조사·질의권에 의한 통제: 의회는 국정감사 및 국정조사권을 통하여 국정사안에 관하여 조사하고, 그에 직접 관련된 서류의 제출, 증인의 출석과 증언 또는 의견의 진술을 요구할 수 있다. 또한 의회나 그 위원회에서는 국정처리상황에 관하여 질문할 수 있는 질문권을 가지고 있으며, 이들이 요구가 있을 시에는 국무총리, 국무위원 또는 정부관료들은 출석·답변하여야 한다.

▪ 인사권에 의한 통제: 대통령중심제에서 의회는 대통령에 대한 탄핵소추권 및 고급공무원의 임명에 대한 동의권을 가지고 집행권력을 통제한다. 반면 내각책임제에서는 의회가 실질적으로 수상의 임명권을 가지며, 또한 내각불신임권을 갖는다.

옴브즈만(Ombudsman)에 의한 통제

일반적으로 의회나 사법부의 행정통제기능이 의심받게 되자, 이를 보완함으로써 보다 적극적으로 국민의 이익을 보호하려는 통제방법 중 주목할 만한 것은 옴브즈만제도이다. 이것은 스웨덴에서 비롯된 제도로서 스웨덴에서는 1809년 헌법에 의하여 의회 소속기관으로서 옴브즈만이 설치되어 행정 및 재판에 대한 의회통제의 한 방법으로서 제도화되었다. 옴브즈만은 행정관이나 재판관의 직무수행상의 위법행위나 태만을 발견하여 법원에 소추하는 것 외에 일반국민의 고충을 신청받아서 구제하는 기능을 갖는다.

사법부에 의한 통제

사법부에 의한 통제는 행정부의 행위가 헌법과 법령에 적합한가의 여부와 현저하게 부당한 재량권을 행사하지 않았는가의 여부를 판단하여 위헌·위법·부당한 행위에 대한 시정조치를 취하는 기능을 말한다. 이러한 사법부에 의한 통제는 재판에 의해 이루어지며, 실제로 행정부의 행위가 사법부에 의하여 심사되는 것은 극히 한정된 범위이지만, 사법부에 의한 심사가 제도화되어 있고, 또한 일반국민들로 하여금 행정부를 상대로 법원에서 쟁송할 수 있는 제도가 보편화되어 있다는 점에서 행정부에 대한 어느 정도의 통제가 될 수 있다.

(2) 비공식적 통제(민중통제)

외부적·비공식적 통제는 일반국민이 선거, 이익집단, 언론기관, 정당, 여론 등을 통하여 행정을 통제하는 것으로 민중통제가 이 중 가장 두드러진 통제방법이다. 민중통제는 전통적인 입법통제, 사법통제가 무력화되어 감에 따라 책임 있는 행정을 효과적으로 확보하기 위한 통제방법으로서 많은 관심을 받고 있다. 이런 민중통제가 제대로 성과를 발휘하려면 시민의식이 확립되어야 한다. 민중통제의 방법에는 다음과 같은 것들이 있다.

선거권의 행사에 의한 통제

일반국민은 선거권이나 국민투표권의 행사를 통하여 행정을 간접적으로 통제한다. 이러한 선거권의 행사를 통한 행정통제의 효과성은 자유민주주의적 정치제도가 확립되어 있느냐에 달려 있다. 즉 이러한 통제방법의 효과를 기대하기 위해서는 일반국민이 고도의 정치의식과 자율적인 참여의식을 가지고 있어야 하며, 또한 타율적인 간섭을 받지 않고 선거권을 행사할 수 있는 정치풍토가 마련되어야 한다.

시민단체에 의한 통제

시민단체는 그들의 이념 혹은 권익을 옹호·주장하기 위하여 정책결정, 예산편성, 인사문제 등 행정의 제 분야에 걸쳐서 행정기관을 지원하거나 또는 간섭, 방해, 투쟁을 행한다. 이러한 시민단체의 활동이 행정책임과 공익을 확보하는 데 있어서 유력한 수단이 되기 위해서는 각종 사회기능이 분화되고 조직이 전문화되어야 하며, 이들 집단의 자율성과 독립성이 보장되어야 한다.

언론기관에 의한 통제

언론기관은 국민의 여론을 집약하고 대변함으로써 민의가 정책에 반영될 수 있도록 한다. 사실상 언론기관은 현대국가에 있어서 정치적·행정적 책임을 확보하는 데 결정적인 역할을 하고 있다. 이와 같이 언론기관이 행정에 대한 효과적인 통제수단이 되고 있으나, 언론기관에 대한 국민의 불신, 상업주의 경향의 증대, 여러 가지 이유로 인한 언론의 자율성 약화 등 일련의 사실은 언론기관의 행정에 대한 순기능을 제약하고 있다.

정당에 의한 통제

정당은 국민의 이익을 위하여 책임 있는 정치적 주장이나 정책을 추진하고 공직선거에 후보자를 추천 또는 지지함으로써 국민의 정치적 의사형성에 참여하는 기능을 지니고 있다. 즉 정당은 산재되어 있는 민의를 통합하여 이를 정치·행정과정에 반영시키는 정치단체로서 일반국민은 이러한 정당을 통하여 간접적으로 행정통제를 행하게 된다.

여론에 의한 통제

여론은 정책의 채택과 파기에 결정적인 영향력을 행사하는 동시에 행정의 경직화를 감소시키는 역할을 한다. 그런데 여론이 이러한 행정통제수단으로서의 기능을 제대로 발휘하기 위해서는 일반국민으로부터 폭넓은 지지를 받을 수 있고 높은 강도의 실현가능성을 지니고 있어야 하며, 동시에 행정결정자에게 영향력을 미칠 수 있는 강력한 전달자의 전달방법을 가지고 있어야 한다.

2) 내부통제

(1) 공식적 통제

행정수반에 의한 통제

행정수반은 행정전반을 지휘·감독하는 책무와 권한이 부여되고 있다. 즉 행정수반은 정부의 공무원임명권, 기구개편권, 준입법권, 행정개혁권, 정책결정권 및 리더십에 의한 권위행사를 통하여 효과적으로 행정을 통제할 수 있으며 스스로 최고의 행정책임을 지는 지위에 있는 것이다.

관료제 계서구조에 의한 통제

▪ 감독관청에 의한 통제: 행정관청은 상하급의 계층적 구조를 이루고 있으며, 상급행정관청은 하급행정관청의 행정입법권의 행사에 대하여 행정감독권을 갖는다. 그 주요 내용으로는 첫째 행정입법권의 관장에 관한 행정관청 간의 분쟁이 있을 때 주관행정관청을 결정하는 주관쟁의결정권, 둘째 행정입법의 기준, 방향 등을 지시하는 훈령권, 셋째 행정입법의 경위 등을 감시하는 감독권, 넷째 위법 또는 부당한 행정입법을 중지 또는 취소하는 취소권 등을 들 수 있다.

▪ 특정 부처에 의한 통제(관리기관): 이것은 관료제의 내부에서 특정한 부처가 다른 부처에 대하여 특정 분야의 행정업무를 통제하는 것을 말한다. 이러한 유형에 속하는 통제의 대표적인 예로서는 우리나라의 경우 행정안전부에 의한 인사관리상의 통제, 기획재정부에 의한 예산관리상의 통제 등을 들 수 있다.

▪ 부처 내 자율적 통제: 상급행정기관이 하급행정기관 또는 각 행정기관의 자체 내부에서 이루어지고 있는 행정활동의 적법·타당하게 시행하고 있는가를 감사하는 것을 말한다. 이러한 행정감사는 행정의 합법성과 합목적성의 확보를 직접적인 목적으로 하면서 행정의 적법성, 타당성의 확보, 행정질서의 확보, 행정조직개선에의 기여 등 여러 목적을 달성하려는 데 목적을 두고 있다.

감사원에 의한 통제

감사원에 의한 통제는 내부통제기관 중 가장 직접적인 권한을 가지고 통제기능을 수행하는 경우에 해당되는데, 이에는 회계검사와 직무감찰 등에 의한 통제가 있다.

▪ 회계검사: 감사원의 회계검사사항은 크게 필요적 검사사항과 선택적 검사사항으로 구분된다. 전자는 감사원이 당연히 검사해야 할 사항으로서 국가의 회계, 지방자치단체의 회계, 한국은행의 회계와 국가 또는 지방자치단체가 자본금의 2분의 1 이상을 출자한 법인의 회계 등을 말하며, 후자는 감사원이 필요하다고 인정한 때 또는 국무총리의 요구가 있을 때 검사하는 사항을 말한다.

■ 직무감찰: 감사원은 행정기관 및 공무원의 비위를 시정·방지하기 위하여 그 직무를 감찰한다. 이것은 공무원으로 하여금 국민 전체에 대한 봉사자로서 맡은 바 직무를 성실히 수행하도록 하고, 또한 행정운영의 개선, 향상을 도모하도록 하기 위한 것이다. 즉 감사원은 직원으로 또는 이해관계인의 심사청구에 의거하여 각급 행정기관의 직무감찰을 시행하고, 감찰의 결과 하자나 행정상의 모순을 발견할 때에는 관계기관에 대하여 그 시정이나 개선을 요구할 수 있으며, 또는 관계자의 문책요구나 고발조치를 취할 수 있다.

(2) 비공식적 통제

행정인의 자율적 통제

행정책임을 확보하기 위한 통제에 있어서 무엇보다도 가장 이상적인 것은 행정인이 스스로 직업윤리를 확립하고 그 기준에 의하여 자기를 규제하는 자율적 통제라 하겠다. 즉 행정통제의 핵심은 바로 내부적·자율적·비공식적 통제라고 할 수 있는 관료에 의한 자기통제에 있다고 할 수 있다. 관료 자신에 의한 자율적 통제는 행정이념이나 절차에 대한 행정관료의 충성심유지에 가장 궁극적이고 유용한 장치라고 하지 않을 수 없다.

전문직업집단의 표준에 의한 통제

사회구조의 분화가 아직도 미흡하고 행정 자체가 폐쇄적인 경향이 짙은 곳에서는 이러한 전문직업집단에 의한 통제를 확보하기 위한 기본적 조건이 결여되어 있다고 하겠다. 전술한 행정인의 자각과 자율적 통제는 이러한 기능적 책임을 확립한 위에서 이루어진 것일 때 비로소 가능하다. 기능적 책임이란 정책을 수립할 때 전문적 표준을 충분히 고려해야 할 책임을 말한다.

4. 우리나라 행정통제의 방향

지금까지 행정책임을 확보하기 위한 수단으로서 행정통제의 방법에 대해 살펴보았다. 만약 이러한 방법들이 제 기능을 발휘한다면, 우리나라의 행정통제는 상당 부분 건전하고 효율적인 방향으로 나가게 될 것이다.

향후 우리나라에서는 앞에서 제시한 행정통제방법의 지속적인 실행과 더불어 국민에 대한 민주정치교육의 확대와 이를 통한 정치의식의 향상, 국민의 선거권에 대한 책임 있는 행사, 의회와 사법부의 독립성 강화, 언론의 자율성과 공정성 확보 등을 향상시켜 나가야 할 것이다.

그리고 행정통제방법에 관하여 한 가지 주의할 점은 외부통제와 내부통제 간에 균형을 도모해야 한다는 점이다. 이는 주로 외부통제를 강화시키지 않고 내부통제만 강화하려고 해서는 안 된다는 의미인데, 그 이유는 행정통제가 지향하고 책임성 확보의 기본적 요건이 바로 참여와 공개에 있기 때문이다.

제 3 장

행정개혁과 정부혁신

제 1 절 행정개혁의 의의

1. 행정개혁의 개념

언제나 새로운 변화 및 혁신을 전제로 하는 행정개혁은 세계 어느 나라를 막론하고 보편화되어 있다. 여기에서는 행정개혁을 '국가발전의 목표를 효과적으로 실현하기 위해 정치과정을 통하여 계획적으로 행정의 전반적인 변혁을 추구하는 계속적인 활동'으로 파악하고자 한다. 이와 같은 행정개혁은 사회상황의 변화에 적응하면서 국가발전의 목표를 효과적으로 실현하기 위한 것이다.

2. 행정개혁의 기본요소

(1) 행정개혁의 목표

행정개혁은 기구의 개편 및 능률과 절약만을 의미하는 것은 아니라, 위에서 언급한 바와 같이 국가발전목표의 효과적인 실현을 위하여 다음과 같은 목표를 갖는다.

첫째, 정책과 운영계획을 변경하거나 사업계획의 규모와 규범을 확대시킨다. 둘째, 관리자의 통제능력 및 조정능력의 향상, 정책결정의 분권화, 행정의 질과 생산성의 향상, 경비절약, 행정원리의 적용 등을 통하여 행정의 능률성을 높인다. 셋째, 직원의 자질을 높이고 업무수행능력을 향상시킨다. 직원의 후생 및 능력개발의 기회를 증대시킨다.

(2) 계획적 변혁

오늘날과 같이 급변하는 사회 속에서 발생하는 여러 가지 정치적 · 경제적 문제나 요구에 대응하기 위해서는 조직구조 및 조직행태의 전면적인 변혁이 요구된다. 따라서 조직의 변혁을 전면적 · 급진적으로 진행시키면서 조직의 균형이 유지될 수 있도록 하기 위해서는 계획적 · 체계적인 변혁이 필요한 것이다.

(3) 정치과정

행정개혁은 관료제와 사회의 제 요소 간의 관계 또는 관료제 자체 내의 여러 관계를 조정하여야 한다는 점에서 정치과정의 성격을 지니고 있으며, 이러한 개혁의 목적 · 대상은 정치적 환경에 따라서 달라진다. 행정개혁은 다양한 정치세력 간의 투쟁, 타협 등이 전개되는 과정의 결과로 이해될 수 있다.

(4) 계속적인 활동

행정개혁은 사회의 문화와 가치체계의 변화에 동화될 수 있어야 성공적으로 이루어질 수 있으며, 성공된 개혁은 또 다른 개혁으로 계속 유도되어야 한다. 사회의 변화와 개혁의 연쇄작용은 부단히 계속되는 것이므로 행정개혁은 계속적인 활동이라고 할 수 있다.

3. 행정개혁의 필요성

행정개혁의 필요성은 그 나라의 정치적 · 사회문화적인 특수성, 역사적인 전통, 행정환경 등에 따라 상이하지만, 일반적으로 행정개혁은 다음과 같은 동기에서 이루어진다. 즉 사회적 상황이 변화하면 이에 따라 행정기능의 변화도 불가피한데, 이와 같이 변화된 새로운 행정기능은 이를 수행하는 수단인 행정기구 · 관리기술 및 구성원의 행태의 변혁을 수반하지 않는 한 행정구조와 기능 간에 불균형이 발생하고, 행정의 능률이 저하될 가능성이 크다. 행정개혁의 필요성을 좀 더 상세히 살펴보면 다음과 같다.

① 정치적 이유에 기인한 경우로서 정치적 혁명이나 개혁, 나아가서는 각종 압력단체와 국민의 여론 또는 국회의 다양한 요구 등에 의하여 촉진되는

것이다.

② 현대기술의 고도화로 인한 행정의 전문화, 현대화 및 합리화의 촉진이 행정개혁을 발생시키는 경우로서, 예를 들면 인사, 재무, 통계, 조달, 기획 등 제도적 개혁을 말한다.

③ 예산의 절약, 절감 및 재정낭비의 제거를 위하여 개혁을 추진하는 경우도 빈번하다.

④ 행정을 수행하는 수단이 변화하여 기구의 통합, 정비 또는 분리를 필요로 하는 경우에 개혁을 추진한다.

⑤ 행정목적의 중점이 변동되거나 그 비중이 변혁이 있는 경우이다.

⑥ 과학적인 행정조사연구에 의하여 행정개혁이 촉진되는 경우로서, 예컨대 각 부처의 권한의 명확화를 위하여 보조기능, 참모기능 등을 집권화 시키는 경향 등이 그것이다.

제 2 절 행정개혁의 접근방법

1. 구조적·기술적 접근방법

이 방법은 공식적·합리적 조직을 강조하는 전통적 조직이론이나 과학적 관리법에 근거를 두고 있다. 이 접근방법에 의하면 행정개혁의 목표는 계층제, 통솔범위의 적정화, 명령계통의 일원화, 분업, 조정과 분권화전략을 통하여 조직의 최적 구조를 모색하고, 새로운 행정장비 및 기술의 도입을 통하여 사무관리의 능률화를 실현하는 데 있다. 이 접근방법에 속하는 분권화전략은 조직구조와 의사결정 및 인간행태까지도 포함하는 비교적 포괄적인 성격을 지니고 있으나 그 효율성은 제한되어 있다.

일반적으로 이 접근방법은 다음과 같은 문제점을 지니고 있다.

첫째, 조직구조·기술·절차의 변혁에만 중점을 두고, 인간적 측면과 환경적 요인을 충분히 고려하지 않고 있다. 따라서 이 접근방법에 의한 개혁은 그 목표를 달성하기가 어렵고, 행정의 형식주의를 초래할 가능성이 있다.

둘째, 행정조직은 정치적 성격이 강하기 때문에 조직원리를 바탕으로 하는 접근방법은 권력분립·의회주의·정당정치의 원리에 입각한 현대 정치체제에는 적합하지 않다.

셋째, 발전도상국에 있어서는 구조와 기능·제도와 실제 간에 많은 차이가 있어 행태의 변혁이 따르지 않는 구조기능의 변혁은 그 실효성이 약하다.

2. 인간관계적 접근방법

이 방법은 인간관계론, 행태론 및 조직발전론(OD)에 근거를 두고 있다. 이 접근방법은 인간의 가치관, 태도의 변혁은 조직구조의 변혁과 새로운 기법의 창안을 초래한다는 전제하에 행정개혁의 목표를 조작적 전략(manipulative strategy)과 가치변화전략(change in value strategy)을 통한 인간행태의 변혁에 두고 있다. 이 접근방법은 정교한 집단적 방법과 대인관계 및 집단관계를 강조하고 있다는 장점이 있으나, 다음과 같은 문제점도 지니고 있다.

첫째, 개혁자와 개혁 대상 간의 권력문제를 회피하고 있으며, 조직구성원을 조작함으로써 변혁을 꾀하려고 한다. 또한 이 접근방법은 조직의 구조와 의사결정과정을 충분히 고려하지 않는, 즉 조직 없는 인간(people without organization)에만 중점을 주는 방법이다.

둘째, 이 접근방법은 비공식적·감정적인 측면을 강조하기 때문에 공식적·계층제적 성격이 강하고, 법적 규제를 받고 있는 행정조직의 개혁방법으로는 적합하지 않다.

셋째, 인간의 행태를 변혁시키는 데에는 장기적인 시일이 소요된다.

넷째, 폐쇄적이고 권위적인 행정환경을 가지고 있는 발전도상국에 있어서는 그 적용에 어려움이 많으며, 행태과학에 충분한 연구와 지식이 요구된다는 점에서 제약이 따른다.

3. 종합적 접근방법

앞에서 설명한 구조·기술의 접근방법이나 인간중심의 접근방법은 위에서 지적한 바와 같이 부분적인 해결책에 불과하기 때문에 어느 하나의 방법만으로는 행정의 전면적·포괄적인 개혁을 추구할 수 없다. 여기에서 우리는 구조 · 기술 · 인간 · 환경의 문제, 즉 구조, 정책결정, 행정과정, 조정, 대인관계, 집단관계, 의사소통, 표준적 절차, 작업패턴 등의 문제를 포괄하는 종합적인 접근방법의 필요성을 찾을 수 있다.

제2차 세계대전 후 많은 신생국들이 개혁을 시도하였으나 대부분 실패하였던 원인도 환경적 · 생태적 요인의 중요성을 인식하지 못한 채 선진국의 행정제도만을 도입하려고 하였기 때문이다. 합리적 사고와 행정관리기술이 부족하고, 전이사회적 성격을 띠고 있는 개발도상국에 있어서는 상기한 접근방법들 중의 어느 하나만으로는 행정개혁의 성공을 기대하기가 어려운 것이다. 행정개혁의 목표를 성공적으로 달성하기 위해서는 먼저 인간행태의 변혁이 이루어져야 하기 때문에 인간관계적 접근방법의 중요성을 인식하고, 동시에 구조적 · 기술적 접근방법의 효율성도 인정하여야 할 것이다.

제 3 절 행정개혁의 과정

1. 제1단계: 개혁의 필요성 인식

개혁의 필요성은 객관적 측면과 주관적 측면으로 나누어 볼 수 있다. 객관적 측면이란 ① 권력의 변동으로 인하여 발생하는 행정수단이 변혁요청, ② 사회적 요청으로서의 행정수요의 발생, ③ 행정제도에 내재하는 관행적 · 팽창적 경향의 교정 등을 의미하며, 주관적 측면이란 정치주체가 이러한 객관적 요청을 개혁목표로서 인정하는 것을 의미하는 것을 의미한다. 행정개혁은 이와 같은 객관적 요청과 주관적 인식이 동화될 때 시작되는 것이다.

2. 제2단계: 개혁안의 작성 및 결정

(1) 개혁안의 작성

개혁안은 조직의 내부구성원에 의하여 작성되는 경우와 조직의 외부인에 의하여 작성되는 경우 또는 양자의 협력에 의하여 작성되는 경우가 있다. 이러한 개혁안에 입각한 행정개혁이 성공적으로 이루어지려면 행정인의 이해와 지지가 요청된다. 따라서 개혁안을 작성할 때에는 가능한 한 참여의 범위를 확대시키는 것이 바람직하다.

개혁의 범위는 행정 전반에 걸치는 포괄적인 개혁과 조직구조, 정책, 절차, 목표달성 등 일부 문제에만 국한시키는 부분적인 개혁이 있다. 또 개혁전략으로서는 전면전략과 점진전략을 들 수 있는데, 정치 · 사회환경이 개혁에 유리하고 유능한 리더십이 있는 경우에는 개혁사업이 정부 전반에 걸쳐 일시에 전면적으로 적용되는 전면전략을 채택해도 좋지만, 환경은 유리하지만 리더십이 불충분하거나 혹은 리더십은 충분하지만 시기가 적당하지 않은 경우에는 점진전략을 채택해야 한다. 사회 · 경제환경이 불리할 뿐만 아니라 리더십도 부재하는 경우에는 개혁을 위한 전략이 있을 수 없다.

(2) 개혁안의 결정

개혁안이 작성되어 최고관리층에 제출되면, 그 내용과 실행가능성 등을 검토하여 최종안을 결정한다. 최종결정은 관계전문기관이나 막료기관의 자문을 거쳐 내려지며, 이와 같은 과정을 거치는 동안 경우에 따라서는 그 내용이 일부 수정 · 삭제 · 첨가되기도 한다.

3. 제3단계: 개혁의 실행

개혁의 실행은 많은 시간과 노력이 요구되는 과정이다. 이 과정에서는 ① 법안의 개혁, ② 새로운 규정 · 편람의 작성, ③ 추가경정예산편성, 예산이용, 예산전용, 예비비사용 등의 예산조치, ④ 관계공무원의 보직변경, ⑤ 새로운 제도, 절차, 방법 등을 위한 관계공무원의 교육훈련 등의 조치가 취해져야 한다. 또한 개혁안 자체에 실행문제가 충분히 반영되어 있지 못할 경우에는 그 실행계획부터 수립하여야 한다.

4. 제4단계: 개혁의 평가

개혁의 실행결과 그 목표의 달성도를 객관적으로 평가하기란 매우 곤란하다. 행정개혁을 평가함에 있어서 일반적으로 지적되고 있는 문제점을 들어보면 다음과 같다.

① 행정개혁은 그 자체가 목적이 아니고 수단이기 때문에 그 성공 여부를 평가하기가 어렵다.

② 개혁의 성과를 올리는 데 있어서 개혁자의 공헌도가 어느 정도는 되는지 분별하기가 곤란하다.

③ 개혁의 효과가 곧 나타나지 않는 경우, 어느 정도의 시기를 두고 그 효과를 측정하는 것이 적절한가를 결정하기 어렵다.

④ 평가자가 기준을 어떤 측면에 두는가에 따라 평가결과가 달라질 수 있다.

행정개혁을 평가함에 있어서는 위와 같은 문제점을 고려하면서 관찰가능한 것을 측정하여 평가하는 것이 중요하다. 예컨대, 행정의 업무량·비용·생산성을 측정하고, 이것들이 개혁의 목표 정책이나 기획의 변경, 행정능률의 향상, 업무수행능력의 향상에 얼마나 공헌하였는가를 여러 가지 자료에 의하여 검토하여 개혁의 성공 여부를 평가할 수 있을 것이다.

제 4 절 행정개혁과 저항

1. 저항의 원인

(1) 기득권자의 유지욕

현재의 조직 상태에서 기득권을 가지고 있는 자는 이를 계속 유지하려는 욕망 때문에 새로운 변혁에 저항하게 된다.

(2) 개혁에 대한 참여부족

개혁안의 작성이나 실행과정에서 개혁자가 일방적·강압적인 태도를 취하는 경우, 피개혁자는 소외감을 느끼게 되고 개혁에 무관심한 태도를 갖게 한다.

(3) 개혁안의 불확실성

개혁안의 내용 또는 그 실행계획이 개혁 대상에게까지 확실하게 전달되어 있지 않거나 또는 그 성과에 대한 전망이 불확실한 경우, 그는 불안감과 초조감을 느끼게 되어 개혁에 대해 저항적인 태도를 갖게 된다.

(4) 능력부족

개혁대상이 개혁에 따라 요구되는 새로운 지식이나 기술을 가지고 있지 못하여 개혁사업을 감당할 능력이 부족한 경우에 저항이 일어나게 된다.

(5) 관료제의 경직성과 무사안일주의

본질적으로 관료제는 보수적·무사안일주의적인 성격을 지니고 있기 때문에 관료제구조하에 있는 행정인들은 변혁에 저항하는 경향이 많다.

2. 저항에 대한 대책

(1) 개혁의 선택적 추진

가능한 한 이해관계자들의 기득권을 덜 침해하도록 기술적·혁신적인 것부터 먼저 개혁의 대상으로 하고, 관계자들의 기득권과 관련된 변혁은 가급적 피하되 부득이한 경우에는 그들이 적응할 수 있도록 점진적으로 실시한다.

(2) 광범한 참여기회의 제공

개혁에 대한 이해와 협조를 얻기 위해서는 개혁안작성이나 실행과정에 조직의 간부·계선기관·막료기관은 물론 여야의 정치인, 민간인 등이 참여할 수 있는 기회를 주어야 한다. 또한 행정PR의 과정을 통하여 개혁의 목표, 필요성 등을 이해시키며, 참여자들로 하여금 자신의 견해를 밝힐 수 있는 기회를 주어야 한다.

(3) 개혁안의 명확화

개혁에 관하여 확실한 인식과 이해를 갖도록 하기 위해서는 개혁안의 내용과 예상되는 결과를 객관적·계량적인 것으로 제시하고, 과거 또는 다른 조직의 성공적인 개혁을 예시하여 주어야 한다.

(4) 능력개발

개혁업무의 수행능력을 갖출 수 있도록 하기 위해서는 개혁을 추진하기에 앞서 피개혁자에 대한 교육훈련을 실시하여 그들의 능력을 향상시켜야 한다.

(5) 개혁의 공공성 강조

관료제의 역기능현상을 극복하기 위해서는 개혁의 가치가 피개혁자의 가치와 이념에 합치됨을 느낄 수 있도록 하고, 그 목적이 공공복지나 행정의 전체적인 효율성을 높이는 데 있음을 납득할 수 있도록 하여야 한다.

보완학습

각국의 정부혁신

1980년대 이후 영국, 호주, 캐나다, 미국 등 OECD 국가들은 사회경제의 근본적인 변화를 겪으면서 새로운 공공관리체제의 구축을 위한 개혁을 계속해 오고 있다. 이들 국가에서의 정부혁신은 공공부문에서도 기업경영방식과 시장원칙을 도입하고 단순한 절차준수보다는 성과를 강조하는 데 초점을 두고 있다. 현재 미국은 정부의 재창조(reinventing)를 구호로 하여 정부의 기업화(enterprising), 시장지향적 정부를 표방하고 개혁을 진행하고 있다. 이 개혁은 정부를 비롯한 공공부문에 기업형 쇄신정신을 심고 민간기업의 운용방식을 도입하며, 특히 경쟁적 성향과 서비스, 고객의 선택 등 시장적 원리를 공공관리에 수용하여 제도화하는 데 핵심이 있다(이에 대한 이론적 배경에 대해서는 제 1 편을 참조 바람).

오스본(Osborne)과 개블러(Gaebler)에 의하면, 미국정부의 재창출을 주도한 NPR(National Performance Review)은 10가지 행정개혁의 목표로 ① 촉매적 조정(catalytic steering) 위주의 정부, ② 지역사회 위주(community－owned)의 정부, ③ 경쟁적(competitive) 정부, ④ 사명의식적(mission－driven) 정부, ⑤ 결과지향적(result－oriented) 정부, ⑥ 고객 위주(customer－driven)의 정부, ⑦ 기업형(enterprising) 정부, ⑧ 예방적(anticipatory) 정부, ⑨ 분권화(decentralized) 정부, ⑩ 시장지향적(market－oriented) 정부 등을 들고 있다.

우리나라도 과거 권위주의적인 행정제도와 관행을 바로 잡고, 종합적이며 근원적인 제도개선과 지속적인 규제완화의 추진으로 국가경쟁력을 높이는 데 노력하고 있으나, 그 시행과정에서 몇 가지 문제점이 나타난 것도 부인할 수 없다. 결국 이러한 행정개혁은 시대의 변화에 따라 환경에 적응하는 과정으로 이해되어야 할 것이며, 그 부작용을 최소화하는 데 힘써야 할 것이다.

참고문헌

강성철 외 (2014). 「새인사행정론」. 서울: 대영문화사.

강신택 (1995). 「사회과학연구의 논리」. 서울: 박영사.

강정애 외 (2010). 「리더십론」. 서울: 시그마프레스.

강제상 · 임영제 외 (2010). 「행정기획론」. 서울: 박영사.

김규정 (2002). 「행정학개론」. 서울: 법문사.

김번웅 외 (1991). 「현대한국행정론」. 서울: 박영사.

김병진 (1992). 「정책학개론」. 서울: 법문사.

김봉식 (1986). 「기획론」. 서울: 박영사.

김석준 외 (2002). 「거버넌스의 이해」. 서울: 대영문화사.

김석희 (2004). 「조직구조론」. 서울: 무역경영사.

김신복 (2006). 「발전기획론」. 서울: 박영사.

김운태 (1986). 「행정학원론」. 서울: 박영사.

김인수 (2005). 「거시조직이론」. 서울: 무역경영사.

김태룡 (2014). 「행정이론」. 서울: 대영문화사.

김현조 (2009). 「지방자치론」. 서울: 대영문화사.

노화준. (2006). 「정책평가론」. 서울: 법문사.

민 진 (1992). 「행정학개설」. 서울: 고시연구사.

______ (2014). 「조직관리론」. 서울: 대영문화사.

박내회 (2004). 「조직행동론」. 서울: 박영사.

______ (2004). 「조직행동론」. 서울: 박영사.

박동서 외 (1996). 「비교행정론」. 서울: 박영사.

_________ (1998). 「발전행정론」. 서울: 법문사.

박동서 (2001). 「인사행정론」. 서울: 법문사.

______ (2001). 「한국행정론」. 서울: 법문사.

박문옥 (1982). 「한국정부론」. 서울: 신천사.

박수영 외 (2004). 「현대사회와 행정」. 서울: 대영문화사.

박연호 (2000). 「조직행동론」. 서울: 박영사.

______ (2001). 「인사행정론」. 서울: 법문사.

______ (2003). 「행정학신론」. 서울: 박영사.

박연호 · 오세덕 (2001). 「현대조직관리론」. 서울: 법문사.

박연호 · 이상국 (1999). 「현대행정관리론」. 서울: 박영사.

박연호 · 이종호 · 임영제 (2018). 「현대인간관계론」. 서울: 박영사.

박연호 · 임영제 (2000). 「현대사무관리론」. 서울: 법문사.

박용치 (1993). 「행정학원론」. 서울: 고려원

박우순 (1996). 「현대조직론」. 서울: 법문사.

박응격 (1993). 「행정학강의」. 서울: 박영사.

박천오 외 (2014). 「현대인사행정론」. 서울: 법문사.

백완기 (2006). 「행정학」. 서울: 박영사.

신두범 (1987). 「행정학원론」. 서울: 박영사.

신무섭 (2014). 「재무행정학」. 서울: 대영문화사.

신승춘 외 (2009). 「현대행정의 이해」. 서울: 대영문화사.

신유근 (1990). 「조직행위론」. 서울: 다산출판사.

______ (1994). 「조직론」. 서울: 다산출판사.

신희권 외 (2001). 「시민행정과 정부」. 서울: 대영문화사.

안병만 (1989). 「한국정부론」. 서울: 다산출판사.

안전행정부 (2013). 「주민투표 · 소환 · 소송 업무편람」. 서울: 안전행정부.

안해균 (2002). 「정책학원론」. 서울: 다산출판사.

양창삼 (1997). 「조직이론」. 서울: 박영사.

오석홍 (2005). 「인사행정론」. 서울: 박영사.

______ (2007). 「행정학」. 서울: 박영사.

______ (2011). 「조직이론」. 서울: 박영사.

오석홍 외 (2007). 「행정학의 주요이론」. 서울: 법문사.

오세덕 · 여윤환 (2000). 「현대행정관리론」. 서울: 동림사.

오세덕 · 이명재 · 임영제 (2004). 「조직행태론」. 서울: 동림사.

오세덕 · 임영제 외 (2013). 「행정관리론」. 서울: 대영문화사.

유 훈 (2000). 「행정학원론」. 서울: 박영사.

______ (2005). 「재무행정론」. 서울: 박영사.

유종해 (2001). 「현대행정학」. 서울: 박영사.

윤영진 (2014). 「새재무행정학 2.0」. 서울: 대영문화사.

윤재풍 (1986). 「조직학원론」. 서울: 박영사.

이상진 외 (1993). 「행정학개론」. 서울: 법문사.

이종수 외 (2008). 「새행정학」. 서울: 대영문화사.

_________ (2014). 「새행정학 2.0」. 서울: 대영문화사.

이종익 (1998). 「재무행정론」. 서울: 박영사.

이창원 · 명승환 · 임영제 (2004). 「정보사회와 현대조직」. 서울: 대영문화사.

이학종 · 박헌준 (2004). 「조직행동론」. 서울: 법문사.

이한규 · 이재창 (2005). 「지방의회존재론」. 서울: 양정사.

이한빈 (1968). 「사회변화와 행정」. 서울: 박영사.

임영제 외 (2003). 「인간관계의 이해」. 서울: 법문사.

장지호 (1978). 「인사행정론」. 서울: 박영사.

정우일 외 (2011). 「공공조직론」. 서울: 박영사.

정인흥 (1960). 「행정학」. 서울: 박영사.

정일섭 (2006). 「한국지방자치론」. 서울: 대영문화사.

정정길 (1993). 「정책학원론」. 서울: 대명출판사.

정철현 (2004). 「최신행정학」. 서울: 다산출판사.

조석준 (1992). 「한국행정학」. 서울: 박영사.

______ (1993). 「조직론」. 서울: 법문사.

조창현 (1985). 「행정학원론」. 서울: 법지사.

중앙공무원교육원 (2008). 「정책갈등과 대응방안」. 경기: 중앙공무원교육원.

총무처 직무분석기획단 (1997). 「신정부혁신론」. 서울: 동명사.

최병선 (1993). 「정부규제론」. 서울: 법문사.

최종태 · 백삼균 (2002). 「조직구조론」. 서울: 한국방송통신대학교출판부.

최창현 · 이창원 (2005). 「새조직론」. 서울: 대영문화사.

최창호 · 정세욱 (1997). 「행정학」. 서울: 법문사.

황윤원 (2004). 「행정학원론」. 서울: 형설출판사.

「한국행정연구」(1997~2018).

「한국행정학보」(1967~2018).

※ 본 참고문헌목록에는 본서를 집필하는데 참고한 국내단행본 목록만을 수록했음.

색　인

(ㄱ)

(ㅇ)

(ㅊ)

공저자 약력

박연호(朴璉鎬)

미국 하와이대학원에서 행정학(인사관리)을 연구하고 프랑스 국제행정대학원을 졸업한 후, 프랑스 파리대학교(제2대학, 제7대학)에서 국가법학박사학위(행정학전공)와 문학박사학위를 차례로 취득하였다. 중앙공무원교육원 교수, 명지대학교 법정학부장, 경희대학교 법과대학장·행정대학원장·기획관리실장, 가톨릭대학교 부총장을 역임하였다.

[주요저서]

인간관계의 이론과 실제 (한국생산성본부, 1962)
인간관계론 (선명문화사, 1964)
인간관계론 (박영사, 1977, 2000)
행정학신론 (박영사, 1979, 2003)
현대행정관리론 (박영사, 1981, 1999, 공저)
인사행정신론 (법문사, 1982, 2001)
현대조직관리론 (법문사, 1982, 1996, 공저)
현대사무관리론 (법문사, 1983, 2000, 공저)
교사와 인간관계론 (법문사, 1984)
조직행동론 (박영사, 2000)
현대인간관계론 (박영사, 2018, 공저)

이종호(李鐘浩)

경희대학교에서 행정학 박사학위를 취득하고, 미국 Texas주립대학교 LBJ School에서 수학하였다. 경희대·인천대·인하대·한국방송통신대 외래교수, 한국지방자치연구소 소장 및 인천광역시인재개발원(공무원교육원) 교수를 역임하였다. 주요 관심분야는 리더십, 인간관계론, 공무원교육훈련, 사회복지조사론 등이며, 현재 청운대학교 산업대학(인천)에 재직하면서 강의와 연구활동을 하고 있다.

[주요저서와 논문]

현대사회와 행정 (대영문화사, 2001, 2004, 공저)
현대인간관계론 (박영사, 2018, 공저)
리더십 (대영문화사, 2018, 공저)
공무원교육훈련계획의 타당성 제고를 위한 수요조사 (지방행정연수원, 2013)
인천공무원교육훈련체계의 진단과 방향설정 (인천발전연구원, 2014, 공저)

임영제(林泳濟)

경희대학교에서 행정학 박사학위를 취득하고 경희대, 서울시립대, 숙명여대 등에서 외래교수와 겸임교수를 역임하였다. 학회활동으로는 한국행정학회 편집위원, 한국정책과학학회 이사, 한국인간관계학회 이사, 안전행정부 정책자문위원 등을 역임하였다. 주요 관심분야는 리더십, 갈등관리, 전략기획 등이며, 현재 경희사이버대학교 보건의료관리학과에 재직하면서 강의와 연구 활동을 하고 있다. (yyj629@khcu.ac.kr).

[주요저서]

현대사무관리론 (법문사, 2000, 공저)
현대사회와 행정 (대영문화사, 2001, 공저)
인간관계의 이해 (법문사, 2003, 공저)
정보사회와 현대조직 (대영문화사, 2004, 공저)
조직행태론 (동림사, 2004, 공저)
조직론 (윤성사, 2018, 공저)
행정기획론 (박영사, 2007, 공저)
행정관리론 (대영문화사, 2013, 공저)
현대인간관계론 (박영사, 2018, 공저)
리더십 (대영문화사, 2018, 공저)
조직행태론 (윤성사, 2018, 공저)

제 5 판
행정학개론

초판발행 2000년 3월 10일
제 2 판발행 2006년 9월 10일
제 3 판발행 2010년 3월 10일
제 4 판발행 2015년 2월 26일
제 5 판발행 2018년 8월 30일
중판발행 2025년 3월 4일

공저자 박연호 · 이종호 · 임영제
펴낸이 안종만 · 안상준

편 집 배근하
기획/마케팅 손준호
표지디자인 조아라
제 작 고철민 · 김원표

펴낸곳 (주) 박영사
서울특별시 금천구 가산디지털2로 53, 210호(가산동, 한라시그마밸리)
등록 1959. 3. 11. 제300-1959-1호(倫)
전 화 02)733-6771
f a x 02)736-4818
e-mail pys@pybook.co.kr
homepage www.pybook.co.kr
ISBN 979-11-303-0638-4 93350

정 가 28,000원